U0542845

# 焦点的澄明

## 牟宗三儒学思想中的几个焦点问题

杨泽波 著

上海三联书店

我承认，以“善相”解说道德之心创生存有的性质，是一种全新的做法，此前学界尚无人这样做过，其中不少内容还有待研究，一些具体环节可能还存在缺陷。但在我看来至少有一点是十分明确和难以撼动的：“善相”尽管不是一般认知意义上的现相，但仍然属于一种特殊的“相”，并不是物自身，更不是什么价值意味的物自身。仅就这一点而言，我下如此苦功研究牟宗三的存有论，得出“牟宗三所谓价值意味物自身其实只是一种‘善相’，绝不能以物自身称之”这一结论，就不是没有意义的。

——引自第三章第四节“牟宗三价值意味物自身释义”

# 目 录

# 前言

我的《贡献与终结——牟宗三儒学思想研究》2014 年由上海人民出版社出版后，在学界引起了很大反响。五卷本、240 余万字的庞大身躯固然显现了厚重，但也妨碍了传播：一般人不会买，即便有了书也很难认真从头读到尾。孙向晨教授多次建议应该出一个缩简本，以扩大影响。我是死脑筋，跟不上趟，一直听不进去。后来想想，才明白他的建议确有道理，于是有了这个版本。

本书取名为《焦点的澄明——牟宗三儒学思想中的几个焦点问题》，是因为牟宗三研究虽然已为显学，但如何从总体上理解其思想，把握其核心，既看到贡献，又认清不足，仍多有混乱之处，亟需澄清。为了凸显"焦点"二字，本书将《贡献与终结——牟宗三儒学思想研究》绝大部分（不仅包括庞大的附录、卷下学案部分，也包括卷上论衡中的大部分文字）整体性删除，仅保留五卷各卷上论衡部分中最重要的一章。保留下来的部分不做删减，只在各章衔接处做了一些技术处理，并弥补了一些明显的疏漏。五章之后加有一个附录，以说明我写该书的曲折经历。

牟宗三儒学思想历来以晦涩难解著称，一些内容如天书一般。即便我做了这些努力，这个版本的若干章节（如第三章第三节、第四章第二节、第五章第三节），阅读起来难度仍然很大，有多少人能够耐心读下来并有全面理解，我还是没有把握。如果仍然感觉困难，建议可以阅读同期出版的《走下神坛的牟宗三》（中国人民大学出版社，2018 年）。那个小册子只收录各卷论衡部分带有总结性的文字，篇幅短小，只有 10 万字左右，更为简略，阅读起来会较为容易。

谢谢孙向晨教授的建议，没有他的建议，这个版本不会问世。另外还要谢谢责任编辑殷亚平，她的认真工作，使这个版本增色不少。

作者<br>2018 年 8 月

# 第一章　坎陷如何开出民主（政统）[①]

按照历史的脉络，坎陷论是牟宗三儒学思想的第一个部分。坎陷有两项任务，一是开出科学（学统），二是开出民主（政统）。与科学相比，民主问题、政统问题不仅更为重要，也更为复杂。关于前一项任务，《贡献与终结——牟宗三儒学思想研究》第一卷坎陷论第三章“坎陷如何开出科学（学统）”有详尽分析，这里只谈坎陷如何开出民主（政统）的问题。

## 一、牟宗三论坎陷开出民主（政统）

### 1. 儒家政治传统的根本特点

牟宗三论坎陷开出民主，特别重视对于中国政治传统特点的分析。在他看来，中国政治与西方政治走的道路完全不同，西方政治走的是人权之路，中国政治走的则是德治之路。这种德治之路又叫“以德治天下”。《政道与治道》中的一段论述，对这个问题的分析详细而具体：

在“以德治天下”中，德之所以为德之具体的表现，其最高原则是“直接以主观服从客观”。客观的是人民，

① 本章取自《贡献与终结——牟宗三儒学思想研究》（上海：上海人民出版社，2014年）第一卷坎陷论第四章前三节，原书第115—185页。

人民直须如其为一“存在的生命个体”而客观地肯定之。或换言之，即，如其为一存在的生命个体而还之，全幅让开，顺此存在的生命个体所固有之人性人情而成全之以至达乎人道。服从客观，不为别的，即以其为一存在的生命个体而可贵可尊。人民是主，而治者是宾。全幅让开，如其为一存在的生命个体而还之，此真所谓全幅敞开的社会，而不是封闭的社会，不是强人从己，把人民吊挂起来，使之离其存在的生命之根来服从虚幻的概念、主义，以及玩弄此概念、主义之魔术的领袖、极权独裁者。“存在的生命个体”是首出的观念，是直下须肯定的观念，没有任何外在的条件来限制它，没有任何外在的括弧来圈定它，而它本身却是衡量治天下者之为德为力，为真为假，为王为霸之标准，它本身是圈定治天下者之括弧。这是儒者在政治思想，政治实践上所立的一个最高的律则。而这个律则是直就人民为一存在的生命个体而注意其具体的生活、价值，与幸福，而被体认出的。不是通过西方所首先表现的政治意义的自由、平等、人权、权利，诸形式概念而立的。此种尊生命、重个体，是理性之内容的表现，而通过政治意义的自由、平等、人权、权利诸形式概念而来的。此种尊生命、重个体，是理性之内容的表现，而通过政治意义的自由、平等、人权、权利诸形式概念而来的尊生命、重个体，是理性之外延的表现。中国以前儒者在政治思想上的思路，没有自由、平等、人权、权利这些形式概念，一如在得天下方面没有政权、主权诸形式概念一样，是以没有作到理性之外延的表现，而只具体地存在地作到理性之内容的表现。

《政道与治道》，第 117—118 页，10/128—129[①]

儒家主张“以德治天下”，在这种政治模式下，如何对待人民，是一个重要问题。牟宗三将此称为儒家政治思想的“最高原则”或“最高律则”。这个最高原则可以概括为“以主观服从客观”。这里的主观指君王，客观指人民。君王虽然掌握着政权，但必须以人民为依归。人民是一“存在的生命个体”，必须客观地肯定之。服从客观，不为别的，只在将人民作为生命个体而加以尊重。从这个意义上讲，人民是主，治者是宾。但需要注意的是，这个最高原则只是注意人民生活的幸福与价值，而不是自由、平等、人权、权利。生活的幸福与价值属于“理性之内容表现”，自由、平等、人权、权利属于是“理性之外延表现”。中国历史上，儒家只关注“理性之内容表现”，不关心“理性之外延表现”，所以只关心人们生活的好坏，而不大关心人民的自由、平等、人权和权利。

牟宗三认为，儒家之所以走上“以德治天下”之路源于两个因素。首先是政权的来源问题：

中国以前取得政权的方式是靠打天下而来的，政权的泉源是非理性的，是皇帝打来的，旁人不能过问，所能过问的只是第二义以下的。除了政权来源这一方面不能触及之外，中国以往在其他方面是非常自由、平等。

① 《贡献与终结——牟宗三儒学思想研究》写作初期所用牟宗三著作均为单行本（相关版本信息请参阅该书第五卷附录七“本书征引书目”）。此处的“第 117—118 页”即指单行本的页数。为读者查阅《牟宗三先生全集》提供便利，后又加补了全集的出处，并根据全集重新校对了引文。这里的“10”代表《牟宗三先生全集》的卷数，“128—129”代表该卷的页数。

我们可以说，中国以前只有“治权的民主”，而没有“政权的民主”。从考进士、科甲取士等处，即可见治权是很民主的。但是，真正的民主政治是在“政权的民主”。唯有政权民主，治权的民主才能真正保障得住。以往没有政权的民主，故而治权的民主亦无保障，只有靠着“圣君贤相”的出现。然而这种有赖于好皇帝、好宰相出现的情形是不可靠的，所以中国以前理性的表现只是作用的表现。在此作用的表现上虽是相当的民主、自由，然因政权不民主，此处的民主亦无真保障，所以还是得要求现代化。

《政道与治道》，新版序，第 24 页，10/［27—28］

在历史上，中国的政权靠打天下而来，这种来源本身就是非理性的。这一个前提不可撼动，全部政治问题都必须从这个前提出发，人们只能考虑第二义的问题，不能考虑第一义的问题。虽然在这个前提下很多工作都做得很好，如科举取士等，很是自由，水平很高，可以说达到了治权的民主，但政权的来源这一块始终无法动。①

① 牟宗三此说与钱穆观点的关系是一个有意思的话题。钱穆坚持认为，中国传统政治并非是一君主专制政体，明确指出：“汉代从昭宣以下的历任宰相，几乎全是读书人，他们的出身，也都是经由地方选举而来，并不是由其血统上和皇帝以及前任大官有什么关系，或者是大军人大富人，才爬上政治舞台。完全是因其是一读书知识分子而获入仕途。这一情形，直从汉代起。我们可说中国历史上此下的政府，既非贵族政府，也非军人政府，又非商人政府，而是一个‘崇尚文治的政府’，即士人政府。只许这些人跑上政治舞台，政府即由他们组织，一切政权也都分配他们手中。”（钱穆：《中国历代政治得失》，北京：生活·读书·新知三联书店，2001 年，第 16 页）正因为如此，钱穆曾以“观点微异”为由，没有在唐君毅、牟宗三、张君劢、徐复观起草的《为中国文化敬告世界人士宣言》上署名。罗义俊对这个问题很是关心，反复思考“此‘微异’的观点为何？恐怕主要是中国传统政治究竟是否君主专制政体的问题。众所（转下页）

又说：

> 在大一统的君主专制之形态下，皇帝在权与位上是一个超越无限体。因为治权与政权不分，合一于一身，而其政权之取得又是由打天下而来，而儒者于此亦始终未想出一个办法使政权为公有。是即相应政权无政道。即使让政权寄托在一家世袭上，亦必须有一客观有效之法律轨道以限制之，使政权与治权离。如是方能根绝打天下之路，而维持政权之定常永恒性于不坠。今则政权既不能由一道以为公有，即在一家世袭上，复不能有一道以使政权与治权离，是则打天下以取政权乃为不可免者。
>
> 《政道与治道》，第 30 页，10/33

在君主专制条件下，治权与政权合于一身。政权因靠打天下而来，所以只能是私有，不能是公有。这是中国政治的一个关键环节。但前贤对此始终不能予以正面的思考，无法破解这一关键难题。这是以往儒者思想的一大缺憾。

中国走上“以德治天下”之路的另一个原因是无阶级：

> 中国政治史何以不向民主制一路走，而向君主制一路走，而且在以往二千年中，何以终未出现民主制，其故即在：从现实因缘方面说，是因为无阶级对立；从文化

---

（接上页）周知，尽管钱先生认为明以后中国传统政治恶化，是‘君主专制’，但整体上从不说传统政治是君主专制政体，他这一观点可谓是独步史坛的。”为此，他还专门就这一理解是否合理向牟宗三请教，并得到牟宗三的认可。相关情况可见罗义俊：《生命存在与文化意识——当代新儒家史论》，上海：学林出版社，2009 年，第 57 页。

生命方面说，是因为以道德价值观念作领导而涌现出之尽心、尽性、尽伦、尽制之“综和的尽理之精神”。

《历史哲学》，第185页，9/212

这里明确提出，中国没有向民主制度方向发展，一个重要原因即在中国无阶级，不能形成阶级对立。



对于这个观点，牟宗三于多处做过具体解说：

中国自古即无固定阶级世世相传于人间。士、农、工、商，非阶级之意。即自周以前言，伊尹耕于有莘，则农也。傅说起于版筑，则工也。而士皆出其中。至周之贵族政治，则贵以位爵定，即以文制定，而其背后之根据为品德才能。此是一价值观念，非物类之阶级观念也。至秦、汉统一后，治权之民主成立，皇帝以下，一律平等。固定阶级之消除，尤为世人所周知。以价值观念领导政治，消除阶级，此为中国历史自始已然之基本意识。后来士人握治权，其于阶级之消除，贡献尤大。分崩离析之混乱时代，常有特殊势力乘机形成。然非由社会内部自己形成，亦非中国社会本质如此。故一到政治上轨道，旋即打散。

《历史哲学》，第56页，9/64—65

但是中国则自古即无固定阶级之留传。它无阶级的问题，所以它的文化生命里首先涌现出的是“修己以安百姓”这一个道德政治的观念。由这里所引出的便是以道德价值观念作领导。其表现在客观文制方面便是由亲亲尊尊而来的五伦。梁漱溟先生说中国社会是“伦理本位，职业殊途”，这是不错的。由道德价值观念作领导，则贵贱是价值观念，不是阶级观念。……贵贱由分位观念起。人无生而贵者，自其生物之生言，皆平等平等。此为生之原质。必套于文化系统中，而后见其贵贱。是以中国贵贱观念，自始即为一价值观念，而非阶级之物质观念也。

《历史哲学》，第182页，9/208—209



牟宗三认为，中国自古就没有固定的阶级，士、农、工、商并非固定的阶级，只是一种职业的分工。借用梁漱溟的话，这叫做“伦理本位，职业殊途”。在中国社会中，最重要的问题是“修己以安百姓”。“修己以安百姓”是一个道德问题，不是一个阶级对立问题。在这种情况下，中国的贵贱观念，自始就是一个价值观念，而不是一个先天固定的阶级观念。

牟宗三特别强调，这种情况与西方是不同的：

西方的社会原有阶级的存在，社会中有些不同的力量，有些中流砥柱在那里撑着，这样的社会容易显出絜矩之道，容易构成对列之局。阶级并不一定就是坏的东西，照黑格尔的历史哲学讲，阶级是从民族的生命中发出，在文化中有作用的。（印度的阶级则是死的，不能起作用。）中国自秦汉以后，把阶级打散了，社会上没有既成的力量，不容易成个对列之局。下面愈散漫，上面愈容易形成极权专制。当年孙中山先生亦感觉到这个问题，说中国人的自由太多了，如一盘散沙。（此严格讲不是真正的自由。）所以我们要肯定社会的力量，此即是要显个絜矩之道，对极权专制有个限制，不能让他随意挥洒。西方自大宪章以来，就是争这个东西。中国本来早已有了治权的民主，但是因为政权不民主，则此一民主亦不可靠，所以我们现在再顺着这个基础往前推进一步，要求政权的民主，把理性的作用表现转成理性的架构表现，亦即转成对列格局的表现。这才是中国现代化的正当途径，不可拿西方阶级斗争的格式硬套在我们身上。

《政道与治道》，新版序，第 25 页，10［28］



西方社会原有阶级存在，从而形成一种相互对立的局面。这种对立局面的一个重要作用，是可以保证社会构成一种“对列之局”。但中国自秦汉之后，把阶级打散了，社会上没有彼此对立的力量，形不成一个“絜矩之道”。“絜矩之道”不成，没有一种制衡的力量，结果就容易形成极权，即所谓“下面愈散漫，上面愈容易形成极权专制”。

《道德的理想主义》有一段讲的也是这个问题：

中国以前的治权是很民主的。《春秋》“讥世卿”，则治权之不得专（即开放），自古已然。惟政权则是由打天下而来，绵二千年之久，始终寄托在打天下的个人之世袭上。这点不转即不能算民主。而我们必须知道这一层的转出实在是很难的。……而这一层之转出，则寄托在人民之为“政治的存在”之觉醒。人民不能觉醒其为一政治的存在，不能算是真正的公民，对于国家、政治、法律即不能算是有责任。关于这点，我们必须知道中国以前的人民是不曾在一个国家、政治、法律的组织之中的，他们只是羲皇上人。孔、孟立教，及后人继之而发展的儒家学术，其转为文制，只是日常生活的文制，始终未转出政治生活的文制。其成为日常生活的文制即是所谓五伦，而五伦之表现只是限于所亲或所识者，这只是在有具体的关系处表现。君臣之间有忠，这是一伦。但是君与民间，臣与民间，便不是具体的关系。就在这一个非具体的关系上，始见出五伦对于近代化的国家、政治、法律之成立是不够的。以前，在这一个关系上，没有真正的客观的政治关系之建立，故政治形态始终是停在君主专制上。这即表示君是一个超越的无限体，而民则是被动的不自觉的羲皇上人。君与民这两极端，民一端若完全没有起来，则君一端即不能有政治法律形态的制度来限制。这两端间的真正客观的政治关系不能建立，则以士大夫组成的宰相系统，掌握治权者，即不能有真正的客观化。这点是了解中国文化发展、儒家学术发展的大关节。

《道德的理想主义》，第154—155页，9/199—200



中国两千年的政治都将希望寄托在圣君以及圣君之世袭上了，人民始终无法觉醒，成为了君王的附庸。既然人民无法觉醒，在君与民的关系中，民一端始终立不起来，无法形成一种政治上的对立，无法将政权形式客观化，无法形成真正的“对列之局”。

牟宗三进一步将儒家的这种政治模式概括为“仁者德治”：

（上引《孟子·离娄上》第一章）此整段是言“仁者之德治”。故最后结之以“惟仁者宜在高位”。仁政、先王之道，以及这里所谓“法”，是同义语。而以规矩与六律以喻此法之与为政之关系。言此法是为政之最高指导方向，具体言之，亦即“先王之道”也。而仁政即“仁者之德治”。故虽有“徒法不能以自行”之一语，亦切不可误会此“法”为法律条文之法、赏罚之法也。故其旨归必为“人治主义”，亦必函“人存政举，人亡政息”之义。法律条文之法、赏罚之法，乃是第二义的，此不成问题。即法家重视此第二义之法，普通视之为法治，然实则若只是这种法，则亦必靠统治者之“道”（道家之道）与“术”，此仍是内容表现上之人治主义，惟此内容表现是法家式的，而其人治之所以为人治则是以“道”与“术”定，与儒家之以“仁者德治”定不同。此第二义之法乃根本不成问题者，即儒家亦不反对。惟依仁者德化教化之义，儒家总想不用此种赏罚之法，而期有以超过之。故曰：“道之以政，齐之以刑，民免而无耻；道之以德，齐之以礼，有耻且格。”然第二义之法亦不只是此赏罚之法一义，亦有处理公共事务上定一客观标准或客观程序之义的法。此种法儒家亦不会反对。故言法治并不在这里说。究极言之，中国以往的政治思想，无论儒家、道家，或法家，皆是“内容表现”之路数；而在此路上，严格言之，只有人治主义，而无真正的法治主义。惟近代的民主政体之政治，始有真正的法治出现。而此法治之法是就第一义的法（即宪法）说，不就第二义的法说。即，就政道上的法说，不就治道上的法说。而此种法治之出现，不是“理性之内容的表现”一路所能尽，须靠“理性之外延表现”来实现。然而儒者“仁者德治”之观念，则达不到此境。只说“仁者之德治”以为政治之最高指导方向、最高法度，而不能在政道上（相应政权而言的政道），设立一个制度，以充分实现“仁者德治”所开出的“物各付物”之精神与“就个体而顺成”之原则，则“仁者之德治”势必只是“人存政举，人亡政息”的“现时法”，而对于霸与力之“非理性”亦根本无定法以对治，此即言其本身不能经常实现而成为

> “永久法”。（此“法”字非法律法度之法，乃现象义、事物义、佛家所用“法”字义。上“现时法”中之“法”字亦然。）因此，“仁者德治”亦成为一个站不起来的软疲观念，此亦是“理性之内容的表现”之缺处，盖正因其太具体、太实际、太内容之故也。
>
> 《政道与治道》，第136—137页，10/151—152



牟宗三认为，中国政治以儒家为主导，而儒家政治是一种人治主义传统，这种人治主义传统可以简单概括为“仁者德治”。在这种传统下，儒家并不是不要法，但更希望以德化的方式治理国家和天下。在“仁者德治”的政治格局下，君必须是一个仁者，如果不是一个仁者，儒者有责任将其教导为一个仁者，然后由这个仁者推行道德教化，沿着以德治天下的路线发展。儒家政治讲的这种法只能算是第二义的法，不能算是第一义的法。第一义的法才是真正的法治，这种法治出现在近代西方。这种法治不是出于“理性之内容的表现”，不将希望寄托在圣人身上，而是出于“理性之外延表现”，将希望寄托在宪法、制度之上。只有将第二义的法进至第一义的法，近代民主政治才能产生。如果说儒家政治的核心是“仁者德治”的话，那么，不妨将西方民主政治的精神概括为“智者法治”。这里的“智者”并非圣人，只是有智慧者，有知性者，他能够运用理论理性认识社会，制定法律制度，借助法的力量而不是借助德的力量，达到对于社会的治理。①

① “智者法治”是我在牟宗三相关论述基础上对西方政治思想的一种概括，牟宗三本人并没有明确使用这种说法。我这样做，主要是想为牟宗三所说的“仁者德治”找出一个对应的概念，以方便对中西不同政治传统加以比较。虽然牟宗三本人没有直接提出这种说法，但我相信这种说法能够代表他对西方政治的观察，至少不相违背。

在“仁者德治”的政治模式下，最为重要的因素是君：

> 此种超政治的德化或道化的表现实是有类于“神治”的形态。一则因单线孤行的治道（德化的或道化的），皆系君相之德之妙用，“所存者神，所过者化”之应用于君相，亦即是理性之运用的表现；一则因政道方面既无办法，故近代意义的国家政治法律皆不出现，而只单线孤行的治道亦即顺之不需通过近代意义的国家政治法律这些架构即可达“各正性命”的天下太平。是故中国以前是一文化单位，不是一国家单位，它是一天下观念；而政治方面则只有吏治而无政治（因政道无办法故）；而法律则只维持五伦之工具，赏罚之媒介，其本身无独立之意义。是以国家政治法律皆未以架构形态而出现，而自理上言之，君相实可超过这一套而直接自其德或道以化行天下，是即表示亦可不需通过国家政治法律这些架构而即可安稳天下也。此即是“神治境界”。
>
> 《政道与治道》，第 49 页，10/54—55

无论是亲亲、尊尊、尚贤，或是正德、利用、厚生，还是治民、安民、爱民，最为关键的主角当然非君莫属。君居天子之位，等同于神，而儒家也向神德、不向人德方面教他。如果君真的有神德，则其治理即为神治，社会可得一太平，天下可得一安稳。牟宗三将此称为“神治境界”。

除此之外，相的作用也非常重要：

> 在以往，政治的中枢在圣君贤相。君是国家社会的一个常数，相所代表的那一个系统是变数。变数的出身，

从汉朝起，由征辟、选举，渐渐演变成唐朝的进士及明经，终至于明清的科甲。这一个系统就是士。士的家庭背景无论是农或工商，皆无关系。一成为士，便套于相的那个系统中，这就是知识阶级。这一部分，或从政，或讲学，而两者皆是紧密相连的。这本由于儒家的精神所贯注，故以往的读书人皆集中其心力于政治社会的实践。范仲淹为秀才，即以天下为己任，这是相的系统中的一个典型。这一个系统既是变数，故无政治上的特权阶级。君所代表的那一个系统，自取得政权以后，便常是外戚宦官宗室的一个大集团。这个集团常是腐败的中心。惟赖相的系统代表一点光明。圣君贤相是治世，昏君奸相是乱世。君是常而不常，此为改朝换代；相不常而实常，此即相的系统总是持续下去而为社会之中坚。

《道德的理想主义》，第 47 页，9/61



在以往的做法中，政治的中枢在圣君贤相。君是国家的一个常数，相则是一个变数。由于君这个常数不能变，如果君在道德和能力方面不行，则需要相来补充，即所谓“惟赖相的系统代表一点光明”。无数历史事实证明，相是中国政治中一个十分微妙、绝对不可缺少的因素。

2. 通过坎陷开出民主（政统）

“仁者德治”是中国政治传统的重要特点，对中国历史的发展有着深远的影响。关于这种政治的优势牟宗三有这样的说法：

所以儒家于治道方面，我们概之三目以为体，此即亲亲、尊尊与尚贤。亲亲、尊尊是维系人群的普遍底子，而尚贤则是一生动活跃之触角。前两者是伦常，后一者是人格。伦常是纲维网，而人格则是每一个体自己奋发向上完成其自身之德的事。《春秋》为亲者讳，为尊者讳，为贤者讳，此三讳即表示以亲亲、尊尊与尚贤为宗主。所以尚贤完全是仅就“德”而言。由此三目为体，再转就是“正德、利用、厚生”之三目。此三目较偏于用。而此用中，仍以“正德”为本。亲亲、尊尊与尚贤皆正德中事；正德、利用、厚生即是王道。利用、厚生是人民生活的幸福，而讲幸福不能离开德，不能一往是功利主义、唯物主义。

《政道与治道》，第 28 页，10/31

依此，继承孔、孟下来的儒者，向外无可用心，遂仍继承夏、商、周相传的最古的“修己以安百姓”这个观念模型，而向尽心、尽性、尽伦、尽制一路讲说道理，纯从向里用心，发展成圣贤学问，以期成为圣贤人格。在这样一个社会里，他们一眼看定一切问题都系于人民之能安不能安，君相之是否能“正德”。所以他们退而在社会上，即讲圣贤学问，以期成为圣贤人格，进而在政治上即讲圣君、贤相。这个文化生命，其讲说道理抒发理想，全幅精神都在此。

《历史哲学》，第 185—186 页，9/212

牟宗三认为，儒家的政治模式亦有其体，这个体就是亲亲、尊尊、尚贤。亲亲、尊尊、尚贤离不开德。因此，这个体又衍生为正德、利用、厚生之三目。正德、利用、厚生较偏重于用，但在用中仍以正德为本。儒家政治并不将思想的重点移向外面，而是特别关心君王个人的德性问题，将人民能不能安的希望寄托在君王个人能否有德上。这是儒家政治传统的本质，虽然其中也有问题，但同时亦是其所长，不能不予以重视。

当然，“仁者德治”的政治传统也有严重的问题，这些问题说到底，全都可以归到“家天下”上面：

> 帝王之取得政权而为帝为王，其始是由德与力，其后之继续则为世袭。吾人论以往之政道，即以开始之德与力及后继之世袭两义为中心而论之。
>
> 开始时之德与力，即其个人必积德，必具有相当之正义与理想，依此而足以吸众，并足以伸大义于天下。此为一时代是非善恶之标准。已有“势借”者（势借即天子之位），如其个人无德，不足以代表正义与理想，则即堕落而腐败，纯为物化而不能自持，如是则人心离之，指之以非与恶。然徒个人有德，并有正义与理想，而无力以实之，则有政权者之堕落腐败之物化势力，胶着而固结，并不能随之而消失。其物化势力之盘根错节，既不足以表现精神，实现价值，而且成为精神、价值、光明、理想之莫大障碍。
>
> 《政道与治道》，第1—2页，10/2
>
> 中国文化的现代意义，亦即其本身的现代化，首先即是要求新外王。王道有其具体的内容，而不只是笼统地说仁义道德。黄梨洲曾云：“三代以上，藏天下于天下；三代以下，藏天下于筐箧。”这是一句原则性的话，不是笼统浮泛地说的，而且相当的深刻，且有真切感。这句话在今天看来，仍然有意义，而且意义更为显明。……
>
> 民主政治能够表现一些“藏天下于天下”的理想。儒家学术最内部的要求亦一向在于此，但是从未在现实上出现，而今天之现代化亦主要在要求此一理想的实现。

此亦即是儒家当前使命所要求的“新外王”。

《政道与治道》，新版序，第 20 页，10/［23］

因为天下是打出来的，所以必然出现家天下的问题。过去儒家偏重于讲仁义道德，结果却造成了究竟是藏天下于天下，还是藏天下于筐箧的矛盾。在藏天下于筐箧的情况下，中国并不能称为一个国家单位，只能视为一个文化单位。在这种政治模式中，国家、政治、法律等方面全无表现，人民并无真正的民主。

在分析荀子思想的时候，牟宗三详细谈了这个问题：

在荀子所表现之“知性主体”之辨解下，能“总方略、齐言行、知统类、一制度”之大儒，所谓君师，携其“礼义之统”措之于国家政治，固能对治战国时代尽物力而相抵消之精神，重新提起一建构而统一之精神，然在此种“系统的统一”之形态下，却未必能出现国家政治一面之“主体的自由”，却倒能出现黑格尔所说之“一人”之自由，并实现其所说之“合理的自由”(rational freedom)。因为荀子之“礼义之统”，在此一往是“理解形态”之广被，自上而下之广被，而不是自下而上，经由各个分子之自觉（政治的），重新组织起来之统一。是以只有大君师之“一人”，有其主体之自由，而其余一切则尽在其尽制、尽伦之合理的措施下，而有一实体性的合理之自由，即不自觉的潜存之自由。但是，由于孟子所表现之形态，人人皆可有“道德的主体自由”，即在实体性的合理之自由下转出道德的主体自由，而却未转出政治的主体自由。

《历史哲学》，第 127 页，9/146—147

荀子重视知性主体的建立，强调“总方略、齐言行、知统类、一制度”，在这种精神的引导下出现了“系统的统一”。但这种“系统的统一”未能达到国家政治的主体自由，反而出现黑格尔所说的只有“一人”之自由的情况。这种情况堪称中国文化之痼疾，是必须引起重视的大问题。



“家天下”造成的一个直接后果，就是革命不断：

> 革命者，变更其所受于天之命也。在以前，统治者之取政权，于现实方面是凭其德与力。及其德足以服众，力足以驭众，在现实上无足与竞，其自身便成一实际上之无限，顿觉其生命遥与天接，因而便谓其统治是受命于天。既以为上天命其统治，则实际上一时之无限（即才质之无限）便有一超越者以提升之而圆满其无限，遂转而为理性上之无限，所谓“乃武乃文，乃圣乃神”是也。然此理性上之无限毕竟只是一时之圆足，其德与力须时时不衰以适应之，方能保其圆足。一旦德与力不足以常新而适应之，则其理性上圆足之无限顿时即有裂罅出现。如是，其才质之无限即收缩下降堕落而为有限，再堕落而为腐败之纯物化，而彼超越者亦远离挂空而失其天命之意义，失其圆足之力量。而统治者之乃文乃武，乃圣乃神，亦只成得一虚名，而不复有真实饱满之意义。革命者起而打散之，则天之命便不复降于彼，而降于新兴者，重与一新兴之“才质无限体”相凝一，此所谓既革命亦受命也。此为革命之本义。
>
> 《政道与治道》，第3—4页，10/4

革命即是变更其所受之天命。以前的统治者为了证明自己政权的合法性，总说自己是受命于天的，以上天作为自己政权合法性的根据。在新政权建立的初期，由于新的统治者还比较接近民众，小心翼翼，其统治一般能够维持一段较好的时期。后来因为无法保证执政者都能成为圣君明主，政治开始堕落，腐败而纯物化，人民只能起来造反革命，而这种革命的最根本的理由还是说旧的统治者无德，希望出现一位有德的新圣王。

因为革命不断，所以中国政治逃不脱一治一乱，治乱相循的格局：

> 在中国以往君主专制之政治形态下，政权在皇帝，这根本不合理。因为有此根本不合理，故政权之行使与取得未有一定之常轨，故治乱相循，而打天下（革命）乃为政权更替之唯一方式。儒家于此亦始终未能有一妥善之办法。如是结果其唯一把握不放者即在想德化此代表政权之皇帝。德化皇帝之归宿是落在治道上，而对于政道则不提。这是以治道之极来济政道之穷。故治道乃成单线地一条鞭地发展至最高之境界。因此君主专制之形态实即圣君贤相之形态。此为圣贤人格之在政治领袖上的应用。然须知此种应用乃根本上是一种权法或委屈，乃因对政道无办法而取此者。盖若不如此，则实不足以稳定天下乃至稳定其自己。可是如此乃使治道成为单线孤行。
>
> 《政道与治道》，第 48 页，10/53—54

中国的政权中枢只在皇帝，人们总是希望出现一个好皇帝。如果皇帝的现实条件不好，又总是想方设法用各种方式施以德化，教其成为一个好皇帝，以便实现“仁者德治”的理想。这种做法只是在治道上做文章，无法涉及政道，即所谓“以治道之极来济政道之穷”。但是，理想可遇而不可求，一旦无法实现，人民没有其他办法好想，只能走造反革命一途。新皇帝上台后，经过数代相继，必然有一个不好的皇帝出来，人们被迫重新起来革命。中国社会一治一乱，治乱相循的局面，正是这样形成的。



《历史哲学》中有一段话讲的也是这个问题，只是角度略有不同：

> 儒家本是想纯以德化的德治而臻人间于天国，即以君、相之无限担负的神治而臻人间于天国。即孟子所说的“君子所存者神，所过者化，上下与天地同流，岂曰小补之哉?”此若只限于教化上的圣贤人格之作用（即道德感应），则自无可议；而若用之于政治上成为圣君、贤相之政治，期由其无限担负的神治而臻人间于天国，则便有可议处，即：人间不能以上帝治理世界的方式来治理。这个境界虽高，却是缺少了一环，即：只有治道而无政道的直接神治是不能用之于人间的，在人间是作不到的。若是这样去作，不是把人间嘘拂成睡眠状态，即是成为任意践踏的地步，因而酿成暴乱，遂成为一治一乱停滞不前的境地。
>
> 《历史哲学》，第 188 页，9/214—215

这一段主要是讲人间与天国的关系。儒家的理想从德化的角度臻人间于天国，为君相提出了很高的道德要求，以求达至神治境界。但人间毕竟不是天国，将人间按天国来治理，境界尽管很高，但中间缺了一环，人民无法觉醒，无法形成独立的政治力量，结果要么被人任意践踏，要么暴乱革命，陷于一治一乱的恶性循环之中难以脱身。

在另一处，牟宗三又分别从四个方面分析这个问题：

> 首先，在“得天下”上说，孟子的“推荐、天与”的公天下观念是不够的；而在“与贤、与子”上说，对“与子”之实际上已成为无限连续下去的“家天下”观念，未能正视其为一个不合理的制度，而只是顺事地内容地拖下去，只笼统地亦纳在“天与、天废”的观念下，这亦是不够的。……
>
> 复次，在“治天下”方面说，“仁者德治”的观念亦是不够的。仁者之德所开出的“让开散开，物各付物”的精神、“就个体而顺成”的个体原则，乃是靠仁者的德性来支持的。但是“仁者”是可遇而不可求的。……“仁者德治”似乎只成政治上一最高之理想，而从未或至少不是实现者。此儒者理想之所以有迂阔少功之讥也。是以欲求“仁者之德”所开之“物各付物”之精神以及“就个体而顺成”之原则能充分实现，则光说“仁者之德”实是不够的。
>
> 复次，若只从“仁者之德”说，则必函“人存政举，人亡政息”之归结。《中庸》：“哀公问政。子曰：文武之政，布在方策。其人存，则其政举；其人亡，则其政息。”此盖是必然的。……
>
> 最后，在“仁者德治”的观念下，“唯仁者宜在高位”，此即必须以圣人为王，故曰圣王。……落在后来的君相上说，必曰圣君贤相。君而不圣，即不成其为君；相而不贤，即不成其为相。在此观念下，唯是从治者个

人方面着重其德量之提高。盖无此合乎仁者高度之德性与识量、器量，便不能实践那“仁者德治”所开的“物各付物”之精神与“就个体而顺成”之原则，此即不合为政之道。仁者用心如日月，仁者德量同天地。对于治者之要求如此其高，即是加重其担负。

《政道与治道》，第132—138页，10/147—153



首先，“仁者德治”只是一种理想，因为仁者能不能“得天下”以及“得天下”者是否一定为仁者，都无法保证。尽管儒家抱着这个希望不放，但事实上很难做到。在此情况下空讲“天与”、“天废”显得苍白无力。其次，就“治天下”方面说，仁者之德虽然希望做到“让开散开，物各付物”，但“仁者”可遇而不可求，于此完全没有保证。“仁者之德”在现实上很难真正落实，这是儒者常受迂阔少功之讥的根本理由。第三，即使一时保证了“仁者之德”，政权的转移仍然始终是一大难题，从而出现“人存政举，人亡政息”的局面。第四，如果坚持“仁者德治”的观念，落到最后，必然对君相个人的道德有极高的要求，仁者用心如日月，仁者德量同天地，君而不圣即不成为君，相而不贤即不成为相。在此观念下，统治者的负担必然过重，这同样不合为政之道。

牟宗三最后总结道：

我以上从治天下方面，说明“理性之内容的表现”上“仁者德治”一观念之不足：一、可遇不可求；二、“人存政举，人亡政息”，不能建立真正的法治；三、只从治者个人一面想，担负过重，开不出“政治之自性”。由此三点，再加上得天下方面“推荐、天与”一观念之不能立起，遂迫使我们必须进到“理性之外延的表现”。

《政道与治道》，第140页，10/155

儒家“仁者德治”政治形态问题有四：仁者可遇不可求，此其一；人存政举，人亡政息，此其二；治者个人负担过重，此其三；得天下之“推荐、天与”靠不住，此其四。这些均是中国“仁者德治”政治传统中最为重要的问题。



儒家第三期发展的一个重要任务，就是改变这种状况，克服这些问题，由道统开出民主。牟宗三指出：

> 我们现在的人文主义必须含有近代化的国家、政治、[①] 法律之建立这一义，即必须含有外王之重新讲这一义，这就构成今日儒家学术之第三期的发展这一使命。（第一期为由孔子至董仲舒而建造汉朝大帝国，第二期为宋明理学。）近代化的国家、政治、法律不能建立起来，儒家所意想的社会幸福的“外王”（王道）即不能真正实现；而内圣方面所显的仁义（道德理性），亦不能有真实的实现、广度的实现。我们必须了解民主政治之实现就是道德理性之客观的实现。我们若真知道道德理性必须要广被出来，必须要客观化，则即可知民主政治即可从儒家学术的发展中一根而转出。只要知道政治之不断，即可知道德理性之要求客观实现之不容已，这就是民主政治之必然转出之文化生命上的根据。
>
> 《道德的理想主义》，第155—156页，9/201

① 单行本此处无顿号，而全集本此处两个顿号的位置有误，据文意改。——引者注

牟宗三在这里强调了这样一个基本思想：内圣是道德理性，是主观方面的事，外王是客观方面的事，要由内圣开出外王，必须将内圣之主观形态变为客观形态，即所谓“必须客观化”。在牟宗三看来，内圣之道德理性本身即包含一种客观化的趋向，顺着这一趋向发展，必然会出现民主政治，完成内圣的客观化。



开出民主，在牟宗三学理中的另一个说法，就是开出政统：

> 政统必须认识。此相应上列三套“民主政治”一套而言。政统即政治形态之统绪。在反省地了解此统绪中，必须了解在商质周文的发展中，如何成为贵族政治，又如何在春秋战国的转变中，形成君主专制一形态。在君主专制一形态中，君、士、民的地位及特性如何？民主政治如何是更高级的政治形态？中国以往何以一治一乱？学人用心何以只注意治道而不措意于政道，直至今日而不变？民主政治中诸主要概念，如自由、权利、义务等，是何意义？凡此俱必须透彻了解，而后可以信之笃，行之坚，成为政治家式的思想家，或思想家式的政治家。
>
> 《道德的理想主义》，第 261—262 页，9/336—337

这里说得很清楚，民主与政统是同类的概念，开出民主，就是开出政统，开出政统，就是开出民主。只有这样才能有效改变中国以往一治一乱的局面，才能将政治发展到一个较为高级的形态，才能适应时代的要求。

由道统开出政统，在牟宗三又叫由治道开出政道。牟宗三这方面的论述较多，下面几则较为代表性，说服力较强：

政道是相应政权而言，治道是相应治权而言。

《政道与治道》，第 1 页，10/1

政道者，简单言之，即是关于政权的道理。

《政道与治道》，第 1 页，10/1

治道就字面讲，就是治理天下之道，或处理人间共同事务之道。

《政道与治道》，第 26 页，10/29—30

政道相对于政权而言，简言之，就是关于政权的道理。治道相对于治权而言，简言之，就是处理人间共同事务之道，或治理天下之道。治道应该有政道为其基础。有政道之治道，是治道的客观形态；没有政道之治道，是治道的主观形态。只有主观形态没有客观形态的治道，将希望寄托在圣君贤相之上，其政治形态是不完整的。中国历史上在治道方面很有办法，达到了很高的境界，但在政道方面不行，始终想不出好办法。在儒学第三期发展中，要解决内圣和外王的关系问题，使中国正式踏入近代化进程，不能再满足于单纯的治道，而必须由治道进到政道。

那么，如何才能达到这个目的呢？牟宗三认为，要达此目的必须将“综和的尽理之精神”转化为“分解的尽理之精神”：

何吾华族上下五千年，皆为家天下之意识所笼罩，而不能冲破耶？抑非必无其他隙明也。尧、舜禅让也，选贤与能也，亦示于家天下外，尚有公天下之一说，而且置于历史之开端，视为理想之境界。何不就此理想而一深思耶？深思其所以实现之道耶？岂尽可推之于天而止耶？此足见往贤直线思考之蔽。以船山之开扩弘通，尚穷于此而不能转，遑论其他。夫一问题之转进的解决，常当其陷于难境之时。船山于此难之认识已深切矣，而唯不能转。就其个人言，此为个人之限度。然就此问题之难境言，则理上实届可转之时。此为思想问题也。一人不能，总当有能者。一时不能，总有能之时。盖理路已备也。理路备，则思想顺而进之也。此若点醒，即为“政权之民主”。中国早有治权之民主，而唯“政权之民主”未转出。此为国家政治一面“主体自由”之所系。亦为“此一问题为一客观政治问题”之认识否之所系，而非直接以圣德、圣心之尽伦所能解决者。此为“尽制”之事，非“尽伦”之事。而“尽制”正所以实现“尽伦”者。荀子言“王者尽制者也”。以往王者之尽制尚未能尽其“尽”。其所尽者只是外向之广被，为散文之知性型态，未能反而将其自己亦纳于尽制中而客观化之。此黑格尔所谓中国只有“一人”（大实体、君）是自由也。而若各个体无国家政治一面之主体自由，则此大实体一人之自由亦终于不能保其自由，而为私欲之奴隶。此即王船山所谓“立嫡”与“与贤”皆足召乱。王者一时不能尽此制，儒者运用其思想，亦可转移风气而促其实现之。然而俱不能。则所可责者，儒者思想之陋也。吾非简单地只谓古人不知民主，实欲明此问题之本质与其了解之难，而谓道之实现必具备此一形态也。勿谓民主易至，其义易明也。……然而今之人能了解自由民主之基本精神者甚少。此思想阐发，蔚为学风，仍不足也。各个体政治方面之主体自由及政权之民主，此两者之出现，背后皆有一“分解的尽理之精神”为其背景。“综和的尽理”与“综和的尽气”之精神皆不能为其实现之根据。

《历史哲学》，第222—223页，9/255—256

中国上下五千年，始终没有开出政道。从理论上说，是因为中国属于一种“综和的尽理之精神”。在这种精神指导下，中国的政治只能是一种家天下的模式，不能实现公天下的理想。要想开出政道，开出政权之民主，必须由“综和的尽理之精神”转出“分解的尽理之精神”。



需要注意的是，牟宗三强调，要由“综和的尽理之精神”转出“分解的尽理之精神”必须绕一个弯：

> 政道之出现，惟在对于皇帝（元首）有一政治、法律形态之回应上而转出（不只是道德、宗教形态的回应）。这一步回应是须要转一个弯，须要从“顺着君、相一条鞭地想”再转出来，从人民方面再作对立地想。但是以往儒者的用心就是这一个弯转不过。只顺“自上而下”的治道方面想，是以论事每至此而穷。不能转出来建立政道，则治道终不能客观化，而民主政治亦不能出现。民主政治之出现惟在于从治道的一条鞭里转出来从政道方面想。在思想上是如此，在现实上，则在使人民兴起而成为一个政治的存在。政道成立，民主政治出现，则国家的政治意义才能出现（中国以前只有吏治，而无政治）。人民能成为一个“政治的存在”而起来以政治、法律的形态限制皇帝，则他即是一个政治上觉醒的个体。因此，他对于国家的组成才尽了一分子的责任。国家必须通过各个体的自觉而重新组织起来成为一个有机的统一体，才可以说是近代化的国家。
>
> 《历史哲学》，第190页，9/217

这一段讲得非常明确：要想开出政道，必须对政权做大手术。先前儒者只在皇帝这个因素之下考虑问题，无论如何开不出政道来。如果真的要解决这个问题，必须放弃“顺着君、相一条鞭地想”的思路，从在政治、法律上对皇帝加以限制上考虑问题，从保障人民政治权力方面考虑问题。只有人民起来了，在政治上觉醒了，成为一个“政治的存在”，与执政者形成一种对立，才能形成对立的局面。这是近代化国家所走的基本路线，中国要开出政道来，也必须走这一路线。



这种转个弯就是要形成一种“对列之局”：

> 道德、理性、经训，在具体的主观的形式中表现，必须有圣君、贤相始能维系对列之局。而圣君、贤相在此种对列之局（有非理性的在内）与主观精神下亦为主观的、无保证的。非理性的主体（皇帝）及其隶属亦牵连客观化的外朝而为主观的，至于使其表现亦为非理性的。精神（道德、理性、经训）之客观的实现，与夫客观精神之引生，法律之客观建立，经过原始的直接表现之方式后，遇见困惑时，必须在忘缘返照的反省下经过道德的自觉而显露出作为普遍理性的“内在道德性”，又必须在主客对立中显露出逻辑理性所控驭的理解（知性），由此而转出名数之学及科学，即精神之理解理性的表现。此两步显露，乃必不可少者。
>
> 《历史哲学》，第379页，9/431
>
> 西方经过大宪章的奋斗，一直奋斗到今天，英美所表现的现代化的精神，即是在争这个对列之局。社会上不容许有特权的存在，所以说自由、平等。讲人权运动即是重视个体。每一个个体都是顶天立地的，在社会上

都是一个单位，你也是个单位，我也是个单位，我怎能隶属、臣服于你呢？一隶属，一臣服，即不成对列之局了。现代化主要即是要求对列之局。

《政道与治道》，新版序，第23页，10/［26］



道德性非常重要，但光有道德性还不行，还必须将精神客观化，形成一种“对列之局”。只有将精神客观化了，形成了“对列之局”，政治才能走上正轨。西方文化在这方面做得比较好。他们奋斗了几百年，追求自由、平等、人权，使每一个人都成为一个独立的单位，不隶属于任何人，这样就形成了“对列之局”。这种“对列之局”是现代化的一个基本条件。没有这个条件，现代化是实现不了的。

以此为基础，牟宗三讲到了坎陷：

理解理性本是对待中的理性，是由超越的绝对综和之理性之自觉的坎陷而成。然必须能透出绝对综和之理性，才能说是自觉的坎陷，否则，只是顺成之停滞。光武之凝敛的理性人格并非由透至绝对综和之理性而转出，故其凝敛之理性并无超越之精神为其根据也。故凝敛有余，超拔不足也。在无超越精神为根据之凝敛理性中，私的主观的关系即粘着于其上而不能转，故彼个人及明帝、章帝，虽不放纵外戚，而亦终不能原则地闲置之也。

《历史哲学》，第347—348页，9/398



这一段提到了一个重要的说法：“理解理性本是对待中的理性，是由超越的绝对综和之理性之自觉的坎陷而成”。理解理性源自何处？源自于超越的综合之理性的坎陷。这就是说，理解理性不能自己决定自己，而来自于超越的综合理性的自我否定。在新的历史条件下，要开出民主，开出政道，必须来一次这样的自我否定，而这种自我否定就是坎陷。

## 二、依据三分方法说明坎陷如何开出民主



自从牟宗三提出坎陷开出民主的思想以来，学界的争议便没有停止过，肯定者寡，怀疑者众。即使是持肯定态度的人，也很难清楚准确说出这一思想的真正用意。在我看来，之所以存在这种情况，一个主要的原因是读者没有一个较为系统的方法。我对坎陷论的研究主要是以自己的多重三分方法[①]为依据的。在《贡献与终结——牟宗三儒学思想研究》第一卷坎陷论第三章我运用这一方法解释了坎陷如何开出科学，这里再用同样的方法说明民主的问题。

### 1.“让开一步”：开出民主必须从道德层退出身来[②]

牟宗三论坎陷开出民主是以对中西两种不同政治传统的分析为基础的。在这个过程中，他一方面对儒家政治传统进行了精辟的概括，认为儒家政治是一个“仁者德治”的传统，对其所长有充分的肯定，另一方面又指明儒家政治亦有其短，已不能适应社会发展的需要，要赶上时代的步伐，必须吸取西方民主政治之所长，开出民主。牟宗三特别强调，要达到这个目的，不能再顺着儒家传统原有的方向往前走，而必须另想他法，来一个根本性的

---

① 三分方法是我多年来一直坚持的基本方法。关于这一方法的起源、发展和界定，参见第二章“活动论论衡”第五节“理性如何保证自身具有活动性”。

② 我将坎陷概念的内涵分疏为三个方面，即“让开一步”、“下降凝聚”、“摄智归仁”。参见《贡献与终结——牟宗三儒学思想研究》第一卷第二章第一节“坎陷概念的基本要素”。

转变。《政道与治道》这样写道：

> 我们需要解答[①]以下的问题，即：如何从运用表现转出架构表现。运用表现自德性发，是属于内圣的事。讲内圣必通着外王，外王是内圣通出去。但以前的人讲外王是由内圣直接推衍出来。……内圣的核心是在正心诚意，而致知格物是归宗于正心诚意的工夫。修身、齐家、治国、平天下，都是内圣的通出去。如果外王只限于治国平天下，则此外王亦是内圣之直接通出去。如是，外王只成了内圣之作用，在内圣之德之"作用表现"中完成或呈现。但如果治国平天下之外王还有其内部之特殊结构，即通着我们现在所讲的科学与民主政治，则即不是内圣之作用所能尽。
>
> 《政道与治道》，第55—56页，10/61



要开出民主，必须从理性的"运用表现"转出"架构表现"，这种转出不能理解为一种直接关系，像过去讲内圣外王那样，似乎外王是由内圣直接通出去的。民主有其自身特有的结构，这种结构不包含在内圣之中，由内圣不可能直接推出民主来。

因为中西政治传统不同，我们没有民主这种东西，所以开出民主只能是"曲通"，而不能是"直通"：

> 显然，从内圣之运用表现中直接推不出科学来，亦直接推不出民主政治来。外王是由内圣通出去，这不错。但通有直通与曲通。直通是以前的讲法，曲通是我们现在关联着科学与民主政治的讲法。我们以为曲通始能尽

① 全集本"解答"二字遗缺，据单行本补。——引者注

外王之极致。如只是直通，则只成外王之退缩。如是，从内圣到外王，在曲通之下，其中有一种转折上的突变，而不是直接推理。这即表示：从理性之运用表现直接推不出架构表现来。然则从运用表现转架构表现亦必不是直转，而是曲转。这曲转即表示一种转折上的突变。

《政道与治道》，第 56 页，10/61—62



内圣属于理性之“运用表现”，外王属于理性之“架构表现”，前者不能直接推出后者。要开出民主，实现“架构表现”，必须转个弯。这种“转”不能是“直转”、“直通”，必须是“曲转”、“曲通”。只有这样来一个转折上的突变，才能完成开出民主的任务。

牟宗三还以“直接形态”和“间接形态”来说明这个道理：

以前儒者所讲的外王是由内圣直接推出来：以为正心、诚意即可直接函外王，以为尽心、尽性、尽伦、尽制即可直接推出外王，以为圣君、贤相一心妙用之神治即可函外王之极致：此为外王之“直接形态”。这个直接形态的外王是不够的。现在我们知道，积极的外王，外王之充分地实现，客观地实现，必须经过一个曲折，即前文所说的转一个弯，而建立一个政道，一个制度，而为间接的实现：此为外王之间接形态。亦如向上透所呈露之仁智合一之心需要再向下曲折一下而转出“知性”来，以备道德理性（即仁智合一的心性）之更进一步的实现。经过这一曲折，亦是间接的实现。圣贤人格则是直接实现。所以道德理性之积极的实现，在知识与实践两方面，都需要一层曲折。

《历史哲学》，第 192—193 页，9/219—220

在历史上儒者讲内圣外王，总含有外王是由内圣直接推出来之意，好像外王为内圣的直接形态，经由尽心、尽性、尽伦、尽制，即可以直接推出外王似的。牟宗三认为，这种理解是将外王当成了内圣的“直接形态”，并不正确。外王关乎治国平天下之事，有其内部的特殊结构，关系到民主的问题。民主属于内圣的“间接形态”，不可能由内圣直接推出来。直通不仅开不出外王，反而会造成外王之退缩，完全要不得。



牟宗三进而指出，开出民主必须有一个“逆”的过程：

> 这“逆”的意义之形成是这样的，即：德性，在其直接的道德意义中，在其作用表现中，虽不含有架构表现中的科学与民主，但道德理性，依其本性而言之，却不能不要求代表知识的科学与表现正义公道的民主政治。而内在于科学与民主而言，成就这两者的“理性之架构表现”其本性却又与德性之道德意义与作用表现相违反，即观解理性与实践理性相违反。即在此违反上遂显出一个“逆”的意义，它要求一个与其本性相违反的东西。
>
> 《政道与治道》，第 57 页，10/63

牟宗三将坎陷开出民主称为“逆”的过程。在他看来，道德理性固然重要，但道德理性不能直接发展出民主。为此必须要“逆”一下，要求一个与其本性相反的东西。这种“逆”其实就是不再发展自己，而是让开身来，发展与自身性质不同的内容。经过这种“逆”，身段让开来，主观才能变为客观，德性才能开出民主。如果我们的德性只停在自身，那永远也不能达成客观的实现，开出民主。

将上述思想集中起来，就是“让开一步”四个字：

> 儒家“仁者德治”的政治理想不是不对，而是不够。光从治者个人身上想，不能实现此理想。要实现此理想，根绝循环的革命与造反，必须从“治者个人”身上让开一步，绕一个圈，再自觉地来一次“理性之外延的表现”，由此开出“政治之所以为政治者”，即政治之“自性”。就政治的自性言，政治要成其自己，不能单从“治者个人”一面作一条鞭地想，而须从治者与被治者两面作双边地对待地想，使双方都有责任。依此，政治的自性必然地要落在“对待领域”中，必然地要建立在双方都有责任上，而不能只落在一面的无对中，只建立在仁者的无限担负上。这一步转进是“理性之内容的表现”所不能尽的。只从治者个人一面想，要求其为仁者，那是政治被吞没于道德，结果是政治不得解放，道德不得解放。
>
> 《政道与治道》，第140页，10/155



牟宗三在这里强调，儒家政治的特点是“仁者德治”，这种政治理想不是不对，只是不够。在政治上，将希望都寄托在治者个人之道德方面，只就此“作一条鞭地想”是不行的。正确的做法是在治者个人之外另想办法，开出一个“对待领域”。在这个领域中，治者与被治者双方都有责任，而不能只落在治者一面的无对之中。要实现这个理想，必须从个人之道德方面“让开一步”，绕一个圈子，自觉来一次理性之外延的表现。否则政治必然被道德吞没，政治与道德两头均不得解放。

开出民主为什么要“让开一步”呢？借助多重三分方法可以

得到较好的说明。根据多重三分方法，从纵向的角度看，生命层级构成和社会层级构成自下而上包括体欲、认知、道德三个层面。这三个层面井然有序，不可错乱，更不可颠倒。这种理解对于研究坎陷论大有助益，可以帮助我们理解为什么牟宗三论坎陷开出民主一定先讲一个“让开一步”。儒家政治传统的根本特点是特别关注道德，重视“仁者德治”。这种做法从多重三分方法的角度看，就是将注意力都集中在道德层面上了。虽然政治不能完全脱离道德，但光有道德远远不够，除此之外还有认知。只有依靠认知，让认知一层得到大的发展，才能将随着体欲一层不断发展而需要制定的律法和制度完善起来，将政治形态客观化。因此，要在我们政治传统的基础上开出民主，首先需要做的，就是不再一条鞭地往道德处想，而必须从道德一层退出身来。

对于牟宗三这一思想，学者多不能准确把握，以为牟宗三讲坎陷是主张在儒家政治传统基础上直接开出民主。这些学者的精力大多集中在儒家思想与现代民主制度的矛盾方面，强调以儒家思想为基础不可能开出现代民主制度来。这种意见表面看非常尖锐，似乎点到了问题的要害，实则缺乏对牟宗三坎陷论的基本理解。牟宗三讲坎陷有一个基本的含义，就是发展民主必须“让开一步”，而“让开一步”就是首先要来一个自我否定，不能直接地开，只能间接地开，不是直通，而是曲通。牟宗三从来不认为内圣是外王的充分条件，从来不认为在儒家政治传统基础之上可以直接开出民主，好像坎陷是体用关系，有道德之体必有民主之用似的。在他看来，中西文化是两种不同的文化，中国文化属于“综和的尽理之精神”、“理性之运用表现”、“理性之内容表现”、“社会世界实体性律则”，西方文化属于“分解的尽理之精神”、“理性之架构的表现”、“理性之外延的表现”、“政治世界规约性律则”。他之所以列出这些不同概念，就是要说明，中西文化的不同是全方位的，政治方面尤然。与西方相比，中国文化在政治方面最为重要的特点就是重德，强调“仁者德治”。儒家“仁者德治”的政治格局在历史上发挥了重要的作用，但也不可避免地有其缺陷。其中影响最大的，就是中国文化没有产生出西方那样的民主思想。儒学第三期发展的一个重要任务，是要克服这种缺陷，开出民主。要达此目的，当然不能再一味不加分辨地照搬传统，再按体用关系来想问题，而必须对传统加以改造，设法从自己重德的传统中暂时抽出身来，退让一步，发展我们所不擅长的东西。这种暂时抽出身来，就是“让开一步”。一旦我们明白了这一点，牟宗三论坎陷开出民主何以必须首先讲“让开一步”，退出身来，就不难理解了。



### 2.“下降凝聚”：开出民主需要向下发展认知一层

牟宗三论坎陷开出民主，除主张从道德层退出身来之外，对退出身来之后的发展方向也有具体的规定。他明确指出，这个方向不是向上的，而是向下的：

> 然而上升，不能不下降。仁且智的精神主体不只要上升而为道德的，其由破裂而显之“自然”不只是为道德主体所要克服而转化之自然，而且亦要成为理解所对之自然，而仁且智的精神主体亦须从其上升而为道德的主体下降凝聚而为一“知性主体”，即思想主体。此步破裂是“精神转为理解”之本质，其成果为科学。精神（心）之“智性”不能永远吞没隶属于道德意志中而不彰著，亦不能永远浑化于仁心中而为直觉的。智要充分完成其为智，则不能不凝聚而为理解。否则，便是未取得其彰著而客观之地位，便是未能尽其用。同时，仁且智的“道德的精神主体”亦不能永远是个人的、道德的。

若只如此，则破裂所显之精神主体即不能通出去。不能通出去，精神即停滞于孤明而为非精神，而为不明。所以它必须要披露于个人以外之社会及天地万物而充实其自己，彰著其自己。即，必须要客观化其自己，且绝对化其自己。客观化其自己，即须披露于国家、政治及法律。依此，国家、政治及法律即是精神之客观化，而为客观精神也。精神必须客观化，吾人始有国家、政治一面之“主体的自由”。

《历史哲学》，第117—118页，9/136



这是就道德主体与认知主体（知性主体）关系而言。道德主体是人成德的根据，当然不可缺少，但光有道德主体并不够，还必须有认知主体。而要发展出认知主体，必须向下讲，牟宗三的说法是“下降凝聚”。这种说法值得高度重视，它说明，在牟宗三看来，要发展民主，必须从道德主体下降，只有经过这种下降，知性主体才能不被吞没于道德意志，国家政治一面之主体自由才能成为可能。

关于开出民主必须“下降凝聚”的论述很多，为了说明问题，再引几则：

中国以往的学术是向上讲的，儒、释、道三教讲学问都是如此。儒家讲成圣成贤，道家讲成真人，成至人，佛家讲成佛，成菩萨，这都是重个人修养的向上发展。在向上发展的方向中，对列之局是出不来的……

《政道与治道》，新版序，第26—27页，10/［30］

中国人以前的理想在讲道德宗教方面是往高处讲，圆实处讲。我们现在所讲的下面这一层，亦即现代化的问题，在以前那种社会里并不成个问题；依着它那种形态，在当时是够了，也有相当的合理性，所以讲学的重点不在科学知识，而在讲超越科学知识的道德宗教。

《政道与治道》，新版序，第27页，10/[31]

以往两千多年是以在道德宗教方面的表现为胜场，它所树立的固是永恒的价值，但是现在我们知道，只在这方面表现是不够的，学术还是要往前开，还是得顺着顾（亭林）、黄（梨洲）、王（船山）的理想往前开外王。要求开出下一层来，则学术不能只往上讲，还得往下讲。

《政道与治道》，新版序，第28页，10/[31]



牟宗三认为，中国以往的学术总的方向是向上讲，不是向下讲。儒家讲成圣成贤，道家讲成真人至人，佛家讲成佛成菩萨，无不如此。但只向上讲还不行，因为这种做法开不出“对列格局”，开不出民主。为了开出“对列格局”，开出民主，开出政道，学术还得往下讲，即所谓“学术不能只往上讲，还得往下讲”。

这种“下降凝聚”，牟宗三又叫“向下”的“大开大合”：

中国的文化生命，在其发展中，只在向上方面撑开了，即：只在向上方面大开大合而彰著了本源一形态，而未在向下方面撑开，即未在下方再转出一个大开大合而彰著出属于末的“知性形态”与国家、政治、法律方面的“客观实践形态”。

《历史哲学》，第181页，9/207

我们传统的优点是有一个“向上”的“大开大合”，缺点是没有一个“向下”的“大开大合”。光有“向上”没有“向下”，对列之局是出不来的，而对列之局出不来，民主也就无法实现。因此，要开出民主，必须补上这一课，来一个“向下”的“大开大合”。

牟宗三甚至将这种情况称为一种“解放”：

> 人，不但因宗教而为一精神的存在，有一绝对的价值，有一超越的平等，且须为一实际的存在，有一实际权利上的平等。（因他有一现实生命故，他需要有合理的生存。）此即由解放人为一精神的存在，再解放人为一“权利主体”的存在（每一个人皆是一种权利的主体），为一政治的存在（公民）。那“超越的平等”之光投射到现实的阶级上，立刻照出现实人间的不公道，无正义。所以依照上帝的意旨来争取权利上的平等，那是人间最有理想意义与价值意义的客观事业。此就是自然法与人权运动的贡献。
>
> 《政道与治道》，第151页，10/166—167



就一个人而言，不仅需要有道德宗教的层面，有一超越的平等，同时也需要有一实际权利的平等，要求成为一种权利的主体。由宗教层面向实际权利的发展，再由实际权利向权利主体的发展，都是一种“解放”。经过这两次“解放”，近代意义的政治格局才能出现。

向下发展，求得解放以开出民主，这是牟宗三坎陷论的基本内核。牟宗三对于中国历史发展的观察，即是从这个角度进入的。《历史哲学》充分体现了牟宗三的这一思路。比如，在该书中，牟宗三曾以这一思路来诠释汉代政治的发展：

> 周公制礼，同姓不婚，传子不传弟，大宗不迁，小

宗可迁，皆示政治之制度性与客观化。而且宰、史直辅王室，王室亦未深藏内处具有一私属之集团，故表面视之，亦可谓极公者。天子实较近于垂拱而治，非如后世之集权；而贵族政治极重等级与分位，礼法不乱，虽天子亦爵称。此亦足见其“客观而公”也。然自历史精神之发展言之，此乃为一“原始之整全”。此“整全”之成，乃由氏族社会之长期发展，二帝三王之创造的活动，史官之掌官书以赞治，正岁年以序事，理想性与制度性合一之创造的构造，自民族灵魂深处而涌发者也。其为构造，乃向上而前冲之开辟的，乃自洪濛中而冲出也。故为创造的构造。春秋战国，为破裂时期。贵族政治崩坏，封建王朝亦将转而为郡县之大一统。士人崛起，而只为思想的，孔、孟、荀将“周文”予以反省的解析而抒发其意义，此为典宪（制度）与理想在思想上之合一。由此而确定吾华族活动所依据之文化意识之模型。然而此思想上之模型与现实政治趋势不相融，故一方表示该时代不能成为构造的，一方亦只有垂空文于来世。至汉武，士人携儒术而参政，立外廷而为相，理想性与制度性合一，复成为构造之时代。所谓构造时代，意即：领导时代之集团必有士人与之合作而为一体之主宰力量，即代表理想者必具有向心力而承认此时代有一公共之标准为其所肯定，故无论在朝在野，其心思或理想皆具备一共同之倾向。若不具备此条件，则即为破裂之时代，而士人亦只有退处于社会而抒发其理想，或为别方面之种种表现。夏、商、周而后，两汉可谓一构造时代。西汉为理性之超越表现，东汉为理性之内在表现。此如前述。光武以其理解理性之构造，澄清各部门为一“对列之

> 局”。此在此种构造进程中，精神主体（皇帝个人）能立得住而不散乱，则各部门即得一协调而共成其用。
>
> 《历史哲学》，第339—340页，9/388—389

在牟宗三看来，中国历史自二帝三王之后，周代是一个重要时期。周公制礼，同姓不婚，传子不传弟，大宗不迁，小宗可迁，王室并未成为一个私属集团，天子接近于垂拱而治。这些都体现了一种“客观而公”的精神，亦可称为“原始之整全”。春秋战国是一破裂时期，将先前的“客观而公”、“原始之整全”彻底打翻，但因为时间短暂，尚未达到构造之时代。其后的两汉时期则可以视为一个构造的时代，其重要代表便是光武。



牟宗三具体分析道：

> 武帝后，儒术兴，而经生之阐幽显微，思入风云，亦是元气之奔放，未经过自觉之坎陷而转为构造之理性的，故为超越之表现，而常与现实扞格不相融，遂结集于王莽之篡汉，而王莽亦崩解。光武之内在的表现，则是经由其凝敛之理性人格，将原始的外在而超越之表现，坎陷而转为构造之理性的。有田间之诚朴，而无草莽之野气。故自元气而言，诚不若西汉之浩瀚。然不可直视为堕落也。野气变为诚朴，浩瀚敛为理性，则是将“原始之整全”不自觉地坎陷而为“理解之理性”（theoretical reason，understanding）；依是，原始之整全，遂破裂而为主客体之对立，超越表现亦转为内在表现。光武所代表之理性即主客体对立中的理解之理性。文理密察，曲成不遗，即理解理性之表现。措之于政事，则为吏治之形成。形成即构成，故理解理性即构造理性也。此种理性

乃本“原始整全”之浩瀚而来，乃对于“原始整全”之否定，俨若为堕落，实非堕落也。乃一不自觉之坎陷，或凝敛。不如此，则进一步较高级之精神表现不可能。

《历史哲学》，第 321 页，9/367—368

光武重尚书，而轻三公权任。天子总揽百务，而尚书为其枢机。重尚书权，即所以集权于天子。此固君主世袭之专制政体所必演至也。此亦至光武显明。此亦足示光武为一凝敛之理性人格，表示时代精神为主客体对立中之理解理性之构造的表现也。此种表现为对于“原始整全”之否定。在此否定中，将其中之各成分予以沉淀之厘清而成为一“对列之局”（co-ordination-frame），此即谓理解理性之构造的表现：三公、尚书、九卿、外戚、宦官、宗室、功臣、天子，皆在此表现中而有独特之地位。

《历史哲学》，第 326 页，9/373



牟宗三认为，光武重尚书，轻三公，总揽百务，而尚书为其枢机，这是一个重要现象。重尚书权，轻三公权任，即所以集权于天子。这种做法虽说是君主世袭之专制政体的必然发展，但亦表现为对于“原始整全”之否定。更为重要的是，在此否定中，三公、尚书、九卿、外戚、宦官、宗室、功臣、天子，皆有独特之地位，形成了一种“对列之局”。这种情况实际就是一种坎陷，一种对于“原始整全”的否定。虽然光武的做法只能算是一种不自觉的坎陷，但它所体现的意义却不可轻视。牟宗三对于汉代政治的这种分析代表了他对历史的一种解读。这种解读是否符合史实，可由史学家判定，但从中可以清楚看到牟宗三希望通过向下发展，向下“堕落”，形成“对列之局”，开出民主的真正用心。

开出民主不是向上发展，而是向下发展，“下降凝聚”，蕴含着十分深刻的道理，直接牵涉到中西政治层面之比较的问题。与一般西化派的看法完全不同，牟宗三反复强调，尽管我们没有民主的传统，但我们的政治层面并不低于西方：



> 中国文化于理性之架构表现方面不行，所以亦没有这方面的成就。今天的问题即在这里。而架构表现之成就，概括言之，不外两项：一是科学，一是民主政治。数十年来的中国知识份子都在闹这问题。中国为什么不能出现科学与民主政治呢？我们的答复是理性之架构表现不够。中国文化只有理性之运用表现。我们上段已说，若论境界，运用表现高于架构表现。所以中国不出现科学与民主，不能近代化，乃是超过的不能，不是不及的不能。
>
> 《政道与治道》，第51—52页，10/57

中国文化属于“理性之运用表现”，不像西方文化那样属于“理性之架构表现”，的确有自己的不足，需要改进。但中国文化的境界并不低于西方，而是高于西方。儒家政治没有开出民主，不是不及，只是不为，是“超过的不能”，不是“不及的不能”。牟宗三甚至借用《墨经》中的说法，将中西文化分判为盈离二教，认为中国文化为“圆盈的形态”，是一种“盈教”，“以与西方的‘隔离的形态’，名耶教为‘离教’，相区别”（《历史哲学》，第168页，9/194）。

这种情况同样可以通过多重三分方法得到较好的说明。如上所说，生命层级构成和社会层级构成从纵向分析均可分为三个不同层面。中国文化的特点都是最上一层发达，其他层面不够发达，具体来说就是道德发达，认知不够发达。从这个意义上可以看出，中国文化实在是一种多重高企的文化。这里所说的“多重高企”可分两层意思来看。首先是“多重”，即它不仅包括生命层级构成，同时也包括社会层级构成；其次是“高企”，即无论在生命层级构成还是社会层级构成中都重视道德而不重视认知。这种“多重高企”，决定中国文化的品位十分高超。中国文化的这种特点保证了它始终有一种向上提升的力量，不至于无限度地向下堕落，但这个特点也影响了较低层面内容的发展。在新的历史条件下，要发展民主，将国家治理建立在严格的制度之上，补上这一课，当然就不能只是在道德层面上想办法，而必须放弃传统的模式，大力发展认知一层，加强律法和制度的建设。由于认知层面低于道德层面，所以开出民主必须向下走，向下发展，“下降凝聚”，来一个向下的“大开大合”。牟宗三论坎陷开出民主反复强调“下降凝聚”，向下发展，道理即在于此。



3.“摄智归仁”：坎陷仍须保持儒家政治传统的特色

通过“让开一步”、“下降凝聚”，从道德层面退出身来，向下发展，就可以开出民主了。但这并不是坎陷论的全部，除此之外牟宗三还特别强调，必须坚持仁的指引，这就叫“摄智归仁”。牟宗三之所以有这一主张与一段往事有密切关系。大约在20世纪三、四十年代，牟宗三在天津时罗隆基告诉他，西方近代政治的最大贡献，是把政治与道德分开。这对牟宗三产生了很大的影响。他认为，在西方政治思想史上，所谓与道德分开，就是与神权政治下那些与政治牵连在一起的道德宗教之烟幕意识分开。中国文化较为特殊，其道德比较纯正，不像西方那样与神权的宗教教条混在一起。但与西方政治思想参照，政治当然也应该有独立的意义，因此要求政治暂时与道德分开，自然也是可以的。不过他同时又强调：

但须知这种分开划开，只因政治有独立的意义与境域，而可以纯政治学地讨论之之“政治学上的权法”。在此独立境域内，不牵涉那形而上的道德理性而使民主政体内各种概念清楚确定，这种清楚确定亦不过是为名言的方便。名言上的清楚确定，即不必牵连那么多，只在民主政治的大括弧下就对等平列的事实而确定地说出就够了。这只是政治学教授的立场，不是为民主政治奋斗的实践者的立场，亦不是从人性活动的全部或文化理想上来说话的立场，所以那种清楚确定只是名言上的方便。至于说到真实的清楚确定，则讲自由通着道德理性，通着人的自觉，是不可免的。我们不能只从结果上，只从散开的诸权利上，割截地看自由，这样倒更不清楚，而上提以观人之觉醒奋斗，贯通地看自由，这样倒更清楚。盖民主政治并不是从天上掉下来的，各种权利之获得也不是吃现成饭白送上门的。这是人的为理想正义而流血斗争才获得的。这很明显，自由必通着道德理性与人的自觉，这里并没有什么抽象玄虚，也没有什么易引起争辩的形而上学的理论。这是实践上的定然事实。各种权利只是它的客观化的成果而在民主政体中由宪法以保障之。人只吃现成饭，忘掉前人的奋斗，始只停在观解理性上，囿于政治学教授的立场，遂只割截地把自由下散而为诸权利，并以为一上通着讲，便是抽象的玄虚，形而上学的无谓的争论。这还不算，并以为一通着道德理性人的自觉讲，便成为泛道德主义，有助于极权，这都是在割截下只知此面不知彼面为何事的偏面联想，遂有此一往笼统抹杀之论。此也是孔子所说的“好知不好学，其蔽也荡”。泛道德主义固然不对，但此种“荡”却亦流入泛政治主义之一型而不自觉。

《政道与治道》，第60—61页，10/66—67

近代以来，西方将道德与政治分离开来，确实有历史的进步意义，这是必须肯定的。但也不能过头。如果将这个话题推广开来，变为一个普泛的命题，就有问题了。民主政治不是从天上掉下来的，各种权利也不是白白得来的，其间贯穿着一种道德的理想。以为讲政治即不能讲道德，一讲道德便成泛道德主义，是完全不对的。将政治与道德捆在一起自然不行，有可能形成极权。但如果只讲政治，不讲道德也不对，那就成了泛政治主义。

依据这一标准，牟宗三对西方政治思想进行了评点：

现在文艺复兴时的人文主义虽表示人性的觉醒、个性自觉的觉醒，然其所谓人性仍只是对自神本落下来而说，而落下来自其自身而观之，又只是一个浑沦的泛说，而个性自我亦只是一个浑沦的整全，因此亦只偏于就才、情、气而说，或至少亦与才、情、气夹杂在一起，而未真点出一个“道德的心性”以为真我，以为真性，由之以建立个性之本。这关键总在未打开主体之门，即未经过一反省的破裂与超越的分解的。此步作不到，则一方与神与宗教为对立，一方本源不清而提不住，而由浑沦整全的个性自我所开出来的近代精神，遂步步趋于现实，向下向外而发展。近代的一切成就与精采由此出，而一切流弊与夫今日之大难亦由此出。

《道德的理想主义》，第169页，9/219

西方近代以来，大讲人性的觉醒，但这种觉醒多是偏就才、情、气而说，未能真正点出一个道德的真我。“近代的一切成就与精采由此出，而一切流弊与夫今日之大难亦由此出”，这一判断十分重要。它说明，如果没有一个道德真我的提撕，尽管可以发展民主，但也可能流向种种弊端。西方近代以来的种种现实已经足以说明这一点了。



又说：

> 在“内容的表现”中，则不注意那些形式概念，只注意个人之主观生命如何能内在地处理得顺适调畅。因此，在表现仁义上，则说如何能“仁精义熟”；在客观表现上，则说如何能亲亲、仁民、爱物；在政治上，则说如何能齐家、治国、平天下，如何能为王者、能为仁者；而西方所表现的那些形式概念，则并未客观地予以注意，而只吞没于生活之全上事理当然之韵节中，此即“内容表现”之切义。中国人是生活在生活中，而不是生活在概念架构、法律契约中。自今日观之，徒此“内容表现”，当然是不够的。然不能说此途径无价值。吾可以说，不但不能说无价值，而且其价值很高。反之，在西方，外延的表现固然有其精采，但若只是此途径，亦未见得够。在出现科学与建立民主政体上，这外延的表现是当行的，对此而言，是够的。但人的“生活之全”并不只是科学与民主政体所能尽，因此就显得他不够。
>
> 《政道与治道》，第156—157页，10/172

这是进一步从“内容的表现”与“外延的表现”的关系来阐述这个问题。如上所说，“内容的表现”指道德本身，属于道德理性范畴，“外延的表现”则指政治架构与政治形式，属于理论理性范畴。牟宗三认为，在这两者的关系中，不能说“内容的表现”无价值，恰恰相反，价值相当的高。西方政治重“外延的表现”，固然有其精彩之处，但如果仅仅限制在这里，则是非常不够的。

由此可见，一方面是下降，一方面是提撕，二者缺一不可：

> 所以内圣必函外王，外王就须正德以开幸福。从王道方面讲，正德必函厚生。正因为德是指道德的真实心、仁义心言，故一夫不获其所，不遂其生，便不是仁义心所能忍。从个人道德实践的立场上说，律己要严；从政治王道的立场上说，对人要宽，要恕。正德求诸己，利用厚生归诸人，而亦必教之以德性的觉醒，此正所以尊人尊生也。尊生不是尊其生物的生，而是尊其德性人格的生，尊其有成为德性人格的可能的生。若只注意其生物的生，则是犬马视之，非所以尊人也。故厚生必以正德为本。此是儒家言德治之大端。
>
> 《政道与治道》，第28页，10/31—32



坎陷的一个重要内容是向下发展，但仅有这一面远远不行。从王道方面讲，一是正德，二是厚生。正德可以理解为内圣，厚生可以理解为外王。二者不可偏废。一来正德必含有厚生，由正德可以坎陷厚生，二来厚生又必须以正德为本，这才是儒家言德治之要旨。

另一段也是此意：

> 夫既曰外王，则其不能背乎内圣亦明矣。并列言之，曰政道，曰事功，曰科学。总持言之，皆赅于外王。内圣之学即儒家之“心性之学”。其直接之本分乃在道德宗教之成立。然儒教之为教与普通宗教本不同。其以道德

实践为中心，虽上达天德，成圣成贤，而亦必赅摄家国天下而为一，始能得其究极之圆满。故政道、事功与科学，亦必为其所肯定而要求其实现。反之，政道、事功与科学，亦必统摄于心性之实学，而不能背离此本源。

《政道与治道》，序，第2页，10/[38]



讲外王是必要的，非如此不能适应时代变化的要求，但讲外王又不能背离内圣这个前提。这就显出儒家内圣之学的重要性了。内圣之学即心性之学，儒家心性之学有着与道德宗教相类似的作用，这是外王统摄之源。离开了这个统摄之源，外王很可能会走到斜道上去。

正是在这个意义上，牟宗三再三强调道德理想的重要性：

“理想”的原意根于“道德的心”。一切言论与行动，个人的，或社会的，如要成为有价值的或具有理想意义的，皆必须依据此原意的理想而成为有价值的，成为具有理想意义的。……理想不只是一个“未来的未实现”，此种道理，一经说破，人人皆可以明白。它所以这样显明，是人人心中皆有个合理不合理的判断，而这种判断却正是根于“道德的心”的。依此，“道德的心”是普遍地存在着的。而且是随时可以指点出的。这就是我们一切言论行动以及判断一切言论行动的起点与标准。

《道德的理想主义》，第13页，9/17—18

盖此对反之成实根于调护生命，而调护生命即是不安于堕落（物化）之“不容已之真几”之透露。此“不容已之真几”即是一切理想与价值之根源。堕落物化，即是罔生。不安之不容已即是真生。尊生，则不得不定肯任何个体。要尊生，不能不尽性尽伦。精神在这里表现，价值在这里表现。圣贤、豪杰、志士，在此成己成物。其成己成物，或忘我牺牲，或顺适通达。此精神表现之本质，一般地说，是道德的，其主体自由是"道德的主体自由"。依此，使人成为一"道德的存在"。

《历史哲学》，第76页，9/86—87



牟宗三强调，理想并不是一个尚未实现的未来，而是一种价值的意义。这个价值的意义即根源于"道德的心"。无论是一个人还是一个社会，总有价值的意义，以此来判定事物合理与否。如果没有"道德的心"来指导，来调护生命，丢失了价值之源，仅仅凭借宪法来保证思想、言论、结社等自由，将治理国家的重担全都置放在理论理性之上，社会一定走向堕落与物化。只有将自由与道德结合好，才能建构健全合理的政治形式。

以多重三分方法来分析牟宗三的上述主张，其创立坎陷论的用意并不难把握。按照多重三分方法，生命层级构成和社会层级构成可以分为体欲、认知、道德三个不同的层面。这三个层面均不可缺少，但作用有所不同。体欲一层负责人的物质生存，只有这一层得到了保障，一个人、一个社会才能生存和发展。认知一层从政治意义上来讲，主要负责制定社会制度并保证这些制度的落实，只有制度层面的工作做好了，社会才能治理好。道德一层责任重大，既保障体欲一层不走向极端，流向恶，又为制度的制定提供一个理想的方向，使体欲与认知达到一种平衡。一个人如果只有体欲和认知，没有道德，那么或者只知食色之欲，或者凭借其聪明走向人心的狡诈。一个社会如果只有体欲和认知，没有道德，那么或者走向绝对物化，堕落不起，或者偏信理论理性，使社会失去正确的方向。近代西方将道德与政治剥离开来的趋势传入中国之后，不少学者，其中主要是自由主义者，纷纷效仿，主张学习西方，彻底抛弃儒家将政治与道德捆绑在一起的做法，见到有人坚持这一传统，就讥之为保守落后，不识时务。这种做法表面看很时髦，很先进，但往深处看，难掩两个方面的明显缺失。其一，他们对中国政治传统缺乏深入的理解，只是简单延续五四意识，将中国政治批评为王权主义，不了解儒家政治传统的内在价值。其二，他们不知道，西方近代政治的这种走向自然有其历史进步性，但随着时代的发展，本身的问题已经暴露出来，不少学者已经开始反省个中的教训。对此必须有清醒的认识。



与这些理论相比，坎陷论明显要高出一筹。牟宗三提出坎陷开出民主的思想同时在两个方面做出了积极的努力：一方面不排斥西方政治发展的合理因素，强调再不能将政治的希望完全寄托于道德方面，只讲圣君贤相，“仁者德治”了；另一方面又清醒看到，如果将道德一层完全抛开，全靠理论理性，必然使政治走向堕落和物化，不可收拾，由此强调在政治中一定要保留道德的因素，尽管这种保留与从前一条鞭式的“以德治天下”不可同日而语。坎陷开出民主这一说法本身就包含着政治不能完全脱离道德指导这一层意思，这可能是坎陷论最值得玩味，最有价值的地方。唐君毅对坎陷论的思想主旨颇为认同，其中关键一点是，“牟说能够紧扣德性之知或良知对于科学知识的统摄作用来说科学知识的知”。“科学是知识，但我们决定需要具有科学知识的这种‘决定’，则不是知识，而是良知的决定。这种‘决定’，肯定地是在比科学知识更高的层次上。基于此，我们可以确认，中国传统思想着重德性之知与良知之教，在原则上是可以成立的。”[①] 吴汝钧

① 转引自吴汝钧《当代新儒学的深层反思与对话诠释》，台北：台湾学生书局，2009 年，第 78、80 页。

赞同唐君毅的这一看法，指出："平心而论，说儒学（先秦儒学、宋明儒学和当代新儒学）有泛道德主义的倾向，便是在这种价值取向下，当代新儒家提出良知自我坎陷以开出认知理性，我可以接受。说泛道德主义的倾向会压缩其他文化活动，造成各种价值取向的不平衡发展，因而良知的自我坎陷以开出认知理性、科学的说法有不周延之处，我也可以接受。但因为这样便一棍子把道德的思想体系打垮，说儒学是现代化的绊脚石，以至说科学知识、工商文明可以完全脱离儒学所尊尚的道德操守，而独立发展，则是我万万不能同意的。"① 这就是说，儒家传统有过份重视道德的倾向，压缩了其他文化活动的发展，这种情况在新的历史条件下必须改变。但这种改变并不能走向另一端，完全丢弃道德，置道德操守于不顾。② 自牟宗三提出坎陷论以来，人们往往将注意力集中在如何理解坎陷这一概念，坎陷是否必要，是否可能等细节上，



① 吴汝钧：《当代新儒学的深层反思与对话诠释》，第 88—89 页。

② 贝淡宁虽然没有涉及牟宗三坎陷论的这一内容，但同样强调，中国下一步的政治统治必须有一个道德的基础。"中国官员和学者不讨论共产主义的主要原因是马克思主义这个意识形态已经被极度滥用，导致名声遭到严重破坏，在社会上几乎已经失去所有的正当性。出于实践上的目的，这是意识形态的终结。不是所有意识形态的终结，而是马克思主义意识形态在中国的终结。然而，中国的政治统治确实需要一个道德基础。"（贝淡宁：《中国新儒家》，上海：三联书店，2010 年，第 14 页）这个看法很有意义，值得关注。另外，贝淡宁对中国文化的很多观察都值得细细品味。这里仅以其对政治问题与个人问题的关系的看法为例。西方自由主义主张将二者加以严格区分，但在贝淡宁看来"儒家就不同了。儒家始终有说到做到、知行合一的压力。仅仅阅读和写作儒家哲学是不够的，儒者还应该按照儒学价值观来生活，身体力行。也就是说，他或者她必须立志做君子，成为他人的榜样。那么，这意味着什么呢？从最低限度来说，它意味着成为顾家的好人。如果我不孝顺父母，不管教孩子，那我就没有尽到自己的职责。不管我的文章写得多么漂亮，如果有人发现在我自己的生活和理论承诺之间存在实质差距的话，我的可信度就丧失殆尽。如果一个儒家哲学家的个人生活和儒家价值观存在明显不一致的话，就再也没有人愿意听他说教。"（同上，第 161 页）作为一个西方学者，能够看到儒家文化的这个特点并亲身践行，令人感动而欣慰。

较少注意牟宗三创立坎陷这一说法本身还包含着政治不能完全离开道德的深刻用意。这不能不说是一个不小的遗憾。

这方面不妨以白彤东为例加以说明。白彤东撰有《旧邦新命——古今中西参照下的古典儒家政治哲学》一书，用很大气力分析了西方民主制度的内在缺陷，探讨了儒家思想在当今社会的价值和意义，提出了一些颇有启发性的意见，但他对牟宗三坎陷论的定性似乎还可以商量。该书第一章谈到儒家在当今情境下的处境，将关注儒家乃至东亚价值与自由民主的关系的人分为四个阵营。第一个阵营的人将儒家理解为权威主义、精英主义以及人治，认为这些价值是现代化和实现自由民主的羁绊。第二个阵营的人认为所有近现代和自由民主的价值都可以从儒家思想中导出。第三个阵营的人断言中国传统价值比西方价值更为优越。第四个阵营的人承认东西方价值不同，但试图阐释各自的利弊，并提出一个比现实的东西方制度更好的方案。白彤东将牟宗三归为第二阵营，而将自己归为第四个阵营，并对包括牟宗三在内的第二阵营提出了批评："这个想法听起来很自信，但这个阵营实际上分享了第一个阵营的'西方价值是最好'的观点，而前者与后者的区别是第二阵营试图用经常是很勉强的解释指出东方价值中也能得出西方价值。"① 但是，根据上面的分析，这种对于牟宗三思想的理解，有一定的不准确性。这里至少有三个问题需要讨论。其一，牟宗三并不认为所有近现代和自由民主的价值都可以从儒家思想导出。牟宗三讲坎陷的一个根本用意，是强调民主这种思想儒家传统并不具有，按儒学内在发展的理路，也不可能自己产生。但在西方文化大举入侵的情况下，我们当然不能将其完全排除在外。

① 白彤东：《旧邦新命——古今中西参照下的古典儒家政治哲学》，北京：北京大学出版社，2009 年，第 14 页。

正确的做法是吸收其合理的部分，在自己的基础上，做出合理的安排。坎陷概念包含“让开一步”、“下降凝聚”的含义，根本用意是说，我们自己没有民主，如果让我们的强项退让一下，不再完全沿着自己的方向走，而是向下发展，也可以开出民主。其二，牟宗三并不认为西方价值是最好的。牟宗三在讲坎陷的过程中，对西方民主思想的合理部分当然有所肯定，不然他就不会讲开出民主了。但在他看来，民主这种东西并没有多少高妙之处，境界一点也不高，“卑之无甚高论”（《政道与治道》，新版序，第28页，10/［31］）。其三，牟宗三讲坎陷的终极目的不是只要从自己文化传统中开出民主就万事大吉了。这一理论内在地包含着这样一个意思：在开出民主的过程中，应尽量保留自己文化的优势，最终形成一种既不完全同于我们自己的传统，也与西方近现代民主制度有异的新的东西。他讲坎陷不仅讲“让开一步”、“下降凝聚”，同时也强调“摄智归仁”，较为合理的解说，就是希望以我们政治传统的优势克服和解决西方民主制度的不足。尽管受到特定时代背景的影响，牟宗三晚年的一些讲法对这一重要思想有所“淡忘”，或者说至少是强调得不够（详见后文），但坎陷论本身包含着这种倾向，则是不能否认的。从这个意思上说，在我看来，牟宗三应该归入白彤东所划分的第四阵营，而不是第二阵营。我借助多重三分方法对牟宗三坎陷论进行分析，一方面自然是希望能够提出一个更为清晰的诠释，以便更好地理解这一思想，另一方面也是希望以此化解上述遗憾，从更高的视角来把握这一思想的理论意义。

4. 对坎陷开出民主提法的一个重要补充

牟宗三论坎陷开出民主常常与科学问题一并处理。意思是说，中国文化的层面很高，只注重向上发展，没有注意向下发展，未能开出科学和民主。要弥补这个缺失，不能再一味向上发展，而必须向下发展，“下降凝聚”。在牟宗三这种提法中隐含着这样一个问题：科学和民主的性质完全一样吗？开出科学和民主的路径完全相同吗？应当承认，科学和民主确有相同的一面。科学属于理论理性（牟宗三有时笼统称为“知性”），历史上中国文化的重心始终在道德方面，影响了理论理性的发展，未能形成一个如西方那样的独立的科学系统。现在要发展科学，一个可行的办法，就是大力发展理论理性。民主的情况与此类似。民主涉及各种利益和权利的协调分配，涉及契约关系，涉及制度建设，要处理好这些问题，也必须有理论理性。这一层不发展，民主发展不起来。但需要注意，民主与科学也有差异性。与科学相比，民主不仅与理论理性有关，还涉及其他方面的内容。牟宗三将科学与民主捆在一起，很容易给人一种印象，似乎只要充分发展理论理性，发展“知性”，就可以了。这种看法明显有失全面，与西方民主制度产生的实际情况也不相吻合。

民主政治形态是古希腊文明留给人类宝贵的精神遗产。在古希腊众多的城邦国家之中，雅典的民主制度最有代表性。雅典是一个原始氏族民主风气比较浓厚的地区。公元前 8 世纪到公元前 7 世纪，君主制逐步废除，贵族政治继之而起，雅典贵族和平民两大等级围绕土地和债务问题发生了尖锐的斗争。梭伦为此进行了一系列改革，结束了贵族对权力的垄断，平民开始参政，奠定了民主制的基础。在雅典政体中，民主主要体现在公民大会和民众法庭两个方面。公民大会是雅典唯一的立法机关，同时具有人事、行政、执法、军事、财政以及宗教等多方面的决定权。民众法庭由来自各阶层的一定数量的公民组成，与公民大会日常出席人数相近，常年设立。公民大会和民众法庭构成了雅典民主制度的最重要的部分，其核心思想是，全体公民直接参与城邦公共事务的管理，实行直接民主的政治制度。

雅典之所以能够实行民主制度，与雅典城邦的社会历史条件密不可分。雅典实行奴隶制度，奴隶劳动维系支撑着雅典社会，贵族和自由民不为日常生计操心，有条件充分参与政治活动。雅典的民主只限于雅典公民范围之内。当时雅典 30 万人口中，拥有公民身份的不足十分之一，妇女、奴隶和外邦人均不在公民之列。另外，古希腊城邦规模很小，公民基本上生活在可望可及的范围之内。公元前 4 世纪晚期，古希腊被马其顿吞并，包括雅典在内的各个城邦丧失了独立地位，继而罗马共和国又成为了这片土地的新主人。古罗马人并没有沿用古希腊雅典式的民主政体，而是采用了包含君主制、贵族制和民主制因素在内的混合政体形式，建立了疆域辽阔的强大帝国。在罗马时代，古希腊雅典的城邦制已经不再受到人们的关注。公元 5 世纪，蛮族入侵彻底瓦解了罗马帝国，随后基督教逐渐兴盛起来。蛮族入侵和基督教传播，严重摧毁了欧洲的古典文明。在政治上，高度组织化的罗马帝国行政体系陷入瘫痪。在文化上，基督教垄断了文化教育的各个部门，其它学问和思想流派遭到了灭顶之灾。欧洲随之进入了黑暗的中世纪，包括雅典民主成果在内的古希腊文明已经荡然无存。

近代西方民主的兴起，并非直接源于古希腊的民主传统，而是发自中世纪英国的议会制度，《大宪章》的签署是最具代表性的事件。公元 13 世纪初英格兰失去了在欧洲大陆的大部分领地。英王为夺回失地，组织军队与法兰西开战，为此大肆征掠贵族和教会财产以筹军费。因遭败绩，引起大贵族的不满，终于爆发了得到中小贵族、教会和市民广泛响应的叛乱。1215 年，国王迫不得已与反叛贵族签署了《大宪章》。该宪章明文规定："无全国公意许可，（国王）将不能征收任何免役税与贡金"，"如欲征收贡金与免役税，应用加盖印信之诏书致送各大主教、主教、住持、伯爵与男爵，指明时间与地点召集会议，以期获得全国公意”；还规定，男爵推选一定数量的代表与国王共同维护、监督宪章条款的执行，可以提出国王及重要臣属的错误，甚至有权联合全国人民向国王施加压力，直至夺取土地、财产，即具有反抗国王的权利。《大宪章》是英国乃至世界历史上最早的一部具有宪法性质的成文法，包含着近现代西方民主政治两个最为基本的原则，这就是“无代表权不纳税”和“分权制衡”。



《大宪章》的签署并没有从根本上解决国王与贵族间的矛盾。后来贵族再次发动兵变，1258 年，迫使国王签订了《牛津条例》，规定了比《大宪章》更具体的条款。其主要内容是：成立了永久性的议事会议，税收权完全独立，不归皇家控制，确立贵族对司法的监督权，国家的重大经济政治事务由大议事会议协商决定。这种情况引起国王的不满，结果再度导致贵族叛乱。贵族获胜后，在伦敦召开了英国历史上的首次议会，除一定数量的伯爵、男爵与会外，还有一定数量的骑士和市民代表参加。爱德华一世继位后发动了对威尔士、苏格兰和法国的战争。为筹措战争费用，1295 年召开了由各封建等级共同参加的议会，史称“模范议会”，成为议会制度的雏形。

1640 年英国革命爆发后的一系列事件，进一步推进了近代民主制度的发展。英国革命的爆发起因仍是议会与国王的斗争。经过长期的内战，克伦威尔指挥的议会军队获得了胜利，国王查理一世被处死，王位被废除，贵族组成的上议院被取消，由人民选举产生行使国家主权的下院。后来，经过复辟与“光荣革命”，英国政治制度从君主制最终过渡到了君主立宪制。17 世纪末英国进入了资本主义时代，以议会制为核心的资本主义民主制度初步建成。英国革命对民主政治的最重要贡献在于提出人民主权思想，以及形成了作为人民主权思想的制度安排和选举制度。到英国革命结束时，分权制衡与多数决定这两项对后世资本主义民主制度影响深远的基本原则，都已经出现并初步付诸实践，并分别构成了现代西方资本主义国家政权组织构建和政权运行所遵循的基本法则。①

从西方近代民主制度形成的历史中，我们可以明白这样一个重要道理：民主并不只是一个观念、一个思想、一个制度，而是以特殊的经济要求为基础的。人们没有自己的经济基础，便谈不上维护自己的权利。而一旦具有了自己的经济基础之后，为了维护自己的权利，一定会提出自己的政治要求。如果这种要求与其他集团的要求发生矛盾，就会产生斗争。这种斗争或通过协调解决，或通过革命解决。民主的好处是打开了一个通道，可以通过协商来调和各个不同集团的利益。一旦没有这种机制，就只剩下革命一条路好走。协商看起来温文尔雅，没有革命那样暴力，但维护自身经济权利的这个核心并没有不同。正如有的研究者所说的那样："这样的历史过程中也透露出了包括资产阶级在内的一切有产者阶级的政治性格——有钱就要说话，就要拥有政治发言权；有钱就要有权，就要统治社会。"② 这就说明，近代西方民主制度的形成，是阶级斗争、政治斗争的产物，其根本的问题是一个税收问题，是一个经济问题。从《大宪章》到英、法等国的资产阶级革命，历次改革、变法直至革命要求，主要由有产者提出。他们早期是大贵族，后来扩展到中小贵族、新贵族，最后是新兴资产阶级。他们提出民主要求，毫无例外是为保护和扩大自己的利益。

① 参见房宁、冯钺：《西方民主的起源及相关问题》，《政治学研究》，2006 年第 4 期。该文认为，虽然将西方民主的起源追溯至古希腊，是一种相当流行的看法，但却不是历史事实。事实上，现代西方民主并非古希腊城邦民主制的流变，而是缘起于中世纪英国的议会制度，早期的议会制度是中世纪英国封建制度下国王与贵族政治斗争的产物。这个观点近来已为人们广泛接受。

② 房宁、冯钺：《西方民主的起源及相关问题》，《政治学研究》，2006 年第 4 期。

而他们能够提出民主的要求，也正是因为他们拥有大量财产，具有一定的经济地位。

应该承认，牟宗三在讲“下降凝聚”开出民主的时候，也曾谈到权利意识的问题。比如，他曾这样讲过：“盖民主政治之成立，有两个基本观念作条件：一是自外限制，或外在地对立而成之‘个性’。此与尽心、尽性、尽伦、尽制之内在地尽其在我所成之道德的圣贤人格不同。二是以阶级的或集团的对立方式争取公平正义，订定客观的制度法律以保障双方对自的权利与对他的义务。此与一无阶级对立之社会而其文化生命又以道德人格之个人活动为主者不同。”（《历史哲学》，第173—174页，9/198）要发展民主，必须有两个条件。其一是“外在地对立而成之‘个性’”，即所谓有独立的个人。其二是“以阶级的或集团的对立方式争取公平正义”，即所谓有明确的权利意识。中国政治传统中，这两个条件都不具备，所以没有办法开出民主。然而，如何发展权利意识呢？牟宗三并没有开列详细的方案，问题到此好像就可以为止了。阅读“外王三书”很容易得到这样一个印象：牟宗三讲民主往往只是从思想、观念层面出发，似乎只要充分发展知性，发展理论理性，就可以了。这种理解显然无法对民主制度的形成予以合理的说明。

牟宗三后来似乎觉察到了这个问题。上世纪八十年代初，牟宗三在台湾有多次讲演，其中也讲到坎陷问题，相关的说法有了一定的变化，屡屡涉及经济问题。在名为《文化建设的道路——现时代文化建设的意义》的讲演中，他这样讲到：“代表西方现代化的权利义务观念，我们以前是不讲的，所以老一辈的先生们都不了解。”（《时代与感受》，23/383）要实现现代化，这一课必须补上，第一步的工作就是做到经济现代化。“经济现代化，就能够迫使我们必然地走上政治现代化的道路。假定经济不现代化，那么政治上要求现代化，要求自由民主，也是公说公有理，婆说婆有理，永远辩不清。……所以，政治现代化，必从经济现代化着手，而由经济现代化进至政治现代化时，所表现的自由民主，就是真正的自由民主。”（《时代与感受》，23/378—379）“现在高度现代化的政治，则非修身、齐家可以直接推展出来的，这中间有一间接的曲折。既有一曲折，就表示经济有经济内在的独立法则，而政治亦有政治内在的独立法则。光从修身、齐家这个道德法则(moral law)，推不出经济和政治的法则。道德法则和政治法则不一样，和经济法则也不一样。这三个法则各有其独立的意义，这就是现代化的精神。”（《时代与感受》，23/381—382）在《中国文化大动脉中的终极关心问题》中又讲：“私有财产与自私是不一样的。自私是罪恶，私有财产是人格尊严的一道防线。人之所以为人起码要有属于自己的生活，不由他人干涉，不由政府支配、控制。……同样，自由经济与资本主义也是不一样的。人只有在自由经济的制度下才能自由发挥自己的才能为自己为社会创造财富，经济才能现代化。经济现代化了，便也可连带地促进、加速政治、社会各方面的现代化。”（《时代与感受》，23/434—435）这些材料表明，此时牟宗三已不再像撰写“外王三书”时那样，将精力主要集中在文化方面了，已经注意到了经济问题的重要性。但这些讲法主要是在一些讲演中提到的，虽然可以视为对“外王三书”的一个补充，但大多不够系统，也很难谈得上深刻。

从这个角度就不难看出牟宗三坎陷论的不足了。李荣添敏锐地察觉到了这里的问题，在《从黑格尔历史哲学看儒家之新路向》一文中指出：“牟先生顺着黑格尔讲‘辩证的综合’，而点出了儒家要实现外王理想之曲折性，要委曲一下道德主体以成就出政治主体这个辩证方向乃是极为正确的。但问题这个‘曲’是如何的曲法？当道德良知要暂时从主位让开时，这个主位该让给什么事物才可以成就出政治人格呢?”[1] 这个问题十分尖锐。坎陷按照牟宗三的话说就是要有一个“曲折”，但曲到哪一步才能开出民主呢？依据牟宗三的说法，这种“曲折”是由“综和的尽理之精神”转为“分解的尽理之精神”。这种说法当然有一定合理性，因为科学属于“分解精神”，属于“知性”，属于理论理性，有了这种“分解精神”，有了这种“知性”，有了理论理性，科学就能够得到好的发展了。“但是对于民主来说，分解精神在促进全民的政治觉醒上之作用就不是那么直接了，特别是涉及到行动上的政治参与时，知识、思想的作用恐怕就不是主要的动力所在……”[2] 李荣添的意见对我们是一个重要的提醒。它告诉我们，民主与科学并不完全相同，要开出科学一般讲到“分解精神”，讲到“知性”也就差不多了。但要开出民主，将希望只寄托在“分解精神”和“知性”上面则远远不够。

叶保强也有类似的看法，认为儒家伦理基本上是一个以义务为中心的伦理系统，重义务而轻权利，重集体而轻个体，强调上下尊卑的等级及隶属社会关系。这种精神与民主所假定的以个人为中心，以权利为基础的伦理观格格不入。如果要真正将民主植根于中国文化之上，必须有一个彻底的观念更新的过程。“因此，在这方面的工作方向是清楚不过的，就是积极发展一套可以取代忽略个人权利与自由的儒家伦理的伦理典范来。而这套伦理典范的其中的一个核心的组成部分，必须是一套吸纳了儒家以仁为中心的哲学的权利与自由理论。任何缺乏这个成分的伦理观，似乎也会将民主的文化接枝工程，一再成为无意义的

---

① 李荣添:《从黑格尔历史哲学看儒家之新路向》，刘述先等:《当代新儒学论文集·外王篇》，台北：文津出版社，1991 年，第 233 页。

② 李荣添:《从黑格尔历史哲学看儒家之新路向》，刘述先等:《当代新儒学论文集·外王篇》，第 234 页。

口头禅而已！"[①] 这是其《当代新儒家与民主观念的建构——如何将民主根植于儒家典范内》一文的最后结论。这个结论说明，要开出民主，不能仅仅局限于道德层面，还必须努力发展权利与自由理论，否则开出民主的任务是不可能完成的，充其量不过是一句漂亮的大话罢了。[②]

往深处看，这个问题与对人性的观察有着密切的关联。张灏关于幽黯意识的说法，即与此有关。在《幽黯意识与民主传统》一书，张灏指出，近代西方之所以产生民主政治，与其基督教传统所隐含的幽黯意识有很大的关联。"所谓幽黯意识是发自对人性中或宇宙中与始俱来的种种黑暗势力的正视和省悟：因为这些黑暗势力根深蒂固，这个世界才有缺陷，才不能圆满，而人的生命才有种种的丑恶，种种的遗憾。"[③] 这种幽黯意识有两个基本的功能，第一，由于基督教不相信人在世间有体现至善的可能，很难产生类似儒家的圣王思想。第二，由于不信任人性，基督教传统有重视客观法律制度的倾向。以此来反观中国问题就比较清楚了，中国过去未能产生民主制度，恰恰是由于这种意识的不足。在儒家传统中当然也有幽黯意识一类的内容，如在荀子的性恶论中便可以清晰看到这种意识的身影。但相对而言，占据主导地位的一直是性善论，幽黯意识并没有成为主流。这种理论偏向造成儒家一种"乐观的人性论"，从而形成与基督教的明显差异。"基督教是



---

① 叶保强：《当代新儒家与民主观念的建构——如何将民主根植于儒家典范内》，刘述先等：《当代新儒学论文集·外王篇》，第89—90页。

② 颜炳罡同样看到了这里的问题。他说："但是，我们也注意到牟先生对中国政治的探讨有其长处，亦有其不足。他对中国未出现民主政治的分析是政治的和文化的，然而一十分重要的分析——经济的分析为他有意避开了。"（颜炳罡：《整合与重铸——当代大儒牟宗三先生思想研究》，台北：台湾学生书局，1995年，第233页）林安梧近些年来提倡存有三态论，要求重视王船山的气论，似乎也与这个问题有一定关联。

③ 张灏：《幽黯意识与民主传统》，台北：联经出版事业公司，1989年，第4页。

作正面的透视与直接的彰显，而儒家的主流，除了晚明一段时期外，大致而言是间接的。而这种表现的不同，也说明了二者之间另一个基本的歧异……基督教因为相信人之罪恶性是根深蒂固，因此不认为人有体现至善之可能；而儒家的幽黯意识，在这一点上始终没有淹没它基本的乐观精神。不论成德的过程是多么艰难，人仍在体现至善，变成完人之可能。”① 由这个视角出发，张灏找到了“中国传统为何开不出民主宪政的一部分症结”，并对现代新儒家一些代表人物的相关思想指出了批评：“今日一些学者对‘内圣外王’这一观念所作的一些阐释是很可商榷的。他们认为：儒家传统的‘内圣之学’已经臻于完备，而传统的症结是在于外王之学的局限。由于这局限，内圣之学的精义无以畅发与彰显。但是……内圣和外王也是两个相互依存，无法分开的理念。因此，传统儒家不能在政治思想上开出民主自由的观念，我们不应只归咎于儒家的外王思想。实际上，根据我在上面所作的分析，外王思想的局限是与内圣思想的偏颇有密切的关联。”② 换句话说，儒家笃信性善论，以此作为其内圣之学的基础，但这种学理有其内在的缺陷，无法真正发展出民主的理念。至今不少人仍然看不到这一点，还在那里大讲内圣外王之道，以此为基础是根本无法建立民主制度的。③

上面所引李荣添对坎陷论的批评，其实也是出于同样的考虑。

---

① 张灏：《幽黯意识与民主传统》，第 27—28 页。

② 张灏：《幽黯意识与民主传统》，第 77 页。

③ 汤忠钢曾谈到张灏的幽暗意识的问题，指出：“张灏对从‘人性善’假设出发的儒家传统之未能开出民主政治的分析，是具有一定解释力的，这个批评，对牟宗三来说同样也有效力。我们看到，牟宗三从其心性论的基础出发，在人性论上一味强调‘性善’，对张灏所说的‘幽暗意识’更是缺乏自觉，以此为基础的政治也就更加难以摆脱传统的‘圣君贤相’的模式了。”（汤忠钢：《德性与政治——牟宗三新儒家政治哲学研究》，北京：中国言实出版社，2008 年，第 82 页）

李荣添在对坎陷论提出批评的时候特别强调，要开出民主，不能只讲到“分解精神”就完了，还必须再进一层，直达“气性”才行。“牟宗三先生初步正视到此中之曲折而提出‘良知坎陷’的说法，要良知先作让步才可成就出外王的理想；然而，良知让位给‘知性’固然可以加强吾人之架构性思辨，但却不足以促成健全政体和国体之落实，黑格尔在其《历史哲学》之导论里，即力陈历史之动力乃在于‘气性’而不在于‘理性’，只有让个体之气性情欲得到全面之发挥，让‘个体性’得到彻底之解放，那才有着健全的基础去让个体跟群体复合，去让‘理性’跟‘气性’相交。由此成就出既有活力而又有内聚力的国家社会；换言之，只有发展经济，促进生产力才有着这个基础的条件，而辩证的综合之真正曲折性就在这里。”[①] 这就是说，如果要大力发展科学需要道德理性暂时让位给知性，以便人们可以多作概念的思考的话，那么“建立民主和政道就需要良知理性暂时让位给‘气性’，由气性来促成全民之政治醒觉，然后跟‘理性’来个辩证的综合去成就出那个既具体而又有普遍性之政治理想——举国上下打成一片之政治有机体”[②]，从而使国家集体能够充分保障个体之一切自由和权益，而公民个体亦能由衷认同自己所属之民族国家，甚至不惜牺牲个人之小我以维护那集体生命之大我。

何信全近年来对儒学与民主的关系进行了系统的探讨，撰有《儒学与现代民主》一书，其中一段谈的同样是这个道理：“西方近代自由主义思想家对政治生活中的人性，抱持悲观态度，因此导出法治观念，要透过法制的安排，来限制政治人（political man）

① 李荣添：《从黑格尔历史哲学看儒家之新路向》，刘述先等：《当代新儒学论文集·外王篇》，第229页。

② 李荣添：《从黑格尔历史哲学看儒家之新路向》，刘述先等：《当代新儒学论文集·外王篇》，第234—235页。

为恶。然而儒家对政治生活中的人性，则抱持乐观态度。此种乐观态度，表现在由性善论推导出德治。德治一方面相信一般人民可以‘导之以德’，犹如‘草上之风必偃’；另一方面亦相信政治人物会‘为政以德’、‘子帅之正’。在这种政治生活中天理必胜人欲的乐观预期之下，使得法治观念毫无落脚之处。……对人性过于乐观，使儒家政治哲学难以转出人治的格局，这不能不说是性善论的一项负面效应。”① 这段话是作者分析徐复观思想时说的，但基本可以代表其对儒家政治思想的整体观察。这种观点认为，儒家坚持性善论固然有重要贡献，但也有其负面作用。如果一种学理过于相信人性，对人性过于乐观，很可能会忽视法治观念，从而无法真正开出民主。这是儒家历史上总是相信圣贤，而不能如西方那样建立一套完善的民主政治的重要原因。



上面所说实际上是一个如何看待恶的问题。众所周知，黑格尔非常重视恶在历史发展中的作用，认为只有重视恶的力量，才能重视法权的观念，而只有重视法权的观念，才能有权利意识。中国政治传统不是这样。在历史上，我们没有像西方文化那样重视恶的力量。尽管有荀子创立的性恶论，但这种理论一直没有成为儒学的主流。因此，我们始终没有一个完整的法权观念。在儒学政治传统中，我们实际实行的是皇帝一人所有制，所有权利都掌握在皇帝手中，百姓没有独立的法权地位，始终没有办法发展个人独立的法权意识。在这种大背景之下，性恶论最多只能充当道德学说中的附属品，而不能成为权利意识的支撑。这就告诉我们，个体必须在经济上取得独立的地位，才能成为政治上的权利主体；只有在政治上成为权利主体，才能形成“对列之局”；只有

---

① 何信全:《儒学与现代民主》，北京：中国社会科学出版社，2001 年，第 125—126 页。

形成“对列之局”，才能完成开出民主的使命：所有这一切的前提是人必须取得经济上的独立地位，承认恶的历史作用。这种意识我们过去非常淡薄，在这种淡薄的意识之下，“对列之局”不可能出现。牟宗三在阐述坎陷“下降凝聚”发展民主的时候也曾讲到权利观念的重要，谈到“对列之局”的重要性，认为没有形成“对列之局”是中国政治的一个缺憾，但由于他没有充分重视恶的问题，其理论很难落到实处，从而真正解决坎陷开出民主的问题。



重视恶的力量，依据多重三分方法，其实就是要重视体欲一层。体欲一层在生命层级构成以及由此形成的社会层级构成中居于最低一层，似乎不那么重要。其实不然。体欲一层关系到人的生存，没有它，人就没有办法存活，整个文化就没有办法发展。在生存过程中，人必须具有基本的生产和生活用品，而生产和生活用品都牵涉到所有权问题。这种所有权又叫法权。有了法权，人们才能有权利意识，才能成为一个真正的政治主体，或政治的存在。在历史上，我们往往不重视这个问题，没有看到恶的巨大的历史作用。这个问题与儒家重视义利之辨不无关系。虽然儒家并不绝对排斥利欲的作用，但总的倾向是重义轻利，而且这种重义轻利主要从道德与利欲的关系入手，很少从政治的角度进入，深入讨论利欲与权利的关系问题。中国是一个伦理社会，人生活在相应的伦理圈子当中，不具有独立的政治地位，无法成为独立的政治存在。要取得独立的政治地位，必须首先保证人有独立的经济地位。没有独立经济地位的人不可能成为独立的政治存在。由此可以明白，牟宗三在完成开出科学和民主这一任务的过程中，可能是因为这两个任务太近了，没有对它们进行具体的分疏，似乎这两个任务的目标是一致的，解决的途径也一样。但开出民主与开出科学的情况并不完全相同。开出民主不仅要像开出科学一样向下发展认知一层，更要发展最下面的体欲一层。只有重视了体欲，才能正视恶的力量，才能形成清晰的权利意识，才能将人升格为政治的主体，也才能开出“对列之局”。[①] 牟宗三讲坎陷开出民主，特别是后期的一些讲演，尽管也谈到了这方面的问题，但总的看来，精力还是多偏向于思想和文化方面。要弥补这个遗憾，一个有效的办法，从多重三分方法的角度来说，就是要强调体欲一层的地位和作用，承认恶是推进历史发展的巨大力量。这进一步说明，多重三分方法确实有助于坎陷论的理解，可以将牟宗三说得不太清楚的话说得清楚一些。



## 三、坎陷开出民主的深层内涵

上面，我通过多重三分方法对牟宗三关于坎陷开出民主的理论进行了诠释。这种诠释虽然重要，非如此很难真正明了牟宗三讲坎陷的真正用心，但这一步工作仍然只是初步的，相关的工作远未完成。下面我再运用这一方法进一步发掘坎陷论所蕴含的深层内涵，以加深对这一思想的理解。

### 1. 中国没有西方意义的民主

坎陷开出民主，按照传统的说法，就是内圣开出外王。这里首先有这样一个问题：究竟是老外王还是新外王？所谓“老外王”是指历史上某一个阶段治理得比较好，达到了理想的状态，典型代表莫过于尧舜禹三代。但在这个问题上一直争议较多。常见一些学者批评说，儒家的政治理想是内圣而外王，但这种理想在历

① 祝家华的博士论文《牟宗三“开出民主论”评析》（2002年台湾政治大学政治研究所博士论文）认为，牟宗三所说通过道统坎陷开出学统和政统，似还可以补充“商统”一项，这样就成了“内圣外王四统论”。其指导老师何信全觉得此说“有新意”（参见该论文第40页）。这种说法可供参考。根据我的理解，所谓开出“商统”，其实就是大力发展体欲一层，体欲一层发展了，商品经济也就发展起来了，“商统”自然也就建立起来了。

史上从来没有真正实现过，所以这种理想不切实际、没有意义，是一种失败的政治主张。这种批评看似尖锐，其实有一点似是而非。内圣即是从道德之路进入，做圣贤工夫。不过，圣贤的具体标准是什么？做到哪一步才算是圣贤？这并没有办法确定。外王也一样。外王的具体标准何在？做到什么程度才算是外王？这也没有一个确切的尺度。儒家历来悬格很高，恰如小程所说："君子之道，贵乎有成。有济物之用，而未及乎物，犹无有也。"① 这样一来，内圣外王在儒家似乎就成了一件可望不可及的事情，儒家在为自己建构远大理想的同时，也把自己推上了被批评的靶台，始终扮演着受指责的角色。人们对儒家内圣外王之说不满意，常有批评，这是一个重要原因。在我看来，要解决这个问题，需要明白内圣外王主要是指一种政治理想，即坚持以道德的方式将国家治理好的一种理想。我们应该主要从质的角度，而不应从量的角度来看这个问题。理想往往是圆满无缺的，与之相比，现实则总有所缺憾，总有这样那样的不足。人们可以不停地朝着内圣外王的理想走，将其作为一个连续不断的过程②，有时前进一些，有时倒退一些，有时快一点，有时慢一点，虽然受到各种限制，常



① 《河南程氏粹言·人物篇》，《二程集》，北京：中华书局，1981年，第1268页。

② 余英时清楚看到在老外王问题上的这种混乱性，提出了一个非常有意思的观点：内圣外王是一个连续不断的过程，而最终目的是重建人间的合理秩序，而这种重建人间合理秩序是一个历史的过程。他这样写道："我在两篇答文中先后都强调一点：'内圣外王'为一连续体而归宿于秩序重建。只要在语言上稍做分析，便可知在这一陈述中'外王'与'秩序重建'之间绝不能画等号，因为后者明明包括了前者于其内。所以我的真正意思是说'内圣外王'是一个连续不断的活动历程，最后将导致合理的人间秩序的实现。用原始儒家的话表达之，即通过'内圣外王'而变'天下无道'为'天下有道'。"（余英时：《朱熹的历史世界——宋代士大夫政治文化研究》，北京：生活·读书·新知三联书店，2004年，第918页）将内圣外王视为一个连续不断的过程，是很有价值的观点，值得肯定。但余英时又认为，在当今条件下，内圣外王的理想已成了"已陈刍狗"，没有了实际的意义，这是我完全不能同意的。

有这样或那样的不足，但并不能因为这个理想过于遥远而放弃它，也不能因为很难确定谁完全达到了这种理想而对它持怀疑态度。这就好比地平线我们永远也达不到，但这并不影响我们不断向那个方向而趋。那种以无法确定历史上哪个朝代真的做到了内圣外王为由，对这一理想本身提出批评，发出质疑的做法，其实是没有把这个质和量的关系问题弄明白，混淆了人们的视线。牟宗三坎陷论谈及内圣而外王时，始终将重心置于内圣外王质的方面，而没有讨论历史上这个理想是否真的实现的问题，说明他在这个问题上的思路非常清楚，没有被那些似是而非的争论所诱惑。



所谓"新外王"当然是指民主而言。一旦谈及这个话题，就有一个如何看待我们政治传统中有无民主因素的问题。近代以来，中国社会的发展面临着前所未有的挑战。在与强势的西方文化的对比下，中国政治的落后局面充分显现了出来。一些人即以民主具有普遍性为由，希望在中国推广民主制度，来一个全盘西化。对此学者们的思路有很大的不同。一些人认为，从现代的角度看，中国确实是落后了，但不能因此将中国传统一棍子打死，中国政治传统中也有好东西，本身就包含着西方民主制度的"种子"。只要将这些"种子"发掘出来，加以培养，完全可以在传统的基础上开出民主，赶上时代的步伐。在这个问题上，不得不提到 1958 年元月由唐君毅起草，牟宗三、张君劢、徐复观共同签署的《为中国文化敬告世界人士宣言》(以下简称《宣言》)。《宣言》首先承认，中国文化历史中虽然缺乏西方近代之民主制度，但并不缺乏民主思想的"种子"。"我们却不能说中国政治发展之内在要求，不倾向于民主制度之建立。更不能说中国文化中，无民主思想之种子。"① 为此

① 唐君毅等:《为中国文化敬告世界人士宣言》，封祖盛编:《当代新儒家》，北京:生活·读书·新知三联书店，1989 年，第 31 页。

《宣言》还具体列举了中国传统在制度方面包含的民主"种子"，主要有：以民意代表天命的政治共识，以谥法褒贬君王的史官制度，代表知识分子力量的宰相制度，以及提拔知识分子从政的征辟制度、选举制度、科举制度等等。而列举的在思想方面的"种子"也有不少，主要有：一，儒道两家均主张人君不能滥用权力，二，儒家推尊尧舜之禅让及汤武之革命，三，肯定"天下非一人之天下"，而是天下之天下，在道德上相信"人皆可以为尧舜"，主张"民之所好好之，民之所恶恶之"，等等。①



值得注意的是，牟宗三虽然是《宣言》的签署人之一，但他自己的独立研究并没有如《宣言》的其他作者那样，将主要精力放在寻找传统中民主的"种子"上面，而是付出极大的努力分辨中西文化的不同。② 这一致思方向至少从写作"外王三书"就明显表现出来了。"外王三书"很重要的一项工作，是对中西不同文化的特点进行划分。牟宗三认为，西方文化为"理性之架构的表现"，属于"分解的尽理之精神"，中国文化为"理性之运用表

① 这种情况并不是独立的。受到西方文化冲击之后，亚洲国家的知识分子多有一种不服气的心态，努力在自己的文化传统中寻找民主的因素，以证明民主这种东西至少这种东西的潜在要素，我们祖上早就有了。但这种做法的合理性存在着争议。新加坡学者碧哈哈里·考西甘（Bilahari Kausikan）对此提出的批评较有说服力。他说："在其显得颇为渊博的包装之内，这种论调试图从古老的亚洲典籍中找寻依据，以证明亚洲传统文化蕴涵了民主的或至少是准民主的价值。此种掉书袋游戏的魅力在于它们可以无休止地玩下去，却不会揭示任何能够和现实关注发生关联的东西。"（转引自贝淡宁《东方遭遇西方》，上海：三联书店，2011年，第7页）

② 颜炳罡已经注意到了牟宗三思想的这个特点，当然他是在将牟宗三与康有为、熊十力、张君劢等人的比较中强调这一点的。他说："牟先生与康、熊、张诸公不同，他不再向中国文化考证科学与'德谟克拉西'，而是当下承认中国文化并没有民主与科学，顺中国文化生命形态，亦不会产生民主和科学，甚至认为民主与科学是中国文化之生命——道德理性形态的对立物，认为中国文化只有经过自我否定，来一个'转折上的突变'才能开显民主与科学。"（颜炳罡：《整合与重铸——当代大儒牟宗三先生思想研究》，第5页）

现”，属于“综和的尽理之精神”。西方政治在其文化精神的影响下，通过民主形成一种“对列之局”，使国家权力有一种限制的力量，核心可以概括为“智者法治”。中国政治并没有走这一路线，没有形成这种“对列之局”，而是沿着前人重德的传统发展，希望以道德的方式治理国家。儒家政治传统的根本特点，全在一个“德”字，将希望寄托在圣君贤相之上，“仁者德治”是其政治的核心。从这个角度看，不能说儒家政治传统是民主的，或有民主的因素。但从另一个角度看，儒家政治在某些方面又做得相当好，可以说是民主的，或有民主因素。此中的关键在于政体：



> 就儒家之德治言，此种政治上之最高律则，在“理性之内容的表现”之路数上，若说就是今日之民主政体，当然不是。但若一定说这不是“民主的”，[①] 亦未见对。至少那“内容的表现”所表现之物各付物之个体原则亦并不与今日民主政体下之个体原则相悖，而今日之民主政体下之个体原则，就其内容之实现方面说，亦不过是作到或充分作到那“内容的表现”下个体原则之所说。然则这“是民主”与“不是民主”的界线在那里呢？曰：在政体上说，不是民主的。民主政体下的个体原则是“理性之外延的表现”。这与“民主政体”本身之成立，同是“理性之外延的表现”。在内容上说，是民主的。“理性之内容的表现”下之个体原则是民主之“内容的意义”，而不是其“外延的意义”。然而民主政体之完成正是要靠“理性之外延的表现”而使其具有“外延的意

① 全集本此处为句号，不顺，据单行本改。——引者注

义”。外延的意义使民主政体[①]形成而确实，即民主之所以为民主者：有制度的基础，有法律的保证；且亦使“内容的表现”下所具有的“民主之内容的意义”得到确实与保障。然而此步在中国以往并未作到。

《政道与治道》，第122—123页，10/134—135



如果就“理性之内容表现”讲，中国“是民主”的；如果就“理性之外延表现”讲，中国又“不是民主”的。换言之，如果从政体上看，中国谈不上民主；如果从道德方面看，中国又可以说有民主。牟宗三将儒家“理性之内容表现”称为“民主的”，有其明显的历史痕迹，不够严格，有欠准确。但他强调中国之政体“不是民主”的，亦没有民主萌芽，则极有深意。它促使读者认真思考这样一个道理：西方政治走的是民主之路，中国政治走的主要是道德之路，中西两种不同文化在政治上所走的道路截然有别，不能乱加比附。与仅凭一腔热情，抱不服输的心态，拼命在中国传统中挖掘民主因素的做法相比，牟宗三这一判断避免了将中西不同政治传统进行比附的尴尬，明显高出一筹。[②]

---

① 全集本此处“体”字误为“策”，据单行本改。——引者注

②《生命的学问》中有一段材料与此有关。谢扶雅对牟宗三有所批评，认为“牟先生过去似在阐明儒家思想中亦有科学，亦有民主，谅系出自阿好比附之衷。”牟宗三对此很不满意，在一封信中这样写道：“诚如兄示所云：第一向‘只言中国有道统、无学统，有治道，无政道，似未言及儒家思想中有如西方之科学与民主’。不但未言及儒家思想中有，即就整个中国文化言之，亦从未言中国文化在过去有如西方之科学与民主。此若稍读拙作‘历史哲学’及其他关于此方面之论文者，尤其与兄‘论道统、学统、政统’之一文，皆可不至有此随意之猜想。”（牟宗三：《生命的学问》，第81页）另外，《宣言》四个签署人在这个问题上的细微差异，也是一个有趣的话题，值得深入探讨。林直升的硕士论文《牟宗三“良知坎陷”说与唐君毅“分途发展”说之比较研究》（2008年台湾嘉义大学中国文学研究所硕士论文），对牟宗三与唐君毅的相关思想进行了比较。翁志宗的博士论文《自由主义者与当代新儒家的政治论述之比较—— （转下页）

2. 儒家政治的层面不低于西方的民主

与寻找民主“种子”的做法不同，面对中国被动挨打的局面，一些学者坚持主张，西方政治是先进的，中国政治传统是落后的，只有将中国传统的东西统统去掉，照搬西方的模式，来一个全盘西化，中国才有希望。陈序经认为，文化是人们为满足生活需要而努力的工具和结果，随着生活问题的变化而不断进化发展。不同文化之间只有先进落后的区别，而没有本质的差异。一个民族的文化是一个不可分割的整体，落后的文化学习先进的文化就必须是整体全面地学。近代以来中西文明冲突的历史表明，中国社会及文化与近代西方相比，是全面的简单落后和根本的低级幼稚，中国社会和文化要有出路，必须大力学习近代西方文化的个人主义，来一个全盘西化。陈序经的这一观点对胡适有重要影响，经其大力鼓吹，全盘西化成为了当时一种重要的思想潮流。②

如果说牟宗三没有将主要精神放在寻找民主“种子”上面，与《宣言》其他作者略有差异的话，那么，他与全盘西化派的不同就是原则性的了。在他看来，中西政治在长期的发展过程中，都取得了一定的成绩。中国政治在很长一段时间内领先于西方，取得了辉煌的成就，而西方的民主政治精神自古希腊发源之后，在近代有了长足的发展，远远走在了中国的前面。中国在近代落

---

(接上页) 以殷海光、张佛泉、牟宗三、唐君毅、徐复观的论述为核心》(2001年台湾政治大学中山人文社会科学研究所博士论文) 也将牟宗三、唐君毅、徐复观思想的异同置于自由主义的背景下进行比照。蒋国保近有《牟宗三论儒学现代使命之新审视》(《杭州师范大学学报》，2012年第6期) 一文，将牟宗三的坎陷论与唐君毅的相关思想进行比照，认为牟宗三之所以提出此说，是为了从理论上回答内圣何以能自觉地开出民主和科学，以弥补唐君毅对此问题缺乏论证之不足。这些成果对深入理解坎陷论都有助益，可供参考。

② 关于陈序经全盘西化的主张以及其对胡适的影响，可参见王珍喜的专著《文明冲突视野下的伦理社会——以梁漱溟与陈序经之比较为中心》(昆明：云南人民出版社，2011年)。

在了西方后面，需要向西方学习，这是事实，但这并不能说明我们的政治传统完全没有意义。中西政治各有其所长，也各有其所短。西方遵循民主精神，其社会制度有着尊重人权，便于权力监督的优点，但也有权力过于分散，效率不高，将政治与道德完全分离开来，互不相干的缺点。中国政治强调道德的作用，将希望过分寄托在圣君之上，而圣君难求，一旦求不得，又无法对现实当政者实行监督，最后必然出现混乱，导致革命不断等问题，但也有利于收拾人心，向上提升有力的优点。如果只看到我们现在落后，看我们的所短，看不到我们的所长，一棍子将中国政治传统打死，认为我们的政治传统完全不行，完全要不得，表面看似深刻尖锐，实则浅薄庸俗。



更有意思的是，牟宗三认为，如果将中西两种不同的政治放在一起做一个整体比较的话，中国政治的境界并不低于西方。他曾这样明确讲过："民主政治、科学、事功精神、对列之局的这一层面，卑之无甚高论，境界不高。中国人原是浪漫性格强，欣赏英雄、圣贤，而不欣赏这种商人的事功精神。事功精神是个散文的精神，既不是诗，也不是戏剧，戏剧性不够，也没多大趣味。从哲学来讲，事功精神属于知性的层面，如黑格尔即名之曰散文的知性，或学究的知性。从人生境界来说，事功精神是个中年人的精神，忙于建功立业，名利心重，现实主义的情调强。而我们中国人要现代化，正是自觉地要求这个事功精神，并且得从学术的立场，给予事功精神一个合理的安排、合理的证成。"（《政道与治道》，新版序，第 28 页，10/［31—32］）牟宗三此处强调，民主政治只是一种事功精神，虽有其功用，但"卑之无甚高论"，境界一点也不高，并非如人们想象的那样尊贵。判定民主"卑之无甚高论"，实在是一惊人之语，它明白告诉读者，在牟宗三心目中，我们的政治传统从层面上划分，实高于西方的民主制度。牟宗三还认为，中国人之所以没有民主，是因为中国人喜欢浪漫性格，欣赏英雄和圣贤，而不欣赏这种商人的事功精神。所以，我们没有开出民主，不是不及，只是不为，是“超过的不能”，不是“不及的不能”。（《政道与治道》，第51—52页，10/57）对于中国未能产生民主，可以从两种不同的角度进行解释。一是说中国文化不行，完全赶不上人家，现在要发展民主，必须好好向人家学习，迎头赶上。这是一般人的看法。二是说中国文化没有这些东西并不是我们不能这样做，只是我们不愿意这样做。如果我们愿意这样做，兴趣向这个方向发展，同样可以做好，走在西方的前面。这是牟宗三的主张。牟宗三的主张与一般人的看法迥然有异，应该予以高度关注。



把牟宗三的主张置于多重三分方法的视野之中，可以得到很好的解释。按照多重三分方法，生命层级构成和社会层级构成都由体欲、认知、道德这三个自下而上的层面构成，而在这三个层面中，道德一层都居于最高的位置。对于一个人来说，如果道德不居于最高位置，认知的发展纵然可以使其成为一个绝顶聪明的人，但这种聪明也很可能使其走向犯罪的道路。对一个社会来说，如果道德不居于最高层面，认知一层很难保证有一个正确的方向，很可能会任性乱来，甚至危害人类发展的本身。从这个角度出发，我们就可以明白为什么牟宗三要说民主政治“卑之无甚高论”了。前面讲过，儒家政治的核心是“仁者德治”，主要运用的是道德理性，相当于多重三分方法中的道德一层；民主政治的核心是“智者法治”，主要运用的是理论理性，相当于多重三分方法中的认知一层。根据多重三分方法的基本原则，就其层面和价值而言，道德一定高于认知，这也就是一般所说的道德理性高于理论理性。因为儒家政治以道德为根基，尽管在认知层面有所不足，但其结构层面、理论价值并不低于认知。换句话说，站在儒家政治的角度看，儒家的“仁者德治”并不低于民主政治的“智者法治”。这样也就不难理解为什么牟宗三要说民主政治“卑之无甚高论”了。

孔子早在创立儒学的时候就看透这里的玄机了。“道之以政，齐之以刑，民免而无耻。道之以德，齐之以礼，有耻且格。”[①] 在孔子看来，治国有两条不同的路线：一个是“道之以政，齐之以刑”，这可以说是以理论理性治国。这种办法可以有效，但只能达到“民免而无耻”的程度。另一个是“道之以德，齐之以礼”，这可以说是以道德理性治国，这种办法要理想得多，可以做到“有耻且格”。通过比较，孔子得出结论，认为后者无疑较前者更为优越，所以才自觉将政治建立在道德基础之上的。孔子的这段论述非常有名，但我们往往习焉不察，不太了解其深层的内涵，不能从道德理性与理论理性的关系上来理解。加上受到西方文化的影响，总是习惯于强调我们的传统过分重视道德所造成的负面影响，批评其与西方近代政治发展的趋势不合，在与人家相比的时候自惭形秽，抬不起头来。牟宗三没有受此影响，能够从一个更高的角度来看待这个问题，所以才能挺起胸膛，理直气壮地宣称民主政治“卑之无甚高论”，道出如此惊人的话语来。

### 3. 开出民主不应抛弃儒家的道德传统

一方面我们没有民主，这确实是我们的不足，在新的历史条件下，要想办法开出民主，另一方面，我们政治的层面并不低于西方，开出民主不能完全放弃自己的优势。这两方面因素合在一起决定我们必须注意既要开出民主，又要保持自己的道德传统。牟宗三提出坎陷论，在这方面的意识十分明确。在他看来，通过坎陷开出民主不仅要主动从道德层面退出身来，做到“让开一步”，从此来一个向下的大开大合，发展道德之下的层面，做到

①《论语·为政》。

“下降凝聚”，而且必须将整个工作都置于道德的指导之下，保证“摄智归仁”。这里的“智”牟宗三有时称为“知性”，相当于一般所说的理论理性，这里的“仁”指道德，相当于一般所说的道德理性。“摄智归仁”这一表述的根本意思是，开出民主政治不能脱离道德的指引，必须在道德的总体框架内展开。



我们知道，将政治与道德分离开来，是西方近代政治的一大进步。牟宗三承认这种进步的历史意义。在他看来，西方政治很长时间与宗教神权牵连在一起，摆脱不了其巨大的阴影。随着启蒙运动的展开，人们的思想开始从宗教神权中脱离开来，这种变化表现在政治领域，就是政治与道德的分离。近代以来西方政治的发展，从一定意义上说，就是源于这种分离。没有这种分离，西方政治不可能发展到今天的程度。牟宗三对此有足够的认识。但另一方面，对西方政治的这种走向，牟宗三又充满着警惕。他清醒地看到，如果将政治与道德完全分开，政治的归政治，道德的归道德，那就等于完全排除了道德对政治的作用，就成了泛政治主义。泛道德主义固然不对，泛政治主义同样未必正确。这个问题对于儒家传统而言更是性命攸关。儒家自其产生之时就以讲道德为重，这种思想不仅影响到个人的做人，也影响到国家的治理。如果让儒家不再讲道德，来一个光秃秃的泛政治主义，那儒家也就死亡了，不成其为儒家了。正因为如此，牟宗三强调，中国在开出民主的过程中，要十分小心，不能完全走西方的道路，不能完全抛弃儒家的道德传统。①

① 这方面刘述先的一个看法值得关注。他说：“在经过了政教分离这一折曲之后，我们必须站在个人自觉的立场上，重新去向往追求传统所指点给我们的崇高的宗教精神的向往与道德修养的体证。政教分离的方式要做得成功，必须要靠两只脚走路，不能只剩下一只脚跑路，否则我们就掉进了泛政治主义的新陷阱，一样可以造成文化、社会的危机。而政治民主和文化创造两方面，都应当以独立思考和行为的个人为基础。”（刘述先：《从民本到民主》，《儒家思想与（转下页）

不能完全抛弃儒家的道德传统，就是必须坚持道德的理想主义。牟宗三从其师熊十力那里知道了道德的重要，自此始终坚持道德理想主义不放。“外王三书”之一的《道德的理想主义》最早叫《理性的理想主义》，后来才改为这个名称。这个变化本身即说明道德理想在牟宗三心目中的地位。“‘理想’的原意根于‘道德的心’。一切言论与行动，个人的，或社会的，如要成为有价值的或具有理想意义的，皆必须依据此原意的理想而成为有价值的，成为具有理想意义的。”（《道德的理想主义》，第13页，9/17）在牟宗三看来，道德之心是一切价值意义的根源，一个人也好，一个社会也罢，都必须有价值的意义，而这种价值和意义不可能离开道德之心。没有道德之心来调护生命，人的生命必然堕落，腐败而死；没有道德之心的指引，完全依靠理论理性，仅仅凭借法律来保障思想、言论、结社等自由，整个社会也必然走向物化，无法收拾。相信很多人都有这样的体会，读牟宗三的著作与读其他人的著作的感受有所不同，一个重要原因就是牟宗三的著作中有对道德的执着，充满着道德的气息和力量，有一种强大的道德理想主义的生命力。这种生命力不仅表现在个人成德方面，同时也表现在如何治国方面。从某种意义上可以说，坎陷论就是道德理想主义在政治领域的具体展开。

由此说来，研究坎陷论一定要当心，牟宗三创立坎陷论一方面自然是要向下发展，以开出民主，另一方面又包含着不放弃道



---

（接上页）现代化》，北京：中国广播电视出版社，1993年，第39页）刘述先强调，政教分离有其历史必然性，但这之后仍然必须坚持道德力量的指引，而不能走泛政治主义的道路。这可以说是对牟宗三强调坎陷开出民主必须“摄智归仁”这一思想的很好注释。李晨阳也主张，儒家的民主应该是“民主的形式和儒家的内容”，即在民主的框架下推广儒家的社会理想。（李晨阳：《民主的形式和儒家的内容——再论儒家与民主的关系》，近三十年来中国哲学的发展：回顾与展望国际学术研讨会论文，2010年）

德理想主义，不放弃内圣外王的基本模式，以保证民主始终有道德力量提升的用意。用他的话说这叫做“外王不能背乎内圣”：“夫既曰外王，则其不能背乎内圣亦明矣。并列言之，曰政道，曰事功，曰科学。总持言之，皆赅于外王。内圣之学即儒家之‘心性之学’。其直接之本分乃在道德宗教之成立。然儒教之为教与普通宗教本不同。其以道德实践为中心，虽上达天德，成圣成贤，而亦必赅摄家国天下而为一，始能得其究极之圆满。故政道、事功与科学，亦必为其所肯定而要求其实现。反之，政道、事功与科学，亦必统摄于心性之实学，而不能背离此本源。”（《**政道与治道**》，**序**，**第 2 页**，10/ [38]）外王不可少，离了外王无法适应时代变化的要求，但讲外王又不能离开内圣的前提。内圣之学即是心性之学，这是外王的价值本源，离开了这个本源，外王也就成了无本之木，纵然可以一时在事功方面有所成就，但也很可能走到斜路上去。

学界对牟宗三这一思想的理解有很大差异。汤忠钢认为，现在已经是一个去魅的时代，在这个时代仍然如此执着于神秘莫测的本心和内圣，不免有不明时势之嫌。牟宗三阐释的儒家思想同中国社会和中国的现代化进程基本上处于隔绝状态，在某种程度上是脱离社会经济生活的玄想，自然要受到来自各方面的批评和诘难了。“所谓‘儒学的第三期发展’开出‘新外王’的构想，我们也只能看作是一位善良的道德理想主义者一相情愿的美好愿望。”①

---

① 汤忠钢:《德性与政治——牟宗三新儒家政治哲学研究》，第 176 页。汤忠钢之所以有这种看法，据我观察，很可能源于对儒家心性理论的理解有欠深透。在该书中可以经常看到作者对儒家心性理论的怀疑甚至批评。作者曾这样写道：“心性之学与道德理性在立论上虽然言之凿凿，但毕竟是无法得到积极论证从而是难于被理解、只能被信仰的本体论概念，它最终可能演变成宗教性格的神秘主义问题的论争从而导致整个政治哲学体系的自我消解。”（汤忠钢:《德性与政治——牟宗三新儒家政治哲学研究》，第 16 页）“某种意义上，人性善（**转下页**）

但他同时也充分肯定牟宗三坎陷开出民主这一主张的思想意义，指出："新儒者的时代使命恰恰就是不但要开显出现代的民主和科学，更要坚守儒家道统；民主和科学是必要和可能的，但被坎陷出的知性的民主和科学最终仍必须服从德性优先原则，必须由道德理性对其进行价值范导和意义提升。相对于道统，坎陷民主与科学只是手段，而非根本目的，两者仍然是体用、经权、真俗、本末的关系。"① "牟宗三的政治哲学正是力图给出民主政治以'意义'修正的。……就此即可言：在人类历史社会中，道德宗教与科学知识、民主政治虽均不可少，但层次更高，是本源意义的。政治生活中'自由民主'的原则也要靠高于它的道德宗教的大系统来提携它、护卫它、贞住它。否则，就可能走向泛自由，泛民主或流失。"② 这就是说，汤忠钢尽管对牟宗三坎陷开出民主的评论有所批评，认为与当今社会发展趋势相比，这一主张略显不合时宜，但还是看到了牟宗三强调坎陷开出民主必须遵守德性优先原则，必须坚守儒家道统，仍然有其合理成分，必须予以充分肯定。



（接上页）与人性恶，同本体论一样，都是无法实证或者说无法得到完全确证的理论假设。"（同上，第 73 页）这就是说，在作者看来，儒家作为立论根基的心性理论，是一种不可证明的理论假设。因为是理论假设，当然靠不住，结果必然造成"空洞不切实的'泛道德主义'和伪善流行"（同上，第 86 页）。如果对儒家心性理论有深入研究和切身感受，是不会讲这种话的，特别不会以"假设"这种讲法来看问题，否则便与冯友兰的"假说"没有区别了。熊十力当年批评冯友兰最核心之处，便是良知是真实，不是假说。对儒家心性理论认识的不够到位，直接影响了作者对牟宗三政治思想持怀疑态度："心性论既是牟宗三新儒学思想的基础，同时又对其新儒家思想以致命的束缚，牟宗三确实认识到中国传统政治的症结在于政治是道德的延伸，并且也在寻求以儒家的'内圣'开出现代政治的民主自由的'新外王'的出路，但是由于深陷在传统心性论的框架之中，终究无法摆脱思想的困境。"（同上，第 71 页）一方面认识到了坎陷论"摄智归仁"的意义，另一方面又对坎陷论的心性基础持怀疑态度，这种矛盾大大影响了《德性与政治——牟宗三新儒家政治哲学研究》的内在价值。

① 汤忠钢：《德性与政治——牟宗三新儒家政治哲学研究》，第 3 页。

② 汤忠钢：《德性与政治——牟宗三新儒家政治哲学研究》，第 159 页。

这种理解与牟宗三讲坎陷不仅在讲“让开一步”、“下降凝聚”，同时还要讲“摄智归仁”，是相吻合的。



唐文明属于另外一种情况。其《隐秘的颠覆——牟宗三、康德与原始儒家》第四章“历史的嫁接”，系统谈到对牟宗三坎陷论的看法。该章的一个鲜明特点，是强调因为中西政治传统有很大的不同，所以“内在于儒家精神的一种可能的宪法必然在一些根本处不同于西方基督教精神熏习下所产生的宪法。同样，内在于儒家精神的一个可能的现代国家也必然在一些根本处不同于西方基督教精神熏习下所产生的国家。”① 这种看法立脚点很高，与牟宗三坎陷论的基本精神比较一致，并无问题。但奇怪的是，作者进而以此为基础对坎陷论提出了批评，认为表面上看起来，牟宗三讲坎陷的意思是要建立一个现代的儒教国家，但实际上并非如此。因为牟宗三不仅运用《周易》的术语创造了坎陷这样一个特别概念，以表明在良知与民主政体之间存在着一个辩证否定的关系，而且亦明确提到了政教分离的原则，要求通过坎陷开出的民主与人伦道德完全分开。这种做法大有问题。西方世界的政教分离原则与基督教在西方社会的演变、分化有密切关系，背后是神的世界与人的世界的对立，是彼岸与此岸的紧张，是超越与内在的分裂，从实际历史的进程看与教派分化所导致的宗教争吵乃至宗教战争也有密切关系。然而中国的情况不同。像欧洲那样惨烈的宗教冲突在中国社会中不曾存在，基督教世界中那种特有的超越与内在的分裂在儒家思想中也不曾存在，特别重要的是，儒家教化最重视人伦，这可以说是普遍性的常道，因为不管人持何种信仰，都必须作为人伦关系中的一员而存在。牟宗三未能注意到

① 唐文明：《隐秘的颠覆——牟宗三、康德与原始儒家》，北京：生活·读书·新知三联书店，2012 年，第 315 页。

这一点，将基督教世界中发展出来的地方性知识当作普遍性真理，并进而将其与中国的教化传统相嫁接，至为可惜，不仅背离了儒家伦理精神，而且是对儒家隐秘传统的颠覆。“像牟宗三那样彻底放弃人伦的政治意义而仅在社会教化层面肯定之，将之归于社会世界实体性的律则而无涉于政治世界规约性的律则，可以说他不仅已被西风熏得微醉，更不明周公制礼作乐之深意。”①



唐文明之所以提出这种批评，主要的依据是牟宗三的《政道与治道》。在这一著作中牟宗三确有这样的说法：“经过外延的表现、形式概念之限定，则政治是政治，教化是教化，政治自成一独立领域，自不可涉教化。此是第一步限定。”“在就个体而顺成上，只须说自由、平等、人权、权利诸外延的形式概念，即已足，不必就‘生活之全’上，说及‘教化的意义’此是第二步限定。”（《政道与治道》，第 125 页，10/137）如果仅以这两段材料而论，唐文明对牟宗三的批评当然就是正确的。但可惜的是，作者似乎没有注意这并不是牟宗三的全部主张。细读《政道与治道》可知，这两段材料出自第七章。这一章中心是讨论如何将政治从神话形态转为理性形态，而做到这一步很重要的一环，就要是划清政治与教化、政治与道德的限度。经过一系列的分析，牟宗三最后将这种限度归纳为三个方面。第一，个人自己实践上的道德，这是一个无限的过程，深度与广度均无止境。第二，政治教化上的道德，这只是维持一般人道生活的规律，只能作外在的维持，而不能做内在的深究。第三，个人自己实践上的人格成就，无论怎样伟大与神圣，若落在政治领域，都不能漫越这些限制。有了这种划分，政治与教化、政治与道德的限度就比较清楚了，就可以由传统的神治形态进到现代的理性形态了。但需要注意，牟宗三在



① 唐文明：《隐秘的颠覆——牟宗三、康德与原始儒家》，第 315 页。

做这种划分的时候，并没有像西方近代政治那样，完全排除政治与教化、政治与道德的关联。《政道与治道》在上面这两段话后面紧接着写道："但是在'理性之内容的表现'上，则不能有这种限定。重'主体之能'之仁者精神，在'就个体而顺成'上，亦必然会顾及'生活之全'而函有教化的意义。在这里重个体，不能只是政治上外延地重个体。"并特别强调，"若是内容的表现而抹杀这种教化的意义，那便是法家的形态。"（《政道与治道》，第 125 页，10/137）牟宗三之所以既划分政治与教化、政治与道德的限度，又强调不能完全将道德排除在政治之外，很重要的一个原因是，中国的政治与教化有其独特性，与西方的政教合一不同。"他们是'宗教'之教，牵涉信仰问题，故后来有'信仰自由'之争取。而在中国，信仰自由根本不生问题。政治上的教化之教根本不甚过问及此，亦不甚干涉及此。其所过问的只是'起码而普遍的人道'方面之教。即在外延表现下，政治固独立矣，然其法律亦不能不保障及此。故中国以前政治上的教化意义，亦不能说成'泛道德主义'，因为这里有政治上的律则与政治上的节拍，亦有教化上的律则与教化上的节拍，而皆有其分际与限度。"（《政道与治道》，第 127 页，10/140）这里明确列出了儒家政治与教化同西方近代之前政教合一的原则差异。西方的教是宗教，涉及信仰问题，中国的教只是教化，不涉及信仰。既然如此，儒家政治就不可能完全排除教化，排除道德，尽管在新的历史条件下，也应重视划清两者之间的限定。由于牟宗三在行文中两个方面都讲到了，而这一章的重点又是强调划分，不是保留，唐文明只看到了前一层意思，便以为牟宗三坎陷开出民主是照搬西方近代政治与道德分离的模式，主张政治归政治，道德归道德，彻底放弃人伦的政治意义，背离了儒家政治传统的精神。如果将这一章置于坎陷论整体的背景之下，特别是考虑到牟宗三顽强的道德理想主义立场，注意到牟宗三坎陷必须“摄智归仁”的鲜明说法，尽可能将具体材料与整体文脉联系起来而非断章取义，这种误解是不难避免的。

当然，也有一些学者不接受牟宗三的这种学术立场，对其相关思想完全持否定态度。在他们看来，似乎内圣外王早已成为历史的陈迹，早就应该退出历史的舞台了，谁再坚持这种提法、这种理想，就是跟不上形势，就是食古不化，大讲什么“‘内圣外王’的老调可以休矣”①，“‘内圣外王’真成了‘已陈刍狗’”②。这种立场实不无讨论余地。应当承认，内圣外王作为一种政治模式在历史上确实存在着不少问题，所以我们现在才有必要讨论如何克服这些缺陷，开出民主即所谓新外王的问题。但我们做出这些努力并不意味着必须放弃内圣外王的理想。儒家之所以称为儒家，一个根本性的特点就是坚持道德的理想主义。个人如此，国家亦然。如果不讲道德，那儒家也就不成为儒家了。不管将来情况发生多大的变化，政治不能完全脱离道德对儒家来说都是一个不变的原则。虽然对具体情况而言，因为个人都有差异，每个人能做到什么程度很难完全保证，但这个方向、这条路线一定要坚持，一定不能放弃，这才是最重要的。我们实在没有办法想象如西方



① 郑家栋指出：“只要正视现实人生和现实生活的复杂内涵就不难发现：只是高悬道德理想、只讲‘最高限度的伦理道德’是不够的，对于更广大的社会面来说，基于肯定人的感性欲求的合理性的‘最低限度的伦理道德’似乎显得更为重要。外王层面的民主法制正是应当从保护个体的基本权力和合理欲求方面讲（西方近代作为民主政治之根据的自然法和契约论皆与此有关），从遵守和维护‘最低限度的伦理道德’方面讲，从社会关系中个体利益的满足、协调和相互制约方面讲，而不必先由良知本体的自我呈现去追求体现‘最高限度的伦理道德’的完满境界，然后再通过良知的自我‘坎陷’、‘转折’、‘辩证的开显’去说明民主法制所以可能的根据。即不必从‘内圣’出发推导出‘外王’。”“‘内圣外王’的老调可以休矣。”（郑家栋：《本体与方法——从熊十力到牟宗三》，沈阳：辽宁教育出版社，1992年，第350页）

② 余英时：《朱熹的历史世界——宋代士大夫政治文化研究》，北京：生活·读书·新知三联书店，2004年，第917页。

近代将政治与道德完全分离开来对儒家意味着什么。因此，我们一方面当然要开出民主，不然既无法克服传统政治的痼疾，也无法跟上形势的变化，但另一方面又必须强调这种开出一定要建立在充分尊重传统的基础之上，而不能置传统于不顾，不能抛弃儒家的道德传统。从这个视角观察问题不难明白，内圣外王绝不是什么“已陈刍狗”，“老调”虽然老了但绝不可以“休矣”。①



总体来说，牟宗三论坎陷是从两个方面着眼的，一是必须开出民主，其方法便是“让开一步”、“下降凝聚”，另一方面是强调开出民主必须保持儒家政治传统的特色，其方法便是“摄智归仁”。从多重三分方法的角度看，牟宗三这一思想有着深厚的理论基础，十分深刻。一个生命也好，一个社会也好，都包含体欲、认知、道德三个层面。这三个层面缺一不可。对一个人而言，没有体欲就没有办法生存，没有认知就没有办法达成对社会和自身的认识，无法制定各种律法制度。但无论是体欲还是认知，都必须接受道德的领导。没有道德的体欲一定会使人走向物化，没有道德的认知很可能使人走上犯罪的道路。国家治理也不例外。治理国家当然离不开体欲和认知，只有体欲和认知发展了，社会才能得以生存，才能制定完善的法律法规。但需要注意，治理国家不能完全依靠体欲和认知，否则这种治理不仅没有任何情感血色，

① 陈迎年认为：“即使中国的儒学从根子上说就是一种政治哲学，这是不可改变的常道，但为此常道计，现在是需要把政治与哲学拉开而分别对待的时候了。”“现在，治国越来越多地成为一件技术活，人们应该着重其独立性。”又说：“在这个意义上，批判的矛头并不应该指向专制与否，而应该指向牟子哲学（圣）与政治权威（王）的合一，哪怕这种合一‘圣王’能够营造某种开放、民主的典范。”（陈迎年：《智的直觉与审美直觉——牟宗三美学判》，上海：上海人民出版社，2012 年，第 374 页）陈迎年这个看法与牟宗三有很大不同。他认为现在的主要任务是将政治与道德分离开来，牟宗三则主张尽管需要通过坎陷开出民主，但这种开出是在“摄智归仁”的前提下展开的，这样开出的民主，仍然需要道德的指引。

而且很难保持一个正确的方向。一段时间以来，一些人看到西方近代政治将政治与道德分离开来取得了很多成绩，也认为中国政治开出民主只要走西方的道路即可，不应再抱着儒家道德的传统不放。这些人不了解，从现实上说，这里有一个接受外来经验如何保持自己传统的问题，从理论上说，还有一个认知能否完全脱离道德的问题，更不要说儒家讲道德与西方宗教讲道德并不是一码事。牟宗三讲坎陷开出民主始终坚持道德理想主义不放，强调不能抛弃儒家的道德传统，有着深刻的内涵，必须予以充分的重视。



#### 4. 完善的政治形式应当认知与道德二者齐备

如上所说，牟宗三提出坎陷论的根本目的，是在坚持儒家政治传统优势的前提下开出民主。牟宗三之所以这样做，是因为他清楚地看到，政治不能完全寄托在道德理性之上，否则一定会有其弊端。在历史上，儒家政治将基础置于道德之上，强调“仁者德治”，对圣君贤相寄托了过高的希望，结果造成了君权无奈，贤相难求，革命不断等一系列的问题。但如果反过来，将政治完全寄托于理论理性，全然不顾道德层面的作用，同样不够全面。近代以来，西方政治的发展特别强调将政治与道德分开，政治的归为政治，道德的归为道德，其弊端已经逐渐显现了出来，引起有识之士的警觉。牟宗三提出坎陷论就是为了寻找一种方法解决这个问题。这一学说的理论意义除上面所说之外，还包含着这样一个重要方面：什么样的政治形式才是最为完善的？

这个问题引起人们关注可以说从 20 世纪初就开始了。面对如何赶上西方的步伐，改变自己落后局面的问题，当时主要有三种不同的力量。一是以胡适、殷海光为代表的自由主义，宣传英美议会式的民主。二是以中国共产党为代表的中国马克思主义，主张彻底打翻一个旧世界，建立一个新世界。三是以梁漱溟、熊十力、马一浮为代表的保守主义，主张尊重中国文化的特点，保留中国文化的优长。在这三种力量中，牟宗三原则上可以划归为保守主义，但其态度并非特别极端。在他看来，民主虽然源自于西方文化，但有其合理性，因而具有一定的普遍意义。中国近代之所以落后，一个重要原因就是没有民主。要想赶超上来，必须学习西方的民主经验。当然，这种学习又不能完全抛弃自己的传统，而应该尽可能保留自己的所长。牟宗三坎陷必须“摄智归仁”，逻辑地隐含着这样一个重要思想：坎陷开出民主是可以的，但经过坎陷而成的民主，是一种“根于仁”的民主，是在道德指导之下的民主，而不再是西方近代以来那种与道德完全无关的民主。换句话说，通过坎陷开出的民主仍然保留儒家道德的传统，与西方近代以来的民主有所不同，从而既克服了儒家政治传统的不足，又有助于解决西方近代政治存在的问题。

牟宗三这一思想的意义不可小视。按照多重三分方法，从生命层级构成来看，既有体欲的层面，又有认知的层面、道德的层面。体欲一层暂且不论，要成全一个人，必须将认知和道德层面结合在一起，二者缺一不可。同样道理，从社会层级构成来看，既有体欲的层面，又有认知的层面、道德的层面。体欲一层暂且不论，要把国家治理好，必须既讲认知，又讲道德。民主政治的以法治国即所谓“智者法治”由认知一层而来，儒家传统的以德治国即所谓“仁者德治”由道德一层而来。只有将两个方面结合在一起，才是一个理想的社会制度。如果一个人只有道德没有认知，或只有认知没有道德，我们一定会说这个人不够全面。同样道理，如果一种政治形式只有道德一面没有认知一面，或只有认知一面没有道德一面，认知完全不受道德的影响，同样也不全面。近代以来，受西方政治发展路线的影响，一些人也主张必须将政治与道德进行清晰的划界，政治与道德两不相干，非如此便是跟不上形势，便是落后。牟宗三并不这样认为，他提出坎陷论，一方面希望保留儒家政治重道德之所长，另一方面又吸取西方民主政治重认知之所优，既重以德治国、“仁者德治”，又重以法治国、“智者法治”。这一思想从多重三分方法的角度考察，其实是希望创建一种认知、道德二者兼备，相互为须的完善政治形式。沿着牟宗三的致思方向发展，一定会得出这样的结论：完善的政治形式应当道德与认知相互兼备，缺一不可。当然，如何处理好政治与道德的关系，既不让道德过多干涉政治，重复近代之前西方宗教力量对于政治施加过多干预，以及儒家之前将政治的基础完全置于道德之上的教训，又不让理论理性在政治领域唱独角戏，让政治成为光秃秃的理论理性的胜场，沦为泛政治主义，还有大量的问题需要解决。但牟宗三论坎陷，原本就包含“摄智归仁”的内容，而这一内容也只能从这个角度才能得到合理的诠释，否则他只讲“让开一步”、“下降凝聚”就可以了，完全没有必要再讲一个“摄智归仁”。这可以说是牟宗三坎陷开出民主这一学说对我们的最大教益。



5. 对比与缺憾：坎陷开出民主远景前瞻

最后，我还想对坎陷开出民主的前景谈一点看法。这个问题与梁漱溟和牟宗三思想的差异有密切关联。在上个世纪中，当一些人主张全盘西化的同时，梁漱溟不畏压力，旗帜鲜明地站出来反对，坚持认为中国文化的特点不适合推行民主制度，成为一番独特的景象。梁漱溟提出这种主张主要基于这样一些理由：

其一，中国人在生活上奉行安分不争的态度，政治上崇尚消极无为，缺乏西洋人主动积极争取的精神。西方政治制度是建立在大家各自爱护其自由，争取其权利，关心其切身利害的基础之上的。在这种态度之下，法律只不过是社会政治制度的表象而已。与此不同，中国人习惯于对政治不闻不问，对个人权利绝不要求，这种不争的态度与西洋民主制度格格不入。中国的问题不是争权夺利而是太不争权夺利了，完全没有权利意识。中西文化在这方面的态度极其不合，决定中国不能发展民主。[①]

其二，中国人崇尚谦德，尊敬他人，佩服他人，缺乏西洋人的竞争精神。西洋人好动，选举时政治家到处演讲，发表文章，不断表现自己。这是他们的可爱之处。中国人则喜静，推崇谦德。如中国推行选举，众人必有尊敬之意，佩服之心，而相率敬请于其人之门而愿受教益。被选举人则避谢不敢当，辞之不可，或且逃之。这种犹抑歉然若不足的崇尚谦谦君子的精神怎么可能发展出西方的选举之制呢？怎么可能发展出西洋的民主制度呢？

其三，中国人性善论发达，信任人，对人至诚无二，尊尚贤智，西洋人则以性恶为依据，人与人之间不存在信任。欧洲人的政治制度以性恶论为基础，人与人之间时时提防，所以政治上采取三权分立，主张制约与平衡，相互监督，推崇“有对精神”。正是在这种精神下，西洋人能够在政治上运转灵活，推陈出新，又能在个人权利上有所保障。中国讲求至诚无二之心，首先是信，彼此相互信任，相互尊重；其次是礼，崇敬对方，信托对方，有极高期望于对方。这种情况在西方人那里是没有的，他们的精神要粗些，彼此之间不信任，而中国人讲求礼，唯敬无二，崇尚“无对精神”。

其四，中国的态度不在欲望的满足，而在积极追求人生之理

① 贝淡宁《东方遭遇西方》一书中借李光耀之口所说的一段话，与此有关。在书中，李光耀这样讲道：“根据我的经验，大多数东亚人并不像西方人那样把自己看作个人。西方人首先把他们看作自律的个体，然而东亚人却根据和他人、尤其是和自己家庭成员之间的关系来看待自己。”“我想再次重申，西方社会和新加坡之间存在着强调重点的不同。西方人愿意为了保有自律而激烈抗争，即使会面对令人不快的结果也在所不惜。……但是，新加坡人较少关心自律，面对其他与之冲突的价值，他们不会像西方人那样努力捍卫自律的理念。”（贝淡宁：《东方遭遇西方》，第162、167页）

（亦是人生的价值意义），西洋民主政治是欲望本位的政治，在于保障人权，拥护个人的欲望。西洋人将人生放在欲望上，生活就是欲望的满足。西洋人受基督教的影响，强调罪的观念，人生即是一个赎罪的过程。出于对中世纪追求未来天国的反对而要求现世幸福，近代以来他们来了一个政教分离，从而发展出民主政治来。中国的人生价值在于理。中国人从不轻易抛弃人生向上的追求，认为人生与人生道理不能分家，中国的政教是不能分离的。[①]



正确看待中国社会的性质，对其有一个准确的感觉和描述，是一门高深的学问，极见悟性与学力。梁漱溟根据自己的体认和观察，认识到中国是一个伦理社会，与西方的阶级社会完全不同。这个伦理社会有着自己非常独特的精神特质，并不适合西方民主制度的发展。如果不充分尊重中国社会的特质，盲目推行民主，一定会造成极大的不适应，政治永无清明之希望，中国也永无前途之可言。梁漱溟的这些论述在当时多被视为食古不化，成为被讥讽的对象，但今天重温起来，却给人振聋发聩之感。不妨设想一下，如果在数十年前，中国真的大规模广泛推行西方的民主制度的话，中国会是一个什么样子？一定是天下大乱，永无宁日。从这个意义上说，历史无疑已经证明了梁漱溟的正确，证明他是一个胜利者，一个胜出者，无愧为 20 世纪中国政治的先知。当然梁漱溟的看法也有可以再推进之处。他对社会的观察多偏重于文化和精神方面，缺少历史的观点，没有能够看到民主其实是一种基于经济和文化而形成的独特的生活方式。经济和文化是可以改变的，民主也是可以改变的。虽然经济和文化的改变不能一蹴而就，民主的引进和开出，是一件极为艰苦工作，是一个漫长甚至



① 参见梁漱溟：《我们政治上的第一个不通的路》，《梁漱溟全集》第五卷，济南：山东人民出版社，2005 年 5 月，第 133—173 页。

极为漫长的过程，但随着社会的发展，人们在经济上有了独立的地位之后，有了独立的人权之后，一定会提出自己的要求，维护自己的权益。在民主思想已成为政治常识的情况下更是如此。近代以来，中国社会在经济制度和政治制度方面都已经发生了翻天覆地的变化，已不再是先前那个典型的伦理社会，不可能再固守着自己先前的传统一成不变了。一方面保持自己的传统，另一方面汲取民主的优势，已是大势所趋。



牟宗三与梁漱溟的致思方向有同也有异。一方面，牟宗三对中国政治传统同样有深入的分析，认为中国传统政治走的是道德一途，核心是“仁者德治”。中国传统政治这一特点，自然有其所长，即使将来中国政治进行改革，有了新的变化，也一定不能丢掉自己传统中好的东西。在这一点上，牟宗三与梁漱溟的立场非常接近。另一方面，牟宗三与梁漱溟又有所不同。梁漱溟认为，中国传统政治有自己的特点，在这个基础上没有办法发展民主。牟宗三则认为，中国传统政治将希望完全寄托在圣君贤相上，未能开出“对列之局”，一旦矛盾无法化解，最后只能想革命的办法。革命虽能解决一时的问题，但革命成功之后，好上一阵，随着新皇上的能力下降，达不到圣君贤相的程度，又会重新引发民众的不满，招致新的革命。中国数千年的政治历史，就是这样一治一乱，不断循环。要从根本上解决这些问题，一个有效的办法就是通过坎陷，“让开一步”、“下降凝聚”，开出民主。如上所说，牟宗三论坎陷开出民主确实有其理论上的不足。他只看到发展民主必须“让开一步”、“下降凝聚”，由仁的系统，变为智的系统，没有将精力更多地放在经济的层面，严格说来，解说并不到位，很容易给人一个错误印象，好像只要发展道德之下的认知层面，就足以完成开出民主的任务似的。可能正因为如此，尽管他反复讲坎陷，但坎陷如何开出民主的问题，不仅学界能够真正了解者甚少，而且在现实层面上也很难真正落实。但牟宗三认为，中国应该而且可以开出民主，走民主的道路，则是非常明确，没有疑问的。

如何评价梁漱溟与牟宗三在这方面的思想差异，是一个严峻的课题。梁漱溟对中国社会有着非凡的洞察力。这种洞察力并非一般人所能具有。凭着这种洞察力，梁漱溟得出了西方式的民主不适合中国社会，中国无法发展民主的结论。尽管这一结论在当时很难被理解，现在却越来越多地引起人们的关注。牟宗三则属于另外一种情况。虽然对中国传统政治也有深刻的观察，但牟宗三并不否认在中国发展民主制度的可能，甚至还对民主制度有很高的评价。在晚年《中国文化大动脉的现实关心问题》的讲演中，牟宗三对人类政治历史的发展有一个基本概括，认为人类政治的进步过程可分三个阶段："初是贵族政治，再是君主专制，终是民主政治。只有这三个形态，再没有其他别的了。就政治形态来说，民主政治是最后的（final）形态。""假定在人类集体生活中还需要政治，这种宪政民主式的政治形态便是最后的（final）形态了：如果说我们根本不需要政治，那自然另当别论。"（《时代与感受》，23/408）明眼人一望即知，在这个问题上，牟宗三与梁漱溟有着重大的差异。梁漱溟从中国社会的特点出发，强调中国不适合发展民主制度。牟宗三则认为，中国下一步若要有所发展，必须走民主的道路，甚至强调民主制度是人类政治的"最后形态"。

将梁漱溟和牟宗三相关的思想放在一起比较，以我个人的标准来衡量，牟宗三的立场似乎不如梁漱溟高远，态度也不如梁漱溟坚决。这个问题值得深思。尽管坎陷论始终包含"摄智归仁"的内容，由这个内容逻辑地可以引出我们的理想应是建立一种既不同中国传统政治，又与西方现行民主制度有异的更为合理的制度这样的结论，但至少牟宗三晚年并没有将思想的重点放在这里。牟宗三建构坎陷论的时候，反复重申坎陷开出民主必须借鉴中国传统政治的优点，泛道德主义不正确，泛政治主义同样不可取，但细细分析其相关论述不难发现，他对西方的民主制度还是缺乏深刻的反思。坎陷“摄智归仁”这一重要思想只具有理论的意义，而缺乏实质的考量和建构。在其后期的一些文字中，这种思想倾向表现得尤为明显。认定民主制度是人类政治文明的“最后形态”是一个典型的例子。这一类说法大大地减损了坎陷论的理论价值，造成的影响不可小视。我之所以特别关注这个问题，是因为如果把我们的任务只规定为开出民主，那么“摄智归仁”的内容如何体现呢？如果“摄智归仁”的内容无法体现，那么这种新开出的民主与西方现行的民主又有什么不同的呢？如果新开出的民主与西方现行的民主没有区别，那么如何谈得上继承儒家道德理想主义的传统呢？这些问题不解决，将民主视为人类政治文明的“最后形态”，不仅降低了儒学的高度，而且在一定程度上从“外王三书”坎陷开出民主一定要“摄智归仁”的立场游离了出来。这一现象应该引起我们的足够重视，而这也是我对坎陷论最不满意的地方，认为是其最不应该有的一个短板。

当然，我们看问题需要有历史的眼光，不能苛责于前人。牟宗三有其特定的时代背景。从他后期的许多讲演可以看得非常清楚，他当时的精力主要集中在台湾与大陆政治局势的对比方面。比如在《文化建设的道路——现时代文化建设的意义》的讲演中，他这样说道：“有段时期我们考虑到以往二千年没有现代化的问题，现代才有，这二者的分别究竟何在呢？我曾以两个字来表示。就社会、政治、经济等等各部分的工作而言，若采取对列 co-ordination 的原则就是现代化，若采取隶属 sub-ordination 的原则就是非现代化。近代的精神是 co-ordination，非近代的精神是 sub-ordination，差别就在于此。co-ordination 是理性的，sub-ordination 是非理性的。”（《时代与感觉》，23/390）“大陆上共产党统治之下没有私，也没有公，没有个人的生活、没有教养，一切都套在人民公社中……正好是 sub-ordination，而不是 co-ordination。”（《时代与感觉》，23/391）正是在这种强烈的对比中，牟宗三对台湾民主建设寄予了很高的希望。在《中国文化大动脉中的现实关心问题》的讲演中又说：“中华民国这个政治形态，在孙中山先生的理想中，就是一个 consitutional democracy，即是一个应以宪法为基础的民主政治。这就叫做‘民主建国’。辛亥革命的政治意义即在此。孙中山先生的政治理想，对以往中国二千多年的君主专制来说，是一种划时代的突破性‘进步’。”（《时代与感觉》，23/408）“这个问题的唯一解决之道，就是‘民主建国’，就是依 consitutional democracy 的方式来建设国家。这是我们现时代中国人自己的事情，不能梦想几千年前的尧、舜，也不能交托给未来不可知的‘大圣人’。”（《时代与感觉》，23/412）这些材料充分说明，对大陆政治局势的不满，很自然地使牟宗三将希望寄托在台湾的民主制度方面。这种情况虽然是可以理解的，但从另一个方面看，也影响了他对民主政治本身的深入观察乃至理性批判，从而或多或少淡忘了他早年反复强调的坎陷必须“摄智归仁”的主张。在近些年来台湾政治的发展过程中，儒学很少能够发挥实际的作用，这或许是一个内在的原因。①



① 上世纪末期，刘述先讲过：“我自己虽然提倡儒学，我可以坦白地说，今天儒学还没有构成主流的条件。”（刘述先：《文化与哲学的探索》，台北：台湾学生书局，1987 年，第 245 页）但他对此并不悲观，认为“此学在今日要成为主流殆不可能，但再经过几代的修正和发展，安知没有光明灿烂的前途?”（刘述先《熊十力与刘静窗论学书简・校阅后记》，台北：台北时报文化出版事业有限公司，1984 年，第 36 页）2010 年 10 月，我到台湾大学高等研究院作短期访问。在“东亚经典与文化学术研讨会”上，黄俊杰谈到，台湾近些年来民主有了很大的发展，但在这个过程中，儒学并没有发挥多少实际的作用。这个说法让我有些吃惊，同时也深感遗憾，即刻想到大陆今后的发展怎样才能有效避免这种局面。这个问题非常迫切，令人揪心。

当然，现在情况已经发生了根本性的变化。我们今天重新研究坎陷论，不应再将思想的重点放在这里，而应当特别注意对西方民主政治加以反省，将隐含在坎陷论中“摄智归仁”的重要内容凸显出来，让人们充分认识其意义，发挥其作用。由此说来，在新的历史条件下，我们讲坎陷必须同时在三条战线上作战。第一，必须坚持“让开一步”，不再固守“仁者德治”的政治模式，从道德层面退出身来，对过去的传统进行一个大的变革。第二，必须“下降凝聚”，不仅大力发展认知的层面，重视制度建设，不再将政治的希望完全寄托在道德上，而且进一步扩大视野，大力重视经济问题，重视恶在历史发展中的作用。第三，必须坚持在“让开一步”、“下降凝聚”的同时，努力“摄智归仁”。这一点在当前情况下尤为重要。只有这样我们才能保持中国政治传统之所长，才能保持儒家的道德传统，打破西方近代以来将道德与政治分离的做法，将民主置于道德的制约之下；而不是像一些短视者那样，一味向西方看齐，唯西方马首是瞻；最终形成一种既不同于传统中的中国政治，又与现行的西方民主政治有原则差异的独特政治模式。尽管这种独特的模式我们现在还没有找到，但这种努力一定不能放弃，这个方向始终要坚持。这是经过诠释后的坎陷论告诉我们最重要的道理。这样的视野才是全面的，足够的，才能达到预期目的。果真如此，中华文明复兴一定大有希望，那将是国家之幸，民族之幸，文化之幸。

理论界近些年的一些新进展，带给我们些许新的希望。随着中国国力的日渐强盛，重新认识中国政治传统的特点，反省上世纪以来盲目追求西方民主做法的失当，已成为不少学者的共同努力方向。这方面蒋庆无疑走在了前列。蒋庆一段时间以来对学界过份强调心性儒学的倾向十分敏感，持有批评态度，认为这种做法没有抓住儒学的本质。在他看来，从根本上说儒学是一种政治之学，从而大力提倡政治儒学，引起很大的反响。在研究过程中，蒋庆花了很大气力分析儒家政治传统的合理因素。他认为，中国传统政治是一种王道政治，有着自身正当性，分别表现在“天”、“地”、“人”三个方面。“天”代表超越神圣的正当性，“地”代表历史文化的正当性，“人”代表人心民意的正当性。在新的历史条件下，这些正当性不能弃之不顾，必须保留下来，继续发挥作用。为此他还设计了三院制的方案，以通儒院代表超越神圣的正当性，庶民院代表人心民意的正当性，国体院代表历史延续的正当性。①白彤东的进路略有不同。白彤东在美国留学时间较长，系统研究过西方政治理论，对西方民主制度的缺失有一定的体会。他认为，罗尔斯《政治自由主义》中所列举的民主社会的五个事实尚不全面，还需要补充第六个（组）事实。这一组事实主要包括三项内容：第一，人类有滑向私利的倾向，而一人一票鼓励了这个倾向的发展。第二，公民中总有人对政治事务采取冷漠的态度，不愿意参加投票。第三，绝大多数现代社会都太大了，不论政府付出多少努力，多数公民都很难充分了解相关政治事务和政治人员的内情。这就意味着，罗尔斯所理解的自由民主制度，或审慎思考与讨论的民主制度，要求绝大多数的公民都以平等的、一人一票的方式参与政治，在现实上是不可能的。② 为了弥补这一不足，白彤



① 蒋庆：《生命信仰与王道政治：儒家文化的现代价值》，贵阳：贵州人民出版社，2004 年，第 156—170 页。

② 李光耀的一些言论，也许有助于说明这种情况。他认为，“运行那套体制（一人一票）有一种内在的缺陷……大多数国民是半文盲（semi-literate），他们更容易折服于大棒的恐吓，而不是胡萝卜的诱骗，而政客在选战阶段是不能使用大棒的。所以……谁出价最高，谁就能赢……在你想要人民投入资本更多、收到回报更少的时候，一人一票制只能产生适得其反的结果。”“有效的政府……在欠发达的情况下意味着一个必须改进投资率的政府，那必然要求在较长的时间段时——肯定要长于 5 年——投入较多而回报较少。如果你能在前 2 年向人民提出要求、第 4 年后开始产出、直至第 5 年底得到收益的话，那么一切都（转下页）

东在儒家智慧中寻找资源，“试图抵制当代民主社会里过度民粹化的倾向，并在民主制与精英制之间找到一条中庸之道”[①]。贝淡宁则从一个西方人的视角，对这个问题进行了新的探索。贝淡宁早年研究伦理学，赞同社群主义，对西方的自由主义有所批评。这一立场直接影响到他对在东亚国家建立民主制度的看法。他认为，“要想在东亚塑造民主，就不能依赖那种抽象而且非历史（unhistorical）的普遍主义，西方的自由民主主义者就经常在这个问题上栽跟头。相反，东亚的民主只能从内部建成，经由东亚人民自身在日常道德与政治争论中使用的特定事例与论争策略加以实现。”[②] 当然，这并不意味着完全排斥民主，理想的情况是找到一个既保留东亚政治传统，又吸取民主制度合理因素的办法。经过不断探索，他找到了一个折衷的办法：这就是一个新的两院制，即包括一个通过民主选出来的下议院，以及一个由竞争性考试为基础选出来的代表所组成的上议院。在尝试了多种方案之后，他最终听从妻子宋冰的建议，“将这种上议院称为‘贤士院’”[③]，并对其进行了颇为详细的规定。蒋庆、白彤东、贝淡宁从各个不同方向所做的研究令人欣喜。不管这些具体结论是否

---

（接上页）好说……不幸的是，经济的增长是一个更为漫长、更为痛苦的过程，对建立在所有人感觉和喜好基础上的那一要求来说，无论 5 年抑或 10 年都不是足够长的时间。因此，结果可能是——除非你具备特殊的领导人和特殊的环境……来采取痛苦最小的解决方案……痛苦最小的解决方案要求你不能对人民提出不适当的要求……不能增加投资率，不能提升你的社会……”“这样的话，你将与这样的对手展开竞争：他们不仅许诺自己不会保持投资率，而且……还会花光（已经积攒的）国库中的储备……如果选民幼稚地相信他们的许诺，你将会耗尽所有的资源。”（转引自贝淡宁：《东方遭遇西方》，第 188—189 页）

① 白彤东：《旧邦新命——古今中西参照下的古典儒家政治哲学》，第 65 页。

② 贝淡宁：《东方遭遇西方》，第 12 页。

③ 贝淡宁：《东方遭遇西方》，第 164 页。贝淡宁的这一主张，在他的另外两本著作中也多有表述，可以参阅。这两部著作是：《超越自由民主》，上海：三联书店，2009 年；《中国新儒家》，上海：三联书店，2010 年。

过于理想化[1]，有多少不够完善和有待讨论的地方，但至少有一点是看得非常清楚的：当今之世，再像五四之后那样，指望全盘引进西方民主模式以解决中国自己问题的做法，已是明日黄花，没有了任何价值。经过一个世纪的痛苦消化，人们不应再以那种陈旧的方式思考问题了，这一页已经彻底翻过去了。时隔半个世纪之后，我们今天仍然花费如此气力研究坎陷论，意义正在这里。如果牟宗三九泉有知，看到后人能够这样理解他的坎陷论，这样重视后来连他自己也或多或少有所放松、至少没有强力坚持的开出民主必须"摄智归仁"的思想，相信一定会由衷认同，发出会心微笑的。



① 贝淡宁认为，"蒋庆的方案要求在三院一致同意的条件下才能批准一项法案，没有说明三院地位的区别以及如何解决僵局，这样可能导致没有几部法律可以通过的后果。"（贝淡宁：《超越自由民主》，第162页）又说，"蒋没有提到司法，但是很难想像任何一个现代社会能够在没有司法部分的情况下有效运作。所以，如果我们添加司法部分，就意味着在他的政府机构里有四个院。"（贝淡宁：《中国新儒家》，第196页）"按照蒋的说法，这个院（指国体院。——引者注）至少有一部分是由从前的伟人或者文化权威的后裔组成。""在我看来，这样的建院完全是不切实际的空想，简直和恢复英国上院的世袭贵族制一样荒唐。"（同上书，第197页）然而，这种理想化的情况其实也表现在贝淡宁身上。他早先将自己设计的两院制的实现时间设定为2007年，后来不得不承认，"我的观点确实太乐观了"（贝淡宁：《超越自由民主》，第151页），并将这一时限改在2017年（贝淡宁：《东方遭遇西方》，第247页）。然而，现在时间节点已经过去，贝淡宁设计的方案非但远未落实，甚至连一点影子也没见到，足见这个问题之复杂与困难。

# 第二章 活动论论衡[①]



三系论是牟宗三儒学思想的第二个部分。这一思想的要旨一在将五峰、蕺山独立为一系，标准在于形著，二在判定伊川、朱子为旁出，标准在于活动。关于形著问题，详见《贡献与终结——牟宗三儒学思想研究》第二卷三系论第四章"形著论论衡"，这里只谈活动问题。

## 一、活动论的理论意义

以道德理论是否具有活动性来判定正宗与旁出，是牟宗三三系论的重要组成部分。尽管这种做法还有很多疑点需要讨论，但它所包含的深刻理论意义不容忽视。受到西方哲学的影响，人们一般认为，人既有理性，又有感性。理性代表人的价值，感性不代表人的价值。人具有理性也就具有成就道德的可能，只要时时处处按照理性的要求行事，就可以使道德成为现实了。不过，人们这样思考的时候，往往没有进一步考虑这样一个问题：理性本身是否具有活动性呢？也就是说，作为道德根据的理性本身是否具有一种力量，能够直接决定道德呢？牟宗三提出问题的重要意义正在这里。

① 本章取自《贡献与终结——牟宗三儒学思想研究》第二卷三系论第五章前五节，原书第153—244页。

正是在这个意义上，牟宗三反复强调作为道德根据的理性本身必须具有活动性，即有活动义，而不能是死物死理。“义理、道理所意指的天理不只是静态的道德法则，亦不只是属于‘本体论的存有’之静态的实理，亦不只是那‘平铺放着’之静态的百理之多相，乃实是本体宇宙论的、即存有即活动的实理（实体），粲然明著之百理一起皆统摄于寂感真几而为诚体之神之所显发，是这样的一多不二、存有活动不二、心理不二、神理不二的实体，此即综名之曰天理。”（《心体与性体》第二册，第68—69页，6/74）牟宗三常常将义理、道理提升到天的高度，直接称为天理。这些说法虽有不同，但无本质的区别，都是指一种本体宇宙论的存有。这个存有不是静态的道德法则，也不是平铺放着的理之多相，而是心理不二、神理不二、存有活动不二的实理。这里牟宗三明确反对两种倾向：一是将天理视为静态的道德法则，二是将天理视为一种共相（即所谓“理之多相”）。这两种倾向之所以不对，一个共同点，就是没有活动义。既然没有活动义，天理如何能够创造道德呢？可见讲天理就必须讲活动，不讲活动就无法讲天理。于是，本体能不能活动，有没有活动义，即所谓即存有即活动还是只存有不活动，便成为牟宗三判定朱子为旁出的核心理由，最为重要。①

在这个问题上，朱子没有做好，存在重大缺陷。牟宗三指出：“（朱子）所不透之一点，说起来亦甚简单，即在：对于形而上的真体只理解为‘存有’（Being, ontological being）而不活动者（merely being but not at the same time activity）。但在先秦旧义以及濂溪、横渠、明道之所体悟者，此形而上的实体（散开说，天命

① 丁为祥于此有专文《牟宗三“即存有即活动”释义》（《文史哲》，2010年第5期），可以参考。

不已之体、易体、中体、太极、太虚、诚体、神体、心体、性体、仁体）乃是'即存有即活动'者。（在朱子，诚体、神体、心体即不能言。）此是差别之所由成，亦是系统之所以分。"（**《心体与性体》第一册，第58页，5/62**）朱子将形而上的实体理解为只存有而不活动，与先秦旧义以及濂溪、横渠、明道之所体悟完全不同。既然理不能活动，那么便不能直接产生道德。结果，只能从外面绕出去，大讲格物致知，以存在之然求其所以然，最终走上了以知识决定道德的道路。



由此可知，牟宗三由理是否有活动义出发，最后判定朱子为歧出，思路非常明确。在他看来，天命流行之体是一创生的实体，这个创生的实体是理也是心，有其活动性。由其所发，就是善行，就是道德。既然道德是由理、由心直接决定的，而不是由外在的因素（如物质的因素、知识的因素）决定的，所以这种由理、由心直接决定而成的道德即为道德自律。但在朱子的学理中，理不是心，没有活动义，本身无法直接产生道德，要成就道德必须以格物穷理的方法，以存在之然求其所以然。这种方法只是在道德何以可能的问题外面绕圈子，而不是直截了当地以理、以心来决定，虽然对于成就道德也有所助益，但显然不如承认理本身即有活动义，本身即能决定道德的方法直接明了。这种以知识之是非决定道德的路子，按照牟宗三的理解，就是康德所说的道德他律。

由此出发，牟宗三甚至对康德也提出了批评，在《圆善论》中这样写道：

> "心悦理而立理"即是吾人之义理之性。人既以此为其义理之性，他当然能发义理之行。此在以前名曰"性分之不容已"。"不容已"即是义不容辞，即是义务。"性分之不容已"即是义务从性发，因此，人必然能践履义

务。只要其本心性能一旦呈现，他即能有义理之行。其本心性能必然能呈现乎？曰必然能。盖岂有既是心而不活动者乎？岂有既是性而不呈现者乎？其所以一时不呈现者只因私欲利害之杂间隔之。故孔子曰“操则存，舍则亡”；孟子曰：“求则得之，舍则失之，是求有益于得也，是求之在我者也。”人是必然能有仁义之行的，亦即必然能修其天爵的，盖因其仁义之心必然能呈现故。此是孟子之思路，在此层上，孟子比康德为圆熟而有力，盖因康德无孟子之心性义并不以“意志之自律”为人之性故，而自由又为设准故，又不能说“心悦理义”故，实践之动力不足故。

《圆善论》，第184—185页，22/180



康德提出了道德自律的学说，作出了重大贡献。但因为他将自由定为设准，没有道德本心之义，不承认人可以心悦理义，所以无法解决道德理性本身即是实践的问题，使其道德实践的动力不足。儒家则完全不同，根本不存在这个问题。因为儒家讲道德必先讲一个仁字，讲一个良心。仁也好，良心也好，都是自己的道德本体。以仁和良心为代表的道德本体有一个重要的特点就是“悦理义”，本身即对道德法则感兴趣。因为对道德法则感兴趣，所以见到道德法则便会自觉自愿而行，成就道德的善举，即所谓“性分之不容已”。即使一时顺从了物欲的要求，没有达成善行，也不是道德根据有问题。只要能够守住道德根据，守住自己的良心本心，成就道德是自然而然的事。这是康德学说无法达到的境界，也是儒家超越于康德的地方。

牟宗三这些说法所包含的理论意义极其深刻，迫使我们必须认真思考这样一个重大理论问题：理性本身究竟有没有活动性？或如何才能保证理性具有活动性？这个问题的重要性是不言而喻的：如果理性有活动性，就可以保证道德成为可能；否则，道德将成为不可能。在西方哲学史上有人也曾提出过类似的问题，其代表人物就是休谟。休谟之时，西方哲学史上关于何者为道德根据有过激烈的争论。有的认为是理性，有的主张是情感。休谟参与了这场论战，认为“我们只须考究，我们是否能够单是根据理性来区别道德上的善恶，或者还是必须有其他一些原则的协助，才使我们能够作出这种区别。”[①] 经过深入思考，休谟得出了一个重要的结论：德与恶的行为不是由理性决定的，理性不是道德的源泉。休谟之所以得出这种结论，最重要的理由就是：理性是完全无力的。

休谟以理性完全无力为理由，认定理性不是道德的源泉，这一观点引起了我的注意。休谟有关的论述很多，为了说明问题，择其要者引述如下：

> “道德准则刺激情感，产生或制止行为。理性自身在这一点上是完全无力的，因此道德规则并不是我们理性的结论。”[②]
>
> “理性是完全没有主动力的，永远不能阻止或产生任何行为或感情”[③]。
>
> “理性是完全不活动的，永不能成为像良心或道德感那样，一个活动原则的源泉。”[④]

---

① 休谟：《人性论》，关文运译（以下简称中译本），商务印书馆，1980 年，第 496 页。

② 休谟：《人性论》，中译本，第 497 页。

③ 休谟：《人性论》，中译本，第 497—498 页。

④ 休谟：《人性论》，中译本，第 498—499 页。

“我们只要承认、理性对于我们的情感和行为没有影响，那么我们如果妄称道德只是被理性的推断所发现的，那完全是白费的。一个主动的原则永远不能建立在一个不主动的原则上；而且如果理性本身不是主动的，它在它的一切形象和现象中，也都必然永远如此，不论它是从事研究自然的或道德的问题，不论它是在考虑外界物体的能力或是有理性的存在者的行为。”①

“理性只能发现这些义务，却永不能产生这些义务。这个论证值得衡量，因为据我看来它是完全有决定性的。”②

“单是理性既然不足以产生任何行为，或是引起意志作用，所以我就推断说，这个官能（理性）同样也不能制止意志作用，或与任何情感或情绪争夺优先权。”③



我将休谟这些论述逐一引证，是为了引起读者的充分关注，重新思考理性是否具有活动性这一问题对于一种道德学说的重要意义。休谟非常强调理性本身是否具有主动性的问题，认为道德善恶判断只是性质不同的知觉，知觉中的感性印象是主动的、有力的，理性则是被动的、无力的。理性的作用只在于发现义务，但在刺激情感、产生和制止行为方面，却是“完全没有主动力的”，“完全不活动的”。休谟坚信，一个主动的原则不能建立在一个不主动的原则上，理性不可能成为道德的源泉。

因为理性完全没有主动力，不能成为道德的源泉，所以休谟

① 休谟：《人性论》，中译本，第497页。
② 休谟：《人性论》，中译本，第508页。
③ 休谟：《人性论》，中译本，第452—453页。

提出了“是”与“应该”的矛盾问题。在《人性论》第三卷附论中，休谟写道：他在考察各种道德理论时发现，事实判断和道德判断是两类完全不同的判断。事实判断的系词为“是”与“不是”，道德判断的系词为“应该”与“不应该”。可是人们在按照常规进行道德推理的时候，总是不知不觉改变判断的性质。“这个变化虽是不知不觉的，却是有极其重大的关系的。因为这个应该或不应该既然表示一种新的关系或肯定，所以就必需加以论述和说明；同时对于这种似乎完全不可思议的事情，即这个新关系如何能由完全不同的另外一些关系推出来的，也应当举出理由加以说明。”①由于理性“完全没有主动力”，不能成为道德的根据，所以，“是”如何过渡到“应该”就成了一个没有办法解决的问题。



写到这里，我们不能不承认，虽然出发点和理论背景有所不同，但休谟和牟宗三在这个问题上，却有着惊人的相似之处。休谟非常重视理性本身是否具有主动性的问题，认为一个主动的原则不能以一个不主动的原则为基础。理性的作用只在于发现义务，但在产生和制止行为方面，却是“完全没有主动力的”。牟宗三同样非常强调天理是否有活动性的问题，认为天理本身就有心义，就有活动义，即存有即活动。如果取消了天理中的心义，就是取消了天理的活动性，天理就成了“只是理”，失去了活动义，成为“死理”，也就没有办法产生善的行为，决定具体的道德了。在这个意义上，我们甚至可以直接将牟宗三提出的一种道德理论是否具有活动性的问题，视为休谟伦理难题的中国版。当然，休谟和牟宗三的结论并不一致。休谟看到理性不具有活动力，不能成为道德的源泉，将道德的根据置于情感之上。牟宗三并没有放弃理性，依然认为理性是道德的根据，只不过认为“只是理”无法决

① 休谟：《人性论》，中译本，第509—510页。

定道德，要使道德成为可能，必须通过别的办法让理活动起来，使其具有活动力。

从这个视角出发不难得知，牟宗三关于理性是否具有活动性，也就是究竟是即存有即活动，还是只存有不活动这一思想，具有重大而深远的理论意义。从中国哲学的意义上说，它对于寻找并克服理学的内在缺陷有重大帮助；从西方哲学的意义上说，它对于解决休谟伦理难题也有相当大的启发。将两方面结合起来，我们完全可以说，牟宗三在这里提出的问题，具有世界性的深远意义，万万不可低估。



## 二、道德自律的困惑

虽然活动论有着深远的理论意义，但如果将其与道德自律和道德他律问题联系在一块，又会遇到很多麻烦。这些麻烦既有关于道德自律的，也有关于道德他律的。下面的分析先从自律问题开始。

### 1. 心学在何种意义上是道德自律

牟宗三论道德自律首先从道德理性的三义说起。这里所说的道德理性三义，即：第一"截断众流"义，第二"涵盖乾坤"义，第三"随波逐浪"义。"截断众流"是说道德必须斩断一切外在的牵连，本身必须是纯粹的，只能是为道德而道德，不能为其他目的而道德。"涵盖乾坤"是说道德理性不仅能创生道德善行，有道德意义，而且是寂感真几、生化之理，能够创生万物之存有，有宇宙论的意义。"随波逐浪"是说道德理性不只是纯粹的形式，不只是道德法则的普遍性与必然性，其本身就能够在具体的生活中作具体而真实的表现，成就具体的善行（参见《心体与性体》第一册，第 137—138 页，5/142—143）。

这里值得关注的是"截断众流"义。牟宗三于此解释道：

正宗儒家肯定这样的性体心体之为定然地真实的，肯定康德所讲的自由自律的意志即为此性体心体之一德，故其所透显所自律的道德法则自然有普遍性与必然性，自然斩断一切外在的牵连而为定然的、无条件的，因此才能有“存心纯正，不为别的，但为义故”的道德行为，如：“有杀身以成仁，无求生以害仁”，“所欲有甚于生，所恶有甚于死”等语之所示。孟子说：“广土众民，君子欲之，所乐不存焉。中天下而立，定四海之民，君子乐之，所性不存焉。君子所性，虽大行不加焉，虽穷居不损焉，分定故也。”由“所欲”、“所乐”向里收，直至“所性”而后止，这才真见出道德人格之尊严，这也就是康德所说的“一个绝对善的意志在关于一切对象上将是不决定的”一语之意，必须把一切外在对象的牵连斩断，始能显出意志的自律，照儒家说，始能显出性体心体的主宰性。这是“截断众流”句，就是本节开头所说的关于道德理性的第一义。

《心体与性体》第一册，第137—138页，5/142—143

牟宗三认为，所谓“截断众流”义，用康德的话说，就是道德自律。“康德将属于他律性的一切道德原则，或是属于经验的，由幸福原则而引出者，或是属于理性的，由圆满原则而引出者，尽皆剔除，而唯自‘意志之自律’以观道德法则，这在显露‘道德性当身之体’上说，（这是关于道德理性的第一义），可谓充其极矣。”（**《心体与性体》第一册，第131页，5/136**）道德必须是纯粹的，不能预设任何其他目的，否则便是不真，便是不纯，便是曲的意志，便不是道德自律。具体而言，“截断众流”既要排除私人幸福原则，又要排除理性圆满原则。这里所说的理性圆满原则，一是指柏拉图传统的本体论的圆满，一是指作为上帝意志的神学的圆满。真正的道德必须将这些牵连统统斩断，将一切收归于我们的道德意志。这就是所谓的“截断众流”。

牟宗三进一步强调，儒家心学[①]虽然没有像康德那样采用理性分解的方式说明这一理论，也没有使用道德自律的字眼，但其理论学说的核心与康德是相通的：



> 中国儒家传统以前的不辨，并不能表示他们所肯定的性体以及此性体所展现的道德法则就不是先验的与普遍的，说他们没有这些意思，或并没有达到康德那种崇高而严整的程度。其实不但并非如此，而实亦超过了康德的境界，（此义下面再说），惟没有采取他那种辨解的方式以及其所使用的词汇而已。非然者，孔子何以说：“有杀身以成仁，无求生以害仁”？孟子又何以说：“所欲有甚于生，所恶有甚于死”？又何以说：“君子所性，虽大行不加焉，虽穷居不损焉”？……凡这些话俱表示在现实自然生命以上，种种外在的利害关系以外，有一超越的道德理性之标准，此即仁义、礼义、本心等字之所示。人的道德行为、道德人格只有毫无杂念毫无歧出地直立于这超越的标准上始能是纯粹的，始能是真正地站立起。这超越的标准，如展为道德法则，其命于人而为人所必须依之以行，不是先验的、普遍的，是什么？
>
> 《心体与性体》第一册，第119—120页，5/123—124

① 牟宗三有时笼统讲儒学是道德自律，其他人也常常跟着这样讲。其实这一说法并不确切，因为从牟宗三整体思想来看，他讲道德自律只是对儒家心学而言，并不包括理学。

虽然孔子没有使用过道德自律的说法，但孔子讲的仁本身就是道德的理性，而不是一个后天的心理学的概念。孔子仁的学说告诉我们，人除了自然生命之外，还有道德理性、道德生命，以这种道德理性、道德生命为依据，斩断一切利害关系，成就的就是纯粹的道德，无杂染的道德，也就是自律道德。



总之，牟宗三认定儒家心学为道德自律，根据有二：首先，孔子之仁属于超越层的道德理性，并非后天的心理学概念，可以自我立法；其次，这种道德理性可以排除一切感性利欲目的，“截断众流”，成就道德。在牟宗三看来，这两个方面合起来，从本质上说，就是康德道德哲学所强调的道德自律。①

---

① 盛志德不同意牟宗三的这一看法，认为儒家思想不是道德自律，而是道德他律。他认为，孔孟之道开创了中国文明的主流框架，经过汉唐两代的努力，把农耕社会下他律道德的礼乐文化所能具有的潜能和力量发挥到极致，同时也因此走向衰落。宋明理学的兴起，固然有佛教思想刺激的影响，但从寻孔颜乐处开始，实质代表的是在礼乐文化的外在他律道德衰竭以后，社会精英发掘与光大其潜在的自律道德的伟大运动。“但是宋明理学的自律道德的弱点（同时也是牟宗三的弱点）是它没有最终割断与原始文化联系的脐带——天人一体。这种天人一体最终给它带来了无限性，同时也给它带来了他律性与自我否定性。”（盛志德：《牟宗三与康德关于“智的直觉”问题的比较研究》，桂林：广西师范大学出版社，2010 年，第 113 页）“现在牟宗三说这‘义务的强制性’不是对自由自律的意志本身说的，一方面违背了康德创立自律道德提法的本意，另一方面说那自由自律的意志本身虽不受它自身立法所定‘义务的强制’，而其‘天’的来源则使它易变成受其他立法所定‘义务的强制’，滑到他律道德的谬误中去……”（同上第 94—95 页）“但他仍坚持传统中国天地人一体的道德规律的整体观，并没有接受康德的天地人区别开的人所独具的道德规律的总体观，会造成他关于中国传统文化的整体观与康德的自律与他律规定的内在矛盾，因为来源于‘天道’的‘人德’必然使自律走向他律。”（同上，第 131 页）作者之所以认定儒家哲学是道德他律，核心理由是儒家讲道德必须讲天，将自己的道德置于天人合一思想框架之中。换言之，儒家讲天人合一必然要落于道德他律。这种看法亟待讨论。儒家讲道德一定要讲天。先秦和宋明讲天并不完全一致，先秦是由下往上讲，宋明是从上往下讲，但这个天总是离不了的。但是，必须特别当心，儒家讲天并不是把道德根据完全归到另外一个神秘的根据之上，不过是以天建构自己的形上系统而已，满足自己的形上要求而已。如果不明白这个道理，是不可能准确把握儒家思想内核的。

2. 牟宗三道德自律学说遇到的困难

虽然牟宗三借助康德关于道德自律的思想认定儒家心学属于道德自律，但这并不能掩盖儒家心学与康德道德哲学的差异。这个差异突出表现在情感问题上。[①]

反对幸福论，是贯穿康德道德哲学的一条主线。康德之时，法国唯物主义和英国经验主义，都把自己的道德理论建立在幸福论之上。康德坚决反对这种理论。在康德的学说中，幸福论又称为实质原理。实质原理之所以不能夹杂于实践理性原理之中，一个重要原因，是幸福涉及的是主观的快乐，这些快乐因时间、场合的不同而不同，没有普遍性。如果以此决定意志，其原理只能是经验的，而不能是客观必然的。也就是说，幸福不过是因人而异的各种不同感觉，在这种模糊不清的概念之上不可能建构实践理性原理。所以，康德的道德哲学将一切实质原理完全排除在外，只以单纯的立法形式来讲道德原则。“如果一个有理性的存在者应当把他的准则思考为实践的普遍法则，那么他就只能把这些准则思考为这样一些不是按照质料，而只是按照形式包含有意志的规定根据的原则。”[②] 这段论述突出显现了康德道德哲学的形式主义特点：在道德法则之中，除了形式之外，一切经验质料，包括个人

① 需要说明的是，我对牟宗三引入康德道德自律概念研究儒学这一做法有所批评，旨在强调康德道德哲学与儒家心学的重大的差异。依儒家学理判定，康德属于智性伦理，儒家心学属于仁性伦理（详见下文）。如果不对此加以分别，很容易掩盖这一重要差异。但同时我也承认，儒家心学讲道德确实是非常纯粹的，从这个意义出发，我并不完全反对借用道德自律这一概念来研究儒学，在我其后的研究中，仍会使用道德自律这个概念。这种看似相互冲突的做法，其实并不矛盾。因为从理论上说，道德自律既可以是仁性的，也可以是智性的。儒家心学的道德自律是仁性的，康德的道德自律是智性的。只要能够明白这个根本性的原因，其他问题就可以迎刃而解了。

② 康德：《实践理性批判》，邓晓芒译，杨祖陶校，北京：人民出版社，2003 年（以下简称邓晓芒、杨祖陶译本），第 33 页。

幸福、他人幸福等内容，都必须排除在外。

这样就引出了康德的道德自律学说。康德指出："意志自律是一切道德律和与之相符合的义务的惟一原则；反之，任意的一切他律不仅根本不建立任何责任，而且反倒与责任的原则和意志的德性相对立。"[①] 康德认为，德性的唯一原则就在于它可以不受一切经验质料的影响而完全独立，而且可以通过单纯的立法形式来决定意志。这就牵涉到了在康德哲学中居于拱心石地位的自由概念。康德将自由分为消极意义的和积极意义的两种。所谓消极意义的自由即是独立于自然因果关系的自由，也就是前文所说的"可以不受一切质料的影响而完全独立"；所谓积极意义的自由，就是理性为自己立法，也就是前文所说的"通过单纯的立法形式来决定意志"。积极意义的自由也就是自律。道德法则无非表达了纯粹实践理性的自律，也就是自由的自律，这种自律本身就是一切准则的形式条件，只有在这个条件下，一切准则才能与最高的实践法则相一致。

"自律"一词，原本是一个政治学术语，意指一个政治团体乃至国家为自己制定法律并依法律行动的权利。在一个政治团体中，个体必须服从这个团体制定的法律，但同时又必须保持自由，这显然是一种矛盾。为了解决这个矛盾，卢梭提出了一个解决方案。他认为，一个共和国的法律建立在社会契约之上，共和国接纳每一个成员，将其作为全体中不可分割的一个部分，与此同时，每个人又必须将自己置于共同意志的最高指导之下。这样，共和国中的每一个成员都有双重身份：即是主权者中的一个分子，又是服从者中的一个成员。也就是说，在卢梭的共和国理想中，每一个成员透过社会契约而成为主权者的一个分子，同时又都有义务以

① 康德：《实践理性批判》，邓晓芒、杨祖陶译本，第 43 页。

臣民的身份服从由共同意志制定的法律。在这种情况下，自由与服从的矛盾就解决了：共和国的每一个成员都是自由的，他服从的法律其实是自己制定的，并未受到外来意志的限制。①

康德借用卢梭的共和国模式，将自律的概念引入其道德学说，对于说明道德的本质具有重要的意义。在康德看来，人既是感性的存在者，有感官的欲望，受自然因果规律的制约，因而是不自由的。但与此同时，人又是理性的存在者，可以完全独立于一切感性条件的制约，有绝对的意志自由，这种自由可以制定法则，决定自己的行动。这就是说，人作为理性的存在者，可以自己给自己立法，而不受外部自然界的控制。在这种理论格局下，恰如卢梭的共和国一样，人既是立法者，又是执法者：人们服从的立法完全是自己制定的，并非受制于外在的影响，而且由于自己就是立法者，在执法过程中，是自觉自愿，甘愿如此的。道德自律的理论使康德的道德理论与以往一切道德理论有了原则性的区别。在康德看来，以往的一切道德理论尽管有内在的差异，但本质上都是建立在幸福论基础上的，因而都是道德他律。这些理论的根本缺陷在于它们或是诉诸经验主义原则，或是诉诸人性的特殊结构，或是诉诸神学概念，没有把道德建立在理性的根基之上，没有让主体通过理性为自己立法，结果不仅没有把人引向道德，反而更加远离了道德。与这些理论相反，他坚持认为，只有让理性自我立法，才是道德最可靠的根据，才是通向道德最正确的途径。一言以蔽之，道德自律就是理性自我立法、自我服从，排除一切质料原则的道德学说。

值得注意的是，为了排除一切质料原则，保证道德完全出于纯粹的形式，康德不得不将情感也排除在外。情感问题，是康德

① 参见李明辉：《儒家与康德》，台北：联经出版公司，1990年，第15页。

道德哲学中非常复杂的一个问题。如果将康德的有关论述综合起来分析，可以看到，康德关于情感的思想，大致包括两个方面的内容。第一，幸福情感。康德主要是在幸福原则的意义上使用情感一词的。从理论建构来说，康德是要追求一种普遍有效的道德原则，但情感都是具体的，人类对此没有一个统一的尺度，无法以此建立普遍的立法原则，所以必须将其舍弃一边。更为重要的是，功利主义所说的幸福，只是人的自然倾向，即满足人的欲望要求，虽然康德并不完全反对幸福，甚至主张在圆善[①]的概念下，按照德性精确地配享幸福，但是这种幸福并不能成为道德的目的。第二，道德情感。除幸福情感之外，还有一种道德情感。这种情感的作用，首先表现为对于道德法则的敬重，同时也表现为与道德意识相关的愉快以及痛苦之情。其中后者又包括两个方面：一是因意志活动符合或牴牾道德法则而有的愉快或不快，二是因实际服从或违背义务而有的愉快或不快。[②]



与第一种情感相比，道德情感有很强的特殊性。这种情感非常重要，没有这种情感，就没有对道德法则的敬重；没有这种敬重，道德法则也就无法得以实施。康德充分肯定了这种情感的作用，说："一旦敬重是对情感的一种作用、因而是对一个有理性的存在者的感性的作用，这就预设了这种感性为前提，因而也预设了这样一些存在者的有限性为前提"。[③] 显然，这种情感与上面讲

---

① 这里采用了牟宗三的译法，相对而言，圆善较至善的译法要圆融得多。邓晓芒也承认，"至善"这种翻译不是很恰当。（参见邓晓芒《康德哲学讲演录》，桂林：广西师范大学出版社，2005 年，第 89 页）

② 李明辉将康德学理中的情感分为三种，即：第一，一种自然禀赋；第二，一种习性；第三，一种情感状态。其中第三种情感又包括两种情况：首先，对道德法则或义务的敬畏；其次，与德行意识相联结的愉快或满足之情，以及与罪恶意识相联结的不快或痛苦之情。（李明辉：《儒家与康德》，第 25 页，第 111—112 页）

③ 康德：《实践理性批判》，邓晓芒、杨祖陶译本，第 104 页。

的幸福情感有本质的区别。上面讲的幸福情感属于幸福原则，是感性的；这里的情感与幸福原则无关，只表现为对道德法则的敬重，属于理性范围。“这种（冠以道德情感之名）的情感仅仅是由理性引起的。它并不用来评判行动，也根本不用来建立起客观的德性法则本身，而只是用作动机，以便使德性法则自身成为准则。但我们能给这样一个特异的、不能和任何病理学情感相比拟的情感取一个什么更恰当的名称呢？它是这样一种特别的情感，即它显得仅仅服从于理性的、也就是实践的纯粹理性的命令。”① 这就是说，这种情况是特殊的，与感性情感不同，它听命于理性，实际上是人何以对道德法则感兴趣的深层原因。因此，康德才将这种情感称为“特别的情感”。



康德虽然认为道德情感有极大的特殊性，但仍然将其归于感性。《道德形而上学的奠基》第二章“从假定的他律基本概念产生的一切可能的道德原则的划分”一节专门分析了这种情感。在一个注释中康德明确指出：“我把道德情感的原则归入幸福的原则，乃是因为任何一种经验性的兴趣都通过仅由某物所提供的惬意而可望有助于福祉，不管这惬意的发生是直接而不考虑利益的，还是顾及利益的。”② 康德坚持认为，凡是情感都是感性的，尽管道德情感有其特殊性，但仍然属于感性层面。

康德之所以这样考虑问题，与他的两分思维方式有极大的关系。在康德看来，就道德问题而言，人可以分为两个部分，一个是感性，一个是理性。感性负责人的生存，是人的动物性，是人与其他生物一致的地方；理性是人独有的，是人之所以区别于动

① 康德：《实践理性批判》，邓晓芒、杨祖陶译本，第 104 页。
② 康德：《道德形而上学的奠基》，《康德著作全集》第四卷，李秋零译本，北京：中国人民大学出版社，2005 年，第 451 页。

物的特性，是人之所以有道德的最终的原因。这两个部分形成了一种两分的主体结构，感性与理性分别处于对立的两极。在这种两分的结构之下，任何东西都有自己的定位，或是感性的，或是理性的。[①] 道德情感尽管有自己的特殊性，但也不能例外，也必须在这两分的结构中找到自己的确切位置。这样一来，康德就面临着一个极大的理论困难：要么承认道德情感是理性的，要么承认道德情感是感性的。如果承认道德情感是理性的，也就等于证明道德情感也有普遍性、必然性，也能成为道德立法的基础，但这显然与康德的一贯思想不合，因此他必须将道德情感归于感性之列。[②]

康德的这个思想不容易把握，但如果结合西方伦理思想史上争论的一个问题来分析，可能有助于理解。一种行为在实施过程中间不仅给社会带来了益处，也为行为者带来了心理的满足，这种行为属不属于道德呢？对此有两种不同的看法。目的论者说，这理当属于道德。义务论者却认为，行为者事先预设了目的（即心理的满足），所以不属于道德。康德是典型的义务论者，他认为，一件行为是不是道德的，唯一的根据在于它是否从道德法则出发。从道德法则出发，就是道德的；如果把行为者心理的快乐也摆入其中，就是预设了行为者的偏好，那就是非道德的，顶多是合于道德而已。这就说明，在康德看来，特殊情感只管对法则敬重的问题，不管法则的具体实施问题；在法则的实施过程中，

① 这种情况与《纯粹理性批判》中理性、知性、感性三分的情况有原则的差异。这是一个值得深入讨论的问题。

② 后来在《判断力批判》中，康德提出了共通感的思想，认为人在审美过程中也有一种共通性的东西。这种共通性的东西是感性的，但有一定的普遍性，否则人就无法达成审美了。共通感的思想在康德美学理论中占有重要位置。但这并不能代表康德已彻底放弃了第二批判中关于情感没有普遍性的看法，至少我们在研究其关于道德情感的思想时，还应该以第二批判为基本的文本依据。

必须排除个人的一切偏好，包括行为者心理上的满足。

总之，依照康德，情感有两种，一是幸福情感，属于幸福原则，二是特殊情感，听命于实践理性。幸福情感是道德法则反对的对象，特殊情感表现为对道德法则的敬重。就道德法则的实施过程来说，幸福情感不能参与是很明显的，不必多言。而特殊情感只是解决对道德法则敬重的问题，这个问题一解决，便失去了意义。也就是说，特殊情感并不能代替道德法则，更不能把快乐和痛苦带入道德法则之中。康德从纯粹义务论出发，特别强调这一点，明确指出："但现在，这是一种仅仅面向实践的情感，并且它只是按照法则的形式、而不是由于法则的任何一个客体而与法则的表象相联系的，因而它既不能算作快乐，也不能算作痛苦，但却对遵守这一法则产生出某种兴趣，我们将它称之为道德的兴趣；这就是为什么就连对法则怀有这样一种兴趣的能力（或对道德律本身的敬重）真正说来也就是道德情感。"①

这种冷冰冰的格局在儒家学理中并不存在。相对于康德的学说，儒学可以说也有两种情感：

一是感性情感。感性情感即相当于康德所说的幸福情感。虽然儒家并不反对人们追求幸福的生活，但是同康德一样，也坚持反对将幸福因素置于道德之中。孟子讲："今人乍见孺子将入于井，皆有怵惕恻隐之心——非所以内交于孺子之父母也，非所以要誉于乡党朋友也，非恶其声而然也。"② 见到儿童就要掉到井里而前去抢救，这是道德之举，是典型的善。这种善非常纯洁，既不是为了结交于孺子的父母，讨好乡党朋友，也不是讨厌孩子的哭闹之声，而这三种情况都可以归为感性情感。这就说明，在孟

① 康德：《实践理性批判》，邓晓芒、杨祖陶译本，第109—110页。
② 《孟子·公孙丑上》。

子看来，要成就一种善，必须排除一切的感性情感。

二是道德情感。这种情感细分也包括两个方面，首先是人对道德法则的兴趣。儒学从来不否认人对道德法则的兴趣。孟子明确讲过："理义之悦我心，犹刍豢之悦我口。"① 人之悦理义，恰如人之喜欢美好的食物一样，人对道德法则感兴趣是非常自然的事情。道德情感的另一个方面，是在践德行仁过程中的心理满足。对于这种内心的满足，儒学也从来不反对。孟子讲："礼之实，节文斯二者是也；乐之实，乐斯二者，乐则生矣；生则恶可已也，恶可已，则不知足之蹈之手之舞之。"② 所谓"乐之实，乐斯二者"，是说乐的主要内容是从由践仁行义中得到快乐，因为一旦做到了仁义，就会产生快乐，快乐一产生就会无可休止。在孟子看来，人有一种自然向上的力量，一旦良心本心判别某事为善，同时也就发出巨大的力量命令人去行善，一旦判别某事为恶，也就发出巨大的力量阻止人去行恶。如果人们听从良心本心的指挥，按照良心本心的要求去做了，好善如好好色，恶恶如恶恶臭，内心就会感到巨大的愉悦。

非常明显，在情感问题上，儒学与康德之间有同也有异。在幸福情感问题上，儒学与康德是一致的，都反对将幸福情感加入道德法则之中，坚持道德的纯洁性。但是在道德情感问题上，两家的分歧就显现出来了。儒学并不反对道德情感，认为人们对于道德法则的敬重是非常自然的，正是由于这种敬重，才使人们愿意成就道德。更为重要的是，一旦成就了道德，必然产生内心的愉悦，这完全是理之常情。但康德不这样看，强调要保持道德的纯洁性，必须排除一切情感，其中也包括道德情感。康德尽管承

---

①《孟子·告子上》。

②《孟子·离娄上》。

认对于道德法则的敬重是实践理性的动力，尽管承认成就一种善之后会有内心的愉悦，但仍然坚持认为这种敬重、这种愉悦是一种感性的东西，必须排除在纯粹道德之外。

为了说明问题，我们不妨再来分析“乍见孺子将入于井”这个例子。儒学与康德的不同在抢救落井儿童的例子中可以看得非常明显。依据儒家学理，见到儿童将入于井前去营救，绝不能预设外在的目的，而只是为了道德而道德，由仁义行，非行仁义，这无疑是对的，与康德思想相一致。但再往下就有分歧了。营救儿童的行动会使行为者的恻隐之心不受损伤，得到良心的满足，有一种乐，这属不属于道德呢？康德认为，不能算，最多只能算是合于道德，因为它包含了道德的情感，而这种情感归根到底是感性的。孟子却认为，有此举动，必然会产生行为者心理的满足，手舞足蹈，其乐不已，这是成就道德过程中的应有之义，理当属于道德。由此可见，儒学非常重视道德情感，含有丰富的情感因子，而康德的道德哲学则强调必须排除道德情感，这两者完全不同。

这样就产生了一个问题：如果说儒家心学也是道德自律的话，那么应当如何处理道德情感问题呢？

3. 牟宗三对这种困难的解释

牟宗三看到了儒学与康德之间的这个差异，并据此批评了康德。在引述康德关于道德情感的一段论述之后，牟宗三指出：康德这段话是把私人幸福原则与道德情感俱视为经验原则，即后天的原则。这一方面是因为它有待于外，一方面也是因为它完全根据那纯主观的人性之特殊构造。所以，由此而建立的道德法则必然没有普遍性与必然性。康德关于私人幸福原则的看法并无问题，关于道德情感的论述则有申说的必要。“康德所说的道德情感、道德感，是着眼于其实然的层面，其底子是发自‘人性的特殊构造’，……而又注意其‘同情他人的幸福’之意。这种落于实然层面的道德感、道德情感，有类于董仲舒一类所说的由气性、材质之性而发的仁爱之情，这当然可划于私人幸福原则之下，因而亦当然是经验的、后天的，而且亦无定准。”（《心体与性体》第一册，第126页，5/130—131）在康德看来，道德情感决定于人性的特殊构造，没有普遍性和必然性，无法以此建立道德法则，道德自律是道德理性的自律，要实现真正的道德自律，必须把道德情感排除在外。但牟宗三认为，如此看待情感是要不得的，是将情感完全归于气性了。



牟宗三甚至还批评康德是“尊性卑心而贱情者”，严厉指出：康德只把道德感停在实然层面上，归于私人幸福原则之下，视为经验原则，“只是由抽象的思考，以显道德之体，他只是经验的与超越的对翻，有条件的与无条件的对翻，此已极显道德之本性矣，惜乎未至具体地（存在地）体现此‘道德之体’之阶段，故只言道德法则、无上命令（定然命令）之普遍性与必然性，而对于超越之心与情则俱未能正视也。若以儒家义理衡之，康德的境界，是类乎尊性卑心而贱情者。”（《心体与性体》第一册，第129页，5/133）“对翻”是相互对立、相互对比的意思。康德将经验的与超越的对翻，有条件的与无条件的对翻，在理性与感性的相互对立中，突出道德理性的高贵，这固然有重要意义，但也产生了不能正视道德情感的问题。“康德的境界，是类乎尊性卑心而贱情者”，此话极为耐人寻味。康德注重的是道德理性，这种理性大致相当于牟宗三所理解的性，所以叫“尊性”；但康德的道德理性不是心，康德并没有儒家道德本心之义，所以叫“卑心”；康德将情感完全归于实然层面，推为幸福原则，在排除之列，所以叫“贱情”。“尊性”是康德哲学的可贵之点，“卑心”、“贱情”是康德哲学的不透之处。

为了克服康德的不足，牟宗三进而提出了将道德情感“上下其讲”的办法：

> 道德感、道德情感可以上下其讲。下讲，则落于实然层面，自不能由之建立道德法则，但亦可以上提而至超越的层面，使之成为道德法则、道德理性之表现上最为本质的一环。然则在什么关节上，它始可以提至超越的层面，而为最本质的一环呢？依正宗儒家说，即在作实践的工夫以体现性体这关节上，依康德的词语说，即在作实践的工夫以体现、表现道德法则、无上命令这关节上；但这一层是康德的道德哲学所未曾注意的，而却为正宗儒家讲说义理的主要课题。在此关节上，道德感、道德情感不是落在实然层面上，乃上提至超越层面转而为具体的，而又是普遍的道德之情与道德之心，此所以宋、明儒上继先秦儒家既大讲性体，而又大讲心体，最后又必是性体心体合一之故。此时“道德感”不是如康德所说的那“设想的特别感觉”，而“道德情感”亦不是如他所说的“在程度上天然有无限地差别变化，它对于善与恶不能供给一统一的标准”这实然的纯主观的道德情感，而是转而为既超越而又内在、既普遍而又特殊的那具体的道德之情与道德之心。
>
> 《心体与性体》第一册，第126—127页，5/131

在儒家看来，理固然是超越的、普遍的，但这种超越、普遍又不完全是抽象的，必须在具体的心与情中显现，所以是具体的超越、具体的普遍。心与情因为显现了理，也就上提为超越的、普遍的。因此，儒家讲情总是即超越即具体的。换言之，儒家的道德情感可以上下其讲：下讲落于实然层面，这个层面的道德情感属于幸福原则，自然要排除在自律道德之外；道德情感也可以上提至超越层面，使之成为道德法则、道德理性最为本质的一环，与性体、心体合并为一，这个层面的道德情感同于道德本心，不能排除在自律道德之外。牟宗三希望用这种"上下其讲"[①] 的办法，解决康德学理中的不足，坚持儒家心学是道德自律的基本主张。



#### 4. 牟宗三之后问题的进一步发展

牟宗三尽管提出了"上下其讲"的办法，但很多学者仍然认为，这种办法无法完全弥合康德与儒学之间在道德情感问题的差异，进而围绕这个问题展开了激烈的讨论。依据我的观察，情感问题事实上已经成为批评牟宗三以康德研究儒学这一做法的一个突破口。

在这方面最早发出诘难的当属黄进兴，其在台湾《食货》月刊第十四卷第七八期合刊（1984 年 10 月）上发表的《所谓"道德自主性"：以西方观念解释中国思想之限制的例证》，堪称这方面的开山之作。[②] 黄进兴撰写此文的目的非常明确，就是要检讨

---

① 顺便一提，"上下其讲"是牟宗三常用的一种表达方式，如他在分析对于"性能"可有两种不同理解时也用过这种说法："'性能'一词可以上下其讲，有不同之规定。如果是向下讲，则'性能'是指气性说，是物理的，即气之凝聚而成此底子，此底子有发动种种征象之能，故总曰性能。普通所谓'capacity'即指此种性能说。……但'性能'一词亦可向上讲，即通于'於穆不已'之天命道体讲，此即成真实创造性这一创造实体。如果此一创造实体即为吾人之性，则此性即有起道德创造之能，为一切道德创造之源，此亦可综曰性能。"（牟宗三：《心体与性体》，第二册，第 286 页，6/301—302）

② 据我所知，黄进兴在台湾《食货》月刊发表的这篇大作（该文后收入《优入圣域：权力、信仰与正当性》，台北：允晨文化实业公司，1994 年）是最早开展这方面批评的文章之一，从此正式开始了有关道德自律问题的大讨论。其后李明辉对以黄进兴为代表的批评观点进行了详细的反驳，具体可见其一系列的著作，主要有《儒家与康德》（台北：联经出版公司，1990 年），《康德伦理学与孟子道德思考之重建》（台北：中央研究院中国文哲研究所，1994 年），《当代儒学的自我转化》（台北：中央研究院中国文哲研究所，1995 年；北京：中国社会科学出版社，2001 年），《孟子重探》（台北：联经出版公司，2001 年）。

当时学界借用康德道德哲学解释儒家思想这一做法的得失，重新讨论康德哲学中的道德自律学说能否说明儒家伦理学本质的问题。他承认，儒家学说的确有某些内容与康德道德哲学相通，比如孔孟强调道德行为的纯洁与康德排除幸福原则就有同等的意义，而孟子的性善论也支持康德把道德的根源置于人的内在抉择的理论。但黄进兴认为，以孔孟为代表的儒家伦理学与康德道德哲学之间存在着很多相异之处，这些相异之处并不下于其相似之处，而这些相异之处的核心之点，就表现在情感问题之上。他明确指出："儒家伦理基本上是以'道德情感'为出发点，孟子的'四端说'把此一特点表现得最清楚。"① "'四端'并非形而上的抽象观念，乃是具有经验意义的'道德感'。孟子的'四端说'实为以后儒家伦理哲学的主流，尤以宋明理学中陆、王一系为是。"②

基于这种观点，黄进兴对牟宗三以康德研究儒学提出了尖锐的批评："牟宗三先生以朱熹主张'性即理'，陆九渊主张'心即理'，即判定朱熹的说法为'道德它律'，陆九渊为'道德自律'，皆不无商榷余地；其中的关键并不在朱熹必须引进'敬'的德性功夫来涵摄'理'，而是从康德的观点视之，朱陆二位仍不出孟子'道德情感说'的藩篱，因此皆为'道德它律'。倘若不从康德之界义而只取'道德自主性'的字面含义，意谓'为德性而德性'，则陆九渊固为如此，朱熹又何尝相异？这从朱氏之明斥永康学派陈亮的'义利双行，王霸并用'之说，可以略见一斑，又朱熹平生不甚取董仲舒，独推崇其'正其谊不谋其利，明其道不计其功'的名言亦足可确证。因此不论就广义或狭义而言，以'道德自主

① 黄进兴：《优入圣域：权力、信仰与正当性》，第11页。

② 黄进兴：《优入圣域：权力、信仰与正当性》，第12页。

性'阐释儒家哲学都不得当……"[①] 总的来看，黄进兴的观点是非常清楚的，他认为，在情感问题上，儒学与康德有很大的不同。康德完全排除情感，将情感归于感性，而儒学不管是理学还是心学，都不排除情感，而且很重视情感。这样一来，人们能否以道德自律衡量儒学就存在着很大的困难：如果以"为道德而道德"作为标准，那么不仅是心学，就是理学，也不能不说是道德自律；如果以是否排除情感作为标准，那么不仅是理学，就是心学，也不能说是道德自律。



黄进兴的文章发表之后，在学术界引起了极大的反响[②]，随即开展了关于道德自律问题的大论战，赞成此文与反对此文的力量

① 黄进兴：《优入圣域：权力、信仰与正当性》，第 15—16 页。

② 牟门弟子似乎也受到了这场争辩的影响。李瑞全于 1988 年在香港哲学社的例会上发表了《朱子道德学形态之重检》一文（该文后来收入其论文集《当代新儒学之哲学开拓》，由台北文津出版社 1993 年出版。以下所标即为该书的页码）。该文指出："从内容上看，朱子的系统总近于孟子及宋明儒之大宗多于荀子，把他划为与荀子同道，总令人难以完全释于怀。""朱子与儒家正宗对于恻隐之情都非常重视，朱子与康德在心性情的评价上实有相似的表现。"（第 207 页）"朱子言心虽然并非道德的本心，但心所察识及进而涵具于内的道德之理，如仁义礼智等，却来自本身即为理之性（人性），并不像荀子之转向求助于客观外在的礼义法度。……在工夫论上朱子仍是近于孟子多于荀子，且亦较康德为近于陆王一系。"（第 208 页）文章总的结论是："朱子的系统实较接近康德的自律形态的一端，而与他律形态较多扞格之处。"（第 222 页）该文发表后，牟宗三对其中的若干段落均有批语，指出"朱子之性理是'存有的性理'，'性不是人之机能'"（第 241 页）。在《〈朱子道德学形态之重检〉后记》中，李瑞全检讨了该文的不足，认为该文"于此实有正视不足和疏忽之处"（第 241 页）。但他似乎并没有因此放弃自己的基本主张，仍然坚持认为，自律有多种形态，"朱子的形态可说是自律意义最为薄弱的一种。"（第 241 页）后来，李明辉撰文对该文予以了批评，李瑞全也作了相应的答复，相关材料也收在该书之中，读者可以参考。另外，张丽华的硕士论文《牟宗三先生对康德道德哲学之诠释》（2002 年台湾中国文化大学硕士论文），在充分肯定牟宗三对康德道德哲学诠释作出贡献的同时，也认为康德哲学与儒家思想在人性与道德主体性的说明方面有着根本性的差异，"此即牟先生在诠释康德哲学所需消化解决之问题"。有意思的是，这篇论文的指导老师是牟门弟子杨祖汉。当然，老师未必同意学生论文的观点，但这至少说明，牟宗三以康德道德自律思想研究儒学的做法有其争议之处，已经是公认的事实了。

进行了激烈的交锋。数年之后，在德国留学回到台湾的李明辉也加入了这场讨论。李明辉在台大读硕士时，方向是西方哲学，师从黄振华，但他对牟宗三非常尊重，对其思想也了解较深，加上在德国专攻康德，其博士论文就是关于康德道德情感问题的，在这方面有一定优势。他的加盟立即引起了人们的关注，使争论进入到一个新的高潮。



李明辉认为，康德在提出道德自律问题时，在道德情感问题上确实存在着理论困难，这主要是因为在康德哲学中存在着一种理性与情感两分的主体架构。在这种架构中，理性的我与感性的我之间存在着紧张关系，这种紧张关系是有限存有者无法避免的，而敬畏之情的积极要素则要求这两重自我之间实现一种统一。康德不可能为躲避这个难题而否定这一积极要素的存在，但又不能打破两分的主体架构，为了保持道德自律的纯洁性，必须将情感排除干净，尽管他也不得不承认这种情感很重要。

由于康德哲学存在着理论的困难，其后的哲学家们，如席勒(Friedrich Schiller)、黑格勒（Alfred Hegler）等人，不断努力解决这一难题。席勒曾提出“对义务的爱好”的说法，主张我们可以出于爱好去服从义务，而不至于使我们的行为失去道德价值，因为我们的本性即要求爱好与义务的协调。席勒“对义务的爱好”的理论已经包含了一个新的哲学人类学的架构，从而打破了康德理性与情感两分的架构，为现代的现相学伦理学所接受和发扬。黑格勒也注意到了康德道德情感理论所包含的困难，批评康德道德哲学只是实践理性下令，由敬畏推动行为，但敬畏属于情感，不具有普遍性，处于道德法则的对立面。这种批评和反省形成了黑格勒伦理学的出发点。由于康德之后的哲学家们对康德提出了不少批评，不断修正康德的理论，因而使道德自律的理论有了新的进展。“虽然康德最先在伦理学中提出‘自律’概念，以之说明道德的本质，但我们仍可将此概念与康德自己的伦理学系统分别开来；换言之，康德的伦理学并非自律伦理学的唯一形态。”① 也就是说，道德自律有狭义和广义之分，康德将道德情感排除在外的那种理论形式，是狭义的道德自律。康德之后承认道德情感的作用，甚至将其吸纳进道德理性之中的理论形式，是广义的道德自律。



李明辉认为，康德之后德国道德哲学的发展趋向，恰恰印证了儒学的伟大。儒学讲道德从来都不离情感，而这种情感并不是康德意义上那种属于经验的、感性的情感，而是与道德理性紧密相连的情感。由于儒家讲的情感属于道德理性本身，不属于经验层，所以儒家事实上已经打破了康德道德哲学中情感与理性两分的架构。牟宗三强调情感可以“上下其讲”，上讲进至理性层，属于道德法则，下讲进至感性层，属于幸福原则，其深刻的理论意义就在这里。从这个意义上说，儒学在道德情感问题上的观点，与康德之后西方道德哲学发展的方向基本上是一致的。康德之后的西方道德哲学虽然与康德有了很大的不同，但仍然没有脱离道德自律的总体框架，仍然属于广义的道德自律，儒学早在两千年前就已经具备了这种理论的基本形态，完全也可以称为道德自律。

李明辉最后得出结论说：“走笔至此，我们似乎已无必要再详论：何以宋明理学之另两系——五峰、蕺山系与陆、王系——属于自律伦理学。千言万语，其关键问题只在于：他们是否承认孟子的‘本心’义，而接受‘心即理’的义理架构？如果是的话，则必属自律伦理学。不接受此义理架构，但有一个独立意义的‘道德主体’概念，仍不失为自律伦理学；此如康德所表现的形态。若连

① 李明辉：《儒家与康德》，第 35 页。

‘道德主体’的概念亦不能挺立起来（如朱子），便只能归诸他律伦理学。”[①] 这个结论具有纲领性质，明确分出了道德自律的两种形态：一是孟子的“心即理”形态，一是康德的“道德主体”形态。这两种不同的形态都属于道德自律，前者可归为广义的道德自律，后者可纳入狭义的道德自律。因此，不能因为儒学在道德情感问题上与康德有重大差异，就怀疑其不是道德自律。朱子则完全在这两种形态之外，所以不可称道德自律，只能称道德他律。[②]



从理论上分析，李明辉主要从两个方面做了工作：第一，承认儒学与康德之间存在着不同，但又肯定牟宗三对这些不同了然于胸，早就提出了解决的方案；第二，将道德自律划分为狭义和广义两种，尽管不能称儒家心学为狭义的道德自律，但仍然可以称为广义的道德自律。换言之，儒家心学虽然不合康德意义的道德自律的规范，却完全合于康德之后西方学术界对道德自律加以重新修订的标准。这种做法无疑有效地维护了牟宗三的主张。所以，自从李明辉关于道德自律的一系列文章发表后，学界关于可否将儒家心学称为道德自律的争论逐渐冷淡了下来。尽管黄进兴仍然

---

① 李明辉:《儒家与康德》，第 45 页。

② 这方面还可能参考张子立的论文《道德感之普遍性与动力性——谢勒与牟宗三的共识》(《鹅湖》379 期，2007 年 1 月)。文章指出：“正是在强调情感之普遍性与动力性这两点上，谢勒（Max Scheler）与牟先生不谋而合。谢勒亦认为康德对情感的看法太狭隘，只允许理性的形式具有普遍性，对有内容之情感的实质先天性视而不见。情感并非都是快乐主义式的快感，情感中自有可克制情欲与冲动等自然倾向之层面，亦即那些与价值有关的价值感、偏好与爱。康德就是因为把一切感性活动都只视为缺乏意向性的苦乐等感受状态，才忽略作为感知活动的先天价值感与偏好之存在。”当然，作者亦强调二人之间存在着重大差异。“现象学与存有论的不同走向，也导致其它论点之相左，谢勒主客二分的人类学先天主体与儒家主客合一存有论式超越主体之别正是一例，所以作为人类所有行为统一中心之人格（person）虽具超越时空与因果之超验性，却仍带有个别之殊异性，与牟宗三主张心之既超越又普遍不同。”

坚持原来的观点，但未能提出新的材料和观点，进一步的讨论由于缺少对立面而难以继续下去了。

我认为，问题到这里并没有得到根本性的解决。首先，应当看到，这里的情况实际上已经悄悄地发生了变化。黄进兴等人提出的问题原来是能否借用康德道德自律学说研究儒学，而现在的问题是儒家心学属于哪个意义上的道德自律。这显然是两个相近但不完全相同的问题。李明辉以康德不是道德自律的唯一形态回答黄进兴的提问，已经转换了原来的论题，实际上是从原先的问题向后退了一步。我们应该承认，牟宗三并没有将道德自律划分为广义和狭义两种不同的形式，他是严格在康德意义上判定儒家心学为道德自律的。在哲学史上常有这样的情况，后人对某个问题的解释，在一定程度上解决了前人未能解决的问题，但这种解释只能代表后人的理解，并不能说明前人已经达到了这一程度。事实上，后人之所以能做到这一步，也恰恰证明了前人在这方面还有缺陷。就这场争论本身来看，人们之所以有如此多的不同意见，正说明牟宗三的著作在这方面还有所不足，至少是没有把这个问题解释得非常圆满。从这个意义上说，尽管黄进兴的发问也存在一些问题①，但他对牟宗三的批评无论如何不能视为多余。正是他的这种诘难引发了人们对这个问题的重新思考，从思想发展史的轨迹上说，我们应当感谢他才是。

其次，李明辉将道德自律区分为广义和狭义两种不同形式，固然在一定程度上缓解了原来的争论，但也带来了新的问题。因为如果按照这种标准，将牟宗三关于道德自律的论述进一步推论下去的话，很可能会得出一个令牟宗三本人难以接受的结论：朱子

① 比如，黄进兴将心学重视的道德情感类比于赫京生、休谟等人所说的情感，似乎就有讨论的余地。

也是道德自律。这是因为，按照上面李明辉那段论述的划分，能否称为道德自律，主要看其有没有一个独立的道德主体，孟子的道德本心自然属于道德主体，康德道德哲学中的理性虽然与孟子的义理架构不同，但也是一个独立意义的道德主体，所以孟子和康德都可以称为道德自律。与上面两种形态不同，朱子并没有一个独立意义的道德主体，不能将这样一个概念挺立起来，所以只能归于道德他律。在我看来，这种观点是有待讨论的。朱子哲学的最高范畴是天理或理。理必须在事中显现，落实在具体的事物之中而为事物之性。理就总体而言，性就个体而言，这就是所谓的“天命之谓性”。天理本体是宋明儒的共同基础，这个基础不能放弃。相信天理，也就相信了个体之性；相信了个体之性，就是相信个体原本即有道德主体。从这个意义上说，在儒家，不管是理学还是心学，都承认道德主体。“天命之谓性”，道德主体是“天之所与我者”，任何人都无法否定。就此而言，性就是朱子学理中的道德主体。朱子学理的标志性表述“性即理”即当从这个角度来理解，而这也就是牟宗三所说的性体。虽然朱子的性体在学理上多有不足，只存有而不活动，只能绕出去，大讲格物致知，将重点完全放在智性之上，但这并不代表朱子没有道德主体。朱子学理的问题不在于有没有道德主体，而在于这个理中有没有孟子的道德本心之义。朱子当然也讲心，但心有两种，一种是孟子意义的道德本心，一种是认识意义的认知之心。朱子对孟子意义的道德本心没有深切的把握，所讲之心只是认知之心。“在朱子之义理间架中，心实未能自持其自己而成为一实体性之本心天心也。”（《心体与性体》第三册，第 236 页，7/263）“朱子论心只如此，并无孟子之本心义”（《从陆象山到刘蕺山》，第 10 页，8/7）。牟宗三这些论述告诉我们，朱子虽然也讲心，但其所讲之心并不是孟子意义的道德本心。[1] 这个转折是关键性的，因为一旦没有了孟子的道德本心之义，性和理也就没有了活动性，最后沦为死理。性一旦成为死理，直接的结果，就是道德力量大为降低，即所谓"性之道德义之减杀"（《心体与性体》第三册，第242页，7/269—270）。因此，我们不能说朱子学理中没有道德主体，只能说这个道德主体没有活动性。[2] 其实单单牟宗三《心体与性体》这一书名已经明确告诉我们这个道理了：朱子也有一个道德主体，只不过这个道德主体只是性体，不是心体，只是存有之理，不是活动之心而已。换言之，朱子也有一个道德主体，这个主体就是性体，但由于没有心体的落实，只存有而不活动，成了一个死理。笼统断言朱子没有一个独立的道德主体，既与事实不符，也很难说与牟宗三思想基本精神相合。

于是就出现了一个问题：既然朱子也有一个独立的道德主体，那么按照李明辉新定的标准，也应该称为道德自律，而不应该称为道德他律。这样的话，牟宗三花费那么多年心血判定朱子为道德他律的努力，就完全不能成立了。由此可见，李明辉维护牟宗三的观点固然对学理的进一步发展有不小的帮助，其关于康德的相关研究也常常给人以新的启发，但他的相关做法同时也将牟宗三道德自律学说中隐含着的问题充分暴露了出来。这种情况迫使我们不得不下决心从头思考牟宗三道德自律学说的合理性问题。

---

① 从这个角度不难明白钱穆与牟宗三何以会对朱子有不同的理解。钱穆认为，朱子并非不重心，甚至强调"理学家中善言心者莫过于朱子"（钱穆：《朱子新学案·朱子提纲》），"纵谓朱子之学彻头彻尾乃是一个圆密宏大之心学，亦无不可"（钱穆：《朱子新学案·朱子论心与理》）。但在牟宗三看来，从字面上看，朱子当然也重心，但实际上其所重之心只是认识之心，而非道德本心。

② 这也就是我所说的"道德无力"。我认为，这才是牟宗三对朱子大为不满严加批评的真正理由。关于这方面的情况，请参阅本章第五节"理性如何保证自身具有活动性"。

## 三、道德他律的尴尬

牟宗三活动论引出的问题不仅有关于道德自律的，也有道德他律的。上面我们分析了道德自律方面的问题，下面再来分析道德他律。



### 1. 朱子在何种意义上是道德他律

上面讲过，牟宗三将道德理性分为三义，认为其中第一义即所谓“截断众流”义，已包括康德的道德自律学说的一切。所谓“截断众流”是说道德必须斩断一切外在的牵连，本身必须是纯粹的，不能预设任何其他目的，这就是道德自律。反之，凡是预设任何其他目的，便是不真，便是不纯，便是曲的意志，便是道德他律。

康德所说的道德他律，依据《道德形而上学的奠基》，大体可分为两种情况：一是指道德以追求幸福原则为目的，这是属于经验的；二是指道德以追求圆满原则为目的，这是属于理性的。这两大类又可各分为两个小类：经验性的他律包含个人幸福与道德情感两种，理性的他律包含圆满的存有论和圆满的神学两种。① 将这一理论引入到儒学中来，经验性的他律这一条没有任何异议，因为儒家，不管是象山、阳明还是伊川、朱子，讲道德从来不以康德所说的幸福原则为目的。事实上，牟宗三将康德道德他律的理论

① 后来，在《实践理性批判》“在德性原则中实践的质料规定根据表”一节中，康德对他律的类型又进行了更为具体的划分。按照新的划分，道德他律仍有两类，一类是主观的，一类是客观的，这两类又各自包括外部和内部两种情况。其中主观一类的外部指教育和公民宪法，内部指自然情感和道德情感，而客观一类的内部指完善，外部指上帝意志（参见康德：《实践理性批判》，邓晓芒、杨祖陶译本，第 53 页）。虽然划分的形式有了改变，但原则并没有变化，仍然是指经验的和理性的两大类，主观一类为经验的，客观一类为理性的。

引到儒学中来，主要是就理性的圆满原则而言的。在《从陆象山到刘蕺山》一书中，牟宗三在引述了康德《实践理性批判》中的一段话后这样写道：



> 此段话甚分明而简截，吾读之甚喜。……依康德，基于存有论的圆满与基于上帝的意志俱是意志的他律之原则。快乐主义基于利益、基于幸福，亦是意志的他律之原则。基于利益之他律其所需要有的世界的知识是经验的；基于存有论的圆满其所需要有的世界的知识是理性的；基于上帝的意志最初是诉诸恐怖与权威，最终亦必落于需要有世界的知识，这知识或是经验的或是理性的。这些原则俱是他律，盖因为其所含的实践规律皆取决于作为目的的一个对象，对于这对象必须先有知识。
>
> 《从陆象山到刘蕺山》，第 9 页，8/6

这段话非常集中地表达了牟宗三对于康德道德他律思想的理解：依据康德，以下三种情况，即第一基于利益、第二基于存有论的圆满、第三基于上帝的意志而产生的道德，均是他律道德，因为这三种情况都将道德的根据落实在知识上。这三种情况当然也不完全一样。基于利益的知识是经验的，基于存有论的圆满的知识是理性的，基于上帝意志虽是诉诸恐怖与权威，最终仍需要落实于世界的知识。总之，这三种道德他律有一个共同点，即都必须对于作为目的的对象先有知识。

牟宗三紧接着又讲到为什么判定朱子为道德他律。他认为，朱子既然取格物穷理之路，所以特别重视道问学，重视知识，“是则决定我们的行为者是那外在之理；心与理为认知的对立者，此即所谓心理为二。理是存有论的实有，是形而上者，是最圆满而洁净空旷的；而心是经验的认知的心，是气之灵，是形而下者。因此，决定我们的意志（心意）以成为吾人之实践规律者乃是那存有论的实有之理（圆满之理），而不是心意之自律。因此，对气之灵之心意而言（朱子论心只如此，并无孟子之本心义），实践规律正是基于'存有论的圆满'之他律者。故彼如此重视知识。"（《从陆象山到刘蕺山》，第9—10页，8/6—7）朱子所说的道德当然不是基于利益，但他的格物穷理之途使他与西方理性主义将道德基于存有论的圆满，非常相近。朱子讲格物穷理，就"实然"而穷究其"超越的所以然"，从而使心与理为二。理是存有论的实有，属于形而上，心是经验的认知之心，属于形而下。这种分别有一个严重后果，就是将决定人们行为的力量，完全归于外在之理，而不是归于自己的道德本心。牟宗三判定朱子为道德他律，根据全在于此。也就是说，牟宗三说朱子是道德他律，根本性的理由是嫌朱子偏重于认知，只以知识讲道德。知识在朱子那里大体可分两类，一类是与道德无关的知识，一类是与道德有关的知识。前一类知识因为与道德无关，所以无所谓自律或他律。后一类知识因为与道德有关，所以判定朱子为他律主要是在这个意义上说的。① 在这种情况下，以知识讲道德，是将道德的根据都安置在知识之上，而不是安置在道德本心之上。这一做法与西方的存有论的圆满有几分近似。在康德那里，存有论的圆满属于道德他



① 应该如何看待朱子格物致知与道德工夫二者之间的关系问题，学界争议颇多。牟宗三对朱子相关思想的批评固是一路，但这一路在文本上究竟有多大的根据，仍然有待讨论。黄莹暖即认为：牟宗三认为朱子格物致知工夫是以讲知识的方式讲道德，造成了知识与道德的混淆。"但若就朱子原典文献而言，不论在心性论或工夫论方面，朱子都有具道德主体义的'心'的表陈、具本体工夫义的格物言论，此是牟先生的论断所无法周延涵盖，而吾人亦不能径以'随文说释'轻率略之者。"（黄莹暖：《从心性架构与格致工夫看牟宗三先生诠释朱子思想之特点》，《当代儒学研究》第8期，2010年6月）

律，而朱子以知识讲道德与存有论的圆满近似，所以也是道德他律。

关于这一点，《心体与性体》第三册中有一章名为“中和新说与《仁说》后以《大学》为规模”，专门讲到朱子对《大学》的理解以及这种理解对朱子学理的影响，其中有这样一个表述：



> 就知识上之是非而明辨之以决定吾人之行为是他律道德。
>
> 《心体与性体》第三册，第 397 页，7/440

这句话虽然只出现在一个夹注之中[①]，但非常简明，也非常关键，直接表明了牟宗三在这个问题上的基本思想，可以视为其道德他律的一个标准。这个标准告诉我们，依靠外在认知还是依靠道德本心以完成道德创造，是两个完全不同的路子：前者是道德他律，后者是道德自律。这是牟宗三判定朱子为道德他律最根本的理论依据。

人们对此可能会提出这样的批评：“你上面所举的证据只是一个夹注，不能算作牟宗三的正面表述，你以这种证据来证明问题是不严肃的。”对此我只能这样说，我之所以引这个夹注中的话作

---

① 牟宗三此段原文如下：“孟子说四端之心扩而充之云云，纵此扩充亦是致，但此是实体性的道德本心之扩充或推致，而不是心知之明之认知作用的推致。纵知爱知敬即是知恻隐知辞让，推之亦可说知羞恶知是非，但此知字轻而虚，重而实处仍在恻隐、羞恶、辞让、是非之心之呈现，而非心知之明之认知作用之知也。即是非之心智也，孟子亦是着重在知道德上之是非，着重在此智心能自给一道德之决断，虽就客观呈现之事而显现，然却并不重其即物穷理之认知作用也。此非知识上之是非，并就知识上之是非以明辨之也。(就知识上之是非而明辨之以决定吾人之行为是他律道德。)是以王阳明得就此‘是非之心’向里看，以与羞恶、恭敬、恻隐之心合而为一，名之曰良知，而致此良知亦非在即物而穷其理之格物上推致心知之明之认知作用也。此显是道德创造之源之本心之开发以引生道德行为之不已，所谓‘沛然莫之能御’者是也。此是自律道德之於穆不已，而非心知之明之认知作用之推致所成之他律道德也。此虽不必合于《大学》之原义，然却合于孟子之精神，而朱子之以心知之明之认知作用之推致讲孟子之本心显然非是也。”(牟宗三：《心体与性体》，第三册，第 397 页，8/440—441)。

证明，是因为这句话非常简明，容易说明问题。其实牟宗三这方面的论述还有很多，为了加强论证力度，不妨再引两段。在《心体与性体》第三册上面那段引文的不远处，牟宗三这样写道：

> 总之，朱子依其泛认知主义将仁体、性体，乃至形而上的实体皆平置而为普遍之理（存在之然之所以然），通过其格物穷理（穷在物之理）而成为心知之明之认知作用之所对，永为客为所而不能反身而为主为能，而立体创造的实体性的心体亦不能言，此则决非先秦儒家《论》、《孟》、《中庸》、《易传》一发展所表示之旧义。此是顺取之路中泛认知主义之所决定。
>
> 《心体与性体》第三册，第 363 页，7/402—403



朱子将仁体、性体等统统视为存在之所以然之理，通过格物穷理的方法去获取，从而使道德本心完全旁落，为客为所，而不能为主为能。这完全是一种泛认知主义的心态，走的是泛认知主义的道路。这就说明，牟宗三为朱子定性，关键就在这个泛认知主义。

又如：

> 此种作为道德创造之源之理道，于其创生而直贯下来，故即在事中而不离事，即在器中而不离器。此如非先道德自觉地意识到此道德创造之源之理道，而只即物穷理以求之，未必即能至此理道也。就道德之事如忠孝、恻隐之心等以穷之，其所穷至者固可说是道德的理道，然就天地鬼神、日月阴阳、草木鸟兽以穷之，其所穷至者未必是道德的理道也。即就道德之事以穷之，其所穷至之理道平置而为外在的理道，纳于心知之明与此外在

理道之摄取关系中，其道德力量亦减杀。是以其泛认知主义之格物论终于使道德成为他律道德也。

《心体与性体》第三册，第 394 页，7/437



要承认道德之创造，必先自觉地意识到道德创造之源的基本道理，但这种“意识”并不能依靠格物穷理的办法。因为格物的办法，如果是指格天地鬼神与道德无关之事，那么对道德创造无任何作用。如果是指格忠孝等与道德有关的事，因为所穷的不是内在的本心，而是外在的道理，这样道德力量也就大大减弱了。牟宗三正是以此来判定朱子为道德他律的，用紧接着此段的一句话表示就叫：“朱子之‘即物穷理’徒成为泛认知主义之他律道德而已。”（《心体与性体》第三册，第 395 页，7/438）朱子泛认知主义的思路对其学说的性质有决定性的影响，这种影响最大之处，就是直接决定其为道德他律，而达不到道德自律。所以，我以夹注中的话证明我的观点，并非孤证。

由此可见，牟宗三判定朱子为道德他律，主要是嫌朱子是以知识讲道德。[①] 在他看来，虽然知识本身不是闲议论，但依知识之

① 金春峰近来对这个问题提出了新的诠释。他认为，在本体论或理气论上，朱熹哲学是柏拉图式的两个世界思想，但在心性论和道德修养领域，仍然是一种“心学”的系统。朱熹的“心学”思想是经过深思熟虑的，表现在其思想的各个方面。这便形成了一种矛盾。但无论是冯友兰还是牟宗三都否认这种矛盾，以柏拉图式的共相思想来解释朱熹，以为其格物致知是向外求理的认识论，于道德修养完全无助无益。这种解释模式最大的缺陷是混淆了理论理性与实践理性，从而切削掉朱熹哲学体系中与此模式相矛盾的最基本的材料或对之进行曲解。这“对朱熹是不公正的，对宋明思想史的发展历程也是一种扭曲。现在应该是结束这种不公和扭曲的时候了。”（金春峰：《对朱熹哲学思想的重新认识——兼评冯友兰、牟宗三解释模式之扭曲》，《学术月刊》，2011 年第 6 期）金春峰此文并非没有需要讨论之处（如他认为牟宗三同冯友兰一样都将朱子之理作共相的理解，就有欠准确，因为冯友兰将朱子之理理解为共相，恰恰是牟宗三坚决反对的），但总的说来，是一篇重要文章，值得关注。

路讲道德，即成为闲议论。朱子就是依知识之路讲道德，所以他的讲法即成为闲议论而没有价值。朱子对于知识本身的追求非常有兴趣，如果只是这样也并无大碍。“但他却要依此路讲道德实践。通过‘涵养须用敬，进学在致知’，将知识引归到生活上来，便是依知识之路讲道德。顺此路讲下去，即使讲到性命天道、太极之理，所成者亦只是静涵系统下之他律道德。此就道德实践言为不中肯。不中肯由于不见道。不见道者即是不明本心自发自律之实事实理也。”（《从陆象山到刘蕺山》，第 37 页，8/30）这就是说，知识本身有价值，但知识对于成就道德却无价值，不过是闲议论而已，如果完全依此而行其结果只能是不见道、不中肯，说到底是不明本心自发自律的实事实理。不以本心讲道德，而以知识讲道德，进而批评其是泛认知主义，这是牟宗三判定朱子为道德他律的核心环节。



2. 牟宗三关于道德他律的标准值得讨论

依据我的理解，牟宗三关于以知识之是非决定道德即是道德他律的思想，是否符合康德道德哲学的基本精神，很值得商榷。① 因为这牵涉基于利益、基于存有论的圆满、基于上帝的意志三种

① 陈荣灼认为，牟宗三并未否认道德知识的可能，其反对的只是将道德化约为知识而已，因而指责我对牟宗三的相关批评难以成立（参见 CHAN Wing-cheuk: Review of *Examination of Mou Zongsan's Three-fold Typology*, Dao, 2010. 9, pp133 - 136）。在这个问题上，我愿意重申我的立场：我不认为牟宗三完全否认道德知识的重要性，他将朱子定为道德他律，只是嫌朱子以知识来讲道德。在牟宗三心目中，讲道德有两种方式，一是以本心来讲，一是以知识来讲。以本心来讲是孟子的路数，以知识来讲是朱子的路数。以本心讲道德，道德有活动性，可以直接决定道德善行，此为道德自律。以知识讲道德，道德没有活动性，不能直接决定道德善行，此为道德他律。这里的关键不是需不需要知识，而是将根据置于何处的问题。朱子将道德的根据置于知识上，使其理论只存有而不活动，不能决定道德善行。另外，还有一点也非常要紧：尽管牟宗三原则上不反对道德知识，但他并没有从理论上处理好道德知识与道德本心的关系问题，其“以纵摄横，融横于纵”的办法很难真正将理学与心学综合起来。

情况，下面就分别从这三种情况来分析。

先看基于利益的道德他律。这里最先引起我浓厚兴趣的是，康德什么样的论述引发了牟宗三的重视，使之“读之甚喜”。“读之甚喜”这种表述在牟宗三著作中不是经常出现的，牟宗三如此讲，一定有他的道理。经查这段话出自《实践理性批判》第一卷第一章第八节定理四之注释二，牟宗三是这样译的：



> 最普通的智思亦能很容易而无迟疑地看出在意志之自律的原则上所需要去作的是什么；但是在意志之他律的假设上去看出什么是要作的，那却是很难的，而且需要有世界的知识。此即是说，义务是什么，这对于每一个人其自身就是坦然明白的；但是什么东西可以带出真正而持久的利益，此如‘将要扩展到一个人的生命之全部’的那种利益，这却总是被蒙蔽于不可渗透的隐晦中；而且要想把基于利益上的实践规律去[①]适合于生命的各方面（各种目的），甚至因作出适当的例外而亦容忍地把它适合于生命的各方面。这总是需要很多的审虑的。但是道德法则对每一个人命令着最严格的遵守；因此，去判断那道德法则所要求被作成的是什么，这却必不是如此之困难以至于最普通而无训练的理解，甚至没有世俗的审虑，便一定不能正当地去应用这道德法则。
>
> 《从陆象山到刘蕺山》第8—9页，8/5—6[②]

---

① 全集本脱此“去”字，据单行本补。——引者注

② 此段另可参见牟宗三《康德的道德哲学》，第177页，15/190—191，但译文有多处变动。邓晓芒、杨祖陶的译文较为明晰，转引如下：“凡是按照任意的自律原则该做的事，对于最普通的知性来说都是很容易而且不加思考地就可以看出的；凡是在任意的他律前提下必须做的事则很难这样，它要求世界知识；**（转下页）**

我推想，牟宗三之所以对这段话特别感兴趣，“读之甚喜”，可能是因为这段话中有“需要有世界的知识”这样的说法。在牟宗三看来，道德的根据在于本心，本心发布命令简洁明确，依此而行即成道德善举，这个过程简约易行，不关知识什么事。但是朱子不同，要求凡事必须格物致知，以其然求其所以然，这个过程就是以知识决定道德。康德刚好在这里反对以知识之是非决定道德，对道德他律原则所强调的“需要有世界的知识”提出尖锐批评。于是，牟宗三便有了他乡遇故知之感，引康德为同道。



但是，康德这里所说的“需要有世界的知识”，并非如牟宗三解释的是以是否讲知识作为判定道德他律的标准。康德认为，依照意志自律原则该做什么，不该做什么，原本是非常清楚的，而如果以意志他律为先决条件，该做什么，不该做什么，则不那么好把握了，需要有知识。康德这里的意思是，以他律为先决条件即是以个人幸福为原则，而以个人幸福为原则必然涉及事物的方方面面，就需要斤斤计较，精打细算。比如，为了追求个人幸福，遇事必须精确计算个人的利得，保证收益大于支出，要做到这一点当然就需要事事通晓了。由此不难得知，不能以康德“需要有世界的知识”的说法作为以知识之是非决定道德即是道德他律的根据。康德这样说其实只是反对为了求得幸福而借助知识，并以此作为道德的原则，也就是说，不是知识决定道德即是道德他律，

---

（接上页）就是说，凡是作为义务的东西都自行向每个人呈现；但凡是带来真实而持久的好处的东西，如果要把这好处扩延到整个一生的话，都总是包藏在难以穿透的黑暗中，并要求有很多聪明来使与之相称的实践规则通过临机应变的例外哪怕只是勉强地与人生的目的相适应。然而德性法则却命令每个人遵守，就是说一丝不苟地遵守。所以在评判什么是按照德性法则所应该做的事上必定不是很难，最普通、最未经训练的知性哪怕没有处世经验也不会不知道处理的。”（康德：《实践理性批判》，邓晓芒、杨祖陶译本，第 49 页）

而是知识的内容，即以追求个人幸福决定的道德，才是道德他律。

为了进一步理解康德的这一思想，我们不妨再来参考《实践理性批判》中此前的一段论述：

> 如果一位平时你很喜欢的密友以为这样就可以在你面前为自己所提出的伪证作辩护：他首先借口自身幸福是他所谓的神圣义务，然后列举他由此所获得的一切好处，举出他保持着防止任何人发现、甚至也防止你本人从各方面发现的聪明，他之所以只向你披露这个秘密，为的是这样他可以随时否认这一秘密；然后他却装得一本正经地说，他已履行了一项真正的人类义务：那么，你将要么会当面直接取笑他，要么会带着对他的厌恶而退避三舍，哪怕你在有人单依自身的好处来调整自己的原理时不能提出丝毫反对这一做法的理由也罢。或者假定有人向你们推荐一个人做管家说，你们可以不假思索地把你们的一切事务都托付给他，并且为了引起你们的信任，他称赞他是一个聪明人，在他自身的利益方面精于算计，他又是一个不知疲倦的勤快人，不会让任何这方面的机会不加利用地被放过去，最后，为了打消你们对他粗俗自私的顾虑，他称赞他如何懂得正派高尚的生活，不是在聚敛钱财和粗野的淫乐中，而是在扩展自己的知识中，在精心挑选的富有教益的交往中，甚至在为穷人做好事中，寻找自己的快乐，但此外，他并不会由于手段（手段的有价值或无价值毕竟只是来自目的）而有所顾忌，别人的钱和财物用在这方面，对他来说就像用他自己的一样，只要他知道他可以不被发现又不受到阻碍地做这件事：那么你们就会相信，要么这位推荐人是在愚弄你

们，要么他就是失去理智了。①

我不畏烦琐将这段长文引录下来，是因为它对准确理解康德在这里讲的知识的含义有直接的帮助。康德在这里讲了两个道德他律的例子，一个是作伪证，一个是选管家。前者是说，一个人为了自身的幸福，要尽所有的聪明作伪证，而可以不被他人发现。后者说是，一个管家极为能干，可以利用一切手段，其中包括利用别人的钱财而不被发现，轻而易举地节约甚至增加你的财富。这两个例子在两个方面有共性：一是它们的目的都是追求个人幸福原则，二是它们在追求个人幸福的过程中都极为聪明。作伪证不被发现需要聪明，利用别人的钱财不被发现也需要聪明。康德举这两个例子，目的是要说明，为了追求自身幸福原则，有的时候是需要知识的，即康德在这里所说的"扩展自己的知识"，只有有了知识才能"精于算计"，才能保守秘密。但必须清楚地看到，康德这里所说的道德他律的要害并不在于知识本身，而完全在于知识的目的，即以知识追求自身的幸福。换句话说，康德这里所说的"扩展自己的知识"本身并不是道德他律，只有将这种扩展知识的行为用于追求自身幸福原则才是道德他律。这两者的界限必须严格划分：一个是追求知识，一个是追求幸福原则。追求知识本身并没有错，错只错在将这种知识用到了幸福原则上。牟宗三看到康德批评道德他律"需要有世界的知识"，便认为凡是以知识讲道德就是道德他律，忽视了知识与知识目的的界限，不明白追求知识本身并不是道德他律，只有以知识"精于算计"追求自身幸福原则才是道德他律，结果造成了混淆。

再来看基于存有论圆满的道德他律。圆满性（完满性）是康

① 康德：《实践理性批判》，邓晓芒、杨祖陶译本，第47—48页。

德在论述道德他律过程中讲到的一个重要概念。与经验性原则不同，圆满性原则总是理性的。理性的圆满性原则可分为性质的圆满和实体的圆满，其中实体的圆满特指上帝，而性质的圆满又包括理论意义的圆满和实践意义的圆满。由于上帝是在人之外的，所以又称为外在的圆满，而性质是在人自身之内的，所以又称为内在的圆满。



所谓内在的圆满，即指事物自身的完整性。康德这里主要是指斯多葛学派和沃尔夫学派。在斯多葛学派看来，人是整个宇宙自然的一部分，个人的本性就是整个宇宙的自然的本性。神、灵魂、命运、宇宙都是相同的，都具有无所不在的、无所不能的力量和必然性，这就是理性。这种理性所表现出来的事物的秩序，是受绝对规律和必然性所支配而趋向于一定目的的结果。因此，人必须遵从自然的必然性，即遵从神和命运的安排去生活。在人成为一种有理性的动物时，便把一种有理性的本能看作真正的自我了。因此，人追求和实现自己的本性，就是善，合乎自然方式的生活，就是善。沃尔夫的道德思想中最有代表性的就是他的圆满论，这一点与斯多葛比较接近。沃尔夫认为，事物自身都具有一种追求圆满的趋向，凡是能够使自己以及使别人变得更加完善的东西即是善，相反即是恶。人类原本就具有理性，按照自己的理性生活，使其不断完善，是人自然的要求，一旦达到了这种要求，也就成就了道德，同时也就达到了幸福。善就是依照自然而生活，自然引导我们走向道德，自然就是道德。人类应该做那些使自己以及别人更加完善的事情，这是道德的自然法则。

由上可知，康德反对内在圆满性原则，主要是不赞成在纯粹理性的实践原则之上另立一个目的，从而破坏了实践理性原则的纯粹性和至上性。这个道理康德其实讲得非常清楚。在《道德形而上学的奠基》中，康德指出：在那些道德的理性原则之中，完善性的本体论概念虽然要胜于神学概念，但它仍然不能成为道德的法则，因为它“有一种无法避免的循环论证的癖好，不能避免暗中预设它应当予以说明的道德”①。这就点出了圆满性的根本不足：它必然要把原本应该去阐明的东西，暗中当作前提，从而陷入循环论证。在《实践理性批判》中康德表达得更加具体：“既然那些目的必须预先给予我们，而只有联系到这些目的，完善（我们自身的内部的完善或上帝的外部完善）的概念才能成为意志的规定根据，但一个作为必须先行于借实践规则对意志所作的规定、并包含着这规定的可能性根据的客体的目的，因而那作为意志的规定根据来看的意志的质料，任何时候都是经验性的，从而能够用作伊壁鸠鲁的幸福论的原则，但决不能用作德性论的和义务的纯粹理性原则”②。这就是说，如果我们坚持这种圆满性原则，那么就是在道德法则之前另立了一个目的，这就破坏了善恶只能决定于道德法则之后，而不能决定于道德法则之前的最高原则。可见，康德反对理性的圆满原则并不是因为这里涉及知识问题。虽然斯多葛学派的道德学说也讲到知识问题，如他们也强调知识是道德的基础，但康德在这里反对斯多葛等人主要并不是因为他们讲知识，而是因为不赞成他们在道德法则之上另立一个目的。

最后再看基于上帝意志的道德他律。上帝的意志就是所谓的外在的圆满。康德认为，如果以上帝作为道德的目的，就是以上帝的意志作为目的以保证个人得到幸福，这显然完全属于个人幸福原则。而且一旦将上帝意志加入其中，就等于将一种外在的目的置于道德法则之前，这与道德法则的形式至上原则有矛盾。因

① 康德：《道德形而上学的奠基》，《康德著作全集》第四卷，李秋零译本，第451页。

② 康德：《实践理性批判》，邓晓芒、杨祖陶译本，第54页。

此，康德坚决反对这种圆满性原则，他说："正如上帝的意志，当与其相一致被当作意志的客体而无需先行的、不依赖于上帝理念的实践原则时，就只有通过我们从中所期待的幸福才能成为意志的动因"①。这就是说，如果将上帝作为道德的目的，就是在道德法则之上预设了其他目的，从而违背了康德实践理性道德法则是至高无上的基本原则。而且以上帝作为道德的目的，其实是以上帝作保证追求个人的幸福，这也有悖于康德实践理性必须是纯粹的基本原则。所以，康德反对以上帝作为道德目的，主要还是坚持他的理性至上性和纯粹性，反对个人幸福原则，而不是要不要知识的问题。



综上所述，无论是基于利益、基于存有论的圆满，还是基于上帝的意志所构成的道德他律，重点都在否认道德原则的至上性和纯粹性，而不在知识本身。《道德形而上学的奠基》第二章中专门设有"从假定的他律基本概念产生的一切可能的道德原则的划分"一节，把这个道理讲得清楚而明白：

> 在任何地方，只要意志的一个客体必须被当做根据，以便为意志规定那决定它的规则，那里的规则就无非是他律；命令式是有条件的，也就是说：如果或者由于人们想要这个客体，人们就应当这样或者那样行动；因此，它绝不可能是在道德上颁布命令，亦即不能定言地颁布命令。现在，无论客体是想在自身幸福的原则中那样凭借偏好来规定意志，还是在完善性的原则中凭借指向我们的可能意欲一般而言的对象的理性来规定意志，意志都绝不直接地通过行为的表象来规定自己，而是仅仅通



① 康德：《实践理性批判》，邓晓芒、杨祖陶译本，第54页。

过拥有行为对意志的预期影响的动机来规定自己。我之所以应当做某事，乃是因为我想要某种别的东西。而在这里，还必须有另一个法则在我的主体中被当做根据，按照这个法则，我必然想要这别的东西，而这个法则又需要一个命令式来限制这个准则。①



康德认为，道德他律的一个重要特征，是“把意志的对象当作规定的基础”。这种做法完全把问题本末倒置了。因为如果不把意志本身，而把意志的对象作为规定的基础，就是借助于行动对意志的预期效果，把这种效果作为动机来规定自身。这就等于说，我意愿做某事并不是因为我必须做这件事，而是意愿做另一件事。这样一来，道德法则的至上性和纯粹性就完全得不到保证了。令人遗憾的是，牟宗三没有这样理解问题，而把焦点完全转移到知识问题上面去了。在他看来，基于利益的知识是经验的，基于存有论圆满的知识是理性的，基于上帝意志的知识或是经验的或是理性的，不论知识性质有什么不同，都有一个共同点，即都是“对于这对象必须先有知识”，都必须排除在道德自律之外。这种理解是否符合康德的文本含义，很难不令人生疑。

3. 康德有沦为道德他律之虞

更为严重的是，如果严格坚持牟宗三道德他律标准的话，康德也有陷入道德他律的危险。

康德建构道德自律学说的方法，值得细细思量。在写作《纯粹理性批判》的时候，康德已经考虑到理性的实践利益问题了。在先验辩证论中，康德谈到四个二律背反，其中第三个就是自由

① 康德：《道德形而上学的奠基》，《康德著作全集》第四卷，李秋零译本，第452页。

问题。康德认为，这个二律背反与前两个有所差异，但其性质并无不同，争论双方既无法完全证实它，也无法完全否定它。这是因为，人的认识必须借助经验，而自由问题完全在经验之外。康德把自由设定为一种理念，这种理念虽然在知识范围内没有作用，但在实践领域却可以大派用场。因为一旦我把自由设定为我的一个理念，我就成了一个自由的主体、一个义务的主体，使自己具有了本体的意义，我做的任何事情都是出于我的选择，我必须对我的行为负责任。这种作为理念的自由就是先验自由。先验自由是康德最为关注的问题之一。面对这个问题，他“不得不悬置知识，以便给信仰腾出位置。”① 意思就是强调，自由问题虽然不能依靠经验来证明，但对于理性的实践利益却是完全不可或缺的。换句话说，只有将自由确定下来，道德才能成为可能。这个主张贯穿于康德整个哲学思想之中。

在此之后，康德开始具体考虑第二批判的问题。在其先行的著作《道德形而上学的奠基》中，他对自己的研究方法作了简要的说明：“我相信，只要人们愿意分析地采取从普通知识到规定其最高原则的途径，再综合地采取从对这一原则的检验及其源泉返回到它在其中得到应用的普通知识的途径，那么，这种方法就是最恰当的方法。”② 这就是说，康德在该书中运用了两种不同的方法，即分析的方法和综合的方法。按照分析的方法，谓词 B 包含在主词 A 之中，在这种情况下，谓词并未给主词增加任何东西；综合方法则是 B 完全处在 A 之外，虽然它与 A 有关联，在这种情



① 康德：《纯粹理性批判》，邓晓芒译、杨祖陶校，北京：人民出版社，2004 年（以下简称邓晓芒、杨祖陶译本），BXXX，第 22 页。俞吾金将此句译为：“我必须扬弃知识，使信仰获得地盘。”（参见俞吾金《从康德到马克思——千年之交的哲学沉思》，桂林：广西师范大学出版社，2004 年，第 61 页）

② 康德：《道德形而上学的奠基》，《康德著作全集》第四卷，李秋零译本，第 399 页。

况下，在主词概念上就增加了一个谓词。在康德道德哲学中，分析的方法和综合的方法都有特殊的含义。分析的方法是从一般的未经反省的理性知识出发，将其上升为道德理性的最高法则，而综合的方法则是将已经验证了的道德理性的最高法则运用于实际的道德生活。[①] 具体来说，《道德形而上学的奠基》第一章和第二章运用的是分析的方法，第三章运用的是综合的方法。



《道德形而上学的奠基》第一章的标题为“从普通的道德理性知识到哲学的道德理性知识的过渡”。这个题目非常清楚地说明了康德在这个问题上的基本思路。在康德看来，社会当中存在着一种普通的道德理性知识或者叫做通俗的道德世俗智慧的东西。它们虽然也很重要，但并不能成为最高的道德法则，因为它们未经反省、未经抽象，只是一般的、粗略的、世俗的。只有在这个基础之上，进一步抽象、分析、提高，才能得出最高的道德法则。康德所要做的正是这种工作。在这一章中，康德首先从善良意志分析开始。他认为，这个世界当中，只有善良意志才能称为无条件的善，其他因素，如个人幸福等等，都要受到各种因素的限制。为此他专门分析了责任的概念，认为责任是善良意志的体现。但是，在责任当中常常夹杂着一些主观的限制和障碍，出于责任的行为和合于责任的行为有着原则的不同。合于责任的行为无论能带来多么好的客观效果，受到怎样的称赞，都不具有真正的道德价值。只有出于责任的行为才具有真正的道德意义。所以，一个出于责任的行为，其道德价值不取决于它所要实现的意图，而取决于它所由出的准则。意志总要被某种东西所规定，不是被作为形式的先天原则规定，就是被作为质料的后天动机规定。只有形式才有普遍性，质料都是个体的，不具备普遍性，所以意志应该



① 参见李明辉：《康德伦理学与孟子道德思考之重建》，第 41—45 页。

扬弃一切质料原则，而为意志的形式所规定。这种意志的形式，就是实践理性的法则。由此康德得出了一个重要结论：责任是由于尊重法则而产生的行为必要性。正如他所说："在客观上除了法则，在主观上除了对这种实践法则的纯粹敬重，从而就是即便损害我的一切偏好也遵从这样一种法则的准则之外，对于意志来说就不剩下任何东西能够决定它了。"①



这样，康德就由责任上升到了法则。究竟什么样的法则能够充当意志的原则呢？康德认为，只有普遍的法则才能完成这项重任，所以道德的基本原则就是："我决不应当以别的方式行事，除非我也能够希望我的准则应当成为一个普遍的法则。"② 这样一个原则确定之后，事情就变得简单了。不管在什么情况下，也不管是什么人，只要问自己这样一个问题就可以了："你愿意将你的准则变为普遍的法则吗？"如果答案是肯定的，你的行动就是出于责任，就是道德。如果答案是否定的，你的行动就不是出于责任，就不是道德。康德对这一步工作有着极高的评价，认为"这样，我们就在普通人类理性的道德认识中一直达到了它的原则"③。这就是说，康德认为，事实上，普通的道德理性知识是十分重要的，在这种情况下，即使不教给他们新的东西，不需要哲学，人们也知道怎样做是善良的，但是这种做法还保持在较低的水平上，还有很多不足。因为天真无邪虽然很好，但很不幸，容易被引诱走上邪路，难保自身。所以它需要将自己上升一步，进至科学的层面。这倒不是因为科学能教给人们什么新东西，而是为了使自己

---

① 康德：《道德形而上学的奠基》，《康德著作全集》第四卷，李秋零译本，第 407 页。

② 康德：《道德形而上学的奠基》，《康德著作全集》第四卷，李秋零译本，第 409 页。

③ 康德：《道德形而上学的奠基》，《康德著作全集》第四卷，李秋零译本，第 411 页。

的规范更易为人们接受，保持得更长久。

这个思想在这一章最后一段中有充分的表述。“普通的人类理性并不是由于任何一种思辨的需要（它只要满足于仅仅是健康的理性，就绝不会感觉到这种需要），而是甚至出自实践的根据，才被迫走出自己的范围，一步跨入一种实践哲学的领域，以便在那里为其原则的源泉及其正确的规定，与依据需要和偏好的准则相比，获得说明和明晰的指示，使自己脱离由于这两方面的要求而陷入的困境，以免冒因它容易陷入的暧昧而失去一切真正的道德原理的危险。因此，当实践上的普通理性陶冶自己的时候，在它里面就不知不觉地产生出一种辩证法，迫使它求助于哲学，正如普通理性在理论应用中所遇到的一样。因此，实践理性与理论理性一样，除了在对我们的理性的一种完备的批判中之外，不能在别的地方找到安宁。”① 康德在这里告诉人们，在一般情况下，普通的道德理性知识是可以满足需要的。但在更高的要求下，一旦出现理性与爱好互不相让，面对各种不同要求无所适从的情况下，人们不知不觉之间就提出了更高的需要，要求上升到哲学的层面，要求对其进行批判，从而使自己遵从的规范真正符合最高的道德法则。

该书第二章较第一章更深了一层，进一步从通俗的道德世俗智慧上升到道德形而上学，所以这一章拟了一个非常鲜明的标题：“由通俗的道德世俗智慧到道德形而上学的过渡”。康德认为，虽然道德形而上学这个名称比较吓人，但对于一个完整的道德学说则必不可少。因为道德的最高法则必须是独立于经验的，必须以纯粹理性为基础，必须先天地从理性中得出，一句话，实践理性

① 康德:《道德形而上学的奠基》，《康德著作全集》第四卷，李秋零译本，第412页。

的法则不能建立在经验条件之上。只有首先把道德哲学放在形而上学的基础之上，把通俗的道德世俗智慧事先加以提高，等它站稳了脚跟，并令人充分满意之后，才能运用综合的方法，把它普及开来。如果不是这样的话，“我们有什么权利把也许仅仅在偶然的条件下对人类有效的东西当做任何有理性的本性的普遍规范，使之受到无限制的敬重呢？而且，如果规定我们的意志的法则仅仅是经验的，并非完全先天地源自纯粹的、但又是实践的理性，我们怎么应当把它们视为一个一般而言的理性存在者的意志的法则，并且仅仅作为这样的法则也视为我们的意志呢？”[①] 因此，将道德哲学建立在形而上学基础之上，是完全必要的。



《道德形而上学的奠基》第三章与前两章有所不同，这里运用的是综合的方法。在这一章中，康德将已经验证了的道德的最高法则回到它的源泉，具体讨论这些法则如何在普通道德理性知识中的运用问题。在这里，康德再一次提到了自由概念的重要性，强调这个概念是阐明意志自律的关键，一旦阐明了这个概念，就可以通过这一前提，把道德及其法则推导出来。然而，这时康德也不得不承认他面对着一个论证的循环：“我们假定自己在作用因的秩序中是自由的，以便设想自己在目的的秩序中服从道德法则；然后我们设想自己是服从这些法则的，因为我们已经把自由归于我们自己。”[②] 为了寻找答案，康德强调我们必须以双重方式来思想自己。“说一个显象中的事物（它属于感官世界）服从某些法则，而同一个事物作为物自身或者存在者自身独立于这些法则，这并不包含丝毫矛盾；但是，说他必须以这种双重的方式表现和

① 康德：《道德形而上学的奠基》，《康德著作全集》第四卷，李秋零译本，第 415 页。

② 康德：《道德形而上学的奠基》，《康德著作全集》第四卷，李秋零译本，第 458 页。

设想自己，就前者而言，这基于对他自己作为通过感官受刺激的对象的意识；就后者而言，这基于对他自己作为理智的意识，亦即意识到自己在理性应用中独立于感性的印象（从而属于知性世界）。”[①] 这就是说，人有双重的身份，一重身份属于现象界，在这个领域，人没有自由，完全受自然因果律决定；另一重身份属于本体，在这个领域，人具有先验自由，可以自我立法，自我服从。康德的这种解决问题的办法能在多大程度上起作用，一直受到一些研究者的怀疑。因为康德并没有能够说明人为什么会有自由，只是宣称自由“只是被视为理性在一个存在者里面的必要预设，这个存在者相信自己意识到一个意志，亦即一个与纯然的欲求能力还有区别的能力（也就是说，作为理智、从而按照理性的法则、独立于自然本能而规定自己去行动的能力）。”[②] 而与此相关的其他问题，诸如我们为什么对道德感到关切，为什么纯粹理性不需从别处取得动力自身就能是实践的，康德也不能给予一个满意的答复。正因为如此，学界普遍将康德在这一章中的演绎视为一种失败之举，并且认为康德本人极可能也认识到了这一点。[③]

可能与康德意识到了《道德形而上学的奠基》中的这种困难有关，《实践理性批判》的进入思路有了一个明显的变化。这个变化的一个最为重要的特征，就是首先将自由意志作为“事实”或“理性事实”[④] 明确确定下来。在《实践理性批判》中，康德这方



① 康德：《道德形而上学的奠基》，《康德著作全集》第四卷，李秋零译本，第 465 页。

② 康德：《道德形而上学的奠基》，《康德著作全集》第四卷，李秋零译本，第 467 页。

③ 亨利·E·阿利森：《康德的自由理论》，沈阳：辽宁教育出版社，2001 年，第 346 页。

④ 李明辉非常重视康德的这个说法，并以此引申出一整套读解康德，诠释孟子的方法。我对这个问题的详细看法可参见《贡献与终结——牟宗三儒学思想研究》第五章第七节“附录：论‘理性事实’与‘隐默之知’”。

面的论述共有8则，为了论证的方便，现逐一引述如下[①]：

1. 实践理性自身现在就独立地、未与那个思辨理性相约定地，使因果性范畴的某种超感官的对象、也就是自由，获得了实在性（尽管是作为实践的概念、也只是为了实践的运用），因而就通过一个事实证实了这个在那里只能被思维的东西。[②]

2. 我们可以把这个基本法则的意识称之为理性的一个事实，这并不是由于我们能从先行的理性资料中，例如从自由意识中（因为这个意识不是预先给予我们的）推想出这一法则来，而是由于它本身独立地作为先天综合命题而强加于我们，……我们为了把这一法则准确无误地看作被给予的，就必须十分注意一点：它不是任何经验性的事实，而是纯粹理性的惟一事实，纯粹理性借此而宣布自己是原始地立法的（sic volo，sic jubeo[③]）。[④]

3. 这个分析论阐明，纯粹理性是实践的，亦即能够独立地、不依赖于一切经验性的东西而规定意志——虽然这种阐明是通过一个事实，在其中纯粹理性在我们身上证明它实际上是实践的，也就是通过理性借以规定意志去行动的那个德性原理中的自律。——这个分析论同时指出，这一事实是和对意志自由的意识不可分割地联系着的，甚至与它是毫无二致的。[⑤]



① 参见亨利·E·阿利森《康德的自由理论》，第349—351页。

② 康德：《实践理性批判》，邓晓芒、杨祖陶译本，第5页。

③ 拉丁文：我行我素。直译为：如何想，就如何吩咐。——译者

④ 康德：《实践理性批判》，邓晓芒、杨祖陶译本，第41页。

⑤ 康德：《实践理性批判》，邓晓芒、杨祖陶译本，第55页。

4. 道德律尽管没有提供任何展望，但却提供出某种从感官世界的一切材料和我们理论理性运用的整个范围都绝对不可解释的事实，这个事实提供了对某个纯粹知性世界的指示，甚至对这个世界作出了积极的规定，并让我们认识到有关它的某种东西、即某种法则。①



5. 甚至道德律也仿佛是作为我们先天意识到并且是必然确定的一个纯粹理性的事实而被给予的，即使假定我们在经验中找不到严格遵守这一法则的任何实例。所以道德律的客观实在性就不能由任何演绎、任何理论的、思辨的和得到经验性支持的理性努力来证明，因而即使人们想要放弃这种无可置疑的确定性，也不能由经验来证实并这样来后天地得到证明，但这种实在性却仍是独自确凿无疑的……②

6. 一个纯粹意志的客观实在性，或者这也是一样，一个纯粹实践理性的客观实在性，在先天的道德律中仿佛是通过一个事实（Faktum）而被给予的；因为我们可以这样来称呼一个不可避免的意志规定，哪怕这个规定并不是立足于经验性的原则上的。③

7. 纯粹理性不掺杂任何一种经验性的规定根据而自身单独也是实践的，这一点我们却必定可以从最日常的实践理性运用中作出阐明，因为我们把这个至上的实践原理认证为这样一条原理，每个自然的人类理性都会认为它作为完全先天地、不依赖于任何感性材料的原理是



① 康德:《实践理性批判》，邓晓芒、杨祖陶译本，第56—57页。
② 康德:《实践理性批判》，邓晓芒、杨祖陶译本，第62页。
③ 康德:《实践理性批判》，邓晓芒、杨祖陶译本，第74页。

> 人的意志的至上法则。我们首先必须把这条原理按照其起源的纯粹性甚至在这个日常理性的判断中加以验证和辩护，然后科学才能够把这条原理把握在手，以便对它加以运用，仿佛它是一个先行于一切关于其可能性的推想和一切有可能从中引出的结论的事实似的。①
>
> 8. 现在问题只在于要使这个能够（Können）变成是(Sein)，即我们要能在一个现实的场合下仿佛通过一个事实来证明，某些行动不论它们现在是现实的还是仅仅被要求的、即客观实践上必要的，都是以这样一种原因性（智性的、在感性上无条件的原因性）为前提的。②



康德的这些论述明确告诉我们这样一种情况：虽然在《道德形而上学的奠基》中也包含着近似的思想，但在《实践理性批判》中，头一次明确地将自由③看作一种“理性事实”，并将其作为自己实践理性批判的最原始的出发点确定下来。康德的这一进步具有重要的意义。康德在理论理性批判中所做的工作是证明先天综合判断如何可能，将这一思想引到实践理性批判之后，这个基本的原则并没有也不可能发生根本的变化。于是，康德一定要在实践领域同样找到一个先天的东西，并将其作为一个基本原则确定下来，只有这样实践领域的“先天综合命题”才有一个前提，才能成为可能。经过思考，康德认为，实践领域中的这个先天的东西，就

① 康德：《实践理性批判》，邓晓芒、杨祖陶译本，第124—125页。

② 康德：《实践理性批判》，邓晓芒、杨祖陶译本，第143页。

③ 康德所说之“理性事实”究竟指自由还是道德律，学界有不同的理解。有的认为指自由，有的则认为指道德律。这些不同理解都可以找到相应的文本支持，为此争论不止。我不打算参与这种争论。在我看来，很难将康德实践哲学中的自由与道德律明确划分开来，因为康德积极意义的自由就是自己确立道德法则，在这种意义上的自由与道德律是一致的。

是先验自由。虽然我们没有办法通过理性的演绎来证明这种自由，任何经验在这方面都无能为力，但我们可以通过具体的实践活动确定它的存在。这个看似非常复杂的道理，说来其实也比较简单：如果人们没有自由，只是遵从自然因果律，那么在现实生活中的一切道德活动都将成为不可能；但事实是，在现实生活中的道德活动确确实实是存在的。因此，我们无论如何不能否认这种事实的存在，这就是上面第 5 段引文所说的："道德律的客观实在性就不能由任何演绎、任何理论的、思辨的和得到经验性支持的理性努力来证明，因而即使人们想要放弃这种无可置疑的确定性，也不能由经验来证实并这样来后天地得到证明，但这种实在性却仍是独自确凿无疑的。"可能是考虑到这个问题具有前提性，十分重要，康德才将这种情况作为"理性事实"确定下来，作为自己实践理性批判的起点。



虽然康德在《实践理性批判》中变换了先前的论说思路，直接从"理性事实"入手，将其作为整个实践理性批判的基本前提，但他先前那种将普通道德理性知识上升到哲学的道德理性知识，从通俗的道德世俗智慧过渡到道德形而上学的基本主张，并没有原则性的更改。《实践理性批判》的结尾部分有这样一段论述，很能说明问题。这段话是这样的：

> 经过在日常人类知性上的反复试验，把在这些概念中可能有的经验性的东西与理性的东西分离开来，这样做就能够使我们对这两者都有纯粹的了解，并对它们各自单独有可能提供出什么有确定的认识，于是就能够一方面预防某种还是粗糙的、未经练习的评判的迷误，另方面（这是远为迫切的）防止才华横溢，凭借这些才华横溢，正如哲人之石的炼金术士惯常所做的那样，没有

任何有方法的研究和自然知识就许诺了梦想的财宝，而浪费了真正的财宝。总之一句话：科学（通过批判的寻求和有方法的导引）是导致智慧学的狭窄关口，如果这种智慧学不仅仅被理解为人们所应当做的事，而且还被理解为应当用作教师们的准绳的东西、以便妥善而明确地开辟那条每个人都应走的通往智慧的路并保证别人不走歧路的话：这门科学，任何时候哲学都仍然必须是它的保管者，公众对它的玄妙的研究是丝毫不必关心的，但他们却必须关心那些只有按照这样一种研究才能真正使他们茅塞顿开的教导。[①]



这里说得非常清楚，普通道德理性是重要的，这样一种道德理性可以让我们将先验自由作为“理性事实”确定为整个实践理性批判的起点。但仅仅这样做又远远不够，除此之外，我们还必须在日常人类知性上反复试验，像进行化学分析那样，将经验的东西与理性的东西分离开来，从而一方面将那些尚属粗糙的、未经练习的东西分离开来，另一方面，也要防止理性的才华横溢，对自然不作系统的研究，没有系统的认识，就夸口许之珍宝，结果却把珍宝完全浪费了。经过这样一番工作，有关的理论才能成为哲学，才能保证人们不走歧路。《实践理性批判》的这段结束之语同《道德形而上学的奠基》中第一章和第二章，虽然在时间上有一段间隔，但思路却一脉相承。这说明，康德仍然没有改变先前的主张，没有放弃从普通的道德理性知识上升到哲学的道德理性知识的基本思路，根本目的就是将那些普通道德理性知识上升到科学的水平，成为一种真正的哲学。



---

① 康德:《实践理性批判》，邓晓芒、杨祖陶译本，第 222—223 页。

为了进一步说明问题，这里再举一个实际的例子。在《实践理性批判》“纯粹实践理性的对象的概念”一章中，康德讲到德性法则的模型问题。像自然法则有一个图型一样，自由法则也应有相应的图型，这种图型可以叫做“德性法则的模型”。康德指出，纯粹实践理性法则之下的判断力应遵循这样的规则：“问问你自己，你打算去做的那个行动如果按照你自己也是其一部分的自然的一条法则也应当发生的话，你是否仍能把它视为通过你的意志而可能的?”[①] 在康德看来，在社会生活中，每个人实际上都在按照这条规则来区分一个行动的善恶，因此，保持这样一种模型非常重要。紧接着康德说道：



> 所以，也要允许把感官世界的自然用作一个理知自然的模型，只要我不将直观和依赖于直观的东西转移到理知自然上去，而只是把这个一般的合法则性形式（其概念甚至发生在最普通的理性运用中，但仅仅只是为了理性的纯粹实践运用这个意图才能够先天确定地被认识）与理知自然相联系。因为在这个范围内，这些法则本身不论它们会从何处拿来自己的规定根据，都是一样的。[②]

康德在这里指出，道德法则的模型对于一种道德学说不可或缺，一旦缺少了这种模型，人们就没有办法判定什么样的行为在道德上是善的。需要注意的是，康德认为，相关的这种概念甚至在最普通的理性中就运用了，只是为了将其上升一步，为了理性的纯粹实践运用，才强调对其有一个确定的认识。这就是说，道德法



---

① 康德:《实践理性批判》，邓晓芒、杨祖陶译本，第 95 页。

② 康德:《实践理性批判》，邓晓芒、杨祖陶译本，第 96 页。

则这一概念早在普通道德理性中就存在了，事实上人们也是按此去做的，但我们不能停止在这里，还必须进一步对其有一个先天的确定的认识，只有这样才能将其上升到哲学的高度，才能满足理性的纯粹实践运用的要求。不难看出，康德这里的思路与《道德形而上学的奠基》第一章和第二章，仍然同出一辙。



通过回顾康德建构其道德学说的过程，可以清楚地看到，康德的道德哲学是以“理性事实”为出发点的，并不以经验认知为基础。但这并不意味着康德道德哲学完全与认知无缘。要理解这个问题特别需要注意的是康德对分析判断的界定。康德强调，分析判断只是一种“说明性的判断”①，只是通过分析把主词概念分解为它的分概念，这些分概念在主词中已经（虽然是模糊地）被想到了。因此，一定要把分析判断与经验分开，“若把一个分析判断建立于经验基础上则是荒谬的，因为我可以完全不超出我的概念之外去构想分析判断，因而为此不需要有经验的任何证据。”②在《纯粹理性批判》中，康德强调自由属于本体，不来自于经验，不能依靠经验认知来证明，只能运用分析判断，对其加以说明。《道德形而上学的奠基》和《实践理性批判》进一步强调，自由问题不可能建立在经验基础之上，而应当把它作为一个先天的原则确定下来，只有这样，实践理性批判才能具有一个可靠的出发点，才能对其进行分析。总之，在康德道德哲学中，自由不具有认知意义，只具有实践意义，道德不能以经验为基础，这是一个必须首先肯定的前提。

但康德的道德哲学并没有到此为止。上面讲过，在《道德形而上学的奠基》中康德注意到，在一般的道德理性知识中存在着

---

① 康德：《纯粹理性批判》，B11，邓晓芒、杨祖陶译本，第 8 页。
② 康德：《纯粹理性批判》，B11，邓晓芒、杨祖陶译本，第 9 页。

他所要追求的那种道德法则，实际上人们也从来不曾忽视它，一直把它当作评判价值的标准。但真正的哲学家不能满足于这些，因为普通理性会时时受到各种因素的干扰和各种爱好的引诱，从而产生“自然辩证法”，对道德理性的纯洁性和严肃性提出怀疑，从而败坏了它的尊严。为了防止这种情况，康德必须借助分析的方法，由普通的道德理性知识上升到哲学的道德理性知识，由通俗的道德哲学上升到道德形而上学。这一步工作在西方哲学一般称为哲学反思。康德的实践哲学并不是要建构一种新的道德法则，因为这种法则作为先天原则是早已存在了的，而只是对于既与的这些法则进行哲学的反思，对社会生活中既与的道德法则进一步分析综合，使其更为精确化和系统化，以便从中认识和掌握人类行为的规律。恰如佛尔施纳所说：“一门实践哲学，由于它表达和要求的，都涉及到人的生活，就需要这样一套概念系统，尽管它在阐述、分辨和构造上的功能是通过反思性的分析和综合而被说明、批评、精确化和系统化的，但不是被构成的。”① 这里需要注意的是，这种哲学反思虽然与一般借助于经验而形成概念和知识并对之进行合理辩护有原则的不同，但仍然与认知有一定的关联。这是因为，既然是运用分析和综合的方法，就少不了概念分析、逻辑推理、哲学思辨，就必须借助于语言才能进行。“反思就是借助中介的思，自己设立一个中介，然后从上面反过来思自己，然后才能使自己的真相显现出来。这种反思是理性的本质结构。”② 从思维性质上说，哲学反思可以说是对于理性自身的认识，仍然应当归属于认知的范畴，当然是一种不同于经验认知的认知。



① M·佛尔施纳：《纯粹道德学说与人类学——对康德先天有效的普遍实践法则的批判思考》，邓安庆译，《世界哲学》，2005 年第 1 期。

② 邓晓芒：《康德哲学讲演录》，第 186 页。

康德大量原文可以证明这一观点。《道德形而上学的奠基》一方面坚决反对将道德法则建立在经验知识之上，另一方面又强调必须对普通道德知识进行加工整理。康德这样写道：“从纯粹理性汲取它们的概念和法则，纯粹地、不加掺杂地予以阐述，甚至规定这全部实践的或者纯粹的理性知识的范围，亦即规定纯粹实践理性的全部能力，这不仅当问题仅仅在于思辨的时候在理论方面具有极大的必要性，而且也具有极大的实践重要性”①。“要清楚地意识到，若不拥有这门形而上学，则且不说精确地为思辨判断规定义务在一切合乎义务的东西中的道德成分是白费力气，甚至在纯然普通的和实践的应用中，尤其是在道德教育中，也不可能把道德建立在其真正的原则之上，并由此造成纯粹的道德意念，为了最高的公益把这种意念灌输给心灵。”② 这里所说的对道德概念和法则的“纯粹地、不加掺杂地予以阐述”，离开逻辑分析是不可能进行的，而这个逻辑分析的过程也就是一个认知的过程，一个认知人类行为规律的过程。因此，康德一点不讳言自己的道德哲学与知识的关系，认为他所做的工作就是把这些先天建立起来的概念连同其所属原则一道展现在普遍中，展现在抽象中。“在这种情况下，如果没有一条真正的道德最高原理不是必须独立于一切经验、仅仅依据纯粹理性的话，那我就相信，只要这种知识应当与普通的知识区别开来，并且叫做哲学的，则哪怕只是问一问一般地（抽象地）阐明这些连同属于它们的原则皆为先天所确立的概念是否妥当，也是没有必要的。但在我们的时代里，这也许还是必要的。”③。

---

① 康德：《道德形而上学的奠基》，《康德著作全集》第四卷，李秋零译本，第418—419页。
② 康德：《道德形而上学的奠基》，《康德著作全集》第四卷，李秋零译本，第419页。
③ 康德：《道德形而上学的奠基》，《康德著作全集》第四卷，李秋零译本，第416页。

康德的这一思想特征联系到当时的时代背景，并不难理解。康德道德哲学是启蒙运动的伟大产物。在摆脱神性的束缚之后，人们普遍对理性充满了信心，认为理性的力量是无限的，可以发现事物发展的规律，解决世间的一切问题。这个特点自然也影响到康德。康德一生的重要使命是发现自然规律和自由规律。“关于自然法则的科学叫做物理学，关于自由法则的科学则叫做伦理学；前者也称做自然学说，后者则也称做道德学说。”[①] 在前批判时期，康德创立了星云假说，发现了宇宙变化的规律。在批判时期，康德又致力于创立道德自律学说，发现了人的行为规律，即自由的规律。在这个过程中，康德对于知识的态度有一个变化过程。他开始的时候相信唯有知识才能使人荣耀，从而轻视无知的民众。后来，卢梭教他打消了对知识的优越感，学会了尊重人。休谟则进一步让他从独断论的迷梦中清醒，使他充分认识到知识不是万能的。于是，他在批判哲学中为知识划定了界限，将上帝、自由、灵魂的问题作为本体与认识问题分开。但与此同时我们也必须看到，康德的这个转变并不代表尊重理性这一时代精神从他身上已经彻底消失，一点不起作用了。这种情况在第二批判中表现得极为明显。康德在这一过程中明确看到普通的道德理性知识的重要性，但他强调，这种普通道德理性知识还不是真正的科学，不能仅仅满足于此，必须充分调动理性的力量，运用分析和综合的方法进行实践理性批判，将普通的道德理性知识上升到形而上学的



① 康德：《道德形而上学的奠基》，《康德著作全集》第四卷，李秋零译本，第 394 页。在《判断力批判》中，康德进一步明确指出：“知性对于作为感官客体的自然是先天地立法的，以在一个可能经验中达到对自然的理论知识。理性对于作为主体中的超感官东西的自由及其独特的原因性是先天立法的，以达到无条件地实践的知识。”（康德：《判断力批判》，邓晓芒译，杨祖陶校，北京：人民出版社，2002 年，第 30 页）这里康德将实践理性称为“实践的知识”，这可以作为上述看法的一个佐证。

高度，这才算是真正的哲学工作，也只有这种工作才能完成发现人类行为规律的重要使命。康德为自己规定的这一伟大任务，正是理性精神的体现。康德完成这项任务，虽然不以经验认知为基础，但仍然必须经由一个哲学反思的过程。这种哲学反思是对既与的概念进行系统化和精细化的分析，目的是借助这种分析达到对人类行为规律的认识，而这个崇高目的离开认知是根本无法想象的。



由于使用了西方哲学的表达方式，康德运用理性发现自由规律的过程，显得较为复杂。如果换成中国传统的表达方式，理解起来就比较容易了，因为在我看来，康德的这种致思方式与朱子常说的“以其然求其所以然”或“因其已知之理而益穷之”有一定的相似性。在社会中存在着一种普通的道德理性知识，但它还非常粗略，还必须予以加工。我们不仅要了解它们，而且要对其进行分析抽象，使其上升到哲学的高度，成为真正的科学。这是康德的表达方式。在朱子，这种情况则叫做“以其然求其所以然”或“因其已知之理而益穷之”。要完善道德，只尊德性远远不够，还必须道问学。尊德性可以说是其然，道问学可以说是求其所以然。这里所说的“求其所以然”表面看是单纯求一种知识，其实是就“已知之理”探求德性的深层道理。朱子一再强调，一味行孝悌、忠恕而不知其理，则此孝悌、忠恕是死物，而其人也只是乡曲之常人，只有按大学之道格物、致知、博学、审问、慎思、明辨，则孝悌、忠恕才是活物。泛泛之孝悌、忠恕，只是小学之道，常人之所为，知其所以然才是大学之道，君子之所为。[①] 除开哲学背景和文化差异不论，朱子的这种致思方式，与康德将普通道德理性知识上升到哲学道德理性知识，即上面所说的哲学反思的认知方式，在基本路数方面较为接近。当然，在朱子学理中，

① 参见黎靖德编：《朱子语类》，第七册，北京：中华书局，1986 年，第 2871 页。

知识有两种，即见闻之知和德性之知。朱子区分两种不同知识的工作做得不是很好，存在一些缺陷，否则就不会闹出阳明格竹子学做圣人的笑话了。从这个意义上看，牟宗三批评其是泛认知主义是有道理的。但同时我们也需要注意到，朱子上面提到的大学之道、君子所为之知，主要是指德性之知而非一般的见闻之知。在德性之知的范围之内，朱子强调，要真正成就德性，不能只是满足于讲良心本心，还必须重视读书明理，格物致知。朱子批评象山不读书不明理，正是由此而发的。朱子此处所要求的读书明理，格物致知，当然包括与道德无关的知识，但更主要的是指与道德相关的知识，旨在通过这种读书格物知晓隐藏在一般道德德目背后的深层道理。朱子将自己的方法称为“以其然求其所以然”，“因其已知之理而益穷之”，而类似的方法在以康德为代表的西方哲学系统中则称为哲学反思。这两种叫法虽然有异，目的却是一样的，都是对一套既与的道德概念进行再分析再说明，争取认识和掌握其中的规律。换句话说，康德和朱子都强调，不能仅仅满足于“理性事实”或良心本心，而必须在此基础上再前进一步，由普通道德理性知识上升为哲学道德理性知识，“以其然求其所以然”，从而不囿为一乡里之善士，完成大学之道，上升为君子之所为。①

由此说来，我们应该分别两种不同的认知，一种是经验性的认知，它是以经验为基础形成一种知识，另一种是反思性的认知，它是对理性自身的认知，也就是对既与的概念进行进一步加工，

① 有一点必须加以补充：我这里只是说朱子与康德致思方向在一定程度上具有相似性，而不是说朱子与康德完全相同。从理论的完整性上分析，朱子的思想远没有康德那样系统，这是毋庸置疑的。但朱子毕竟为我们开辟了这样一个基本的方向，沿着这个方向而趋，好好努力，完全有可能发展出一个完整的智性系统，从而大大促进儒家心性之学的发展。

使其上升到哲学的高度。尽管这两者的性质有所差异，但都应当包含在认知的范围之内。从这里出发我们不难明白，康德借助分析方法从普通道德理性知识中抉取最高的道德法则，虽然不是经验性的认知（道德法则不能建立在经验认知的基础之上是康德道德哲学的基本原则），但仍然属于认知的范围，是一种哲学反思性的认知，一种实践理性批判性的认知。这个问题这样想可能更加容易理解：离开了对理性自身的认知，离开了分析和综合，康德不可能掌握人类行为的规律，不可能建成可以作为科学出现的形而上学。正是考虑到这一点，我才反复强调，康德的道德哲学事实上也离不开认知，离不开知识。



这样一来，问题就出现了。假如上面的分析在总体上没有原则性失误的话，我们完全有理由提出这样的质疑：如果朱子不满足事物之然而求其所以然，要求格物致知，读书明理，是以知识之是非决定道德，是道德他律的话，康德在哲学反思当中，运用分析的方法，通过对理性自身的认知，将普通道德理性知识上升到哲学高度，以形成一门能够成为科学的形而上学，在一定程度上同样也可以说是“以其然求其所以然”，“因其已知之理而益穷之”，同样也不能完全离开认知、离开知识（虽然不是经验性认知，而是哲学反思性认知），那么，按照牟宗三关于凡是以知识讲道德即是道德他律这一标准来衡量，康德是不是也应该归为道德他律，而成不了道德自律呢？①

---

① 李瑞全对这个问题也提出过疑问，他在《敬答李明辉先生对〈朱子道德学形态之重检〉之批评》一文中指出：“虽然牟先生仍以康德的伦理学为自律的系统，但是，依这个义理模式来说，康德的形态实有不少缺陷，诸如道德情感之外于实践理性，意志自由之只为一设准，永不能见于具体的行动世界之内，同一机能之意志自由与意念却分属现象与物自身两界，知是知非的道德意识难以安顿，甚至在现象界内如何确立一真实的道德行为也出现问题。”（李瑞全：《当代新儒学之哲学开拓》，第236页）

或许有些学者不同意我的这种看法。他们会说康德建构其道德哲学的方法只是哲学反思，而反思并不是认知，所以这并不影响康德属于道德自律。这种反驳在我看来绵软无力。为了说明问题，我们不妨换个角度。我们知道，牟宗三批评朱子为道德他律有两个核心点，一是说朱子以知识讲道德，二是说朱子不以本心讲道德。在牟宗三那里，这两点在一定范围内具有非此即彼的性质：以知识讲道德，就不是以本心讲道德，反之，以本心讲道德，就不是以知识讲道德。在牟宗三的这种说法中需要注意的问题是智的直觉。以本心讲道德走的是智的直觉的路子，以知识讲道德走的是认知的路子。牟宗三强调，儒家正宗无不重视智的直觉，所以是道德自律，朱子则以知识讲道德，所以是道德他律。这里的问题在于，当牟宗三这样划分的时候似乎忘记了，康德的道德哲学同样不以对本心的智的直觉为核心。康德虽然也承认智的直觉的重要，但他认为这种智的直觉我们人类并不具有，从而将其道德哲学建立在对"理性事实"的分析和综合的基础之上。无论我们将康德的分析方法起什么样的称谓，它终究不是智的直觉。也就是说，即使我们不把康德的分析方法视为一种认知，康德仍然没有以智的直觉讲道德。依据牟宗三以智的直觉讲道德才是道德自律，以知识讲道德即是道德他律的标准来衡定，康德仍然很难算得上是道德自律。这里有一个基本事实需要予以强调：儒家心学的出发点是良心本心，康德道德哲学的出发点是"理性事实"，在这一点上二者在总的方向上基本相同。但再往下就有分歧了：儒家心学固守着良心本心，教导人们逆觉内证，求其放心，吾性自足，康德则要求由"理性事实"进一步向前走，通过分析综合对理性自身加以认知，从而进到形而上学。由于有这一步的区别，儒家心学的思维方法是智的直觉、是逆觉体证，而康德道德哲学的思维方法是分析综合、是实践理性批判。[①] 这种情况告诉我们，假如严格遵循牟宗三道德他律的标准推演下去，康德能不能算得上道德自律的问题，怎么说也是回避不了的。

## 四、自律问题何以遇此困境



### 1. 一个始料不及的局面

通过上面的分析，我们已经明确看到，牟宗三道德自律学说同时受到了正反两个方面的夹击：原本是想证明孟子为道德自律的，经过细致的理论比较后，却发现孟子重视情感，而康德道德自律学说排除情感，孟子的情况反倒更像是康德批评的道德他律；原本是要判定朱子为道德他律的，但经过认真的理论分析后，却发现牟宗三关于以知识讲道德即为道德他律的说法并不符合康德道德哲学的基本精神，而且如果严格坚持这个标准的话，康德也难避道德他律之嫌。这个尴尬的局面的确是令人始料不及、非常难堪的。

其所以会产生这种局面，据我观察，根本性的原因是牟宗三受到了西方传统思维方式的制约。西方哲学流派众多，各有自己的方法，但如果从道德哲学角度考察，感性与理性的两分模式无疑占据了上风，成为其主流。[②] 在这种思维方式中，理性是道德法

---

① 这方面刘述先的一个看法值得注意。刘述先对牟宗三关于康德道德自律学说的理解持不同意见，据有学者回忆，"在一次谈论中，刘述先先生甚至认为如依牟先生的标准，由于康德不承认人有智的直觉，康德的系统也不是自律的形态。"(转引自李瑞全《当代新儒学之哲学开拓》，第 236 页）这种诘难确有一针见血之功。

② 这里需要强调的是，这只是就道德哲学而言的。如果从总体上看，在西方哲学中，当然也包含着一种类似的三分的结构。这种情况早在古希腊就开始了。康德在《纯粹理性批判》中把人的认知能力分为感性、知性、理性三个层次更是典型的例子。但西方哲学的这种三分结构至少在道德哲学的范围内没（转下页）

则的制定者，是道德的根据；感性是个人对幸福的追求，是利欲，是恶的源头。受到这种思维方式的影响，我们在无形之中形成了这样一种看法：道德的根据只有一个，这就是理性。但是，与道德根据有关的因素非常复杂，有的涉及直觉，有的涉及逻辑，有的涉及情感，有的必须排除情感。但由于道德的根据只能有一个，面对如此复杂的局面，人们一般只能采取两个办法：要么是将彼此相反的东西剔除一下，如只承认直觉，不承认逻辑，或只承认逻辑，不承认直觉；要么是将彼此相反的东西杂糅在一起，如将情感上提到理性，来一个“上下其讲”等等。这两种办法都有缺陷：前者是简单化，承认直觉自然是对的，但为什么逻辑就一定与道德无缘呢？反之也是一样，承认逻辑自然有其道理，但为什么直觉就一定不正确呢？后者是表象化，想办法将情感上提，这自然是好的，但情感只是一个表象，真正的根据是道德本心。只上提情感，不顾及道德本体的性质，可能会出现两种情况：如果道德的根据是道德本心，其本身就有情感，不需要再加一个情感；如果道德的根据不是道德本心，将情感提上来也无法彰显道德本心的作用，无济于事。



面对这种情况我常常有这样一种感觉：受到西方道德哲学两分思维方式的制约，关于道德根据的理论过于呆板单一了。在这种呆板单一的格局中，一方是理性，一方是感性，对成就道德有着至关重要作用的道德情感无法安置，处于无家可归的状态，成了

---

（接上页）有演变为一个明确的方法。即使康德也是如此。康德在写作第一批判之后，似乎并没有将自己的这种方法贯彻到第二批判之中。虽然在康德的第二批判中还保留了三分的影子，这在将先验自由以“理性事实”的身份作为实践理性的初始之点确定下来的思路中，可以隐约看得出来，但这一思路完全被经验世界和理智世界的划分掩盖了，其目的的明确性和论证的有力性，与第一批判有着明显差异。正是在这个意义上我才说，感性和理性之两分是西方道德哲学思维方式的一个重要特点。

一个“小可怜”。在这种情况下，我们为什么不能打破这一局面，为道德情感找一个家呢？换句话说，为什么两分方法就必然是定规而不能改变呢？为什么对道德根据不能再进行分析呢？看来这步工作无论如何是躲避不开的，现在确实到了该动这个大手术的时候了。



## 2. 三分方法：一种新的研究方法[①]

这是一个非常复杂、前无先例的手术。谢天谢地，好在传统儒家的思维方法为我们提供了极好的范例，使我们有信心从中汲取营养，做好这项工作。在我看来，从孔子创立儒家学派开始，儒学事实上就遵循着欲性、仁性、智性三分的心性学说结构，从而形成了儒学独特的思维方式。正是这种独特的思维方式，让我们远离了西方道德哲学中的诸多烦恼，有能力解决他们不能解决

① 三分方法是我这些年来在研究儒学过程中坚持的基本方法。这一方法最早是在上世纪八十年代末九十年代初提出来的，其后有关的思考从来没有停止过，具体提法也多有改变。这些改变主要围绕如何安排仁性、智性的关系而展开，为究竟仁性在上，还是智性在上大伤脑筋，一会仁性在上，一会智性在上，反复不止。在出版《牟宗三三系论论衡》（上海：复旦大学出版社，2006 年）时，还在犹豫。直到 2012 年对《贡献与终结——牟宗三儒学思想研究》第一卷坎陷论论衡作最后定稿的过程中，突然才明白问题出在哪里。此前之所以在这个问题上陷入困境，主要是把仁性和智性理解为纵向的关系了。因为是纵向关系，所以一定要为仁性或智性争一个你上我下。按照新的理解，更为合理的做法，是把仁性和智性处理为横向的关系：欲性和智性各处一端，仁性居于二者之间，由此组成道德结构。道德结构的这种模式同样适用于认知结构和审美结构。将道德结构、认知结构、审美结构结合为一个自上而下的有机整体，就成了人的生命层级构成。生命层级构成与道德结构、认知结构、审美结构不同。生命层级构成是纵向关系，道德结构、认知结构、审美结构是横向关系。换言之，生命层级构成包含道德、认知、体欲三个纵向的层面，而道德、认知、体欲这些层面又分别由横向的三个不同部分组成（如道德结构中的欲性、仁性、智性）。生命层级构成的情况同样适用于整个社会，将其扩展到社会的范围，就成了社会层级构成。为了表明这种变化，我将此前仅限于道德结构的三分方法称为“单一三分方法”，而将后来扩大了范围的三分方法称为“多重三分方法”。无论单一三分方法还是多重三分方法都可以称为三分方法。

的一些难题。[①] 现在，就让我们静静地坐下来，分析一下孔子这种独特的思想结构，看看奇迹是如何发生的。

孔子心性之学结构的第一个部分是利欲。利欲也可以套用西方哲学概念称为感性。但孔子眼中的利欲与西方的感性不完全一致。西方的感性和理性处于两分结构的两极，一般而言，是彼此对立、相互排斥的，孔子的利欲与心性之学的其他部分并不构成绝对的对立，而主要属于一种价值选择的关系。利欲和仁义并不总是发生矛盾，一旦发生了矛盾，就有一个价值选择的问题，选择利欲为小人，选择仁义为君子。为了突出这个特点，我根据《论语》有关利欲的说法，称之为欲性。

孔子心性之学第二个部分是仁性。所谓仁性就是孔子仁的思想。发现仁，提倡仁，是孔子对中国文化发展最大的贡献，也是儒学之所以成为儒学的重要标志之一。孔子关于仁的说法很多，但仁究竟是什么，孔子并没有一个统一的说明。学者们从多方面对仁的核心进行概括，但一直没有一个较为理想的方案。我认为，孔子的仁以及后来由此发展而来的孟子的良心其实都是人在伦理道德领域中特有的心理境况和境界，即我所说的"伦理心境"。一个人在成长过程中总要受到社会生活的熏习和影响，这种影响久而久之会在内心形成结晶体。同时，在成长过程中，人也要不断进行智性思维（详见下文），随着智性思维的进行，总会在内心留下一些痕迹，这叫做智性思维的内化。社会生活和智性思维内化的结果，在伦理道德领域，就是形成一定的"伦理心境"，这就是孔子所谓的仁。除"伦理心境"之外，要对仁有彻底的了解，还必须考虑到另外一个因素，这就是"人性中的自然生长倾向"。这个因素之所以不可或缺，是因为非如此我们没有办法解释人为什

① 当然我们也有自己的问题，这也是必须注意的，但这不是这里要讨论的重点。

么对伦理心境感兴趣的问题，以及伦理心境以什么为依托的问题。将“伦理心境”和“人性中的自然生长倾向”相结合，才能对仁有一个彻底的说明。

孔子心性之学结构还有第三个部分，这就是智性。“子贡问于孔子曰：‘夫子圣矣乎?’孔子曰：‘圣则吾不能，我学不厌而教不倦也。’子贡曰：‘学不厌，智也；教不倦，仁也。仁且智，夫子既圣矣。’”[①] 从这段对话可以看出，智当指孔子关于学习和认知的思想。在孔子看来，人要成就道德，必须不断学习和认知。所以，在孔子思想体系中，智性是在人之为人的过程中，通过学习和认知而成就道德的一种性向。智性在孔子心性结构中绝对不可缺少。[②]

仁性与智性在传统上都叫理性，我执意将传统所说的这一理性打开，分为仁性和智性两个部分，旨在说明这样一个道理：道德的根据是可以具体区分的，既有仁性，又有智性，与此相应，伦



① 《孟子・公孙丑上》。

② 杨祖汉对我从孔子心性之学中分离出智性的做法有不同看法。他认为，“孔子之重学，其重点并不是如杨氏所说，认为外学对于成就道德是绝对不可少的，而是表现其客观精神，对历史文化的担负。”孔子重视外学“是出于对历史文化及外王方面的担负，并非表示成德必须外学。”（杨祖汉：《当代儒学思辨录》，台北：鹅湖出版社，1998 年，第 56—57 页）这是一个很重要的批评。我承认，孔子关于学习和认知的思想的确有侧重于历史文化的因素，但绝不能因此而完全排除它对成就道德的作用。就拿孔子那句有名的话“君子博学于文，约之以礼，亦可以弗畔矣夫”（《雍也》第 27 章）来说，这里的“弗畔”是指不违礼，不违礼实际上也是一种德，而要做到“弗畔”必须依靠学习和认知，所以学习和认知是成就道德的必要因素。其实这个问题并不需要列举古人的言语来证明，只要看一看我们周围的实际生活就可以明白了。当今社会中一个人要成就道德哪一个不需要学习和认知呢？不管这种学习和认知是“外缘”，还是“本质的关键”，它总是不可或缺的，既然如此，就说明它是成就道德的重要因素之一。特别重要的是，这种学习和认知与逆觉体证式的求得仁心，在性质上完全不同，如果不将其剥离出来，很难充分注意它们各自的特点。正是考虑到这一点，我才坚持将孔子仁的思想和智的思想分离开来，分别作为心性之学的两个部分看待，进而坚持认为孔孟心性之学存在着重大分歧，强调孟子只继承了孔子思想之一翼，荀子则继承了孔子思想的另一翼。

理形式也并非只有一种，而是有两种，既有仁性伦理，又有智性伦理。[1] 仁性伦理是以仁性即道德本心为根据的伦理，智性伦理则是以逻辑认知之心为根据的伦理。这两种伦理有着截然不同的特点：仁性伦理无需借助语言即可进行，智性伦理必须通过语言的中介；仁性伦理重在智的直觉，智性伦理重在逻辑推证；仁性伦理重在反归本心，智性伦理重在穷究其理；仁性伦理简约易行，智性伦理较为支离。孟子、象山为代表的儒家心学坚持的是仁性伦理，伊川、朱子为代表的儒家理学坚持的是智性伦理。



充分尊重儒学的特点，打破西方道德哲学感性、理性两分格局，将孔子心性之学区分为欲性、仁性、智性，必须首先解决这样一个问题：这种区分是否可能？将孔子心性之学区分为三个部分，最大的特点，是把西方道德哲学意义的理性划分为仁性和智性。无论是仁性还是智性，都可以称为道德理性，因为它们都是道德的根据，都是制约和引导感性的力量。所以，如果从感性、理性两分的角度看，仁性和智性都可以归为广义的理性。但是，仁性和智性又有着明显的区别，这个区别的核心简单说只在于一点：仁性是智的直觉，智性是逻辑认知。正是由于有如此的区别，我们才应该将它们区分开来。

当然，必须承认，孔子的智性与西方道德哲学的理性还有很多不同。近代以来，在西方道德哲学中的理性含义较为宽泛，不同哲学家的用法也各不相同，有的指意志，有的指认知能力，有的则特别强调反思。尽管这些属性有具体的差异，但并不互相排斥，都是在道德根据的意义上讲的，都是强调有了理性，人们就

---

① 本书将道德和伦理作为同义词来使用，虽然也承认这两个概念的差异很大，但将这两个概念加以分别的工作已明显超出了本书的范围，容当在今后的研究中再行处理。

可以建立道德法则，认识和掌握道德规律，成就道德了。与西方道德哲学中理性的这些丰富内涵相比，孔子的智性还较为单薄，因为孔子的智性总的来说还只是一般性的学习，而且大多还只是学诗学礼学乐或学道，远没有认识和反思道德规律的意思。但孔子这一思想已经包含着进一步扩充发展的潜质。比如孔子讲过："君子学道则爱人"①。对此较好的解释是，君子认识到了事物发展的道理，知道了爱人的重要，才能有爱人的行动，更加爱人。这里已经包含了认知求理掌握规律的最初意思。沿着这个方向发展，有希望与西方道德哲学中的理性相比较，进而相沟通。后来荀子讲圣人运用心知的能力制定礼义，使人化性起伪，正是对孔子这一思想的发展。特别是朱子强调做圣人不仅要尊德性更要道问学，"以其然知其所以然"，将哲学反思的内容加入进来，大大扩展了孔子相关的思想，预示了一个很有价值的发展方向。从这个意义上说，我从孔子思想中分离出智性来，进而与仁性相并列，所用的方法主要是诠释性的，在这方面还有大量工作要做。

由此可见，将孔子心性之学划分为欲性、仁性、智性，打破西方感性、理性两分的思想模式，是完全可能的，也是十分必要的，而这种做法的重要意义随着下面分析的深入展开，将会逐渐显现出来。②



---

①《论语·阳货》。

② 值得一提的是，打破两分，坚持三分，似乎有一种普遍性的趋势。早在 20 世纪八十年代就有多人从多个学科讨论这个问题，在中国哲学史界走在最前面且最有成绩的当属庞朴。庞朴在八十年代初发表了《中庸平议》一文，并在随后的太原、黄山、密云等地学术讨论会上明确提出一分为三的命题，显现了深厚的功力，在学术界引起强烈反响，对我有很大的启发。庞朴认为，中国文化体系有个密码，这就是三，以此最能体味中华学问的精和美，而且可以对对立统一规律有新的补充。庞朴围绕这个问题写了多篇文章，2003 年专门将这些文章结集，以《一分为三》为名正式出版（上海：上海古籍出版社，2003 年）。然而，诚如作者所说，该书主要偏重于学说史方面，尚未系统涉及儒家心性之学的结构问题。

### 3. 康德道德哲学中的理性不同于仁性

既然按照孔子思想体系分析，完整的心性理论应当具有欲性、仁性、智性三个部分，那么借助康德道德自律学说研究儒学，首先需要弄清孟子、朱子、康德在这三个部分中各自处于什么位置。

孟子当定位于仁性，朱子当定位于智性，这一点十分明显。孟子接过了孔子仁学的大旗，将仁落实在心上，这个心就是良心，就是本心。发现并且大力宣扬良心本心，是孟子对中国哲学最大的贡献。孟子的性善论完全建立在良心本心基础之上。因为孟子思想源于孔子的仁学，孟子定位于仁性便是自然而然的事了。与孟子不同，朱子应定位于智性。宋代随着《中庸》地位的提高，尊德性与道问学的提法非常盛行。尊德性即相当于仁性，道问学则相当于智性。朱子虽然也讲尊德性，但更加重视道问学。他认为，如果对事物只是粗知一二，不知其所以然，便不会有个彻心彻髓处。只知孝悌忠恕而不知其理，这个孝悌忠恕便是个死物。只有按《大学》格物致知之道发展才能成为圣贤。朱子特别重视格物致知，强调“以其然求其所以然”，“因其已知之理而益穷之”，明显源于孔子关于学习和认知的思想。

孟子与朱子的定位一般而言不会有大的困难，比较困难的是康德。这种困难不仅来自于中西哲学的不同，更重要的是容易受到牟宗三的影响。必须承认，牟宗三已经注意到了康德哲学的特殊性，明确讲过：“康德乃朱子系与孟学系之间的一个居间形态”（《康德的道德哲学》，第 266 页，15/292）。这就是说，在牟宗三看来，与儒学相对而言，康德有其特殊性，既不完全同于朱子，也不完全同于孟子，其形态居于两人之间。尽管有此说明，但熟读牟宗三著作的人还是可以判断出，在牟宗三心底深处，康德无疑更接近于孟子。这是因为，牟宗三非常喜欢将康德与孟子作对比，强调康德与孟子异代同心，孟子甚至远远超过了康德，其间虽然在情感等问题上也存在一些差异，但这些差异只是枝节性的，无关大局。受此影响，牟宗三的弟子也常常直接将康德与孟子放在一起研究，“康德与孟子”的提法几成时尚。因为孟子属于仁性，大讲“康德与孟子”不管在理论上如何申辩，事实上已经将康德定位于仁性了，至少是认为康德更接近于仁性。然而，一旦我们打破这一成见，就会发现问题并非如此简单。如果能够将笼统所说的道德理性打开，分为仁性和智性两个部分，将仁性与智性同时摆在面前，那么不用费太大的力气就能看出，康德道德哲学中的理性与孔子的仁性有如下诸多不同：



第一，孔子的仁性是“现成”的，康德道德哲学中的理性是“尚需加工”的。孔子的仁是社会生活和智性思维在内心结晶而成的“伦理心境”，这种“伦理心境”，对于成人而言，即如孟子所说，是“我固有之”的。所谓“我固有之”是说人在处理伦理道德问题之前，这种“伦理心境”已经具有了。对于这种“我固有之”的仁性，只要反身自问，逆觉体证就可以得到；一旦得到就可以听到它的指导，所以特别的“现成”。

康德道德哲学中的理性不是这样。康德道德哲学中的理性简单说就是意志，意志是道德法则的制定者。在康德学理中，道德法则的制定过程较为复杂。如上所说，康德发现，在普通人的理性当中存在着明确的道德法则。有了这种法则，不需要教给人们新东西，人们也知道怎样做是诚实和善良的，甚至是智慧和高尚的。这种令人不可思议的情况，是作为一种事实存在的，所以在《实践理性批判》中，康德直接将其作为“理性事实”确定了下来。虽然“理性事实”非常重要，但不能仅仅满足于此，因为它还保持在较低的水平上。如果仅停留在这一步上，必然会导致“自然辩证法”，无法具有长久性和普遍性。因此必须对其进一步抽象、分析，从中找出人类行为的规律，即所谓自由的规律。而这也就是康德实践理性批判所要做的主要工作。正因为如此，在康德道德哲学中，特别重视对普通道德理性知识的理性分析，这种分析是一个漫长而复杂的过程，相对于仁性的“现成”而言，可以称为“尚需加工”的。

第二，孔子的仁性有丰富的内容，康德道德哲学中的理性偏重于形式原则，确切地说，是有一个由形式到内容的发展过程。仁性本身不是空的，本身就有具体内容，见父知孝，见兄知悌，社会生活中一般的道德原则都包含在它里面。以此为基础，孔子的仁性不需要考虑什么形式和质料的分离与结合等问题。这是仁性具有丰富内容的根本性原因。

康德道德哲学中的理性不像儒家的仁性这样简单。一方面，康德道德哲学中的理性来源于“理性事实”，有了这种“理性事实”，即使不告诉人们新的道理，人们也知道应该如何做。从这个意义上说，“理性事实”也有具体内容。但是康德强调，“理性事实”只是一个起点，要想使其上升到最高的道德法则，必须对其进一步加工。在这个加工过程中，康德特别强调先天的形式原则与后天的经验质料的区别。在他看来，意志好像站在十字路口一样，站在它作为形式的先天原则和作为经验质料的后天动机之间，但意志不能决定于经验质料，只能决定于形式的先天原则。所以，真正的道德必须抽出意志的全部对象，单单留下作为普遍法则的纯粹形式。正因如此，康德道德哲学常常被人称为形式主义伦理学。

需要补充的是，我们说康德道德哲学中的理性偏重于形式，主要是就《道德形而上学的奠基》和《实践理性批判》这两部著作说的。到了《道德的形而上学》，康德的论述重点发生了明显的转变。在前两部著作中，康德的主要精力集中在道德哲学的理性部分，而《道德的形而上学》则开始将注意力转移到纯粹道德原理在日常环境中的运用问题上来，开始考虑其道德哲学如何与人类学相结合，如何解决其道德哲学的经验部分的问题。在该书中的德性论部分，康德分别考察了人对自身的一般义务，对自身作为动物性的存在的义务，对自身作为纯粹道德存在的义务，对他人的德性义务等具体内容，在结论部分，甚至把宗教学作为在纯粹道德哲学限度外的对上帝的义务学来讨论。通过这些考察，康德形式化的道德原理与在各种具体境遇中的实际人性联系了起来，使其形式主义道德哲学获得了质料性的内容。① 从这个意义上，我们不能笼统地说康德道德哲学只是一种形式主义伦理学。但康德道德哲学毕竟有一个先立形式原则，再考虑这个原则如何在具体境遇中运用的过程，这与孔子只是强调求仁行仁以达至圣贤的思路，有着明显的差异。②



第三，孔子的仁性是智的直觉，康德道德哲学中的理性是哲学反思，是逻辑推证，是实践理性批判。仁性是实实在在的，内

① 参见邓安庆《康德伦理学体系的构成——以康德的相关著作为核心梳理其伦理体系的构成要件》，《复旦哲学评论》第2辑（上海：上海辞书出版社，2005年），第159—161页。在康德研究中，一般认为《道德的形而上学》的这种变化是全新的，但据我的观察，其实早在《道德形而上学的奠基》中这种方法就有过预演了，因为在那部著作中的第三章所使用的就是综合的方法，就是将验证后的原则置于实际的生活境遇中去。当然，这个问题与此处论说的主题相距过远，只是提及而已，不加详论。

② 在这方面，近年来，台湾学界新人的一些成果值得关注。《当代儒学研究》第2期发表了"中央大学"哲研所博士班吴肇嘉的论文，标题为《论儒家孝悌原则与康德普遍法则之冲突》。该文虽原则上同意牟宗三关于仁不是一个经验概念，而是先验的普遍法则的说法，但也保留了不同意见。"我们认为，仁作为一个透过真实生命实践而提出的道德概念，其本身并不易截然地区分归属于超越界或经验界，在此若不细致妥帖地把握其性质，很容易抹煞它在实践上这'混融'的特殊性格。根据前面的论述，我们虽然并不认为仁是全然归属于经验的概念，但知道至少孝悌原则也不能是如康德所规定之'普遍的法则'，它的决意原则实具有一定程度经验上的内容。"（《当代儒学研究》第2期，2007年7月）该文尽管还有点扭扭捏捏，但毕竟对牟宗三将儒家仁的学说与康德道德法则相比照的做法提出了质疑。

在于心，不虚不伪，能不能得到它，全在于自己静心平气，逆觉反证。逆觉反证的思维方式属于直觉，在一定意义上可以按照康德的说法叫做智的直觉（尽管康德本人并不这样认为）。仁性的这个特点非常重要，其后心学一再强调直觉顿悟，根据即出于此。康德道德哲学中的理性就不同了。康德进行实践理性批判，是通过哲学反思，将普通的道德理性知识抽象为哲学的道德理性知识，辨析其中的理据，从而避免理性为一些似是而非的东西所左右，才获得成功的。这种方法必须借助语言这一中介，通过逻辑分析才能进行，因此属于一种间接性的思维，不属于直接性的思维，即不属于智的直觉。① 如果确有智的直觉，那么这种能力只有上帝才有（但我们对此不能加以证明），我们人类并不具有这种能力，这是康德哲学的一个最为基本的原则。②

第四，孔子的仁性不排斥情感，康德道德哲学中的理性排斥情感。这个问题前面已经多次讲过了，不再重复。

第五、孔子的仁性既是首长，也是模范执行者，康德道德哲



① 需要补充说明的是，康德并不完全排除直觉。他在《道德形而上学的奠基》中谈到，道德思考的结果虽然尽可能要求与直觉接近，但完善的道德过程必须由普遍形式，到目的质料，再到普遍形式与目的质料的紧密结合，只有这样思考才是完整的。（《道德形而上学的奠基》，《康德著作全集》第四卷，李秋零译本，第 444—445 页）这就是说，如同承认普通道德理性知识的存在一样，康德并不完全否认直觉的作用，但他并不以此为满足，强调完善的道德进程最好经过三个步骤，这个过程显然已经不属于直觉，而是逻辑思考、逻辑认知了。

② 一些新的研究表明，在康德的一些手稿中，在某些方面似乎也承认人类可以对于自我有智的直觉。倪梁康认为："如果我们有可能对我们的纯粹自身意识（无论是纯粹理论理性的，还是纯粹实践理性的自身意识）有所知晓，那么这个可能便在于我们对'智性直观'的理解。"（倪梁康：《自识与反思——近现代西方哲学的基本问题》，北京：商务印书馆，2002 年，第 190 页）但是，对康德的这些材料有学者有不同的理解，因此相对稳定的结论还有待进一步研究。但即使手稿中的这些材料可以证实康德确实一度承认人类可以对自我有智的直觉，也只能表明康德的思想有一个变化的过程，至少在其正式出版的主要著作中，还缺乏有力的证据。

学中的理性只是首长，不是好的执行者。孔子的仁性有丰富的具体内容，千般万般道理都在里面。从这个角度看，它本身就是道德法则，是一个首长，一个发令官。更为可贵的是，这个发令官不仅负责发令，而且还身先士卒，亲作表率，有强大的动能，带头冲锋陷阵，自己就是一个执行者，一个模范士兵。康德实践理性是意志，意志的重要工作是发现和制定道德法则，从这个意义上讲，它也是一个首长，一个发令官。虽然康德反复强调，人是理性王国的一员，都自在地作为目的而实存着，不能仅仅作为工具而存在，人任何时候都应该按照他们愿意当作普遍法则看待的那些准则去行动，但由于他排斥了情感，把解决人为什么对道德法则感兴趣等问题的道路完全封死了，所以无法说明理性何以必然是实践的问题。从这个意义上说，康德道德哲学中的理性只是一个首长，一个发令官，不是一个好的士兵，一个模范执行者。

综合以上所说，康德实践理性与孔子仁性的不同特点已经十分明显地摆在我们面前了。据此我有充分的理由相信，康德道德哲学中的理性与孔子的仁性有很大的差异，绝不能将康德定位于仁性。

#### 4. 康德道德哲学中的理性更接近智性

既然康德道德哲学中的理性不同于孔子的仁性，那么应当如何将其定位呢？我的看法是，它更接近孔子的智性。

这里首先需要解决一个论证的方法问题。前面讲过，孔子创立仁且智的心性学说的时候，智性还只是一般性的学诗学礼学乐或学道，但这种性向包含着极为丰富的可以扩充的潜能，后来的朱子便以此为根据发展出一套“以其然求其所以然”、“因其已知之理而益穷之”为代表的较为完整的智性系统。这样就为我们的论证提供了方便。如果我们能够证明康德在学理上与朱子近似的话，康德实践理性更接近孔子智性也就不证自明了。这样的证明事实上并不特别困难，因为一旦我们将康德与朱子放在一起的话，会清晰地发现他们在一些基本问题上非常相似：

首先，康德和朱子的道德哲学都离不开逻辑认知。我们上面回顾了康德通过普通的道德理性知识过渡到哲学的道德理性知识的过程，这个过程已经表明，康德的道德哲学虽然以“理性事实”为起点，但在这期间同样离不开逻辑认知。为了发现自由规律，康德必须正确处理所谓“普通的人类知性”或“普通的知性”[①] 的问题。康德承认这种普通知性的作用，但强调它并不可靠，容易出问题，真正的哲学不能满足于此，必须再向前发展，通过实践理性批判，进入到形而上学的层面。

本着这一思想，在认识论领域，康德对当时苏格兰的常识哲学家们提出了严厉的批评。他指出，为了深入研究问题理应深入到理性的性质里边，因为理性之所司就在于纯思维，但是以毕提、里德、奥斯瓦尔德为代表常识哲学家们却妄自尊大，只相信普通知性，只向普通知性求教。虽然这种知性是一种“上天的一个伟大的赠与”[②]，有自己的作用，但它必须通过深思熟虑、合乎理性的思想和言论去表现，而不是在讲不出什么道理以自圆其说时，像祈求神谕那样去求救。康德形象地比喻说，凿子和锤子可以在木工中使用，对于铜版雕刻就要用蚀刻针。“无论是健康知性还是思辨知性，二者都是有用的，但却是各有其用：如果关键在于在经验中获得其直接应用的那些判断，则前者是有用的；但在应当一般地仅仅从概念出发作出判断的地方，例如在形而上学中，则后者是有用的。在形而上学中，如此称谓自己，但常常是 per

① 康德：《任何一种能够作为科学出现的未来形而上学导论》，《康德著作全集》第四卷，李秋零译本，北京：中国人民大学出版社，2005 年，第 260 页。

② 康德：《任何一种能够作为科学出现的未来形而上学导论》，《康德著作全集》第四卷，李秋零译本，第 260 页。

antiphrasin［说反话］如此称谓自己的健康知性，根本不能作出任何判断。”[①] 康德对待普通知性的态度十分清晰：一方面，承认普通知性的重要，它可以用于日常经验之中，其特点是马上就可以形成判断；另一方面，普通知性并不能用于以纯粹概念进行判断的地方，在这种场合，它的作用常常是负面性的，也就是说，在形而上学里普通知性派不上用场。



康德对于普通知性的这种批评态度同样表现在理性的实践领域当中。康德注意到，在日常生活中，其实人们用不着多大的聪明，就会知道做什么事情是善的。人们问一下自己：你愿意你的准则变为普遍法则吗？如果答案是肯定的，那么这样做就是善的，如果答案是否定的，那么这样做就不是善的。“在这里，人们毕竟能够不无惊赞地看到，在普通的人类知性中，实践的判断能力超过理论的判断能力竟是如此之多。”[②] 这种在普通人的知性中的判断能力非常微妙，其作用甚至远远高于理论的判断能力，“甚至在这方面几乎比哲学家还更有把握”[③]。但是，康德并不满足这一点，因为在他看来，这些还不是哲学，还不是形而上学。在实践理性中，人们不能心安理得地躺在普通人的知性上睡大觉，必须将其提升一步，上升为真正的哲学。[④] 要做好这项工作，在康德看来，必须运用分析综合等方法加以推证求理，而推证求理这些环节本身就是一种逻辑认知，目的是以此为基础掌握人类行为的规律。

---

① 康德：《任何一种能够作为科学出现的未来形而上学导论》，《康德著作全集》第四卷，李秋零译本，第 261 页。

② 康德：《道德形而上学的奠基》，《康德著作全集》第四卷，李秋零译本，第 411 页。

③ 康德：《道德形而上学的奠基》，《康德著作全集》第四卷，李秋零译本，第 411 页。

④《道德形而上学的奠基》中有一段话明确表明了康德的这一思想：“在我们的时代里，这也许还是必要的。因为如果人们搜集选票，看是抽除一切经验性成分的纯粹理性知识，从而是道德形而上学更受欢迎，还是通俗的实践哲学更受欢迎，那么，人们马上就会猜到优势将在哪一方了。”（康德：《道德形而上学的奠基》，《康德著作全集》第四卷，李秋零译本，第 416 页）

康德的这一思想特点，正如前面所说，与朱子在大的方向上较为接近。康德对普通道德理性知识进一步提升、抽象，使之成为真正哲学的过程，与朱子的“以其然求其所以然”、“因其已知之理而益穷之”有一致性。普通知性是其然，普通知性背后的道理，是其所以然。要想成圣成贤，不能仅仅知晓事物之然，识些道理便罢，还必须了解事物背后的所以然。朱子特别重视《大学》，大讲格物致知，并不是强调要去认知自然界，主要是要人们知晓道德之所以然。在他看来，天地之理，通过气禀赋予万物，如果对事物只是粗知一二，不知其所以然，不知那个天地之理，便不会有个彻心彻髓处。大要以行己为先，此并不为足，如果不晓得其中的道理，很难有大的发展，从而在其他事情上应用自如。如见赤子入井，皆有怵惕恻隐之心，但此事的道理何在，需得问个究竟，这样行起来才会自觉，所以求其所以然，绝不能少。①



其次，康德与朱子在孟子的本心义方面都有缺陷。关于康德道德哲学中是否有孟子的本心义的问题，需要仔细辨析。一方面，康德承认“理性事实”的存在，这种“理性事实”是一种先验原则，其本身是不能再追问的，有了这种“理性事实”人就有了成就道德的前提。康德哲学中的这种“理性事实”，在我看来，大致

① 这方面，杜保端的一个说法可供参考。他说：“程、朱认为，理是形上之理，性即理，是说人心的善的意志这个性就是天命之性之本身，就是天道之本身，所以是个理。这样的概念规定性没有错，他们思考的是概念的抽象意义问题，说清这个抽象意义是重要的哲学问题，有助于在知识上认识儒学义理概念的抽象特征。进行这种形态的哲学思考是个知识上的兴趣，是对于要作为功夫蕲向的实存性体、道体、天理等对象的形而上的抽象讨论，他们本来就不是在进行功夫活动的直接讨论，他们对功夫活动的讨论仍然是一个知识上的兴趣，故而有阶次性的说明。程、朱学统不解陆、王学统的直接进行功夫活动的语言施设，仅在知识问题上求索，故而引发‘支离’之讥。实则，程、朱之道德意识何尝低于陆、王？只是哲学问题不同而已。”（杜保端：《对牟宗三宋明儒学诠释体系的方法论反省》，《世界弘明哲学季刊》，2000 年第 12 期）

即相当于儒学所说的良心本心。需要关注的是，尽管康德非常重视“理性事实”，但他并不以此为满足，而是强调对其进行进一步的分析抽象，使其更为精细化、系统化，而这种精细化、系统化的一个重要标志，就是将其抽象为一种纯粹的道德法则形式。在康德道德哲学中，理性形式的纯洁性超过了一切，为了严格保持这种纯洁性，必须排除一切经验，其中也包括情感在内。情感问题可以说是康德道德哲学的一个死结。这个问题前面已经多次讲过了，这里需要着重指出的是，情感只是一个表象，与情感相比更重要的是心。这个心特指孟子意义的良心，即道德本心。情感是表，本心是里；情感是末，本心是本。康德不重视情感是因为他对道德本心了解不够，对其没有一个正确的归位。道德本心是儒家心学的法宝，西方道德哲学对它的重视程度远不及于儒学。受到西方传统的影响，康德认为，心总是个体的，个体的东西没有普遍性，不能以此为基础建立最高的道德法则，所以，康德道德哲学并不像起码是不如儒学那样重视本心。牟宗三批评康德“卑心而贱情”，的确有其道理。“贱情”是“卑心”的直接结果，“卑心”是“贱情”的直接原因。康德道德哲学在情感问题上遇到的困难，说到底是“卑心”的结果。从这个意义上说，牟宗三批评康德是“卑心”，强调康德道德哲学中没有儒家的道德本心（严格一点，应当说是没有将道德本心置于应有的位置），的确是一种深刻的洞见。

同样，朱子哲学中也没有道德本心的相应位置。这是牟宗三对朱子之学最不满意的地方。朱子哲学的最高范畴是天理或理。这种理有两个基本含义，一是事物的规律，二是道德的原则。这两者不能截然分离，道德原则说到底不过是宇宙普遍法则在人类社会中的特殊表现而已。单独的理没有意义，理必须在事中显现，落实在具体的事物之中。理是就总体而言，性是对个体而言，理命于个体即为个体之性。朱子一生学理万千，概括起来，无非是讲个性即理而已。性除与理保持关系外，还与心保持关系。性与心的关系非常微妙，性是超越之体，但这个超越之体必须借助心才能有活力。心有两种，一种是孟子意义的道德本心，一种是认识意义的认知之心。道德本心本身能够活动，性借助于它也就有了活力。认知之心只是一种认识能力，这种能力并不具有道德的活力。朱子也讲心，其中当然也包括道德本心，但他对道德本心的理解不够深透、不够有力，所讲之心多偏向了认知之心。朱子的心性情三分，实际上只是理气二分。心与情都属于气，真正的超越实体在性而不在心。总之，是否具有孟子的本心义，或者说是否将孟子的道德本心义置于相应的高度，是衡量朱子学统与孟子学统的分水岭。在这方面朱子学理确实有其致命伤。



最后，康德与朱子在解决道德的实践动力问题的时候，都遇到了困难。由于康德只是侧重于通过理性分析的方法从普通道德理性知识中抽取最高的道德法则，没有将情感上升为道德本心，没有能够解决情感问题，其道德哲学存在着严重的不足，所以无法解决“人何以会对道德法则感兴趣”、“纯粹理性如何能是实践的”等理论问题。牟宗三于此批评说：

> “纯粹理性如何其自身就能是实践的”，这问题的关键正在道德法则何以能使吾人感兴趣，依孟子语而说，则是“理义何以能悦我心。”孟子已断然肯定说：“理义之悦我心，犹刍豢之悦我口。”理义悦心，是定然的，本不须问如何可能。但问题是在“心”可以上下其讲。上提而为超越的本心，则是断然“理义悦心，心亦悦理义”。但是下落而为私欲之心、私欲之情，则理义不必悦心，而心亦不必悦理义，不但不悦，而且十分讨厌它，

如是心与理义成了两隔，这时是可以问这问题的。因为理义悦心或心悦理义，就此语不加限制观之，并不是分析命题，乃是一个综和命题。故问这问题是有意义的。如是这问题的最后关键，是在“心”字，即康德所谓“道德感”、“道德情感”，而所谓“感兴趣”正是直接指这“道德情感”，最终是指这“心”字说，所以最后是“心”的问题。而这正是康德所未注意的。

《心体与性体》第一册，第162—163页，5/168—169



康德列举的问题的核心是“人何以会对道德法则感兴趣”。这一问题用孟子的话说就是“理义何以能悦我心”。孟子断然肯定说，“理义之悦我心，犹刍豢之悦我口”，可见理义悦心，是定然的，本不需要问如何可能。问题的关键还在于道德本心：如果承认自由意志即是道德本心，就是承认道德本心自己决定自己；承认自己决定自己，就是自给法则；承认自给法则，就是自悦法则；承认自悦法则，就是自身对法则感兴趣。“理义之悦我心”的根本原因即在这里。康德没有正视道德本心的问题，所以才有如此的困扰。康德虽然将普通的道德理性知识过渡到了哲学的道德理性知识，将通俗的道德哲学过渡到了道德形而上学，最后提出了纯粹实践理性的最高法则，但是由于受到理性与感性两分理论格局的限制，在其理论格局中没有道德本心的应有位置，从而无法安置道德情感。一个道德理论体系如果不能为道德本心找到一个安身之所，准确一点说，一个道德理论体系中如果没有仁性的位置，这个理论肯定是死的，不会有任何的活力。在这个意义上，康德的理论其实也像牟宗三批评朱子那样是“不活动”的，只是“死理”。这样一来，无论康德理论多么崇高多么伟大，都不能变成具体的善行。这是康德之所以无法解决“人何以对道德法则感兴趣”等一系列问题的根本原因。

需要说明的是，康德虽然公开承认“人何以会对道德法则感兴趣”等问题我们人类理性没有办法回答，在这个环节上有其缺陷，但他后来还是想了一些办法来解决这个问题。比如他晚年非常关注宗教的作用，写有《纯然理性界限内的宗教》，试图通过理性宗教的途径为此提供一种解决方案。① 另外，在《道德的形上学》中，康德进一步区分了“意志”（wille）和“意念”（willkür）。意志与意念的区别，大致可归纳为四个方面：首先，意志产生法则，意念产生准则；其次，意志不直接涉及行为，意念直接涉及行为；再次，意志为立法能力，无所谓自由不自由，意念为抉择能力，所以才有自由可言；最后，意志本身无任何决定根据，但可以决定意念，并透过意念来决定行为。② 尽管康德的这种区分较其前期思想有了明显的变化，但依据学界较为普遍的观点，这一变化仍然不足以解决他前期留下来的问题，否则，在康德研究中也就不会为其理论是否具有“理性行为能力”而争来争去了。③

在朱子这里有着近似的情况。朱子在孟子本心义的理解方面

① 参见康德：《纯然理性界限内的宗教》，《康德著作全集》第六卷，李秋零译，中国人民大学出版社 2007 年版。过去人们往往认为，康德保留宗教是其思想软弱性和不彻底性的表现。其实康德这样做蕴含着深刻的道理，它告诉我们，在一个道德学说中，只有感性与理性两个部分是根本不行的。因为如果是这样的话，人们无法回答理性认知到一种善之后，为什么必须将其作为自己的自愿行动这一理论难题。康德关注理性宗教的作用，是否直接与上述问题有关，还需要研究，但从理论上分析，这之间的关联性是不容忽视的。有意思的是，由于特殊的历史背景，儒家没有以宗教，而是以仁的方式来解决这个问题。儒家的仁性具有即道德即宗教的性质，确立了仁性也就确立了道德的动力之源，如此一来“道德法则如何能使人们感兴起”这一难题也就迎刃而解了。这是我这些年来非常看重三分方法，一直坚持以这种方法研究儒家心性之学的一个重要原因。

② 参见李明辉《儒家与康德》，第 114 页。

③ 有关“理性行为能力”的概念，可参见亨利・E・阿利森《康德的自由理论》第二编“理性行为能力和道德心理学”。

有缺陷，同样无法解决上述问题。一旦没有了本心义或在这方面有所不足，性和理也就没有了活动性，只存有而不活动，最后沦为“死理”。性一旦成为“死理”，直接的结果，就是道德力量大为降低。朱子论性旨在说明事物存在之存在性。这既是对非道德情况而言，又是对道德情况而言。即使是后一种情况，即对道德情况而言，性也只是道德所以然之理，是摆在那里为心所认知、所观解的一个标准，而不能实践地、自我作主地确立道德的终极根据。这种义理，与孟子相比，其道德行动力量自然是大大地降低了。牟宗三批评其理论有“道德性之减杀”的弊病，恰如其分地点出了朱子的要害。

通过以上三个方面的对比，我们惊奇地发现，康德与朱子在道德哲学的一些基本方面有相当大的接近度。由此可以引出两点结论：第一，既然康德与朱子较为接近，而朱子之学又源于孔子的智性，那么也就应当将康德定位于智性，或者更准确地说，是康德更加接近于孔子的智性，而不应将其定位于仁性；第二，既然康德更加接近于智性，在康德、孟子、朱子的三角形关系中，与康德最接近的就不是孟子而是朱子，所以我们不宜再说“康德与孟子”。① 由于中西哲学背景不同，将不同背景的哲学家放在一起比较，往往是一件相当费力不讨好的事情，弄不好就成了附会，

① 李明辉认为，虽然康德从自然生命的层面（即“实践人类学”的层面）提出“根本恶”之说，但他同时也肯定有三种“在人性中向善的原始禀赋”，这就是“关于人（作为一个有生命的存有者）的动物性的禀赋”、“关于人（作为一个有生命且同时有理性的存有者）的人情性（Menschheit）的禀赋”以及“关于人（作为一个有理性且同时能负责的存有者）的人格性的禀赋”。这些禀赋“不仅（在消极方面）是善的（它们与道德法则不相抵牾），也是向善的禀赋（它们有助于遵守道德法则）”。由此而论，“孟子的性善说与康德的‘根本恶’说并非对立的，而是互补的。但更重要的是，就超越的层面而言，孟子与康德之间显然所同远胜于所异。”（李明辉：《儒家视野下的政治思想》，北京：中国社会科学出版社 2005 年，第 30—32 页）

不到万不得已最好不要这样做。但如果一定要进行比较并加以划类的话，我宁愿改口说“康德与朱子”。

5. **仁性伦理与智性伦理的错位**

在划分孔子心性之学内部三个部分，认定康德道德哲学中的理性更接近于智性之后，我们终于找到了牟宗三道德自律学说饱受困惑的根本原因。尽管牟宗三也看到了康德哲学与儒学相比有其特殊性，属于一种“居间形态”，但由于他没有能够把通常所说的道德理性打开来，将康德与孟子频繁比较，其实已经说明，在他看来，即使是在“居间形态”当中，康德也更接近于孟子，而这种做法从理论上说就相当于把康德定位于仁性了。[①] 这种错误的定位为将朱子定性为道德他律所造成的失误，埋下了重要的伏笔：牟宗三不仅没有区分仁性与智性，而且把二者的关系颠倒了。



我们讲过，在孔子心性之学中，道德的根据由两个部分组成，分别是仁性和智性。由此引出两种性质不同的伦理，这就是仁性伦理和智性伦理。仁性伦理是以道德本心为根据的伦理，智性伦理是不以仁性为满足，而进一步求其所以然的伦理；仁性伦理看重情感，重视直觉，智性伦理，轻视情感，重视逻辑分析；仁性伦理是后来儒家心学的伦理，智性伦理是后来儒家理学的伦理。仁性伦理和智性伦理，都有立法的功能，都强调“截断众流”，排除一切利害原则，在这个意义上都为道德自律。这就是说，与仁

① 关于康德是朱子与孟子之居间形态，杨祖汉在其长文《从王学的流弊看康德道德哲学作为居间形态的意义》（《鹅湖学志》第33期，2004年12月）中有具体阐发，认为顺着牟宗三关于康德是居间形态的看法，康德的理论对于儒学两大系统而言，可以起到中介桥梁的作用。这是一篇重要文献，学术价值较高，对于解决牟宗三以道德自律研究儒学引生的种种不适，有不小的帮助作用。只可惜由于作者固守在牟宗三思想的框架之中，未能进一步看出康德与儒家孟子一系有着原则性的区别，即一个属于智性伦理，一个属于仁性伦理，读来总有差一口气之感。

性和智性相对应，有两种不同的道德自律：仁性道德自律和智性道德自律。仁性道德自律是以道德本心为道德法则，排除一切利欲因素而成就道德；智性道德自律是运用理性的思辨能力，将“其然”上升为“所以然”从而抉发最高道德法则，排除一切利欲因素而成就道德。[①] 区分这两种道德自律有重要的理论意义。一方面，它告诉我们，以智性为基础的道德也是自律，而非他律。牟宗三仅仅依据“就知识之是非而明辨之以决定吾人之行为是他律道德”这一标准判定朱子为道德他律，是一个致命的失误。另一方面，它又说明两种道德自律的性质有很大的差异，不能混淆。仁性的基础是良心本心，良心本心是社会生活和智性思维在内心结晶而成的“伦理心境”。“伦理心境”在形成的过程中，带有强烈的好善恶恶的情感色彩：人们一旦见到了好的，自然从内心悦之；一旦见到了不好的，自然从内心恶之；一旦听从良心本心的命令达成善行之后，自然内心愉悦；一旦违逆良心本心的命令不能成就道德善行，必然于心有愧。因此，仁性天生就与情感交织在一起，甚至可以说，离开道德情感，仁性将不复存在。这与智



① 李瑞全《朱子道德学形态之重检》一文也区分了两种不同的自律，特引述如下，以供参考：“在自律道德的界域内，又可分为两类。一类立法的机能同时即为发动行为的机能，此如孟子陆王一系，在这种系统中，本心即性即理，同时也是知善知恶之良知。……另一类自律形态是把立法与执法分属两个机能，但两者仍然内在于人本身而有，并不需要外求于诸如超越的或越绝的理道或存有。这时，就执行机能而言，它所遵行的法则来自另一机能，似有他律之义，但就人之整体而言，仍是遵行自己所自由创立的道德法则，故所成就的行为仍然是自律的道德。……这两种自律道律（此处“律”字当为德字。——引者注）之中，前者，即孟子陆王的系统，可称为自体同一式的自律形态，后者，即朱子康德的系统，为关联合一式的自律形态。”（李瑞全：《当代新儒学之哲学开拓》，第222—223页）李瑞全从立法机能与执法机能的关系出发区分两种不同的自律，是一种颇具启发的思想，与我上面区分仁性自律和智性自律的做法有一定的相通之处。不过，我区分两种不同的道德自律最根本的着眼点尚不在立法机能与执法机能的关系上，而在仁性与智性的分立上。在这一点上，我与李瑞全的观点有所不同。

性完全不同。智性原本是指学习和认知，后来也发展为以事物之然求其所以然，从而推证求理，将普通知性、普通的道德理性知识上升为哲学，最终掌握人的行为的规律等等。智性的这个特性决定了它不能讲情感，因为规律是客观的、普遍的，不能因为个人的好恶而改变，如果将情感置于智性之内，必然影响智性的公正性和准确性。



值得注意的是，西方道德哲学虽然也有不同的学派之争，但从总体上说是建立在理性基础之上的。康德堪称这一特性的极致，其道德哲学处处闪耀着理性的光辉。这一特性从大的方向上说，与孔子的智性比较近似，而且比孔子的智性更为发展、更为完整，本质上属于智性伦理。但是，与儒学不同的是，西方道德哲学没有一个像儒家心学一样的完整而强大的仁性传统，或者说他们有关的思想远不如儒家心学这样系统完整，也没有将道德哲学划分为三个部分的实际习惯。正因为如此，康德道德哲学中道德情感没有自己应有的地位，无家可归。应当看到，康德道德哲学之所以排除情感，是由其理论的根本特性决定的。如果康德允许在道德法则中加入情感，那就等于摧毁了康德整个道德哲学的基础。所以，康德宁可冒很大的风险，公开承认他无法合理解决“人为什么对道德法则感兴趣”等问题，也不愿意在情感问题上作出让步。

在这个问题上，牟宗三的不足就显现出来了。一方面，他在引入康德研究儒学的时候，没有注意到孔子心性之学的特点，没有看到道德的根据可以分为仁性和智性，由此区分出仁性伦理和智性伦理。另一方面，仅仅根据道德理性的超越性，自我立法自我服从，排除一切利欲目的等因素，便把康德与孟子放在一起，作横向比较。这其实是将康德定位于仁性，或者说是将孟子定位于康德了。由此出发，牟宗三不仅确定了孟子是道德自律，而且将与孟子相对的朱子判定为道德他律，从而为其研究埋下了混乱的种子。尽管牟宗三也看到了其中存在着矛盾，因而对康德多有不满，批评康德不重视情感，是“卑心而贱情”，并且提出“上下其讲”的办法将情感上提到理性，希望能够以此将情感与理性结合起来，保证道德主体中既有理性又有情感。但以儒家学理标准衡量，这种做法仍然不够彻底。因为在儒学系统中，道德情感真正的根源是道德本心。如果只是简单地将道德情感提上来，置于理性之中，在道德根据中仍然没有道德本心的位置，没有仁性，仍然是不全面的，仍然无法从根本上解决问题。这样说并非言过其实。康德之后一些哲学家已经注意到这一点，提出了将道德情感加入道德理性之中的问题，其实就是将情感上提。但他们之后，康德所留下的诸多理论难题，仍然无法圆满解决。有一个事实我们必须清楚看到，康德的道德哲学是以西方哲学的理性传统、而不是以儒家哲学的心学传统为背景的，本质上属于智性伦理，不属于仁性伦理。在西方这种理性中无论加入多少情感，也与儒家的道德本心有本质的不同。正是由于这个原因，尽管学者们明明知道牟宗三提出“上下其讲”的办法，但仍然感到这种办法不过瘾、不带劲，不能从根本上解决问题，始终抓住不放，争论不休。

如果我们能够充分认识以孔子为代表的儒家心性结构的特点，自觉坚持三分方法，这个问题就比较好解决了。按照这种新的方法，以孔子的三分结构来规划，康德道德哲学应当定位于智性而非仁性。这样的话我们自然就会明白，因为康德定位于智性，本质上属于智性伦理，智性为了保证道德律的客观性、普遍性，不能讲情感；儒家心学定位于仁性，为仁性伦理，仁性从理论上说是“伦理心境”，本身即包含好善恶恶的情感。这两者之间的界限截然分明，不容混淆。将情感上提至理性，与理性合而为一，当然也可以在一定程度上缓解康德道德自律学说的困难，但很难从根本上解决问题。因为智性与仁性的很多特点并不相同，甚至完全相反。如果将它们笼统合并在一起，必须造成混乱。另外，即使把情感上提了，作成了一个加法，也仍然无法凸显儒家心学的道德本心的重要意义，仍然无法独立出一个仁性，仍然无法有效为道德实践提供动力，仍然无法解决诸如"人何以对道德法则感兴趣"等一系列问题。总之，儒家的仁性并不是简单的情感加理性，而应视为一个独立的部分，是一种独特的伦理形式，比较好的出路是区分智性与仁性，进而区分智性伦理和仁性伦理，将康德定位于智性，归于智性伦理，而不仅仅是简单做一个加法。①



由此可以看出，由情感问题引出的牟宗三道德自律学说的众多困惑，只不过是一个导火索，隐藏在其背后的是儒家心性之学与康德道德哲学之间的巨大差异。我并不绝对反对借鉴康德道德自律理论研究儒学，自己今后也仍然会不断使用道德自律这一概念，因为这种做法确实可以大大提高研究的理论层面，但强调这种研究必须建立在充分尊重儒学特点的基础之上。从理论上分析，不管是西方哲学还是中国哲学，在一个完整的道德学说中，道德的根据都是具体可分的。虽然这样的理论在西方也有，但多是一

① 从这角度就可以看出席勒（Friedrich Schiller）、黑格勒（Alfred Hegler）等人的不足了。据李明辉研究，康德之后席勒、黑格勒等人开始着手解决康德留下来的情感难题，其办法就是主张在道德理性中加入情感，从而形成康德之后德国道德哲学发展的一个重要趋势（参见李明辉《儒家与康德》，第 30—35 页）。但在我看来这里仍有一些问题无法解决。根据康德道德哲学的基本原则，情感总是特殊的，不具有普遍性，而道德法则不能建立在只有特殊性的情感之上。另外，与情感相联系的往往是智的直觉，而根据康德的看法人类并不具有智的直觉。这些矛盾说明，将道德理性中加入情感的做法虽然不失为一种解决问题的办法，但远不够彻底，很难完全避免在特殊性和普遍性、智的直觉和逻辑推证之间打乱仗。如果能够勇于扬弃这种不彻底的办法，采取上面所说的三分方法，一方面将情感归入仁性，与之相关的是智的直觉，另一方面坚持智性必须排除情感，与之相关的是逻辑推理，物各付物，阵营清晰，这种打乱仗的局面就不会出现了。这是我主张在情感问题上动大手术而不只是简单做加法的重要原因。

些零星的材料，而在中国却有一个完整的系统，这就是孔子既讲仁性又讲智性的心性之学。在这种系统中，道德的根据既有仁性又有智性，既有仁性伦理，又有智性伦理，与此相应，既有仁性的道德自律，又有智性的道德自律。孔子的学说对中国哲学发展影响极大，由仁性和智性分别发展出了后来以孟子为代表的心学和以朱子为代表的理学。心学和理学都只得孔子之一翼，都有各自的不足，但都可以说是道德自律。康德道德哲学虽然非常伟大，康德虽然也承认普通道德理性知识的作用，但其学说的背景是西方哲学的理性传统，从理论上分析，只相当于孔子的智性，为智性伦理，属于智性道德自律。有一个前提我不怕重复愿意再次提及：康德哲学虽然承认"理性事实"的重要，但更重视进行实践理性批判，运用分析综合的方法，将其精细化，提升到哲学的层面，成为能够上升为科学的形而上学。这与儒家心学只讲道德本心，有着本质的差异。如果我们不注意到这一点，在借用康德哲学研究儒学的过程中，将康德的道德理性类比于道德本心，与孟子并行摆放在一起，必然在情感问题上造成混乱。反之，如果我们能够充分尊重儒家心性之学的特点，以三分方法的视角观察问题，在借助康德研究儒学的过程中，将康德准确定位于智性，属于智性伦理，既非仁性伦理，又非仁性道德自律，那么就可以看清儒家心性之学与康德道德哲学有着本质的不同，就可以为康德无处安顿的道德情感找到一个恰当的归宿，同时也就可以体悟到由仁性伦理与智性伦理共同构成的儒家心性之学是何等的博大精深，从而将有关道德自律的研究推向一个新的高度。牟宗三借鉴康德研究儒学最大的不足之处就在这里，消除牟宗三道德自律学说困难的出路和希望也在这里。

6. 对希望以美德伦理学解决问题的一点思考

在将本章做最后定稿的时候，我读到了唐文明的新作《隐秘的颠覆——牟宗三、康德与原始儒家》。该书第二章“自律的挪用”严厉批评了牟宗三用康德道德自律理论研究儒学的做法。这一批评主要围绕这样一个中心问题展开：儒家思想究竟是以法则为本位的义务论，还是以美德为本位的美德伦理学？他的观点非常明确：儒家思想不是义务论，而是美德伦理学。这样便出现了一个问题：“既然我们都知道，在儒家思想中，‘德’的概念远比‘法’的概念更重要，那么，将儒家伦理思想判为以法则为本位的义务论是否恰当？”① 为了证明自己的观点，唐文明从三个方面对义务论与美德伦理学进行了区分。首先，关注重点不同。义务论着意于行事的规矩，关注行为之正当与不正当，美德伦理学关注于成人之教导，关注人格的美善与丑恶。其次，基本术语不同。义务论的基本术语是正当与不正当、职责与义务，美德伦理学的基本术语则是美善与丑恶，有德与缺德。第三，行为动机不同。义务论认为，道德行为的动机在于对义务的遵从，也就是义务感，美德伦理学则认为，与践行者自身密切相关的欲望和目的才是行为的动机所在。作者最后总结道：“以上的分析足以表明，只能将儒家伦理思想归入美德伦理学而非义务论。牟宗三挪用与犹太-基督教传统有密切渊源的自律概念来解释儒家，就是将古典儒家原本的美德伦理转换为具有鲜明现代特征的法则伦理，因而是对儒家伦理思想的一种现代扭曲。”②



近些年来，受当代西方英美学界主张复兴美德伦理学传统思潮的影响，国内不少学者也从美德伦理学的角度研究儒学。唐文明的新作就是在这种特定背景下问世的。在唐文明看来，一段时

① 唐文明：《隐秘的颠覆——牟宗三、康德与原始儒家》，北京：生活·读书·新知三联书店，2012 年，第 114 页。

② 唐文明：《隐秘的颠覆——牟宗三、康德与原始儒家》，第 130 页。

间以来，我们习惯于用康德研究儒学，但忽视了一个重要的事实：康德哲学有一个犹太-基督教的律法文化背景，而这种背景儒学是没有的。关于康德哲学这种特殊的文化背景，唐文明的一段论述讲得很有清楚："按照《旧约》的说法，摩西十诫是上帝赐给犹太人的神圣律法，也就是上帝的神圣命令或神圣旨意。按照《新约》的说法，耶稣的登山宝训并不是要破坏律法，而是要成全律法的，由此，登山宝训也常被称为'爱的律法'。将这种服从上帝的命令或律法的思想作为一种道德理论，就是道德理论中所谓的神命论(Divine Command Theory)。在这个意义上说，作为清教徒的康德采取法则的概念来理解道德和自然（道德法则和自然法则）绝非偶然。特别是，康德所提出的绝对命令看起来是人作为理性存在者向自己发出的道德命令，实际上正是对神命论的现代改造，尽管康德在建构自己的义务论体系之时曾非常明确地批评神命论，将神命论排除在道德之外。自律道德的背后，其实是神律道德。对于一个信徒来说，当神圣的律法已经铭刻在内心，也就是说，良知已经能够直接呈现，即使律法的权威有一个外在的来源，这时也已经内在化了。在这种情况下，从律法的来源看，是他律，从遵守律法的动机看，则是自律。"① 因为有这种犹太-基督教的文化背景，所以康德特别重视义务问题，重视法则问题，本质上说是一种义务论。儒学没有这种特殊的宗教背景，重视的是个人的德性问题，原则上是一种美德伦理学，应归于美德伦理学的范畴。将属于美德伦理学的儒学套在康德义务论的范畴之中，必然造成种种不适。这是牟宗三以康德道德自律学说研究儒学造成各种问题的总根源。正确的做法是拨乱反正，将儒学重新纳入美德伦理学的范畴。

① 唐文明：《隐秘的颠覆——牟宗三、康德与原始儒家》，第112—113页。

看到儒学与康德的重要区别，将儒学研究从康德义务论的范畴之中解放出来，自然有其意义，这可能也是该书在大陆学界有较大影响，颇受欢迎的一个重要原因。但是由此重新将儒学纳入美德伦理学范畴的做法，也隐含着一个根本性的问题：可不可以将儒学归入美德伦理学的阵营？或可不可以说儒学本质上就是美德伦理学？在我看来，从表面上看，儒学与西方的美德伦理学确实有一些相近的地方，如二者都特别重视个人的美德，重视内心的修为，重视社会环境和文化教育，但它们之间的差异也不能不正视。唐文明注意到了儒学与美德伦理学的相似之处，而没有充分注意至少是没有特别强调二者之间的差异。在他看来，儒学本质上属于美德伦理学，康德本质上属于义务论，牟宗三以康德道德自律的理论研究儒学，其实是将儒家定位为义务论，其结果必然是造成错位——“自律的挪用”这个标题所要表达的可能正是这个意思。以这种方式研究儒学进而对牟宗三提出批评，在我看来是值得讨论的。如上所述，根据我的理解，牟宗三以康德的道德自律理论研究儒学，在情感上遇到了很大的困难，将朱子定性为道德他律更是不应该，然而其失误的原因并不在于没有从美德伦理学的角度研究儒学，而主要是不了解儒学有仁性伦理与智性伦理之别，错将康德定位于仁性伦理了。如果不弄清这个原因，将儒学定位于美德伦理学，站在美德伦理学的角度观察问题，批评牟宗三，不仅解决不了问题，而且还会造成新的麻烦。

比如，唐文明认为：“直观来看，牟宗三的致误之处在于，他将仁与义都笼统地理解为道德法则，从而将‘仁义内在’理解为自律道德。实际上，很明显，仁与义都不是道德法则，而是具体的德目。道德法则预设一个能够自我立法的道德主体，可以进一步分析为二：一个是道德主体的概念，一个是法则或者说律法的概念。如果我们考虑到‘道德主体’的特殊时代与文化背景（在康德那里可能要追溯到基督新教的伦理信念），那么，我们就很难认可在儒家思想里存在着一个类似的‘道德主体’；退一步，即使我们认为在儒教思想中能够分析出一个道德主体的概念，也很难认可在儒家思想里存在着一个类似‘律法’的概念；再退一步，即使我们能够在流传久远、分支繁多的儒家思想中找到一个可以与‘律法’相匹配的概念，也很难将之作为儒家伦理思想的核心概念。”[①] 如果我没有理解错的话，这段论述旨在表达这样一个观点：儒家讲的仁义既不是道德法则，也不是道德主体，而只是具体的德目；将仁义解说为道德法则，道德主体，错失了儒家思想的根本精神。平心而论，我很难接受唐文明对儒学的这种理解。“法则”这个概念可以有多重理解，既可以从犹太-基督教文化背景出发做“律法”的解释，也可以从儒家文化背景出发做道德规则和要求的理解。如果从后者看，儒家的仁义当然属于具体德目，但同时也是道德的法则，一种特殊的与“律法”不同的“法则”，不能因为法则在西方有“律法”的含义，这种“律法”的含义在中国没有，就否认仁义是道德的法则。儒家的仁义可以从多个角度来理解，但有一个含义无论如何是跑不了的，这就是道德的根据。仁义是道德的根据，这是儒学的基本常识。既然如此，那么这个根据就不是空的，必然内含“法则”——儒家意义的法则。从这个角度看，仁义就是为自己确定的道德法则。阳明常以见父知孝，见兄知悌说良知，这见父知孝，见兄知悌，就是一种道德法则，虽然这种法则并不是在康德原义上使用的。道德主体问题也是一样。道德主体在康德那里有其具体含义，这种特殊含义的道德主体在儒家学理系统中确实没有，或者说不突出，但不能因此判定儒家没有自己的道德主体。仁义或仁义之心就是儒家的道德主体。

① 唐文明：《隐秘的颠覆——牟宗三、康德与原始儒家》，第 99—100 页。

儒家历史上非常重视体用问题，有体才有用，有体必有用。这种体用关系中的体在一定意义上说就是道德主体或道德本体。如果不承认仁义是道德主体，将其只视为具体德目，那体用关系也就无从谈起了，如何还能谈成就道德呢？唐文明之所以认定仁义只是德目，不是本体，很可能是因为他是从美德伦理学立场出发的。一般说来，西方的美德伦理学虽然重视个人的美德问题，但远不像儒学这样重视体用问题，并没有儒学这种强烈的本体概念。一旦以美德伦理学研究儒学，当然也就看不到儒学仁义所包含的真正价值了。①



不仅如此，我们还应该看到，儒学是一个复杂的系统，从大

---

① 在该书第一章，唐文明还从“道德的化约”的角度批评牟宗三将儒家学说推向“道德主义”。在作者看来，西方康德道德哲学是一种“道德主义”，其核心是“纯粹自觉自愿的为他主义倾向”（唐文明：《隐秘的颠覆——牟宗三、康德与原始儒家》，第3页）。这种“道德主义”本身有很多问题，但现在人们往往不明其故，仍然以这种“道德主义”来“化约”儒学。牟宗三的道德形上学更是将这种倾向推向了极致。牟宗三此举的一个重要表现，是将良知视为一种先天的道德情感或善良意志，或者说是一个超越的道德实体，同时也是超越的道德主体，是一个纯然至善的本体。“虽然有些学者出于各种各样的理由反对牟宗三的‘道德的形而上学’，但是，几乎没有人反对以道德主义的方式来理解儒家思想，尤其是在其实质性的精神旨趣方面。这一点似乎在学术界业已达成了非常广泛的一致，几乎成为一个自明的、不值得再去探讨的共享的信念。因为，谁会反对‘善’呢？可以肯定地说，对儒家的道德主义解释在目前仍然以绝对性的优势主宰着我们的精神和思想世界。”（同上，第4页）“如果考虑到尼采对现代道德主义的批评的合理性，我们就可能会对现代以来已经习焉不察的那种对儒家的道德主义解释产生根本性的动摇。而对于那些持道德主义理解的儒家服膺者来说，问题在严重性在于，一方面，他们根本无法意识到或根本不愿意承认道德主义的流弊；另一方面，他们对于将儒家思想根本的精神旨趣化约为道德主义这一点缺乏必要的反思。”（同上，第5页）读到对牟宗三的这种批评，我非常吃惊。牟宗三从其师熊十力那里体悟到了儒家心学的真谛，将良知视为超越的道德实体，纯然至善的本体，尽管这种理论还可以再向前推进一步，但其本身并没有错，不仅没有错，而且大有其功。在儒家学理系统中，良知就是道德的主体，就是道德的实体，这一思想绝不是什么“道德主义”（唐文明对“道德主义”的规定本身就存有瑕疵，有再议之必要）。就这个问题而言，牟宗三并没有颠覆了“隐秘”的传统，而是唐文明对传统“隐秘”之处的理解有待讨论。尽管我对牟宗三时有批评，但在这个问题上，却坚定地站在牟宗三的立场上，与唐文明的看法完全不同。

类上分，既有心学，又有理学。虽然心学和理学不能分家，都关注人的成德成善问题，但致思路向并不相同。心学更加强调个人内在的善性美德，从这个角度看，其致思特点略微接近于西方的美德伦理学。但除此之外，儒家还有理学。理学渊源于孔子礼的思想。在孔子那里，礼主要指周代的礼乐制度。这种礼乐制度是外在的行为规定，一个人要成就道德必须遵守这种规定。这一点想必没有人能够否认。但问题在于，如果从美德伦理学的角度看，这种遵守礼的规定是不是人的一种义务呢？答案恐怕只能是肯定的。这样一来麻烦就大了，我们就很难将义务论赶出儒家学理系统，说儒学中没有义务论的成份，而把儒家学理完全归为美德伦理学了。其实唐文明自己也看到这里的矛盾。他在该书第二章的一个注中谈到，麦金太尔也认为，作为美德伦理学典范的亚里士多德同样强调对法律的尊重，之后这样写道："在儒家思想中，法则伦理的对应物如果有的话只能是'礼'。在此意义上，孟子将'礼'理解为一种美德是非常独特的，我们似乎可以将之类比于康德所说的义务感，也就是对义务的敬重。然而，必须指出，在儒家，礼恰恰是可以随时损益的。因此，与特殊时代、特殊语境密切相关的礼与普遍性的律法有着根本的不同。"[①] 在这个问题上，我的看法与唐文明也有所不同。一方面，既然承认了遵守礼的行动可以类比于康德说的义务，那至少已经证明了儒家思想并不仅仅是美德伦理，同样也包含着义务论的成份，那种将儒学归于美德伦理学的做法本身似乎就有问题。另一方面，康德学理中"普遍性的律法"是不变的，儒家的礼是可以损益的，二者并不相同，不能将儒家的遵守礼完全等同于康德的遵守义务。但问题在于，儒家的礼是变的，西方义务论的"普遍性的律法"就不变吗？根

① 唐文明:《隐秘的颠覆——牟宗三、康德与原始儒家》，第 133 页。

据我的理解，西方义务论寻找的那种不变的“普遍性的律法”并没有获得成功，不管是外在的律法还是内心的律法，律法都是可变的。当然，这个问题涉及面很宽，在此不宜多论。即使不在这个问题上过多纠缠，至少有一点是比较清楚的：儒家同样包含着义务论的因素，而不仅仅是美德伦理学。儒学是一个庞大的系统，既有仁性的部分，又有智性的部分，既有仁性伦理，又有智性伦理。仁性伦理较接近于美德伦理学，智性伦理则明显有义务论的色彩。既然如此，我们就不能将儒学仅仅归入美德伦理学的范畴，且不说西方美德伦理学本身与儒家心学为代表的仁性伦理也不完全相同。细查唐文明该书“自律的挪用”一章不难注意到，该章主要使用的是孔子的仁和孟子的性善论的材料，较少谈到孔子和荀子礼的思想。这也就不难理解，为什么唐文明一定要将儒家思想归入美德伦理学的阵营之中了。



总之，尽管我承认适度借鉴西方美德伦理学确实有助于将研究引向深入，但对现在颇为流行的儒学本质上属于美德伦理学的这一说法，本能地持有一种警惕的态度，并不看好其前景，敝帚自珍地认为，从三分方法出发，将儒学分为仁性伦理和智性伦理，可能更容易说明问题。① 儒家道德学说并不是西方的美德伦理学的镜像，其合理处远比美德伦理学更有价值，我们为什么放着这么好的东西不去研究，反而一定要落入美德伦理学的窠臼，自捆手脚，自废武功呢？有一次，我主持外校博士生论文答辩，其中一篇论文的主题就是以美德（德性）伦理学研究孟子。我对

① 我以三分方法对牟宗三道德自律问题进行研究，比较重要的成果较早见于单篇论文《牟宗三道德自律学说的困难及其出路》（《中国社会科学》，2003 年第 4 期），以及专著《牟宗三三系论论衡》（上海：复旦大学出版社，2006 年）。遗憾的是，唐文明这部出版于 2012 年的著作，在谈到道德自律问题时，没有能够注意到我的这些成果。

该生的辛勤努力表示了肯定，但对论文的进入角度也提出了不同意见，明确指出“过去大陆跟马克思的风吃了亏，台湾香港跟康德的风吃了亏，现在又来一块跟美德伦理学的风以及实践哲学的风，难道这次就能保证不吃亏了？我们能不能有点出息，把自家的东西弄弄好，理理清，搞出名堂，让西方人跟我们的风呢？”①



## 五、理性如何保证自身具有活动性

### 1.“道德他律”还是“道德无力”

以上分别从自律和他律两个方面分析了牟宗三活动论的内在缺陷，证明了牟宗三以知识之是非讲道德即为道德他律这一标准并不符合康德道德哲学的基本精神，牟宗三以此为标准将朱子定

---

① 这方面还可以看一看谢大宁的情况。谢大宁看到了牟宗三思想的内在缺陷之后，试图借鉴哈贝马斯的沟通伦理学加以解决。在他看来，“通过此有本真的自律和沟通论证中的普遍性原则，完全足以展示出一种道德法则的先验性建构，这遂使哈伯玛斯的说法可以和儒家伦理充分地发展出对话关系。”“尤有进者，通过依沟通伦理学之存有论转化，以创造性地诠释儒家圆教，尚可有一种附带效益，即儒家可返而提供沟通伦理学在具体落实上的一项语用规则之基础，何以言之呢？在前文中，笔者曾提到普遍化原则若想具有道德性，则必须引入一项独白性的言谈，即参与沟通之此有的存在抉择。但问题是此项前提的引入是否可以而且必须依凭于沟通机制呢？如果它根本和沟通机制无涉，则此一独白性的言谈之引入，便似只能存于杳冥之间，而缺乏了某种语用学上检证的基础，但问题是我们从何处可以找到这样一个基础呢？于此，笔者注意到了儒者师弟传法之间，所普遍通用的一种沟通模式。”这种特有的沟通模式就是“当下有省”。（谢大宁：《儒家圆教的再诠释——从“道德的形上学”到“沟通伦理学的存有论转化”》，台北：台湾学生书局，1996 年，第 293—296 页）谢大宁希望以沟通伦理学的方式来对牟宗三的道德形上学进行转化，用意较深。不过原则上我并不赞成这种做法。从表面上看，哈贝马斯的沟通伦理学与儒学似有一定的相似性，但其区别也非常明显。其中很重要的一点即在于，沟通伦理学并没有明显的道德本体观念，而儒家讲道德必讲道德本体。“当下有省”不只是一个语用问题，背后起作用的是道德本体。如果不注意这一点，很容易使儒学的这个根本特点淹没不彰。

性为道德他律的做法很难成立。因为问题复杂，头绪众多，占用了很长篇幅，吸引了我们很大一部分注意力。现在必须收回视线，回到活动论的主题，探索这样一个问题：既然不能说朱子是道德他律，那么，牟宗三费如此气力批评贬抑朱子，其真正用意又何在呢？



我们在分析活动论的理论意义时讲过，牟宗三对朱子的一系列批评有重要的理论意义，它向我们提出了这样一个重大问题：理性如何保证道德成为可能？在牟宗三看来，理性要保证道德成为可能，一个重要条件是理性自身必须即存有即活动，具有活动性，否则，这种理性就只是一个"死理"。牟宗三对朱子的最大不满，就是认为朱子虽然也讲理，但他讲的理是死的，只存有不活动，无法直接决定道德。朱子学理存在如此缺陷，根本原因在于朱子是以知识讲道德，走的是认知顺取之路。"顺取"即是顺心用而观物的意思。因为以心观物必然顺着心用向外而发，故名。在这方面，朱子与牟宗三所说的"宋明儒之大宗"有着明显的不同。在牟宗三看来，明道从不把道体、性体与格物致知连在一起，五峰则正式讲逆觉体证，象山、阳明遵循的也是同一原则。"惟朱子继承伊川之思理大讲致知格物，走其'顺取'之路，力反'逆觉'之路。伊川、朱子所以如此者，正因其对于道体性体只简化与汰滤而为'存有'义与'所对'义之'理'字。此为言道体性体之根本的转向。"（《心体与性体》第一册，第 80 页，5/85—86）朱子把道体、性体都视为存在之然之所以然，是一种平置的普遍之理，通过格物致知的方法去获取，所以特别重视知识、重视学习。格物穷理虽能成就知识，但不能成就道德。没有人能够由格物穷理言天命实体，也没有人能够由格物穷理来肯认上帝，同样没有人能够由格物穷理来体悟人们内在的道德心性。正是在此意义上，牟宗三将朱子之学理概括为"认知地静涵静摄之系统”。

朱子坚持认知顺取之路，心义旁落，这是其学理的重大缺陷。用牟宗三的说法表示就是：朱子所说的道、天道、天命流行之体究竟还有“心”之义否？此“心”之义是实说的实体性的心，非虚说的虚位字的心。当朱子说“天地之心”，以及说“人物之生又得夫天地之心以为心”时，此心字是实说。但在天地处，此实说之心却又为其分解的思考弄成虚说了。无心是化之自然义，有心是理之定然义。心融解于化之自然义，固已无心之义，即使融解于理之定然义之“有心”，因为心被吞没于理，心成虚说，亦无心义。“是以在朱子，超越的实体只成理，而心义与神义俱虚脱。实说的心与神结果只属于气，而不属于超越的实体，是即无实体性的心。在天地处是如此，在人处，人实有心，故心自不是虚位字。但在人处之实说的心，依朱子之分解思考，又被分解成只是属于气之实然的心，而超越的实体（性体）则只是仁义礼智之理。”（《心体与性体》第三册，第260页，7/289）在牟宗三看来，天道原本是一个创生的实体，要保证其创生性，实体中必须有心的地位。这个心又叫“天地之心”。天地之心即是天地生物之心，即是天命流行之体，其真实的含义是说天道不只是理，也有活动性，也有创生性。但朱子学理中没有心义，其天道只是理，没有活动性，没有创生性，终于成为只存有而不活动的系统。

从这里可以看出，去除自律他律这些枝蔓，牟宗三对朱子之学不满的根本原因是：朱子之学以认知讲道德，强调求其所以然，在学理中没有孟子的本心之义，使其理论没有活动性。这是一个致命伤。在性体和心体的关系中，性体是超越之体、存有之理，是道德的最后根据。性体虽然重要，但其本身没有活动性，其活动性必须通过心体来保证。因此完整的心性学说必须做到心性为一而不为二。恰恰在这个关键环节上，朱子出了问题。朱子并不是不讲心，但他对孔子讲的仁、孟子讲的心缺乏深切的体验，所以讲心偏向了认识方面，成了认识之心。认识之心与孟子的道德本心并不相同。认识之心只是一种认知的能力，通过它可以认识理，认识事物之所以然，而孟子的道德本心本身就是道德的本体，不再需要借助外在的认知即能创生道德，成就善行。由于朱子在这一枢纽上有所缺陷，直接的后果就是使他讲的性体成了“死理”，只存有不活动，失去了道德的活力。也就是说，由于朱子之性体没有道德本心义，失去了道德的活力，终于使道德理性无力直接决定道德之行。为了使表述更为鲜明突出，我将这种情况概括为“道德无力”。所谓“道德无力”是指一个道德理论缺乏活动性，无法直接成为实践的，无法直接决定道德善行这样一种现象。[①]



据我观察，牟宗三对朱子的批评纵有千条万条，归结到一点，无非是嫌朱子“道德无力”而已。这一点牟宗三实际上有过相当清晰的表述，他说：

> 朱子不加分别，一概由存在之然以推证其所以然以为理，而此理又不内在于心而为心之所自发，如是其所言之理或性乃只成一属于存有论的存有之理，静摆在那里，其于吾人之道德行为乃无力者，只有当吾人敬以凝聚吾人之心气时，始能静涵地面对其尊严。若如孟子所言之性之本义，性乃是具体、活泼、而有力者，此其所以为实体（性体、心体）创生之立体的直贯也。而朱子却只转成主观地说为静涵静摄之形态，客观地说为本体

① 参见杨泽波:《“道德他律”还是“道德无力”》,《哲学研究》，2003年第6期。

论的存有之形态。而最大之弊病即在不能说明自发自律之道德，而只流于他律之道德。此即为性之道德义之减杀。

《心体与性体》第三册，第242页，7/269—270



朱子学理的缺点十分明显。他只是一概地就存在之然推其所以然，不重这个所以然之理是否有心义，结果理只能静静地摆在那里作为认知的对象，而不能成为道德的动力，道德的力量大为减杀。这里“其于吾人之道德行为乃无力者”一句最值得体味。它明确告诉我们，牟宗三对朱子学理之所以不满，核心就是这里所说的“无力”。用抽象一点的术语来表达就是，道德理性无力决定自身即是实践的。牟宗三透过朱子学说庞大体系的外表，一眼透视到其内在的致命伤，透视到朱子所说的理是死的，不能活动，绵软无力，不能使道德成为可能。这种洞察力极为深刻，给人以很大的教益。但由于他把这个问题与道德自律、道德他律联系在一起，情况马上又变得异常复杂起来。从理论上分析，朱子讲的道德的确是由认知、由知识，而不是由道德本心决定的，但以认知和知识决定道德只会使其理论不活动，丧失活动性，沦为“道德无力”，而不是康德所批评的道德他律。

由此不难得出这样一个重要结论：牟宗三批评朱子的真正意图，是嫌朱子学理有缺陷，道德理性只存有不活动，无法使自身成为实践的，是“道德无力”，而他频频使用的“道德他律”一词，其实不过是阴差阳错误为朱子戴上的一顶帽子而已。这种情况可以说是看对了病却叫错了病名。牟宗三一眼看到朱子学理存在“道德无力”的问题，其理论无法直接决定道德，做出了大贡献，这叫“看对了病”；但他却将这个问题与康德的道德他律捆在一起，将其错误地表述为“道德他律”，这叫“叫错了病名”。这种失误的负面作用很大，极大地干扰了读者的视线，使读者在阅读牟宗三相关著作的时候往往被自律和他律这些字眼所吸引，将注意力集中在能否以及如何运用康德道德自律理论研究儒学问题之上，而理性如何才能具有活动性，如何才能保证道德成为可能这一极具理论价值的问题，反倒不怎么被关注了。换言之，由于将“道德无力”误称为“道德他律”，理性如何才能保证道德成为可能，即理性如何使自身具有活动性，从而摆脱“道德无力”这一重大理论问题，几乎完全被围绕自律和他律产生的激烈争论的繁荣假象淹没了。这个教训不可不谓惨痛。



2. 仁性是保证理性具有活动性的关键环节

那么如何保证理性具有活动性，使道德成为可能呢？牟宗三为此曾提出过十分有价值的意见。根据儒家心学的传统，牟宗三强调，要做到这一点，理中必须有心的位置，即必须有心义。他说：

> 大抵濂溪、横渠、明道，皆是如此体会道体，故天地之心亦是直通於穆不已之天命诚体而为一实体性的心也。就阳动言，实并无实体性的心义。而就一阳来复生于下之象征义，象征於穆不已之天命诚体，则天地之心乃是实说，即直通“於穆不已”之天命诚体而为一实体性之天心。天命诚体不只是理，亦是心，亦是神。天命诚体是实，则心、神亦是实，故曰心体、神体。
>
> 《心体与性体》第三册，第238页，7/265

天命流行之体作为一创生实体，实际起创生作用的不能是别的，只能是心。为了突出心的这个作用，保证天命流行之体是活物，牟宗三甚至还将这个心说成是“天心”、“天地之心”。意思是说，有心就有活动性、有创生性，无心就无活动性、无创生性。非常明显，这里最关键的一点是看理是否有心义：如果有心义，理就能够活动，就有兴发力，道德即可由理性自身决定；如果理没有心义，理就不能活动，就没有兴发力，道德即需要为其他条件所决定。



理有了心义，能够活动了，也就是有了神义：

> 此天理不是脱落了神的“只是理”，故它是理、是道、是诚、是心，亦是神。不然，何以能说寂感？何以能说生物不测、妙用无方？父子君臣乃至随事而见之种种理，所谓百理、众理，或万理，俱浑完于寂体之中，而复随感而显现于万事之中以成事之为实事。如对父便显现为孝以成孝行，对子便显现为慈以成慈行，对君便显现为忠以成忠义，对臣便显现为恕以成敬恕。其他例然，皆有定理。此皆寂感真几、诚体之神之所显发，故无一少欠也。
>
> 《心体与性体》第二册，第 62 页，6/67

天理有活动义，也就是有神义，所以天理本身就是神体。反之，如果认为天理不能活动，就是失去了理的神义。失去了神义的“只是理”不能活动，即为死理。

有了心义和神义的理，就可以称为寂感真几了：

> 此即明此“於穆不已”之实体不只是理，亦是心，亦是神，总之亦可曰“寂感真几”（creative reality＝creative feeling）。此是此实体在本体宇宙论处为心理合

一、是一之模型。

《心体与性体》第三册，第 74 页，7/85

寂感真几是牟宗三非常喜欢的一个说法。意思是说，作为天地万物总根源的天命流行之体既是心，又是神，是一个生动活泼的创生实体，既能感通天地，创生万物，又能滋生道德，产生善行。一句话，是万事万物的总根源。



由这一思路出发，牟宗三进而提出了一个重要概念：兴发力：

此意志就是本心。它自给法则就是它悦这法则，它自己决定自己就是它甘愿这样决定。它愿它悦，它自身就是兴趣，就是兴发的力量，就能生效起作用，并不须要外来的兴趣来激发它。如果还须要外来的低层的兴趣来激发它，则它就不是本心，不是真能自律自给法则的意志。康德言意志自律本已函着这个意思。只是他不反身正视这自律的意志就是心，就是兴趣、兴发力，遂把意志弄虚脱了，而只着实于客观的法则与低层的主观的兴趣。

《心体与性体》第一册，第 165 页，5/171

心即是理。理义悦心，心悦理义（心之所同“然”，“然”是动字），纯粹理性就能是实践的，而悦理义之心与情必须是超越的本心本情，如是它自然非悦不可，即这“悦”是一种必然的呈现。它自给法则就是悦，就是兴发力。

《心体与性体》第一册，第 166 页，5/172

这两段话非常要紧。在牟宗三看来，道德理性如何是实践的问题，其实只是自由意志能否呈现的问题，而能否呈现的问题其实只是有无兴发力的问题。如果自由意志不能呈现，没有兴发力，道德理性就不能是实践的。反之，如果自由意志能够呈现，有兴发力，道德理性就能够是实践的。



后来在《圆善论》中，牟宗三再次谈到这个问题，其中一段是这样说的：

> 义理之性本身就是一种动力，由此说的动力是超越的动力，是客观的根据。此既与由气性或才性处而说的那作为格言之采用之基本根源或主观根据者不同，亦与康德所说的“道德法则是动力”不同，盖以道德法则为动力虚而无实故，康德并无“心即理”一义故。虽“意志之立法性”即是“心即理”，但康德并不就意志说心，其所说之良心亦并不就是理，是故彼终无“心即理”一义，而只以道德法则为动力，并不以“意志之立法性”为动力，盖自由只是一设准故，道德法则是事实（理性之事实），自由不是一事实故。是故心即理之义理之性是动力是孟子教说之最紧切者。
>
> 《圆善论》，第69页，22/65

牟宗三强调，孟子一系学理所强调的心即理大有深意。心即是理，心即是性。因为理中有心义，性中有心义，所以心即理之义理之性本身就是动力。这是孟子思想中最重要的部分。这种心即理的思想与康德思想并不相同。康德思想中并没有儒家的道德本心，他只是空谈设准，空谈法则，只承认道德法则是事实，不承认自由是事实[①]，所以难以真正解决动力的问题。牟宗三这一思想非常深刻，明确告诉我们，道德理性中一定要有孟子的道德本心之义，否则这种道德理性，就没有神义，就没有活动性，就没有兴发力。换句话说，道德理性中必须有其他因素作为保证，才能使其具有活动力、兴发力，才能直接决定道德；反之，道德理性就不可能有活动力、兴发力，也无法决定道德。这个所谓的其他因素，在牟宗三看来，就是儒家心学传统的道德本心，所以他一再强调在理性之中必须有心的位置，必须有心义，强调心与理必须合二为一，不能彼此分离。这是牟宗三相关论述中最有价值的部分。



如果将上述道理置于中西哲学比较的视域，运用于具体问题

① 批评康德的自由只是一假设，不是一事实，是牟宗三常用的一种说法，但认真推敲起来，这种说法有欠准确。康德对自由的看法有一个前后变化的过程。在第一批判中，自由属于第三个二律背反，我们既无法证实，也无法否认，所以只能是一个假设。到了第二批判，在“对实践理性的二律背反的批判的消除”一节中，康德宣称第一批判中的这个问题已经解决了：“因为同一个行动着的存在者作为现象（甚至在他自己的内感官面前）具有一种感官世界中的、任何时候都是符合自然机械作用的因果性，但就同一个事件而言，只要行动着的个人同时又把自己看作本体（作为在其不能按照时间来规定的存有中的纯粹理智），就可能包含有那个按照自然规律的因果性的规定根据，这根据本身是摆脱了一切自然规律的。”（《实践理性批判》，邓晓芒、杨祖陶译本，第157页）这里康德虽然讲的是“可能”，表示不能就此断定，但他此时已改变了先前的做法，强调自由是一个“理性事实”，以证明自由的实在性。在《判断力批判》中，康德的论述更为直接明确，直接将自由作为纯粹理性一切理念中的唯一的一个事实了。他说：“凡是其客观实在性能够被证明的概念……，它们的对象都是（res facti）（拉丁文：事实的事。——译者注）事实。……但非常奇怪的是，这样一来在事实中甚至就会有一个理性的理念（它自身并不能在直观中有任何表现，因而也决不能够对其可能性作出任何理论的证明）；而这就是自由的理念，它的实在性作为一种特殊的原因性（有关这种原因性的概念从理论上看将会是夸大其辞的），是可以通过纯粹理性的实践法则、并按照这一法则在现实的行动中、因而在经验中加以阐明的。——这是在纯粹理性的一切理念中惟一的一个、其对象是事实并且必须被算到 scibilia（拉丁文：可认识的东西。——译者注）之列的。”（康德：《判断力批判》，邓晓芒、杨祖陶译本，第329—330页）按理说，牟宗三写作《圆善论》时，已完成了《实践理性批判》和《判断力批判》的翻译工作，应该注意到这个问题，但仍有如此疏漏，令人遗憾。

的分析，其理论意义可能会表现得更为明显。我们在前面“活动论的理论意义”部分说过，西方道德哲学一般流行感性、理性的两分模式。在这种模式影响下，人划分为两半，一半是感性，一半是理性，一半是野兽，一半是天使。感性的功能是追求利欲，诱导人向下向恶；理性的功能是根据自由规律，引导人向上行善。一旦人们运用理性发现了自由的规律，将其确定为最高的道德法则之后，按照这种法则而行，也就成就了道德。但这种理论从一开始就存在着一个隐患：作为一个个体，我承认自己是自由的，可以为自己立法，使自己成为立法者，但问题在于，在立法之后，我为什么必须按照这些法则去做呢？这种困难也表现在康德的道德思想当中。在《道德形而上学的奠基》中，康德提出，人们都会尊重道德法则，这种尊重直接构成了责任，在责任面前一切其他动机都会黯然失色。但为什么我会有这种尊重呢？康德坦言他“现在尚未看出这种敬重的根据何在”[①]。“我们虽然不理解道德命令式的实践的无条件必然性，但我们毕竟理解其不可理解性”[②]，进而把这个问题作为人类理性的界限规定下来。既然不明白人为什么会有这种尊重，那么对这种尊重而来的责任也就不可能解释明白；既然对责任解释不明白，由责任而来的道德实践性也必然悬在半空中，无法落实。康德面临的问题，在我看来，其实就是此前休谟提出的伦理难题。休谟伦理难题包含两个方面的内容：一是道德领域的特殊性问题，强调道德领域与事实领域不同，这个特殊的领域不属于“是”与“不是”的问题，而属于“应该”与“不应该”的问题。二是道德的内在根据问题，因为“是”不能推

① 康德：《道德形而上学的奠基》，《康德著作全集》第四卷，李秋零译本，第410页。

② 康德：《道德形而上学的奠基》，《康德著作全集》第四卷，李秋零译本，第472页。

出“应该”，所以直接决定道德的，不是理性，而是情感。理性之所以无法成为道德的根据，“是”不能推出“应该”，根本性的原因就在于，理性本身是“完全无力”、“完全没有主动力”的。除去具体表述方式的差异，牟宗三关于理性必须具有活动性的思想与休谟伦理难题其实是同一个问题。

需要引起关注的是，我在分析孔子心性学说结构的时候注意到一个非常有趣的现象：“是”与“应该”的分裂问题，在孔子身上事实上并不存在。在孔子看来，“是”就是“应该”，二者不能截然分割开来。比如，孔子告老还乡后，陈恒杀了齐简公，孔子斋戒沐浴朝见鲁哀公，报告了这件事，要求出兵讨伐。[①] 这件事很值得玩味，大有讲究。孔子知道陈恒杀齐简公这件事后便有了“是”，即产生了是非判断，而这个“是”自然而然就产生了“应该”，有了沐浴而朝的价值选择。这里事实与价值，“是”与“应该”是紧密相连的。[②]

为什么“是”与“应该”在孔子是紧密相连的呢？这种情况引起了我的极大兴趣。经过分析，我发现，这与孔子心性学说的特殊结构有直接关系。如上所说，孔子心性之学有欲性、仁性、智性三个部分。欲性的作用与人物质层面的生存有关；智性的作用是学诗学礼学乐。这两条和西方的感性、理性虽有不同，但基本作用大体一致。孔子心性之学的特色是在欲性和智性之间还有一个仁性，而仁性就是后来孟子说的良心本心，也就是社会生活和智性思维在内心结晶而成的“伦理心境”。“伦理心境”是心的一种境况，是非对错，自然知之。“伦理心境”又是心的一种境

① 事见《论语·宪问》第二十一章。

② 关于这个事例的详细分析可参阅拙著《孟子性善论研究》（再修订版），上海：上海人民出版社，2016 年，第 23—24 页。

界，向善求好，不断进取。由于人天生具有一种自然生长性倾向，所以“伦理心境”对人有一种自然的吸引力，要求人们按照它的要求去做去行。在这种情况下，智性认识到的事实，凡是正确的，仁性就会提供力量，促使人们去行动；凡是错的，仁性也会发布命令，迫使人们去制止。这样一来，“是”与“应该”就联系了起来，“是”本身就是“应该”。在上面的例子当中，“是”如何引出“应该”呢？孔子自己讲得明白：“以吾从大夫之后，不敢不告也。”① 因为孔子担任过大夫，所以才“不敢不告”。这个“不敢”不是迫于外部压力的“不敢”，而是迫于仁心的“不敢”。自己曾经身为大夫，遇到这种事情，仁心不仅有一个是非的标准，而且有强大的兴发力，鞭策孔子站出来。由“陈恒弑君”这个“是”决定孔子“不敢不告”这个“应该”的力量，无疑就是仁性。



由此不难看出，智性（狭义理性）本身是一个懒汉，没有兴发力，必须有一种力量不断督促，不断鞭策，才能具有活力。仁性恰恰是这种督促和鞭策的力量。由于孔子心性之学中有仁性这个重要部分，智性就多了一种督促和鞭策的力量，凡是智性认识到属于正确的，仁性就会迫使人必须按它的要求去行动。这样，事实就决定了价值，“是”就推出了“应该”。这就说明，一种道德学说只有具备了欲性、仁性、智性这三个部分才能算得上完整，才能解决“是”与“应该”的矛盾。孔子身上并不存在这种矛盾，深层的道理就在这里。牟宗三反复批评朱子，说朱子的学理没有孟子的道德本心之义，只是一个“死理”，没有兴发力，没有办法克服“道德无力”的问题，如果用三分方法来表述，其实就是说



①《论语·宪问》。

朱子学理中没有仁性或仁性不够有力。[①] 如果一个学理中有仁性，就有兴发力，就可以克服“道德无力”的问题，其学理就是即存有即活动的。反之，如果一个学理中没有仁性，就没有兴发力，就无法克服“道德无力”的问题，其学理就一定是只存有而不活动的。牟宗三对朱子批评千言万语，无非是阐释这样一个道理而已。我一定要从孔子心性之学中分离出一个仁性，重要原因之一，就是希望以此把牟宗三未能完全说清的话说清楚，把他未能完全解决的问题解决好，进而为解决长期困扰理论界的“是”与“应该”的矛盾提供一个可行的思路。[②]



如果认为这样讲还不足以使这一思想的重要性显现出来的话，那么不妨再将视线转向麦金太尔。在西方，自从休谟提出伦理难题之后，不断有人试图解决这个难题。这方面麦金太尔借助亚里士多德的目的论体系的解决方案最值得重视。麦金太尔认为，亚里士多德伦理学是一个目的论体系，在这个体系中，“存在着一种‘偶然成为的人’与‘一旦认识到自身基本本性后可能成为的人’

---

① 严格地看，应该是说朱子学理中仁性部分比较薄弱，无法承担发布号令的重大使命，因为朱子无论如何也是要谈仁的，只不过他对仁理解不够深透（比如不承认对仁的思维方式是直觉）而已。

② 吴汝钧近些年来创立的“纯粹力动现象学”中的“力动”概念，与这个问题似乎也有一定关联度。吴汝钧认为，纯粹力动是一种纯活动，活动中即有力，所以是一种力动。“它是一种原理，不是物质性的气，也不是由实体发的精神；勉强可以说是精神，但是纯粹的，没有经验内容。它不是空，倘若空是被视为一种自性的否定的真理状态（Zustang der Wahrheit）的话。但它有空的作用，即虚灵无滞，不执取实体，对实体否定。它自然不是实体，不管是物质实体也好，精神实体也好。说它是一种终极原理，我想最为恰当。它既是活动，故有心的意味，但不是实体性的心，说它是主体性（Subjektivität）亦无不可。它又既是原理，因而有客观的准则义，因而也是客体性（Objektivität）。在终极层面，它是主体性、客观性的统一体；是心与理的统一体，也是体与用的统一体。”（吴汝钧：《纯粹力动现象学续篇》，台北：台湾商务印书馆，2008 年，第 72 页）这里提出的力动的问题有很强的理论意义，但其解决问题的思路与我有所不同。

之间的重要对照。”[①] 伦理学就是一门使人们懂得如何从前一种状态转化到后一种状态的科学。在这个重要对照中，有三个基本的要素：一是未受教化偶然形成的人性，二是认识到自身目的后可能形成的人性，三是作为从前者向后者转化的合理的伦理戒律。这三个要素中第二个要素特别重要，没有它就没有办法保证由第一个要素转化为第三个要素。但是启蒙运动和理性主义时代之后，人们放弃了亚里士多德的学说，实际上取消了亚里士多德理论中的第二个要素，使得三大要素不再完整，一方面是一组光秃秃的道德律令，另一方面是未受教化的人性，其间没有任何的“教导者”。这个变化是致命的，直接决定了启蒙运动和理性主义一开始就必然要陷入失败。休谟伦理难题的产生正是这种失败的一个具体表现。



既然休谟伦理难题是由于拒斥亚里士多德道德传统造成的，要解决这一难题，就必须重新回到亚里士多德的理论上来。麦金太尔认为，要解决休谟伦理难题必须借助亚里士多德的目的论体系。在亚里士多德传统中，目的论概念非常重要。亚里士多德认为，善是一种品质，拥有它就会使人获得“幸福”（eudaimonia），而人生的目的就是追求幸福。这种学说的意义深远，直接决定了人们不必询问为什么，即会自然乐善行善。麦金太尔写道：“在亚里士多德传统中，说X是好的（这个X可以意指多种事件，其中包括人、动物、政策或事态），也就是说想要把具有X所具特性的事物作为自己目的的人都会选择X类事物。”[②] 显然，在当时的传统中，说某物是好的，已经包含了我要以某物为自己的目的这层

① 麦金太尔：《德性之后》，龚群、戴扬毅等译（以下简称“龚群、戴扬毅译本”），北京：中国社会科学出版社，1995年，第67页。

② 麦金太尔：《德性之后》，龚群、戴扬毅译本，第76页。

意思。这个关系非常直接，其间几乎不需要任何形式的过渡。亚里士多德以幸福作为人生目的，其理论的重要意义正在这里。

有了目的论的基础，也就有了行善的动力。这种动力在逻辑关系上表现为，道德判断的形式既是假言的，又是直言的。麦金太尔指出："就其表达了什么行为对一个人的目的是恰当的这种判断来说，它们是假言的：'如果且因为你的目的是某某，你就应该做某某行为'，或'如果你不想使自己的最基本欲望受到阻挠，就应该做某某行为'。就其表述了神的命令的普遍法则的内容来说，它们又是直言的：'你应该做某某行为，这是神的法则所命令的'。"[①] 在这个关系当中，确定判断有一个假言的前提非常重要，只有保证了假言的这个前提，才能保证行为者的目的，也才能保证道德判断有内在的动力。因此，要解决"是"与"应该"的矛盾，必须恢复亚里士多德的目的论概念。麦金太尔尖锐地指出："我已指出，除非有一个目的（telos）一个借助构成整体生活的善(good)，即把一个人的生活看成是一个统一体的善，而超越了实践的有限利益的目的，否则就将是这两种情形：某种破坏性的专横将侵犯道德生活；我们将不能够适当地说明某些德性的背景条件。这两种问题由于第三种问题而更为严重：至少有一种为传统所认识到的德性，它除了依据个人生活的整体，根本不能得到说明——这就是完善的或坚贞的德性。"[②] 很明显，没有一个目的论，仅靠一个自然的人性和一组光光秃秃的道德律令，不可能有完善的道德生活，不可能真正解决休谟伦理难题。

通过上面的比较，我们可以注意到，牟宗三和麦金太尔两人之间有许多共同点。牟宗三指出，作为道德根据的理必须有活动

---

① 麦金太尔：《德性之后》，龚群、戴扬毅译本，第77页。
② 麦金太尔：《德性之后》，龚群、戴扬毅译本，第256页。

性，只有这样，理才是活的，才有兴发力，才能保证道德成为可能。麦金太尔则借助亚里士多德的目的论概念，强调在理性之中，必须有一个目的论作为指导，人才能产生道德，跨越“是”与“应该”的鸿沟。牟宗三和麦金太尔解决问题的方案从具体处说虽然有很大的不同，但都强调理性作为道德的根据必须有活力，有创生性，有兴发力，否则无法保证其必然是实践的，无法直接决定道德行为。这个问题蕴含着很深的理论意义，事实上已经向人们宣告，在传统的道德哲学中一场彻底的革命已经不可避免了，我甚至分明已经听到了前方那隆隆作响的炮火之声，浓密而激烈。

虽然牟宗三关于理中必须有心义才能使其具有活动性，从而保证道德成为可能的思想极为重要，但它仍然有所不足。这是因为，一方面，笼统讲理中必须有心义，某些理论界限还不够明确。现在一般将儒学讲的理解说为道德理性，但儒学讲的理其实是比较混杂的，性即理是理，心即理也是理，而这两种理的性质有很大区别。性即理之理偏重于学习认知，涉及的是逻辑思考，心即理之理侧重于逆觉体证，涉及的是直觉内求。笼统讲理中必须有心义，这个道德理性就必须同时涵盖以上性质完全不同的内容，使人们既不容易区分它们的界限，也不容易明确它们各自的功能。另一方面，笼统讲理中必须有心义，这个心义如何使理具有活动性的问题仍然无法得到清晰的说明。牟宗三讲的“心义”特指道德本心，这一点非常明确，但为什么有了道德本心，理性就有了活动性呢？牟宗三对此并没有给予一个合理的说明。由此可见，牟宗三强调理中必须有心义的说法虽然提出了非常有价值的思想，给人以深刻的启发，但他并没有能够从根本上解决这个问题。

正因为如此，多年来我坚持主张，一定要将传统所说的道德理性打开，将其分为仁性、智性两个部分，变两分方法为三分方法。在拙著《孟子性善论研究》中有这样一段描写较好地表达了我的想法：

> 由此可以引出一个重要结论：仁性是迫使“是”过渡到“应该”的动力。也就是说，由于孔子心性之学中有仁性，智性就多了一层鞭策的力量，凡是智性认识到的事实，仁性自然充当发动机，促使人们必须按这个事实的要求去行动。这样，事实就决定了价值，“是”就推出了“应该”。事实与价值的矛盾在孔子身上并不存在，奥秘正在这里。根据上面的分析，我们完全可以自信地说，孔子三分的心性之学结构为解决困扰西方道德哲学数百年之久的这个理论难题，提供了一个相当可行的思路。①



这就是说，一旦打破两分方法，坚持三分方法，休谟伦理难题的解决也就大有希望了。三分方法与两分方法最大的不同，是多了仁性这个部分。仁性就是道德本心，也就是我所说的“伦理心境”。“伦理心境”是社会生活和智性思维在内心的结晶。在“伦理心境”形成过程中，一方面受到人性中自然生长倾向的影响，另一方面随着社会生活中好善恶恶的价值取向带到了内心，使人见到好的自然愿意去行，见到恶的自然愿意去止，从而为道德理性带来了动力。更为重要的是，自孔子创立仁学之后，其后继者论仁几乎离不开天，由于中国前轴心时代的特殊思想背景②，将仁与天联系在一起，仁也就具有了明显的超越性和宗教性，成了近似于信仰的东西。仁性的这种特殊性质，使其成为了智性的动力



① 杨泽波：《孟子性善论研究》（再修订版），第 24 页。

② 关于中国前轴心时代的特殊情况，陈来在《古代宗教与伦理——儒家思想的根源》（北京：生活·读书·新知三联书店，1996 年）中有详细的分析，可参看。

之源，也就是说，因为有了仁性，凡是智性认识到是善的，人们便自然愿意将其变为自己的自愿行动。[①] 我坚信，这才是牟宗三反复强调理中必须有心义的真实用意，这才是保证理性具有活动性的根本之法。



① 关于道德动力问题，周博裕撰有专文，认为康德的自由意志是其哲学体系中唯一无可怀疑的道德动力，但“其问题的关键处，即是康德很难摆脱上帝的影响，导致问题都是处在曲折纠缠挣扎中度过。而儒学道德动力的出现，正可以一一克服康德的困境，并展现出道德动力的价值。这之间，不是在比较东西哲学的高下，目的还是在于发扬人类理性思考无穷无尽的价值。”（周博裕：《儒学道德动力之研究》，江日新主编：《中国哲学的会面与对话》，台北：文津出版社，1994 年）这一分析相当细致条理。不过，因为我对这个问题观察是从我的三分方法进入的，所以思考方式与其有所不同。

# 第三章　物自身存有商榷[①]



存有论是牟宗三儒学思想的第三个部分，也是其思想的重头戏。牟宗三存有论包括超越存有论和无执存有论两个部分。关于超越存有论《贡献与终结——牟宗三儒学思想研究》第三卷存有论第四章"超越存有论商榷"有专门分析，敬请参阅，本章仅讨论无执存有论。在无执存有论部分，牟宗三证明了人有智的直觉，可以创生物自身的存有，物自身的存有由此成了牟宗三最具代表性的思想。这方面的内容既多又复杂，必须认真对待。

## 一、道德之心创生的是物自身意义的存有

牟宗三建构无执存有论，核心是要证明，道德之心具有智的直觉，其创生存有的过程不需要借助时空和范畴，所以其创生的那个存有的对象并不是现相[②]，而是物之在其自己之存在，即所谓物自身意义的存有。《现象与物自身》第三章Ⅱ．3"由知体之为存有论的实体开存在界"谈的就是这个问题。经过一系列的分析，在这一小节的最后部分牟宗三这样写道："由此'心外无物'之

① 本章取自《贡献与终结——牟宗三儒学思想研究》第三卷存有论第六章"无执存有论商榷之二：关于物自身"，原书第252—324页。

② "相"与"象"是两个不同的字，与phenomenology相对应的当为"现相"，所以本书在这个意义上只说"现相"，而不说"现象"。详见本章第四节第三小节"'善相'：价值意味物自身的真实含义"。

义，吾人言心之无限性，即绝对性，由此开存在界。‘存在’者，物之在其自己之存在也，意即非‘现象’之谓也。现象者乃对知性与感性合用之识心而言也。识心者，有限心也。知体明觉之感应乃无限心也。”（《**现象与物自身**》，**第** 98 **页**，21/102）这就是说，道德之心是知体明觉，其思维方式即是康德所不承认人可以具有的智的直觉。由于智的直觉不需要受制于时空和范畴，所以它所创生的那个存有的对象，便不再是一般所说的现相，而是物自身，即这里所说的“物之在其自己之存在”。这样一来，牟宗三便以中国哲学为基础，建构了无执的存有论，打破了康德人类没有智的直觉，只能停步于现相，不能直达物自身的理论格局。道德之心创生的是物自身意义的存有，不是现相的存有，随即成为牟宗三存有论最具创意的部分，也是其相关思想最为显著的特征，而迄今为止的牟宗三研究也无不是在为如何理解和消化牟宗三这一思想而努力。①



① 自从牟宗三提出道德之心创生的对象不是现相而是物自身以来，学者们多是顺着这个路子讲。殷小勇即是如此。一方面他准确地理解了牟宗三道德之心具有创生存有功能的思想，认为“作为生化原则，其可为一切存在之基础。它区别于一个本质主义的实体及主体性的道德本心或科学意识形态之工具理性的性质，为存在真正本源性的一面。这样，当良知不仅仅被阐释为见父知孝，孺子落水而有恻隐之心的道德本心时，它同样是在道德本心的生生意义上又可能是知性科学的基础，因为道德即‘让……在’”。（殷小勇：《道德思想之根——牟宗三对康德智性直观的中国化阐释研究》，上海：复旦大学出版社，2007 年，第 238 页）另一方面他也认可了牟宗三道德之心创生的对象是物自身，不是现相的思想，指出：“阳明所说的知体明觉所起显的是实事实理，亦是实物，感应中之物是实物，感应中之行事是实事，感应中之天理贯注是‘良知之天理’这实理。如是，倘若知体明觉是体，则实事实物是用，而此用并非康德意义上的现象。实事是事之在其自已，实物是物之在其自已，事不作事观，乃是明觉之著见，物也不作物观，乃是明觉之感应，此著见感应之物，乃是物无物相之物，此物无物，即，不是现象。”（同上，第 150 页）吴汝钧也属于这种情况。吴汝钧受牟宗三影响很大，在智的直觉问题上如此，物自身问题也不例外。他明确指出，“我认为，睿智的直觉创生万物，万物以在其自己的姿态而呈现，以物自身而呈现。若从‘相’方面言，很难说差别性，因为它们都是实相如相，任何时相、空相、因果等范畴相都不能说。”（吴汝钧：《纯粹力动现象学》，台北：台湾学生书局，2005 年，第 701 页）并特别强调，“在睿智的直觉的朗照下的真理的 （**转下页**）

需要注意的是，这里所说的“物之在其自己的存在”有其特殊的含义，特指一种价值意味的物自身。与学界的一般看法完全不同，牟宗三认为康德的物自身并非是一个事实的概念，而是一个价值意味的概念。按照他的理解，康德思想虽然非常重要，但也有众多混乱不清之处，其中最为重要的，便是人们很难了解物自身的确切含义。“究竟什么叫‘物自身’，这是很难确定的。若不予以充分的说明（限制），人们可有许多不同的意会。”（《现象与物自身》，第 2 页，21/2）比如，如果说我们所知的自然界中的对象物与上帝、灵魂、自由并不相同，这是明显的；但如果说我们所知的这个自然界中的对象物只是这个对象物之现相，而不是这个对象之物自身，进而说这物自身不能作为我们认知之对象，只有现相才能作为对象，这就不那么明显了。“问题的关键似乎是在：这‘物自身’之概念是一个事实问题的概念呢，抑还是一个价值意味的概念？这点，康德并未点明，是以读者惑焉。”（《现象与物自身》，第 2—3 页，21/3）由于康德对物自身的说明不明确之处较多，人们很难明白康德讲的物自身究竟是什么意思。具体来说，就是不明白物自身究竟是一个事实的概念呢，还是一个价值意味的概念。

正是基于这一点，牟宗三提出了一个与学界完全不同的观点：康德的物自身不是一个事实的概念，而是一个价值意味的概念。《现象与物自身》一书主要从如下两个方面进行了说明：

首先是感性和知性方面的说明。从感性层面看，牟宗三提出了这样一个问题：现相与物自身的分别是主观与客观的分别吗？既然认识首先来自于感性层面，而人的感性都有自己的样式，有自

---

（接上页）世界，各种事物不以现象而呈现，而是以物自身而呈现。这是没有问题的。”（同上，第 699 页）据我至今为止所见到的材料来看，尚无人正式对牟宗三这一思想提出质疑，未曾想到道德之心创生的存有根本不能称为物自身，其实不过是一种特殊的现相罢了。

己的观点，含有一定的主观性，这样就有了主观性和客观性的分别。“但依康德，现象与物自身之分别不是这种主观性与客观性的分别。因为康德复进而说，在一定样式下现的现象复可进而对之作一客观的决定，使其成为客观的；但虽是客观的，它还仍只是现象，而不是物自身。在此，康德的主张是‘经验的实在论’，而不是‘经验的观念论’，或‘材质的观念论’（material idealism），如巴克莱或笛卡儿之所主者。即是经验的实在论，则就实在论说，现象即是客观的。因此，康德并不夸大感性所给的现象之主观性，亦不以此主观性来规定现象。因此，物自身亦不是以客观性来规定的。如果只是以主观性说现象，则当其成为客观的，它即是物自身。但康德不以其为客观的，就说它是物自身。故现象与物自身必皆有其特殊的意义，而不是只以这主观性与客观性来规定。”（《现象与物自身》，第5页，21/5）从感性层面看，人们只有经过时间空间这些感性形式，外物才能现于我们，所以任何现相都必然受到主观的影响，虽然现相的主观性背后也有其客观性。这是康德感性学说的基本原则。但牟宗三强调，物自身并不是指现相主观性背后的那个客观性。换句话说，任何现相都有其客观性，但这种客观性并不是康德讲物自身的根本用意。这也就是牟宗三所说的物自身“不是以客观性来规定的”。

从知性层面来看，牟宗三认为，如果我们只内在于我们的知性，并没有办法厘清现相与物自身的区分。要做好这一步工作，必须对我们人类的认知形式进行反省，将人类认知的有限性与上帝认知的无限性进行对比。“我们反省我们人类的知性是使用概念的，并不是直觉的，正如我们的感性是在一定样式下并以时空为其形式。其他有限存在，如有知性活动，是否亦使用概念，而且使用与我们人类知性相同的如此这般之概念，则不得而知。但我们确知一无限存在，例如上帝，其知性便不使用概念，而是直觉的。这样，我们确知我们人类的知性也是在一定样式下活动的，因此，它也有它的特殊性与有限性。我们即就它的特殊性与有限性而说其所决定的对象虽是客观的，而却仍是现象。”（《现象与物自身》，第 6 页，21/6）经过了这样的对比，我们发现，同感性一样，人类的知性也是有限的，同样受到自己特有形式的限制。因为有这种限制，所以人类的知性不能直达物自身。与此不同，上帝的认知则不受这种限制。因为上帝是无限的存在，它的认识不使用概念，所以其认识可以直达物自身。这一点我们人类无法做到，因为人只是有限的存在物，不是无限的存在物。

其次是物自身方面的说明。在这方面牟宗三提出，也许有人会将绝对的客观性来理解物自身，以为“我们无论如何总凑泊不到那纯粹的客观性，纵使能接近一点，也是若隐若显地接近之，那纯粹的绝对的客观性总不能完全显露出来。如此，我们即以此纯粹而绝对的客观性为物自身。”（《现象与物自身》，第 6 页，21/7）这样一来，以绝对客观性理解的物自身就是指一物之“事实上的原样”。我们所知的不是它的原样，乃总是歪曲了一点的，总带有主观的成分。牟宗三不同意这种看法。他认为如果物自身是这个意思，那么它就是一个事实概念，对于这种事实我们总可求接近之。“但依康德，物自身之概念似乎不是一个‘事实上的原样’之概念，因此，也不是一个可以求接近之而总不能接近之的客观事实，它乃是根本不可以我们的感性与知性去接近的。因此，它是一个超绝的概念。我们的知识之不能达到它乃是一个超越的问题，不是一个程度的问题。”（《现象与物自身》，第 7 页，21/7）在牟宗三看来，如果康德的物自身是一个“事实上的原样”的概念，那么虽然我们不能完全达到这个“事实上的原样”，但总可以不断地向这个方面前进。然而，康德所说的物自身的不可知，不是这种量的不可知，而是质的不可知。也就是说，康德物自身的不可知不是一个程度的问题，而是一个原则的问题。由此可以判定物自身并不是一个事实的概念。

牟宗三进而指出："从物自身那方面说，物自身好像是一个彼岸。就人类的知识言，这个彼岸只是一个限制概念，此即康德所说只取'物自身'一词之消极的意义，即只说其不是感触直觉的一个对象而已。如是，物自身一词的内容与意义太贫乏，甚至究竟有无具体的内容与真实的意义亦成问题。因为凡是具体的内容与真实的意义都在直觉中呈现，现在只说其不是感触直觉的对象，而不能说其是什么直觉的对象（因为吾人无其他直觉故），则它便无具体的内容与真实的意义。"（《现象与物自身》，第 9 页，21/9）牟宗三这里的意思是，从康德关于物自身的论述来看，物自身似乎是一个遥远的彼岸。这个彼岸不是我们人类感性直觉的对象，而只是一个限制性的概念，限制人们对其有不切实际的奢望。这就是所谓的物自身的消极意义。牟宗三于此批评说，如果只是这样理解物自身，物自身一词的内容与意义就过于贫乏了，甚至究竟有没有实际意义都很难说。

不过，牟宗三也看到，康德同时又讲，虽然物自身不是感性直觉的对象，但却可以是智的直觉的对象，这样就赋予了物自身的积极意义，使人似乎又看到了一线曙光。"如是，物自身可为无限存有的智的直觉所知。如是，物自身一词便有了设想的特定内容与特定意义，即有了积极的意义。但此积极的意义既是设想的，而又只是属于上帝的事，则物自身之积极意义仍只是一形式概念，吾人对之仍是漆黑一团。它究竟是怎样的一种意义呢？吾人全不能知之。吾人在上帝身上构成'智的直觉'这一概念，这种构成全是想象的游戏，或只由神学而知，总之可说全是戏论。"（《现象与物自身》，第 9—10 页，21/10）虽然康德也讲了物自身还有积极意义，但令人失望的是，由于他将智的直觉完全归属于上帝，认为只有上帝才有智的直觉，人类没有智的直觉，所以物自身的积极意义成了空悬的一格，变为空论，没有任何作用。

基于上述看法，牟宗三非常明确地告诉读者，康德的物自身不是“事实上的原样”，“不是事实的概念”。

## 二、康德物自身思想解读



否定物自身是一个事实概念，是牟宗三诠释康德物自身思想的命脉，而物自身思想又是康德思想中的一个难点，因此，为了分析牟宗三这一思想的得失，我们必须回到康德物自身思想上来。由于康德对物自身概念缺乏明确的界定，一些不同的、甚至相互矛盾的说法夹杂其间，为研究带来了很大的困难。人们很难把握物自身的确切含义，特别是物自身与本体的关系，相关争论不断。本章无意也无力全面介入相关的争论，我为自己规定的任务只有两个：第一，尽可能厘清康德物自身概念的各种不同内涵；第二，确定牟宗三对康德物自身概念的误解，努力寻找其否认物自身是一个事实概念的原因。在我看来，牟宗三之所以断然否定物自身是一个事实概念，一个重要原因，是对物自身的不同内涵缺乏具体分析。一旦我们将物自身的不同内涵分辨清楚了，牟宗三对康德物自身的误解自然也就浮出水面了。因此，我的分析主要是沿着康德批判哲学的逻辑顺序，从分辨物自身的三种不同内涵开始，这三种不同内涵的物自身就是：作为质料之源的物自身、作为真如之相的物自身、作为先验理念的物自身。①

① 这种划分与李泽厚较为接近。李泽厚在《批判哲学的批判》（合肥：安徽文艺出版社，1994 年）一书中，借鉴国外研究成果，将物自身分为感性来源、认识界限、理性理念三层意思（参见该书第七章）。他的研究在当时影响很大，但也受到了学界的普遍批评，认为其中的一些观点“是一种陈旧的、含糊的独断论”（韩水法：《康德物自身学说研究》，台北：台湾商务印书馆，1990 年，第 69 页），“一开始就完全错失了康德哲学的基本精神”（黄裕生：《真理与自由》，（转下页）

1. 作为质料之源的物自身

康德的物自身思想早在《纯粹理性批判》的“先验感性论”就已经基本确定下来了。这一部分的篇幅不长，但却规定了康德认识论思想的基本原则。在这一部分中，康德开门见山地确定了其哲学思想的出发点，这就是直觉：“一种知识不论以何种方式和通过什么手段与对象发生关系，它借以和对象发生直接关系、并且一切思维作为手段以之为目的的，还是直观。”① 直觉首先是主体具有的接受对象刺激的一种能力，借助这种能力，对象被给予我们。



直觉是一种能力，由此构成一种联系。联系的一头康德称为对象，“直观只是在对象被给予我们时才发生；而这种事至少对我们人类来说又只是由于对象以某种方式刺激内心才是可能的。”② 在康德哲学中，对象有时指我们感官之外的某物，有时则指经过我们感觉整理后的现相，即我们感觉意识中的客观内容。这种不严格的用法使康德哲学有很多混淆不清之处。但人们还是普遍倾向认为，能够促使产生直觉的，是我们感官之外的那个某物，因为康德曾明确讲过，直觉方式并不是本源的，“只有通过主体的表象能力为客体所刺激”③ 直觉才能产生。

---

（接上页）南京：江苏人民出版社，2002 年，第 65 页）。李泽厚的研究确实存在一些原则性的失误，如他对先验对象的解释，以实践观点对康德不可知论的反驳等等，都是显著的例子。但他对物自身三层含义的划分仍然有其意义。我在反反复复尝试多种方法之后，最后还是回到这种划分方法上来。当然，我的研究与李泽厚的观点在一些重大问题，特别是在对于物自身作为认识界限的看法上，有着原则性的区别。本书这一部分初稿完成后，2005 年趁着到武汉大学开会的机会送给邓晓芒，请其批评指正。尽管邓晓芒与我对儒学的看法多有差异，但对文稿还是予以了积极的肯定，不仅提出了一些宝贵的意见，而且作了多处细部修改，对我厘清思路有很大帮助。在此特致谢意。

① 康德：《纯粹理性批判》，A19，B33，邓晓芒、杨祖陶译本，第 25 页。

② 康德：《纯粹理性批判》，A19，B33，邓晓芒、杨祖陶译本，第 25 页。

③ 康德：《纯粹理性批判》，B72，邓晓芒、杨祖陶译本，第 49 页。

对象刺激感官使现相有了客观的内容，这种客观的内容叫做质料，“在现象中，我把那与感觉相应的东西称之为现象的质料”①。在康德看来，感觉是“我们被一个对象所刺激时，它在表象能力上所产生的结果”②。对象刺激感官引起感觉，质料则是与这种感觉相应的东西。康德实际上是把质料看作感性认识中的物质因素，是指“一个在空间和时间中所碰到的、因而包含某种存有并与感觉相应的某物”③。正因为如此，康德甚至直接将质料称为“自然之物”④。

与直觉相联系的另一头是认识的形式。要形成认识，只有外在对象刺激得到的客观内容，即只有质料，远远不够。除此之外，还必须对这些质料加以整理，这就需要形式。“那种使得现象的杂多能在某种关系中得到整理的东西称之为现象的形式”⑤。与质料不同，形式的最大特点是具有先天性，“虽然一切现象的质料只是后天被给予的，但其形式却必须是全都在内心中先天地为这些现象准备好的，因此可以将它与一切感觉分离开来加以考察。”⑥ 也就是说，感性直觉的形式是先天存在于心灵之中的。由于这种先天的形式没有任何内容，所以又叫做纯形式。

这种纯形式就是空间和时间。关于空间和时间，当时主要有两种观点。一是牛顿的看法，认为空间和时间有独立存在的实在性，不依存于任何对象而存在。二是莱布尼茨的看法，认为空间和时间是一种共存或连续的秩序，这种秩序是从经验中抽象出来的，只有在思维中才能得到清晰规定的表象，其本身并无实体的

---

① 康德:《纯粹理性批判》，A20，B34，邓晓芒、杨祖陶译本，第25页。
② 康德:《纯粹理性批判》，A19，B33，邓晓芒、杨祖陶译本，第25页。
③ 康德:《纯粹理性批判》，A723，B751，邓晓芒、杨祖陶译本，第559页。
④ 康德:《纯粹理性批判》，A723，B751，邓晓芒、杨祖陶译本，第559页。
⑤ 康德:《纯粹理性批判》，A20，B34，邓晓芒、杨祖陶译本，第26页。
⑥ 康德:《纯粹理性批判》，A20，B34，邓晓芒、杨祖陶译本，第26页。

存在。在康德看来，这两种观点都有问题，也都有可取之处。他认为，空间和时间是“一些仅仅依附于直观形式、因而依附于我们内心的主观性状的东西，没有这些主观性状，这些谓词就根本不可能赋予任何事物”①。这就是说，空间和时间只是人的感觉的一种直觉形式，是人心的一种主观的东西。



通过直觉，感官对象与主观形式结合了起来。这种结合非常必要，离开哪一方都不行。没有感官对象，我们的感官得不到刺激。没有主观形式，外在客观刺激所得到的只是杂多。只有用主观形式整理由感官对象刺激所形成的杂多，才能形成经验，形成认识。这个过程就决定了康德必须既主张经验的实在性，又主张形式的观念性。“我们的这些阐明说明了一切能从外部作为对象呈现给我们的东西的空间的实在性（即客观有效性），但同时也说明了在那些凭借理性就它们自身来考虑、即没有顾及到我们感性之性状的事物方面的空间的观念性。”② 先验感性论的这种双方兼顾即一般所说的二元论，构成了康德认识论的重要特点。

这种二元论对康德哲学有决定性的影响，必然导致两个重要的结论。第一，我们所能认识的只能是对象的现相，而不是对象之自身。由于我们的认识必须经由直觉这一环节，而直觉带有明显的主观成份，因此我们只能认识对象向我们显现的样子，这就是所谓的现相。现相在康德哲学中有两种意义。一是与直觉相关联的是感性现相（Erscheinung），即未经知性整理、判断的那种现相。康德承认在无知性参与的情况下，只需时空的形式，对象仍然可以给予我们，从而形成一种现相，即所谓“没有知性机能现

① 康德:《纯粹理性批判》，A23，B38，邓晓芒、杨祖陶译本，第28页。
② 康德:《纯粹理性批判》，A28，B44，邓晓芒、杨祖陶译本，第32页。

象照样能在直观中被给予"[①] 的现相。二是经过知性整理后的现相，"诸现象就其按照范畴的统一性而被思考为对象而言，就叫作Phaenomena[②]"[③]。不管是哪一种现相，先验感性论本身就决定了，我们所知道的只是对象的现相，而不是其自身。也就是说，我们对于对象有感性直觉，由这种直觉形成认识，但也正因为这种认识是经过直觉的，带有主观的形式，所以它只是现相，而不是物自身。



二元论必然导致的第二个结论，是必须承认有一个对象为质料提供来源。形式和质料是任何经验都不可缺少的两个要素。形式是先天的，但不具有现实特性。质料则是后天的，但不具有先天的特性。形式提供经验的主观可能性，质料提供经验的客观现实性。从这个意义上说，质料就是经验的内容，没有内容的经验是不可想象的。所以，质料一定要有其源泉，这种源泉来自对象的刺激。没有这样一个对象，没有这种对象对感官的刺激，质料就没有来源，经验也就没有办法形成。"人类理性不是从概念开始的，而是从普通经验开始的，所以是以某种实存之物为基础的。"[④]承认理性从经验开始，就必然要承认有某种实存之物为其基础，由这种实存之物刺激感官以形成经验中的质料。

我把为质料提供源泉的那个对象理解为物自身的第一种含义，简称为"质料之源物自身"。所谓质料之源物自身，简要而言，就是刺激感官以形成经验中质料部分的那个某种实存之物。需要说明的是，承认作为质料之源物自身并不符合严格的经验论原则。

---

① 康德：《纯粹理性批判》，A90，B122，邓晓芒、杨祖陶译本，第82页。

② 拉丁文：现象。为与 Erscheinung 相区别计，译者权将该拉丁文译作"现相"。——译者注

③ 康德：《纯粹理性批判》，A249，邓晓芒、杨祖陶译本，第227页。

④ 康德：《纯粹理性批判》，A584，B612，邓晓芒、杨祖陶译本，第466页。

因为按照经验论的原则，人们只能言说经验之内的事物，不能言说经验之外的事物。既然作为质料之源的对象是在经验之外的事物，我们只能知道它的现相，不能知道它的本身，那么再来断言它的存在，就不尽合理了。但是经验论并不是康德哲学的唯一原则，康德在坚持经验论的同时，也承认理性推论的作用。康德指出："在这方面毕竟总还是有一个保留，即：我们正是对于也是作为自在之物本身的这同一些对象，哪怕不能认识，至少还必须能够思维。因为，否则的话，就会推导出荒谬的命题：没有某种显现着的东西却有现象。"① 又说："一个在我之外的现实对象（如果该词从智性的意义上来理解的话）的存有从来不是在知觉中被直接给予的，相反，它只能连同这个作为内感官的变形的知觉，作为这知觉的外部原因一起被考虑进去，因而被推论出来。"② 这些都是说，承认作为质料之源对象的存在，并不能靠经验本身来证明，而是靠推论得到的。因为既然我们承认我们有直觉，直觉中有质料，那么再去否定作为质料之源对象的存在，就无论如何说不过去了。③



2. 作为真如之相的物自身

由现相不仅能够推论出作为质料之源的物自身的存在，而且可以推论出这种物自身一定有其自在性状。康德认为，既然我们所能认识的只是对象的现相，那么我们理所当然可以想象，这种对象有其自在的性状，只不过这种自在性状我们不能认识罢了。为此康德指出："因为如果感官仅仅是如某物显现那样向我们表象

---

① 康德：《纯粹理性批判》，BXXⅦ，邓晓芒、杨祖陶译本，第 20 页。

② 康德：《纯粹理性批判》，A228，邓晓芒、杨祖陶译本，第 323 页。

③ 韩水法对此有清楚的认识，他说："康德在解释认识的可能性和性质时，从认识及其对象的现象性推出了物自身。他认为既然我们承认我们认识到的对象只是现象，那么否认现象还有一个基础，则是说不过去的。"（韩水法：《康德物自身学说研究》，第 59 页）

某物，那么这个某物毕竟本身自在地也必须是一物，是一个非感性的直观的对象，也就是一个知性的对象，就是说，一种在其中找不到任何感性的知识必须是可能的，惟有它拥有绝对客观的实在性，因为诸对象凭借这种实在性向我们表象为如它们所是的那样，相反，在我们知性的经验性的运用中，诸物只被如它们所显现的那样来认识。"① 这里康德明确将对象的两种情况分离开来。一种情况是"如它们所是的那样"，另一种情况是"如它们所显现的那样"。前者指认识对象自在的样子，或者叫自在的性状，这就是物自身，后者指认识对象向我们显现的样子，这就是现相。既然我们认识所能得到的只是对象向我们显现的样子，只是现相，那么在这种现相背后一定有其基础。也就是说，在认识对象向我们显现的背后，一定有其自在的性状存在着，尽管我们的认识永远也达不到它，但这种自在性状的存在则是不容置疑的。这种认识对象的自在性状，用佛家术语表示，就是"真如之相"。这里所说的真如之相，就是质料之源物自身的本来状态，也就是这种物自身不加任何干扰的那个原本的样子。我认为，这种质料之源物自身的本来状态、自在性状，是康德物自身的另一种含义，可以简称为"真如之相的物自身"。



康德强调，现相与真如之相有原则区别。"直观中一个物体的表象就根本不包含任何可以归之于一个自在对象本身的东西，而只包含某物的现象及我们由此被刺激的方式，而我们认识能力的这种接受性就叫做感性，它与有关自在对象本身的知识之间，即使我们可以彻底看透那种现象，也仍有天壤之别。"② 我们所能知道的，只是对象向我们显现的样子，而不能知道对象原本存在的



① 康德:《纯粹理性批判》，A249—250，邓晓芒、杨祖陶译本，第228页。
② 康德:《纯粹理性批判》，A44，B61，邓晓芒、杨祖陶译本，第43页。

样子，这两者之间的区别是根本性的。从这个意义上也可以说，现相是人类认识的界限，我们绝不可能跨越这个界限，去奢望对对象的自在性状即真如之相有所认识。

为了突出这一思想，康德进一步提出了本体的概念。在“先验逻辑”部分最后，康德专门写了“把一般对象区分为现象和本体的理由”一章，特意指出：“诸现象就其按照范畴的统一性而被思考为对象而言，就叫做 Phaenomena①。但如果我假定诸物只是知性的对象，但仍然能够作为这种对象而被给予某种直观，虽然并非感性直观（作为 curam intuitu intellectuali②）；那么这样一类物就叫作 Noumena（Intelligibilia③）。”④ 现相是感性的对象，本体是知性的对象，这是现相与本体最根本的区别。又说：“现在，我们应当想到，经过先验感性论所限制的现象概念已经由自身提供出了本体的客观实在性，并且有理由把对象划分为现相（Phaenomena）和本体（Noumena），因而也把世界划分为感官世界和知性世界（mundus sensibilis et Intelligibilis⑤），亦即这样来划分：不仅仅在这里区分出同一物的不清晰的知识和清晰的知识的逻辑形式，而且区分出如同这些对象能被本源地给予我们的知识的那样一种差异，根据这种差异，这些对象本身自在地相互有种类上的区别。”⑥ 现相本身已经暗示着本体的存在了。由于本体的存在，可以将世界划分为感官世界和知性世界。这两个世界的差别并不是所谓知识清晰与不清晰的差别，而是可知与不可知的差别。



① 拉丁文：现象。为与 Erscheinung 相区别计，译者权将该拉丁文译作“现相”。——译者注

② 拉丁文：智性直观的对象。——译者注

③ 拉丁文：本体（理知的东西）。——译者注

④ 康德：《纯粹理性批判》，A248—249，邓晓芒、杨祖陶译本，第 227 页。

⑤ 拉丁文：感知世界和理知世界。——译者注

⑥ 康德：《纯粹理性批判》，A249，邓晓芒、杨祖陶译本，第 227—228 页。

总之，本体是由现相推论出来的。现相是我们认识的界限，界限之外一定还有我们不能知道的东西。这些我们不能知道但仍可以推论的东西，就叫做本体。

正因于此，康德坚持认为，在这个意义上，本体只是消极的，不是积极的。本体的概念只不过是一个限制概念，目的是限制感性的僭越，因而只有消极的作用。“因此把对象划分为现相和本体，而把世界划分为感性世界和知性世界，在积极的意义上是完全不能容许的”①。“既然我们的知性以这种方式获得一种消极的扩展，这就是说，知性与其说是由于感性而受到限制，不如说是通过它用本体来称谓物自体本身（而不把它看作现象），知性就限制了感性。但知性同时也限制了自己，不能通过任何范畴来认识本体，因而只能以未知某物的名义来思维这些本体。”② 康德反复强调，这种意义的本体只是消极的，旨在说明，我们对于本体是完全无知的。如果对于本体可以有所知，那么现相与本体的划分也就完全没有意义了。

我把这种真如之相视为物自身的第二种含义。康德讲物自身，很大程度上是针对这个问题而言的，有关的论述不仅数量非常多，语义也比较明确。康德在讲述空间的作用之后曾这样写道：“一般说来在空间中被直观到的任何东西都不是自在的事物，而且空间也不是事物也许会自在地自身固有的形式，毋宁说，我们完全不知道自在的对象，而凡是我们称之为外部对象的，无非是我们感性的单纯表象而已，其形式是空间，但其真实的相关物、亦即自在之物却丝毫也没有借此得到认识，也不可能借此被认识，但它

① 康德：《纯粹理性批判》，A255，B311，邓晓芒、杨祖陶译本，第232页。
② 康德：《纯粹理性批判》，A255—256，B311—312，邓晓芒、杨祖陶译本，第232页。

也从来不在经验中被探讨。”[1] 这就是说，在空间中展现的并不是自在的事物，而是夹杂了我们主观形式的东西。我们所认识的只是我们感性的表象而已，至于物自身，我们永远也不能知道。在分析了时间的作用之后，在“对先验感性的总说明”中，康德将空间和时间合并起来，再次强调了上面这种看法：



> 空间和时间作为一切（外部和内部）经验的必然条件，只不过是我们一切直观的主观条件，因而在与这些条件的关系中一切对象只不过是现象，而不是以这种方式独立地给予出来的物，因此关于这些现象，在涉及它们的形式时也可以先天地说出许多东西，但关于可能作为这些现象的基础的自在之物本身，则丝毫不能说出什么来。[2]

这一段的表述更为鲜明。空间和时间是经验的必然的主观条件，经过这种主观条件所得到的只不过是对象的现相，不是对象自身。这种对象自身就是物自身，我们对它丝毫说不出什么来。一句话，我们只能知道现相，不能知道对象的自在性状即真如之相，这种真如之相就是物自身。

作为质料之源的物自身与作为真如之相的物自身的关系较为微妙。这两者显然有其相同性，这种相同性至少包括这样一些方面：其一它们是同一个对象。质料之源物自身指为质料提供源泉的那个对象，真如之相物自身指上述对象的自在性状。这两种含义的物自身原本就是同一个对象，而不是两个不同的东西，只不过



① 康德：《纯粹理性批判》，A30，B45，邓晓芒、杨祖陶译本，第33—34页。
② 康德：《纯粹理性批判》，A49，B66，邓晓芒、杨祖陶译本，第46页。

侧重点不同罢了。其二它们同为不可知。质料之源的物自身只负责提供感性经验的质料，而这种质料的真如之相我们并不能够知道，所以它们都为不可知。从物自身即为不可知这种最一般的意义上看，它们当然都可以叫做物自身。其三它们都是由推论得到的。不管是质料之源物自身还是真如之相物自身，都由现相这个起点推论而来：既然我们只能认识对象的现相，那么我们自然有理由推论，现相背后必然有为其提供质料的那个源泉，也必然有这个源泉的自在性状。这种推论尽管不符合纯粹经验论的原则，但却是康德哲学中的题中应有之义，虽然人们因此常对康德有所批评。因为有这些相同性，如果有人主张将这两种不同含义的物自身合并为一，也可以理解。



但是，质料之源物自身和真如之相物自身也有明显的不同：前者（质料之源物自身）是指刺激我们感官，为经验提供质料的那个对象，重点在于解决质料的来源问题，后者（真如之相物自身）是指为质料提供源泉的那个对象的自在性状，重点在于说明一定有一个对象的自在性状存在着，只不过我们永远也达不到它罢了。尽管这种自在性状我们感性经验不可知，然而却可以通过知性想象它。正是从这个意义上，康德将其称为本体。本体一词按其原义就是智思之体，特指一种并非感性能够认识，必须用知性来把握的一种对象。这种意义与本节主题的联系最为重要。如上所说，本节的根本任务，是要反驳牟宗三关于康德的物自身并非是一个事实概念的观点。如果不特别突出物自身的这种真如之相的含义，不明白这种含义的物自身与本体的关系，我的任务便很难顺利完成。这是我坚持一定要把它们分离开来，作为物自身两种不同含义分别处理的根本原因。

### 3. 作为先验理念的物自身

在现相之外不仅有认识对象的真如之相，还有其他一些内容。

康德在“把所有一般对象区分为现象和本体的理由”一章第一版中指出，仅由现相这一点，我们便可以将现相与本体区分开来了，因为有现相，必然有真如之相，这也就是上面讲的作为认识对象的自在性状的本体。但康德这时又提出了一个新的问题：我们既然可以根据现相区分为认识对象与认识对象的自在性状（即真如之相），以此作为现相与本体的分别，那么当然也可以“对另外一些完全不是我们感官的客体、而只是由知性当作对象来思维的可能之物这样做”①。康德在这里提出了一个严肃的问题：本体不仅指认识对象的自在性状，还指其他“可能之物”。



在第一版中，康德对这种“可能之物”有如下界定：“所以，除了诸范畴的经验性的运用（它被限制于感性的诸条件上）之外，也许还有一种纯粹的但毕竟是客观有效的运用，而我们也许不可能如我们迄今所预定了的那样，肯定我们的纯粹知性知识在任何地方都不会超出现象的展现的诸原则，这些原则也不会先天地超出针对经验的形式可能性的原则，因为在这里将会在我们面前敞开一个完全不同的领域，仿佛是一个在精神中被思维的（也许还是被直观到的）世界，这个世界也许能让我们的纯粹知性不是去做更差的事，而是有远为高尚的任务。”② 康德在这里注明了这种“可能之物”具有的三个重要特征：第一，它将敞开一个完全不同的领域；第二，这个领域完全属于思维世界；第三，它不是去做更差的事，而是有远为高尚的任务。这三个特征中的最后一点特别需要引起重视，因为它已经暗示读者，这一新的领域与认识无关，而与“高尚的任务”相关。

那么这种肩负“高尚的任务”的“可能之物”究竟指什么呢？

---

① 康德：《纯粹理性批判》，B306，邓晓芒、杨祖陶译本，第225页。
② 康德：《纯粹理性批判》，A250，邓晓芒、杨祖陶译本，第228页。

首先，它不可能指作为真如之相的物自身。虽然康德也将真如之相物自身称为本体，但康德此处明确讲这种“可能之物”的使命是执行“高尚的任务”，而作为真如之相的本体与“高尚的任务”没有直接关系。另外，这种“可能之物”也不可能指先验对象。在康德学理中，先验对象严格说来并不能称为本体。[①] 在第二版中，康德将有关先验对象的很多部分都删掉了，如果将“可能之物”理解为先验对象，无法解释这种情况。既然这种“可能之物”并不是指这两者，那么有理由相信，它应当是指先验理念。因为从《纯粹理性批判》全书的结构来看，“把所有一般对象区分为现象和本体的理由”明显是一个过渡，前面承接“先验感性论”和“先验逻辑”两个部分，后面引出“先验辩证论”，而“先验辩证论”的一个重要内容就是先验理念。康德此时提出把所有一般对象区分为现相和本体的理由，显然是以本体为中介，由现相通过



① 先验对象与本体的关系是个重要问题。康德关于先验对象的论述十分繁杂，但其基本思想还是可以把握的。所谓先验对象在一般的意义上是指人类在认识过程中先天形成的一种认识模式，其作用是在用概念整理感性杂多时将一类材料都视为同一对象。牟宗三曾将先验对象解释为认识过程中的“物物原则”。这是一个很有启发性的见解。他说“第一版虽顺‘对象只是超越的’一义进而正面立‘超越的对象＝X’一词，但亦知‘超越的对象 X’对于我们是“无”。于是，进而向里收，把‘超越的对象’融解而为‘统觉的统一之相关者’，实只表示‘统觉的统一’而已，并非真有一种对象曰超越的对象也。此亦仍只是虚名的对象。故吾人得进而将‘超越的对象’一词再转为只是一种‘认知地物物之原则’。如是，第一版原初的思想实较有更多的曲折，虽足以令人困惑，然亦足以引人深思，若弄清了，则关于此问题以及其所牵连的可有更确定的了解，而与第二版之修改亦无以异。”（牟宗三：《智的直觉与中国哲学》第 111—112 页，20/145）在这个意义上，先验对象与本体的区别是较为明显的。杨祖陶、邓晓芒对此有很好的解说：“先验对象是知性从其自身的运用中所建立的一个必须用来规定经验对象的知性对象，本体则是知性从对感性现象的限制中所设定的一个作为知性直观对象的知性对象。”（杨祖陶、邓晓芒：《康德〈纯粹理性批判〉指要》，第 224 页）卫羚的论文《牟宗三关于康德“超越的对象＝X”的误读》（《福建论坛》，2012 年第 3 期），对牟宗三相关论述中存在的问题亦有分析，可以参见。

本体过渡到先验理念。因为先验理念不可知，同样是物自身，同样是本体，这才有了由本体这一中介过渡到先验理念的可能。另外，康德设立先验理念的一个重要的目的是为道德服务，为信仰留下地盘，这与这一新领域与“高尚的任务”的说法也能够衔接起来。由此可知，将康德所说的“可能之物”理解为先验理念，是有充分说服力的。



柏拉图是西方哲学史上最早明确提出理念论的哲学家。柏拉图认为，理念来自于最高的理性王国，现实中的经验事物或经验对象都是对这一理念的模仿或分有。康德对于理念一词的用法既来自于柏拉图，又与其有很大的不同。在康德看来，三段论是由大前提、小前提、结论三个部分组成的，其性质是通过一定的条件系列达到知识的结论。在推理过程中，前一个三段论的结论同时又成为后一个三段论的前提，由此循环，共同构成一个三段论式的环环相扣的链条。在这个链条中，沿着上升序列不断向上推，一定能够推出一个最高的条件，这个最高的条件就是理念。这个理念一定含有先天的成分，而这种含有先天成分的最高理念就叫做先验理念。这就是康德所说的：“我们也可以期望理性推论的形式当它按照范畴的标准应用于直观的综合统一时，将包含某些特殊的先天概念的起源，这些先天概念我们可以称之为纯粹理性概念，或先验理念，它们将根据原则而在全部经验的整体上对知性的运用作出规定。”①

先验理念的作用是指向条件综合中的绝对全体。康德把理性推理中的三段论归结为某种判断，认为这种判断其实是先天早已规定好了的，因为在这个推理中先天条件早就以总体性或全体性的面目决定了它的结论。这种总体性或全体性就是先验理念的作



① 康德：《纯粹理性批判》，A321，B678，邓晓芒、杨祖陶译本，第275页。

用。“先验理性概念无非是有关一个给予的有条件者的诸条件的总体性的概念。既然只有无条件者才使得条件的这个总体成为可能，反过来诸条件的总体性本身总是无条件的，所以一个纯粹理性概念一般说可以用无条件者的概念来说明，只要后者包含有条件者的综合的某种根据。”① 先验理念的作用是使单个判断中体现的综合统一性尽可能扩展到最高的无条件者身上，从而使知性在一切具体场合下最终能够在这个无条件者之下得到统一。这样做是为了达到最大的综合，使其具有完备性和整体性，满足人们追求绝对全体的最高要求。



值得关注的是，康德设立先验理念时特别强调其在道德实践方面的意义。在康德看来，柏拉图的理念的真正价值体现在道德方面。这是因为，“它在德性、立法和宗教的诸原则方面，在诸理念虽然永远不能在其中得到完全表达、但首次使（善的）经验本身成为可能的地方，却是一种完全特别的贡献，这种贡献人们只是由于恰好通过经验性的规则来评判它才没有认识到，而这些经验性规则的有效性作为原则本来正是应当通过这种努力而扬弃掉的。”② 在康德心目中，柏拉图首先是在实践、自由、道德领域寻找理念的。柏拉图这一做法的意义极为深远，“因为在对自然的考察中，经验把规则提交给我们，它就是真理的源泉；但在道德律中经验却（可惜！）是幻相之母，而最大的无耻就是从被做着的事情中取得有关我应当做的事情的法则，或想由前者来限制后者。”③ 康德在这里说明，在认识领域中，经验是重要的，因为它是真理的源泉。但在道德领域则不然，人们往往从自己所做的事情中寻

① 康德：《纯粹理性批判》，A322，B379，邓晓芒、杨祖陶译本，第276页。
② 康德：《纯粹理性批判》，A318，B375，邓晓芒、杨祖陶译本，第273页。
③ 康德：《纯粹理性批判》，A318—319，B375，邓晓芒、杨祖陶译本，第273页。

找理由，从而败坏道德。面对这种情况，唯一的办法就是将先验理念牢牢地树立起来，清除一切在道德领域中以经验为说辞的可能性。为此，康德曾这样评价他所从事的工作，说他正在从事的“是一件不那么辉煌、但却也并非不值得做的工作，这就是：为庄严的道德大厦平整和夯实基地”。“我请求那些衷心热爱哲学的人（这种热爱肯定比人们通常见到的更多），如果他们认为自己被这里和下面将要说的话所说服，那就按照其本源的含义为理念这个术语辩护吧，以便这个术语今后不再陷于其他那些通常用来称谓各种各样粗疏混乱的表象方式的术语中，由此而损害科学。”① 先验理念之所以重要，就是因为它是整个道德大厦的基地，只有将这个基地平整好，夯结实，才能阻止那些粗疏混乱的术语，才能不损害科学。



康德从形式逻辑的直言、假言、选言三种形式推理引出三种辩证推理。康德认为，这些推理之所以是“辩证的”，是因为由此推出的知识并不是在经验中具有的对象，而是人们对其进行的一种超验运用。在理性进行辩证推理的过程中，在条件方面进行上升的回溯，必然涉及涵盖一切具体条件的最高条件。这种最高条件根据不同的对象，分别涉及三个方面，一是针对主体的关系，二是针对现相中客体之杂多的关系，三是对一切一般事物的关系。“因而一切先验理念都将能够纳入三个等级之下：其中第一级包含思维主体的绝对的（无条件的）统一，第二级包含现象的诸条件系统的绝对统一，第三级包含思维的所有一般对象之条件的绝对统一。”② 这样就有了三类不同的先验理念。针对这三种不同的先验理念，分别建立起了先验的心理学、先验的宇宙论、先验的

① 康德：《纯粹理性批判》，A319，B376，邓晓芒、杨祖陶译本，第 274 页。
② 康德：《纯粹理性批判》，A334，B391，邓晓芒、杨祖陶译本，第 283 页。

神学。

先验理念的三种分类，已经涉及了形上学问题，而这种形上学问题又和道德问题紧密联系在一起。康德在“先验理念的体系”一节有一个注，直接讲到这个问题：

> 形而上学在其研究的本来的目的上只有这三个理念：上帝、自由和不朽，以致于第二个概念在与第一个概念相联结时，就应当导致作为一个必然结论的第三个概念。这门科学通常研究的一切东西都只是用作它达到这些理念及其实在性的手段。它需要这些理念不是为了自然科学，而是为了从自然那里超升出来。对这些理念的认识将会使得神学、道德，以及通过这两者的结合，使得宗教，因而使得我们存有的那些最高目的，都仅仅依赖于思辨的理性能力而别无所依。在对那些理念的一个系统展示中，上述秩序作为综合的秩序，将会是最恰当的秩序；但在必须先行于这个秩序的探讨中，那对这一秩序加以颠倒的分析的秩序将更适合于这个目的，以便通过我们从经验直接交给我们的东西即灵魂学说出发，进向世界学说，并且从那里一直进到上帝的知识，这样来完成我们的伟大计划。①



这个注是第二版新加的，特别引人注目。康德在这里明确指出，形上学的目的只有上帝、自由、不朽这三个理念。这三个理念又按照一定的关系联系在一起，即自由在上帝的保护下达到不朽。值得关注的是，这些理念并不是为了自然科学，而是为了



① 康德:《纯粹理性批判》，A337，B395，邓晓芒、杨祖陶译本，第285页。

从那里超升出来。正因为如此，康德特别强调，他所安排的从灵魂、进到世界、再到上帝的探索是极为有意义的，是一个“伟大计划”。

如同将认识对象的自在性状归为本体，康德将先验理念也列入本体的行列。《未来形而上学导论》指出：先验理念是我们无法实现的，但也无法逃避，我们的理性，像生出自己珍爱的子女一样，生出了形而上学，为了满足人类理性的要求，“我们应当设想一个非物质的存在者、一个知性世界和所有存在者的一个最高存在者（纯粹的本体）”[①]。但是，另一方面，“既然我们永远不能按照这些知性存在者就自身而言所可能是的样子亦即确定地认识它们，但在与感官世界的关系中又必须假定它们，并且通过理性把它们与感官世界联结起来，所以，我们至少要能够凭借表述它们与感官世界的关系的那些概念来思维这种联结。”[②] 这里讲到两层意思：一方面，为了满足人类理性的要求，为了充分考虑感性世界的关系，我们必须设立先验理念这样一个本体，一个非物质性的存在体；另一方面，我们又永远不可能按照其自在的样子来认识它们。

由此，康德将先验理念视为物自身（本体）。“事实上，对于我们的纯粹知性概念而言，在诱人去做一种超验的应用方面有某种难以对付的东西；因为我所说的超验的应用，乃是超出了一切可能的经验。不仅我们的实体、力量、行动、实在性等概念完全不依赖于经验，此外根本不包含感官的任何显象，因而事实上显得关涉物自身（noumena［本体］），而且更加强了这种猜测的是，它们在自身中包含着经验永远无法比拟的一种规定的必

① 康德：《未来形而上学导论》，《康德著作全集》第四卷，李秋零译，第 360 页。
② 康德：《未来形而上学导论》，《康德著作全集》第四卷，李秋零译，第 360 页。

然性。”[①] 康德认为，概念有一种趋势，引诱我们去做超验的使用，好像我们的认识是可以接近物自身（本体）似的，但这样做是完全不能容许的。联系上下文看，康德这里讲的“超验的使用”当主要针对先验理念而言，因为此后紧接着又讲到“在经验大厦旁边给自己又建造了一个规模更大得多的附属建筑”[②] 的问题。康德认为，这些虽然超出了它们的界限，但仍然是“正确的”，而这些只能用在先验理念之上。康德将先验理念作为物自身（本体）看待的思路值得认真思考。先验理念按其本义就是理性为追求无限而推论出的一种理念，是一种智思之物，即所谓的本体。因为本体有只可思，不可知的性质，所以又可以称为物自身。在这一点上，先验理念作为物自身与作为本体的意义有相重性，即它们都是在现相之外不可认识的对象。学术界常常将先验理念看作物自身，可能正是基于这一点出发的。我将这种以先验理念为主要内容的物自身简称为“先验理念的物自身”。

最后需要说明的是，作为真如之相的物自身与作为先验理念的物自身同样有同也有异。说其相同，是因为它们都在经验之外，都属于不可知，都是认识的界限，都可以称为物自身。说其有异，一是因为所指不同：真如之相物自身指的是为经验提供质料的那个对象的自在性状，而先验理念物自身主要是指理性为追求无限而设立的理念。虽然这两者我们同样不可知，但先验理念与质料之源自在性状并非同一所指。二是因为意义不同：真如之相物自身只有消极的意义，而先验理念物自身除了物自身一般的消极的意义（即不可知）之外，还有一层积极的意义，因为先验理念对于人类

① 康德：《未来形而上学导论》，《康德著作全集》，第四卷，李秋零译，第318—319页。

② 康德：《未来形而上学导论》，《康德著作全集》，第四卷，李秋零译，第319页。

的信仰、道德的追求，完全不可或缺。这就是先验理念作为本体所具有的积极意义。这层意义是不可否定的，否则康德保障理性实践利益的崇高任务就无法完成了。

#### 4. 三种不同含义的物自身以及与本体的关联

综合以上所说，物自身在康德那里主要有三种不同的含义，即：



第一，作为质料之源的物自身，这种物自身特指能够刺激感官引起感性直觉的那个对象。这个对象是我们由现相推论出来的一种现实存在的东西，其作用是刺激我们的感官以形成经验。

第二，作为真如之相的物自身，这种物自身特指为质料提供源泉的那个对象的自在性状。在形成经验的过程中，因为我们的感官有自己的主观形式，所以我们所能得到的并不是这个对象原本的样子，只是它的现相。由此我们同样可以推论出质料之源物自身一定有其自在性状，这种自在性状也就是所谓的真如之相，但这个真如之相我们根本无法达到。由于作为认识对象的自在性状的真如之相是一种推论之物、一种智思之物，故可称为本体。

第三，作为先验理念的物自身，这种物自身特指人类理性在追求无限的过程中而设立的先验理念，即上帝、自由、灵魂。先验理念本身只是一种理念，也在我们认识界限之外，完全不能认识。在这一点上与作为真如之相的物自身有一致性，也是一种智思之物，同样可以称为本体。这种本体作为认识的界限也是消极的，但同时又具有积极的意义，目的是为了保障理性的实践利益。

根据以上所说，可将这三种不同含义的物自身统一列表比较如下：

<table>
<tr><th>物自身名称</th><th>所指的内容</th><th>可否称本体</th><th>本体的意义</th><th colspan="2">交叉关系</th><th colspan="2">哲学的意义</th></tr>
<tr><td>质料之源物自身</td><td>为质料提供源泉的那个对象</td><td>不可以</td><td></td><td rowspan="2">现相</td><td></td><td colspan="2">认识中质料的来源问题</td></tr>
<tr><td>真如之相物自身</td><td>为质料提供源泉的那个对象的自在性状</td><td>可以</td><td>消极</td><td rowspan="2">本体</td><td rowspan="2">认识界限问题</td><td>自在性状可否认识的问题</td></tr>
<tr><td>先验理念物自身</td><td>理性为追求无限设立的理念</td><td>可以</td><td>消极与积极</td><td></td><td>形上学的问题</td></tr>
</table>

细细分析列表可以得知，这三种不同物自身所指的内容有着细微的差别。质料之源物自身指为质料提供源泉的那个对象。这个对象虽然是由现相推论出来的，但一定是现实存在之物，只有有了这种现实存在之物才能刺激感官形成经验。这是它区别于其他两种物自身的根本标志。真如之相物自身指为质料提供源泉的那个对象的自在性状。这种自在性状也是由现相推论出来的，标志着我们人类认识的界限，可以称为本体。这种本体只能是消极性的，这是康德认识论的一个根本原则。先验理念物自身特指理性为追求无限而设立的理念。这些理念也在认识界限之外，只能思维，不能认识，也可以称为本体。但这种本体除了消极意义之外，其内容在某些方面还有积极的意义，因为为了保障理性的实践利益不可没有这些内容。这些细微的差别构成了它们之间的微妙关系。

在我看来，上述三种不同物自身的这种微妙关系，就如同一个三个扇面的屏风。质料之源物自身是它的第一个扇面，真如之相是它的第二个扇面，先验理念是它的第三个扇面。连接这三个扇面有两个铰链，一个是现相，一个是本体。现相作为铰链负责连接质料之源物自身与真如之相物自身，本体作为铰链负责连接真如之相物自身与先验理念物自身。这就是说，质料之源物自身与真如之相物自身由于现相而有了共同点，因为它们都是由现相推论出来的；真如之相物自身与先验理念物自身由于本体而有了共同点，因为它们都不可知。虽然质料之源物自身与真如之相物自身都与现相相对，但其所指并不相同。质料之源物自身指为质料提供源泉的那个对象，真如之相物自身指上述对象的自在性状。真如之相物自身与先验理念物自身都与本体相对，但其所指也有所不同。真如之相物自身（本体）指为质料提供源泉的那个对象的自在性状，先验理念指理性为追求无限而设定的理念。由于所指不同，其意义也不完全相同。真如之相物自身（本体）只具有消极的意义，先验理念物自身（本体）既有消极的意义，以标明认识的界限，同时又包含着积极的意义，以保障理性的实践利益。这些就构成了它们之间的差异，形成三个不同的扇面，各有其独立存在的意义，不能相互代替，或取消其中的任意一个。

进一步说，康德物自身思想之所以难以理解，是因为他要解决的问题十分复杂。这些问题从大的方面看可以归为两类，一是认识中质料的来源问题，二是认识界限问题。认识中质料的来源涉及的是认识中的质料究竟来自哪里的问题。康德从现相推论出一定存在着一个为质料提供源泉的对象，没有这个对象对感官的刺激，就不可能产生经验。认识界限涉及的是认识边界问题。它告诉人们，我们只能认识经验范围内的对象，不能超越这个范围，这就是认识的界限。这一类问题又包括两个不同内容。其一是为质料提供源泉的那个对象的自在性状可否认识的问题。康德认为，人类的认识必须经过直觉，因为直觉具有自己的形式，仅此一点就从根本上决定了，我们只能认识对象的向我们显现的样子，不能认识对象的自在性状。其二是形上学问题。形上学所要解决的是理性的终极根据以及信仰问题，这些是经验无法证实的，也在认识界限之外。虽然它不可认识，但对于理性的实践利益来说却又绝对不可或缺，因而同时又具有积极的意义。于是，这两类问题便有了三个不同的小项，即认识中质料的来源问题、自在性状可否认识问题、形上学问题，其间形成了一定的交叉关系。

康德论物自身常将这些不同含义包括它们之间的不同关系混在一起。他因现相一会说质料之源物自身，一会说真如之相物自身，又因本体一会说真如之相物自身（本体），一会说先验理念物自身（本体）。于是这三种不同含义的物自身就因现相和本体这两个铰链相互产生关联，形成首尾相连，移其首则尾动，移其尾则首动，移其中间则首尾皆动的复杂局面。康德物自身思想难以理解皆因于此。



### 5. 物自身究竟是不是一个事实的概念

划分三种不同的物自身，分辨物自身与本体的屏风式的交叉关联，对于寻找牟宗三无执存有论的理论缺陷有重要帮助。主张物自身不是一个事实的概念，是牟宗三无执存有论的一个核心观点，然而这一观点存在着重大的理论缺陷。因为根据上面的分析，在康德思想中，物自身有不同含义，是否为事实概念，必须具体而论，不能笼统而说。

康德物自身的第一个含义，是作为质料之源的物自身。康德认识论的出发点是经验，经验由后天质料和先天形式两方面因素共同构成。由于感性直觉的介入，经验带有明显的主观成分，所以我们得到的只是对象的现相。既然如此，我们由此可以推论，必然有一个为质料提供源泉的对象存在着，由这种对象的刺激，我们的感官才能形成经验。这样也就有了第一种含义的物自身，即作为质料之源的物自身。质料之源物自身的主要任务是刺激感官形成经验，其意义主要表现在认识中质料的来源方面。从这个意义上说，尽管它是由推论得出的，而其本身主要侧重于刺激感官形成经验，但仍然与事实问题有一定的相关度，因为它要解决的毕竟是事实来自何方的问题。从这个角度出发，我们不宜说这种含义的物自身与事实完全无关。然而这与我们关心的主题距离较远，这里不予详论。



康德物自身的第二个含义，是作为真如之相的物自身。根据上面的梳理，作为真如之相的物自身应当说是一个事实的概念。这是因为，康德《纯粹理性批判》所探讨的中心议题便是先天综合知识如何可能。既然是一种知识，就有一个知识与其对象的自在性状是否相符的问题。康德认为，我们的知识必须经过先天的主观条件才能形成，这就决定了我们的知识不可避免地带有主观的色彩，因此必然与认识对象的自在性状有一定的距离。也就是说，我们所认识的只是现相，不是对象的真如之相，即不是那个“事实的原样”。在中国人的一般理解中，“事”就是物，“实”就是原本原样，两者结合起来，“事实”就是对象原本的样子，一点不歪曲，一点不变形。从这个意义上看，将与构成经验知识有关的物自身理解为事实的概念，描述为“事实上的原样”，强调这种“事实的原样”我们永远也得不到，符合康德哲学的基本精神。

康德物自身的第三个含义，是作为先验理念的物自身。这里的情况较为复杂。从总体上说，先验理念物自身是知性在追求无限的过程中，为了寻找终极性的原则而设立的，属于形上学范围。人类理性天生有一种形上学的倾向，绝不满足经验现相，而要不断超越于其上，形成一种超验的运用。尽管这种超验的运用超出了经验的范围，超出了人类认识的界限，但仍然是有意义的，因为只有这样才能满足人类的形上要求，才能得到“安宁和满足"[①]。超越于经验就是不与经验打交道，不与经验打交道就是说它不是一个认识的对象，不是一个认识的对象当然也就与事实无关。这种意义的物自身主要着眼于理性的实践利益问题，有一定的价值意味（详见下文），在一般的意义上并不关乎事实问题。[②]



由此可知，要证明物自身是不是事实的概念，最好将康德物自身中的不同含义分别开来具体分析。质料之源物自身主要涉及事实来自何方的问题，虽然与事实有一定的关系，但这个意义并不重要，所以我们不在这个问题上过多纠缠。真如之相物自身讲的是认识的不歪曲、不变形，明显关涉到事实问题，完完全全是一个事实的概念，只不过这种事实我们根本得不到而已。先验理念物自身主要涉及形上学问题，其主要内容与理性的实践利益相关，而与认识的不歪曲、不变形没有直接关系。由这个基点出发，我们可以断言，康德的物自身理论有一部分内容与事实有关，有一部分内容又与事实无关，因此，物自身既是一个事实的概念，又不是一个事实的概念。我们不能因为物自身中一部分内容与事实有关，而断定物自身就是一个事实概念，也不能因为物自身中一部分内容与事实无关，而断定物自身完全不是一个事实的概念。牟宗三否认物自身是一个事实的概念，显然是以偏概全

---

① 康德:《未来形而上学导论》,《康德著作全集》, 第四卷, 李秋零译, 第 357 页。

② 必须看到, 如果单就先验理念中的自由而说, 这种自由又与"事实"有一定关系。康德在《判断力批判》中从实践的角度讨论了"认其为真的方式"问题。他将认知的事物区分为三类, 即"意见的事"、"事实的事"和"信念的事"。在"事实的事"方面, 康德强调, "凡是其客观实在性能够被证明的概念（不论是通过纯粹理性还是通过经验, 在前一种场合下是出自理性的理论上或实践上的资源, 但在任何一种场合下都是凭借某种与这些概念相应的直观）, 它们的对象都是（res facti [拉丁文: 事实的事。——译者注]）事实。"（康德:《判断力批判》, 邓晓芒译、杨祖陶译本, 第 329—330 页）这里的"事实"即指自由的理念。

了。我这里所说的以偏概全，是指因事物具有某一方面的特点而否定其具有另一方面特点的一种做法。如上所述，除开质料之源的含义之外，康德物自身的概念还有两重含义，既有真如之相的内容，又有先验理念的内容。先验理念的内容主要偏重于理性的实践运用问题，与事实没有直接关联，这一点不存在疑问。但真如之相的内容明显与不歪曲、不变形的事实相关，在这个意义上完全可以说是一个事实的概念，这同样是毋庸置疑的。[①] 牟宗三以物自身概念中有一部分内容与事实无关为依据，断定康德的物自身完全不是一个事实的概念，在思想方法上确实有值得检讨的地方，这一点只要不带太强的成见，静下心来思考问题，是很难否认的。



## 三、牟宗三何以否认物自身是事实概念

那么，牟宗三为什么会以偏概全，否定物自身是一个事实的概念呢？这显然是一个艰巨的任务。一般而言，发现牟宗三思想与康德物自身理论不合，并不特别困难，但要找到为什么会有这

① 这里澄清一个误解。唐圣在其博士论文（《圆觉主体的自由：牟宗三美学思想的核心问题》，陕西师范大学博士论文，2011 年）中引述了我上面的说法（指我发表于《云南大学学报》2008 年第 3 期上的论文《康德的物自身不是一个事实的概念吗？——牟宗三关于康德物自身概念之诠释质疑》），认为“杨泽波坚持其是一事实意义概念而反对牟宗三之价值意味说”（参见其论文第 218 页）。这种理解并不符合我的原意。在那篇文章中我讲得很清楚，康德的物自身理论有一部分内容确实与事实无关，但同样有一部分内容又与事实有关，我们不能因为物自身中一部分内容与事实有关，而断定物自身就是一个事实概念，也不能因为物自身中一部分内容与事实无关，而断定物自身完全不是一个事实的概念。换言之，我并不否认康德的物自身有价值的意味，因为本体也是物自身，而本体中先验理念的内容就与价值意味相关，只不过这种价值意味与牟宗三所说“物自身是一个价值意味的概念”中的“价值意味”所指并不相同罢了。

种不合的原因，确定问题究竟出在哪里，就不那么容易了，以至于读者经常感到这里似乎有一些问题，但又始终无法说清问题究竟出在哪里。经过反复推测揣摩，我发现问题很可能出在物自身与本体的关系上。也就是说，牟宗三以偏概全的错误，很大程度上源于混淆了康德物自身与本体的关系。这种混淆具体又包含两个步骤：首先是将物自身与本体混同为一，同等看待；其次是以先验理念的物自身取代真如之相的物自身。这里的关系较为复杂，需要细细梳理。



1. 将物自身与本体混同为一

先看第一步：将物自身与本体混同为一，同等看待。

按照此前的分析，共有三种不同含义的物自身，除质料之源的物自身之外，还有作为真如之相的物自身和作为先验理念的物自身。真如之相物自身指感官外部对象的自在性状，我们对它一无所知，康德又将其称为本体；作为先验理念的物自身是理性为满足形上要求而设立的理念，这些理念远离经验，我们对其根本谈不上有一点点的认识，康德也将其称为本体。在这个意义上，这两种物自身有着相同性，两种物自身的关系同时也就是两种本体的关系。要保全两种物自身，就必须保全两种本体，而不能随意将一种本体去掉，或将其归并到他者身上。但是，牟宗三在诠释康德物自身思想时，却强行将两种本体中的一种取消了。

为了说明问题，我们必须回到《智的直觉与中国哲学》。虽然明确认定物自身不是事实概念的提法是在《现象与物自身》中首次正式提出来的，但其理论基础早在《智的直觉与中国哲学》中就已经确定了。在这部著作中，牟宗三专门讨论了康德物自身与本体的关系，对《纯粹理性批判》“把所有一般对象区分为现象和本体的理由”一节第二版第十自然段[①]做了认真分疏。牟宗三认为，这段话是说本体包括两个义项：“一是‘属于对象自身（即物自身、物之在其自己）的本性’，一是‘不为感觉之对象但只通过知性而被思为对象’的‘其他可能的东西’。这两种，康德是用‘或’字来表示的，即，把‘物自身’或‘其他可能的东西’（不是感觉之对象但只通过知性而被思为对象者）置于与‘感触物’相对反的地位，而统名曰‘理智物’。这种‘其他可能的东西’究竟意指什么说呢？”（《智的直觉与中国哲学》，第113页，20/146—147）牟宗三看到，Noumena（本体，牟宗三常将其译为智思物、理智物或本自物，有时也译为物自体）在《纯粹理性批判》第二版中指两方面的内容。首先是对象自身的本性，这个本性我们只能想象它，不能认知它。其次不是感觉的对象，而是只能被思维的“其他可能的东西”。

那么，康德这里所说的第二个方面，即“其他可能的东西”究竟是指什么呢？牟宗三分析说：

> 这种“其他可能的东西”究竟意指什么说呢？是“物自身”一义之转换表示呢？抑还是别有所指呢？康德

---

① 康德：《纯粹理性批判》，B306，邓晓芒、杨祖陶译本，第225页。这一段牟宗三译文如下：“同时，如果我们名某种对象，当作现象看，曰感触物（sensible entities, phenomena），则因为我们把‘我们于其中直觉它们’的模式与那‘属于它们自身’的本性区别开，所以在这种区别中就函着：我们把这后者（以它们自己之本性视之，虽然我们不能这样去直觉它们），或把其他可能的东西（这其他可能的东西不是我们的感觉之对象，但只通过知性而被思为对象），置于与前者相对反的地位，而在这样置对中，我们名它们（后者或其他可能的东西）曰理智物（智思物 intelligible entities, noumena）。如是，我们的知性之纯粹概念在关于这些理智物（智思物）方面是否有意义，因而是否能够是知道它们的一种道路，这问题便发生。”（牟宗三：《智的直觉与中国哲学》，第112—113页，20/146）

> 下文并未就两项分别说，只就“物自身”一义说，如是，这又好像只是一义之转换表示。但这里却又似乎确有两项的意义。如果别有所指，则它当指什么说呢？这很难确定。“只通过知性而被思为对象”，此语可有两指：一指“物自身”说，因为“物自身”亦可以通过知性而被思；一指如第一版所说的“超越的对象＝x”说，但此时之“对象”只是“对象一般”或“某物一般”。如指物自身说，则“其他可能的东西”不能别有所指，而康德下文亦常以“对象一般”或“某物一般”说物自身，故超越的对象是“某物一般”，物自身亦可以是“某物一般”，不能只因“某物一般”就想它是别有所指。如果在物自身以外别有所指，指如第一版所说的“超越的对象 x”说，则第二版不立此义，而依第一版，康德又声明“超越的对象 x 不能被名曰 noumenon”，此即表示超越的对象不能概括在此处所说的“理智物”中，是以此种“其他可能的东西”不能指如第一版所说的“超越的对象 x”说。
>
> 《智的直觉与中国哲学》，第 113 页，20/147

牟宗三认为，这里有两种可能：一是仍指物自身，“其他可能的东西”只是物自身的另一种表述。但这种可能性不大，因为如果是这样的话，这里的两种所指就相重了，康德没有必要这样做。二是指先验对象（牟宗三译为“超越的对象”）。但是，牟宗三随即排除了这种可能，因为在《纯粹理性批判》第一版中康德曾明确讲过不能将先验对象称为 noumenon。

那么这种“其他可能的东西”是否指上帝、灵魂、自由意志呢？牟宗三认为“这似乎亦不像”：

如果不指“超越的对象”说，是否可以指上帝，灵魂不灭的灵魂，以及自由意志说呢？这似乎亦不像。因为这三者是“理性”顺范畴要求一绝对完整时所提供的超越的理念，而不是知性通过范畴之所思。此处言“理智物”是就知性之离开感性条件说，故只云它“不是感觉之对象，但只通过知性而被思为对象”。此种“其他可能的东西”所代表的“理智物”可能是完全不决定的，只是一个通过知性范畴而思的对象之空洞概念，吾人尚不能决定其即为上帝（绝对存有），不灭的灵魂，或自由的意志等。当然当“理智物”这个概念建立起时，吾人亦可把理性依超离原则所提供的超越理念（上帝、灵魂、自由意志等）视为理智物，或划归于理智物中，因为这些亦不是“感触物”，又因为康德本人亦曾[①]以现象与物自身两观点来看单一不灭的灵魂与自由的意志，依此推之，即使是上帝，亦可以此两观点观之：以现象观之，它们是感触物；以物自身观之，它们即是理智物。但现在从知性范畴之即或离感性条件而划分，或从对象之在感性条件下与否而划分，则此处所谓“其他可能的东西”很难使吾人说它们即指上帝等说。康德只说了这么一句宽泛的交替语，他亦未明指或暗示即指上帝等说，而依下文，他亦未就交替的两端分别说，只就物自身一端说，因此，我们尚不能把这“其他可能的东西”即混指为理性所提供的超越理念。

《智的直觉与中国哲学》，第 114 页，20/147—148



① 全集本脱此“曾”字，据单行本补。——引者注

牟宗三对此的态度不太坚定。他先是说，这似乎不像，因为这三者是理性所提供的先验的理念，而不是知性通过范畴之所思。但他又不特别坚持这种看法，猜测这种“其他可能的东西”所代表的对象并不是完全确定的，凡是通过知性范畴而思的空洞概念，都可以包括在其中，当然其中也可以包括上帝、灵魂、自由意志。最后，他还是回到了最先的立场，认定“此处所谓‘其他可能的东西’很难使吾人说它们即指上帝等说”，“我们尚不能把这‘其他可能的东西’即混指为理性所提供的超越理念”。



既然“其他可能的东西”既不指先验对象，又不特指上帝、灵魂、自由意志，牟宗三便得出了这样一个结论：

> 因此，康德这一空洞的交替语实是多余的，我们可以简单化单就“物自身”想这“理智物”即可。
>
> 《智的直觉与中国哲学》，第114页，20/148

这一表述不长，但非常吃紧。它明确告诉读者，按照牟宗三的理解，本体即是物自身，物自身即是本体，本体与物自身是同义语，我们可以直接以物自身想这个理智物。

牟宗三进而分析了康德在物自身之外另立一个智思物的原因。他认为，康德之所以有这一交替之语，主要是由知性范畴之“即”或“离”感性条件来确定的。如果只从对象是否在感性条件下来划分，那么就只有现相与物自身的分别，谈不上“其他可能的东西”。但是如果从知性范畴之即或离感性条件而划分，则需要有“其他可能的东西”这一交替之语。因为依照这种划分的方式，我们便有了知性范畴之经验的使用与超越的使用的不同。“即”是经验的使用，“离”是超越的使用。牟宗三接着这样写道：

> 在经验的使用下，其所应用于其上而决定之的对象自是感触物（现象），但在超越的使用下，则依康德之声明，此种使用只是误用，是一种错误，它并不能决定什么，即使在此使用下，我们凭借知性范畴而思的虽是理智物，并不就是物自身，很可只是笼统的“对象一般”，而实不是对象，其为理智物实只是逻辑的理智物，而不是存有论的理智物。康德所说的理智物，由之以定noumena，是存有论的理智物，是实的，物自身亦是实的。康德虚实不分，又依知性范畴之即或离感性条件而划分感触物与理智物，遂于“物自身”一义外，复置一“其他可能的东西”一交替语。如是，遂使人迷惑，一方不能确指此“可能的东西”究指什么说，一方又使“noumena”一词弄成缠夹不清的。
>
> 《智的直觉与中国哲学》，第114—115页，20/148—149

康德之所以有上述交替之语，关键在于知性范畴是否有感性条件的参加，也就是牟宗三所说的“即”或“离”。有感性条件参加为“即”，无感性条件参加为“离”。知性范畴必须有感性条件的参加才能做成知识，反之则只是知性范畴的超验的使用。而依康德的原则，知性范畴的超验使用只是误用，并不能决定任何东西。按照牟宗三的看法，知性范畴超验使用的对象很可能是指对象一般，而对象一般只是认识领域中的“物物原则”，所以只是逻辑的理智物，并不是存有论的理智物。逻辑的理智物与存有的理智物是不同的，康德没有明确将其分离开来，造成了混乱。

为此，牟宗三从以下两个方面进行了厘清：

(1) 只依对象是否在感性模式下而划分现象与物[①]自身，感触物与理智物，只以此物自身之理智物规定 noumena，noumena 可译为“物自体”，意同于物自身（事物之在其自己）。“物自身”不能以“对象一般”说之。康德亦以“对象一般”或“某物一般”说之，遂与范畴之“超越的使用”以及“超越[②]的对象 x”缠夹不清。

《智的直觉与中国哲学》，第 115 页，20/149



凭借对象是否在感性模式下划分现相和物自身，在感性模式下为现相，不在感性模式下为物自身。这种情况下的物自身由于远离感性条件，人类并不能真正知道其是什么，但可以通过知性去思考它，这种由知性思考的物自身，即是理智物（noumena），而这里的 noumena 可以直接译为“物自体”[③]，与“物之在其自己”同

① 全集本脱此“物”字，据单行本补。——引者注

② 全集本此处误为“超”字，据单行本改。——引者注

③ 此处的“物自体”与“物自身”的关系须特别当心。在牟宗三著作中，“物自体”（又名智思物），相当于英文的 noumena。“物自身”（又名“物之在其自己”），相当于英文的 thing in itself。在《牟宗三先生论“智的直觉”函》中，牟宗三详细介绍了他在翻译这两个概念过程中遇到的困难，这样写道：“关于 noumena 一词，我当时实闹不明白究竟当该如何翻译，勉强译为‘物自体’，心目中是就此词之指‘物自身’（物之在其自己）而说。而‘物自体’与‘物自身’在中文语意上实即为同一。但在康德原文毕竟为两词。故后来经仔细检查，觉得仍照康德自己所说，直译为‘智思物’（Intelligible entities）为安。‘智思物’照康德书中所呈现或所涉及者而言，当该包括上帝、自由、不朽、以及物自身都在内。而物自身是对现象（内外感）而言。”（牟宗三：《牟宗三先生论“智的直觉”函》，《中国文哲研究通讯》第 9 卷第 4 期，1999 年）但从《智的直觉与中国哲学》的具体论述来看，牟宗三虽然也讲到这是两个不同的概念，但仍然坚持认为它们有着相同的含义。比如他曾明确这样讲过：“‘物自体’（noumenon）与‘物之在其自己’（thing in itself）为同意语。依康德，‘物之在其自己与现象之分是主观的，不是客观的。物之在其自己不是另一物，但只是同一对象的表象之另一面相’。（见前第八章）。自其关联于感性言，就是‘现象’，自其不关联于感性而回归于其自身言，便是‘物之在其自己’（物自体）。”（牟宗三：《智的直觉与中国哲学》，第 90 页，20/116）

义。这种意义上的理智物不同于“对象一般”，“先验对象 x”。因为“对象一般”，“先验对象 x”只是先验统觉过程中的原则、道理，是认知形成过程中的“物物原则”，其性质与人类感性无法达到因而不可认识却只可思考的物自身完全不同。



> (2) 依知性范畴之即或离感性条件而区别范畴之经验的使用与超越的使用之不同。超越的使用是误用，并不能决定什么。它只是通过知性范畴而思出“一个对象一般”，这当然不能有任何决定，故“超越使用实一无使用”。把这样的“思”用在“物自身”上，尤其虚妄，即根本不能用；用于物自身而思之为“对象一般”，则物自身即成不是存有意义的物自身，而转成逻辑意义的“对象一般”。“对象一般”是虚，故第一版由此说“超越对象 x”，结果却向里收摄而只成为统觉之统一。物自身是实，不能收摄而为统觉之统一，因为统觉之统一只统一现象之杂多，不能统一物自身，物自身无所谓杂多。“对象一般”不能预设一“智的直觉”以觉之，不能设想其可为智的直觉之对象。假定真有一智的直觉，则在此种直觉面前，“对象一般”便被拆掉而星散。但“物自身”可预设一智的直觉以觉之，而在此种直觉面前，物自身正好可以朗现并证成其为“物自身”。故物自身与范畴之超越的使用是两个层次上的概念，我们不能以超越使用所表示者亦划归于存有意义的理智物中，即物自体中。
>
> 《智的直觉与中国哲学》，第 115 页，20/149—150



知性范畴之“即”或“离”感性条件有两种完全不同的情况。知性只有结合感性条件才能使知识成为可能，如果离开感性条件就只能是超验使用（牟宗三原文为“超越使用”），而超验使用只是误用。知性范畴的误用，如果针对物自身，那么它就超越了认识的界限，没有任何实际意义；如果指“对象一般”，这个“对象一般”则转成只是具有逻辑意义的东西。所以尽管同样都是误用，但其意义仍有所区别：对于“对象一般”的误用没有实际意义，因为“对象一般”只是统觉过程中的一种原则，一种道理，对这种原则和道理根本不可能有直觉；但是对于物自身的误用则有所不同，虽然康德讲我们对于物自身不可能有智的直觉，但如果我们通过一种方式证明人类可以有这种直觉，那么物自身就可能呈现在主体面前，而这样一来物自身也就可以得到证明了。



以此为基础，牟宗三多次提到康德在物自身之外另立“其他可能的东西”，完全是多此一举：

> 对象在“一定关系”中名曰现象，所谓“一定关系”即是在感性模式下而与感性主体发生关系，即显现到感性主体上来。不在此种关系中，而回归于其自己，即名曰物自身，物之在其自己，或对象在其自己。此即是作为物自体的理智物，而非在一定关系中作为现象的感触物。我们可以这样去思对象，即依在或不在一定关系中之方式而思之；在一定关系中，名曰现象；不在一定关系中，即名曰物自体，对象在其自己。我们这样便形成“物自身”之概念（形成一对象在其自身之表象）。这样思之而形成“物自身”一概念是并无过患的。这所形成的概念即是“物自身”这个概念，“物自身”一义。
>
> 《智的直觉与中国哲学》，第 116 页，20/150—151
>
> “物自身”依不在“一定关系”中而思之，如此思之的“物自身”自是一“理智物”，此是实的，作为物自体

(noumenon）的理智物。但依范畴之超越的使用而思之的物自身，则转成“某物一般”，此时其为理智物只是“某物一般”之理智物。此理智物是虚的，不能作为“物自体”的理智物。假定我们一旦知道超越的使用为误用，而取消之，则此“某物一般”之理智物即消解而不存，所剩下的只有“物自身”一义之理智物。然则前段文于“物自身”一义外，复列一“其他可能的东西”这一交替语，统名曰“物自体”的理智物，显然不妥。此是由于对于理智物之虚实两义未能予以检别之故。而所以未能检别虚实两义，亦正由于对于思“物自身”之两方式（依不在一定关系中而思之与依范畴之超越的使用而思之）未能鉴别故。

《智的直觉与中国哲学》，第117页，20/152



对象在一定关系中即为现相，不在一定关系中则为物自身，这个物自身即是物之在其自己。这种物之在其自己我们无法认识，只可思之，所以叫做理智物。但是依范畴的超验使用也可以转出另一种理智物，这就是“某物一般”。这种作为“某物一般”的理智物与作为物之在其自己的理智物有本质区别：作为“某物一般”的理智物是虚的，作为物之在其自己的理智物是实的。如果我们知道范畴的超验使用是误用而将其取消，作为“某物一般”的理智物就可以去除了。但作为物之在其自己的理智物无法去除，因为它是在我们感性条件之外实实在在存在的，不会因为我们的否认而不存在。这样一来，实际所剩下的就只有作为物之在其自己的理智物。牟宗三认为，康德没有把这些情况分辨清楚，在物自身一义之外，又列出“其他可能的东西”这一替换语，显然不妥。牟宗三此段话的意思归结到一点就是：理智物只应有一个意义，即作为物之在其自己的理智物。所以理智物与物之在其自己是同义语，只简单以物自身想这个理智物即可。

上面的引证旨在说明，牟宗三对于康德关于物自身与本体思想的理解不无问题。牟宗三认为，本体有两类，一类是物之在其自己之本体，一是先验对象之本体。前者相对的对象是物之在其自己，这是实的。后者相对的对象是先验对象，这是虚的。既然先验对象之本体是虚的，感性条件不能应用于其上，那么，将这种先验对象的本体作为物自身就没有意义了，可以将其取消掉，只剩下作为物之在其自己的本体。牟宗三这种做法的用意，是清理康德关于先验对象的思想，但在这个过程中，却将先验对象直接等同于先验理念，在取消先验对象作为本体的可能的同时，也取消了先验理念作为本体的可能性。这种做法蕴含着很大的危险。我们知道，在康德那里，既有作为真如之相的物自身，又有作为先验理念的物自身，这两者均可称为本体。牟宗三认为，先验对象不能算是本体，这本是对的，因为康德在讲先验对象的时候，本来就认为先验对象有其特殊性，不能算是典型的本体。但牟宗三在否定先验对象为本体的同时，也否定了其他对象作为本体的可能性，即否定了作为先验理念本体的可能性，直接将真如之相物自身与本体等同起来。

*2. 以先验理念的物自身取代真如之相的物自身*

再来看第二步：以先验理念的物自身取代真如之相物的自身。

通过上面的清理，牟宗三将两个本体去掉了一个，只剩下物之在其自己之本体，与其相应，物自身当然也就只剩下了一个，即物之在其自己之物自身，也就是上文所说的真如之相的物自身。但仅仅这个改变仍然无法引出物自身并非是一个事实概念的结论。为此牟宗三对康德的物自身理论做了另外一个手术，直接以先验理念物自身的内涵来解说真如之相物自身的内涵。这个手术是在

《现象与物自身》中完成的。

我们知道，作为真如之相的物自身与作为先验理念的物自身都可以称为本体。既然如此，就说明它们都不可知。这里所说的不可知是指一种超验的不可知，即不管是作为真如之相的本体，还是作为先验理念的本体，都在经验之外，因为我们对感官外部对象的自在性状和上帝、自由、灵魂都没有直觉。这是这两种本体的共同点。但需要注意，这两种本体除具有共同点之外，还有不同点。作为真如之相的本体的不可知特指感官外部对象的自在性状，这种自在性状是对象的一点不歪曲、一点不变形。这个意义上，按照中国哲学的传统，完全可以称为一种事实，只不过我们人类的认识达不到这种事实罢了。作为先验理念的本体的不可知，其所指是上帝、自由、灵魂，这些所指只是一些理念，并不是认识的对象。这个不同点非常重要，是两种不同本体各自存在而不能相互替代的根本理由，绝对不能相互混淆。

牟宗三不承认物自身是一个事实的概念与这个混淆有密切联系。上面讲过，在否定康德的物自身是一个事实概念的过程中，牟宗三反对以绝对的客观性来看待物自身。《现象与物自身》中有这样一段论述：

> 或者人们可说，你所以范畴而决定成的客观性仍是主观的客观性。如果我们重视这主观性（连同感性上的主观性），我们可说：我们无论如何总凑泊不到那纯粹的客观性，纵使能接近一点，也是若隐若显地接近之，那纯粹的绝对的客观性总不能完全显露出来。如此，我们即以此纯粹而绝对的客观性为物自身。如是，物自身之概念就是意指一物之“事实上的原样”而言。我们所知的不是它的原样，乃总是歪曲了一点的。可是如果物自

身是这个意思，则（1）它是一个事实概念，（2）我们总可求接近之。如是，我们的知识之不能达到它乃是一个程度问题，而不是一超越问题。但依康德，物自身之概念似乎不是一个“事实上的原样”之概念，因此，也不是一个可以求接近之而总不能接近之的客观事实，它乃是根本不可以我们的感性与知性去接近的。因此，它是一个超绝的概念。我们的知识之不能达到它乃是一个超越的问题，不是一个程度的问题。

《现象与物自身》，第 7 页，21/6—7



在这段论述中，牟宗三提出了这样一个问题：既然物自身并非指“主观的客观性”，那么是否指“纯粹而绝对的客观性”呢？对此，牟宗三认为，如果以“纯粹而绝对的客观性”看待物自身，那么物自身就是一个“事实上的原样”的概念。果真如此的话，那么，第一，物自身就是一个事实概念，第二，对于这样的物自身我们总可求接近之。由于康德明确讲过，物自身的不可知不是程度的问题，而是超验的问题，不是量的问题，而是质的问题，所以“我们总可求接近之”并不符合康德的思想。由此出发，牟宗三断定物自身不是一个事实的概念。

这段论述是牟宗三认定物自身不是事实概念的一个根本性论据，语义缠绕，理解困难。我反复揣摩其义，发现可以将这段论述整理为这样一个论证：前提 1 是“如果物自身是事实的原样，那么我们总可求接近之”，前提 2 是“在康德学理中，物自身不是我们总可求接近之的”，结论是“物自身不是事实的原样”。即：



前提 1：如果物自身是事实的原样，那么我们总可求接近之；

前提 2：在康德学理中，物自身不是我们总可求接近之的；

结论：所以，物自身不是事实的原样。

在我看来，这里的前提 1 很值得商榷，因为其前件（“如果物自身是事实的原样”）与后件（“我们总可求接近之”）并没有蕴涵关系。我们知道，康德物自身概念中的一个重要含义，就是作为经验知识背后那个基础的自在性状，即所谓的真如之相。由于我们的认识必须借助认识形式进行，必然受到它们的影响，所以无论进行多大的努力，最终也无法达到这个真如之相，总要留有一定的距离，这个距离无论如何也突破不了。这是康德哲学的一个基本原则。如果否认了这个基本原则，那么《纯粹理性批判》的前半部分，包括“先验感性论”和“先验逻辑”就完全报废了。既然如此，我们如何能够说“如果物自身是事实的原样，那么我们总可求接近之”呢？这里所说的“我们总可求接近之”从上下文看似乎是说，如果康德的物自身是事实的概念，那么我们总可以知道一点点，总可以向这个方向而趋。但是，知道一点点，向这个方向而趋并不能代表我们可以直达真如之相本身。也就是说，我们无论进行多大的努力，也无法达到事实本身。因此，“事实概念”与“总可求接近之”之间并没有直接的关系。较为准确的说法应该是“如果物自身是事实的原样，那么我们永远也不可求接近之”。牟宗三却由此得出了“如果物自身是事实的原样，那么我们总可求接近之”的结论，令人不知其里，很难明白他是如何确定这个前提中前件与后件的蕴涵关系的。

前提 2 同样存在着问题。在“在康德学理中，物自身不是我们总可求接近之的”这一前提中，牟宗三表达了这样一个意思：在康德那里，上帝、自由、灵魂的不可知是原则的不可知，不是程度的不可知，即对于我们而言，先验理念根本就不是知多知少的问题，而是根本就不属于认识对象的问题。这一点没有问题。但是必须提出的是，所谓原则的不可知并非仅仅对先验理念而说，对真如之相物自身也同样适用。因为对于作为真如之相的物自身，我们也根本不可能有所认识。由此不难看出，“不是我们总可求接近之”这一表述有歧义：它既可以指先验理念，那么这个“不是我们总可求接近之”是说上帝、自由、灵魂是根本不可能知道的东西，因为它完全超出了经验的界限。但它同时也可以指真如之相的物自身，那么这个“不是我们总可求接近之”是说，对于感官外部对象的自在性状虽然我们可以努力企求，但这种企求永远也达不到目的，因为我们的认识一定要受到主观形式限制。牟宗三在列举“在康德学理中，物自身不是我们总可求接近之的”这一前提，言及物自身这一概念时，心中想的是先验理念，因为他此前明确反对以“纯粹而绝对的客观性”说物自身，排除了真如之相物自身的可能，这样一来物自身也就只能是指先验理念了（此时不可能指质料之源的物自身，因为牟宗三并不关注这方面的问题），而按照康德哲学的基本原则，先验理念确实不是我们总可求接近之的。不过，这时牟宗三所说的物自身的那个实际对象并不是先验理念，而是作为真如之相的物自身，目的是要证明真如之相物自身并非是事实的概念。先验理念物自身与真如之相物自身同样为“不是我们总可求接近之”，但其含义不同：先验理念物自身的不可求接近，是因为它本身就是一种理念，这种理念是在认识之外的，不属于认识的范围，对其根本不能谈认识；真如之相物自身的不可求接近，是因为受认识形式的限制，我们只能知道感官外部对象的现相，而不能知道它的自在性状。虽然它也不可知，但这种自在性状毕竟是存在的，这种自在性状用中国哲学术语表示就是一个事实，一个永远也达不到的事实。一个是理念的不可知，一个是事实的不可知，虽然二者都属于“不是我们总可求接近之”的范围，但含义有根本的区别。在前提 2 中，牟宗三以先验理念“不是我们总可求接近之”取代真如之相的“不是我们总可求接近之”，不自觉之间犯了偷换概念的错误。

由于前提 1 和前提 2 都有缺陷，上述论证之结论的不严密性自然就难以避免了。由前提 1“如果物自身是事实的原样，那么我们总可求接近之”和前提 2“在康德学理中，物自身不是我们总可求接近之的”所推出的结论“物自身不是事实的原样”，尽管其推理形式是有效的，但由于前提的不真实性，其结论的得出并不具有必然性。①



由上可知，牟宗三的论证之所以出现问题，从根本上说，还是其前提有失牢靠。牟宗三以如果物自身是事实的原样，则我们总可求接近之为论证的出发点，有明显的失误。在这个前提中，由“如果物自身是事实的原样”这一前件只能推出“我们不可能接近之”的后件，牟宗三却恰恰相反，推出了“我们总可求接近

① 对于牟宗三否定物自身是一个事实概念的看法，陶悦从三个方面进行了分疏。其一，如果物自身是一个事实概念，则其不可知只是程度上的；其二，如果物自身是一个事实概念，则无法确定物自身是有限还是无限；其三，如果物自身是一个事实概念，无法证成康德所言“现象与物自身之区别是主观的”。（陶悦：《道德形而上学——牟宗三与康德之间》，北京，中国社会科学出版社，2011 年，第 72—76 页）虽然作者梳理得很认真，但并没有能够看穿牟宗三相关思想的破绽，对牟宗三关于物自身不是一个事实概念，而是一个价值意味概念的观点，仍然抱积极肯定的态度。关于陶悦的这部著作，刘爱军曾写过书评《“道德的形而上学”研究中的康德哲学资源及其限制——评陶悦新著〈道德形而上学——牟宗三与康德之间〉》（《哈尔滨师范大学社会科学学报》，2012 年第 2 期），可参阅。与之相比，闵仕君的研究就好多了，他已经看到了这里的问题。在他看来，对于物自身何以必须是一个价值意味的概念，牟宗三试图作出证明，认为如果按照通常的理解，将康德的物自身理解为一个事实概念，即“事实上的原样”（对象自身），“那么，所谓物自身不能知便不是绝对的不能，而只是程度的不能。因为我们的认识虽然与事物之原样存在着误差和出入，但总可以无限接近之。”“然而，牟氏的这一结论恰恰与康德的原意相违背。依康德之见，物自身不是一个我们力求接近但永不能完全达到的客观事实，它乃是根本不能够以我们的感性和知性去接近的对象。因此，它是一个超绝的概念，我们的知识之不能达到它乃是一个超越的问题，而不是一个程度的问题。”（闵仕君：《牟宗三“道德的形上学”研究》，成都：巴蜀书社，2005 年，第 42—43 页）

之”，使自己的论证建立在一个十分不稳固的基础之上。以这样的基础为前提，任何结论都只能是不必然的。不仅如此，牟宗三还混淆了两种不同含义的物自身，即作为真如之相的物自身与作为先验理念的物自身。这两种物自身均为不可知，但其不可知有原则的区别：真如之相物自身不可知，是因为我们的认识要受到自身条件的影响，不可能直接抵达对象自身，因此我们虽然对于作为真如之相的物自身不可知，但这并不妨碍它是一个事实的概念，只是这个事实我们永远达不到罢了；先验理念物自身不可知，是因为上帝、自由、灵魂原本就不是我们认识的对象，如果硬要对其有所认识，那就是一种僭越，就是一种误用，因此对于作为先验理念的物自身我们根本不能谈接近的问题。牟宗三没有对两种不同含义的物自身作出明确区分，笼统认定“在康德学理中，物自身不是我们总可求接近之的”，在具体论述过程中，将不同含义的物自身交来叉去，直至最后直接以先验理念物自身的内涵取代真如之相物自身的内涵。

牟宗三上述做法直接决定他认定康德的物自身不是一个事实的概念而是一个价值意味的概念，造成了严重的后果。先验理念物自身与理性的实践运用有关，有价值的内涵，在较为宽泛的意义上，借用牟宗三的看法，也可以说是一个有价值意味的概念①，而真如之相物自身则无论如何都与事实有关，可以说是一个事实的概念。这两种不同的物自身各自独立存在而不能相互取代。以先验理念物自身的内涵取代真如之相物自身的内涵，必然只看到物自身的价值意义，而看不到物自身的事实意义，从而否认物自

① 请注意，牟宗三所说康德的物自身不是一个事实概念，而是一个价值意味的概念，其确切所指还不在这里，而是指道德之心创生的一种特殊现相。关于这个问题详见本章第四节“牟宗三价值意味物自身释义”。

身同时也是一个事实的概念。根据我们上面的梳理，康德的物自身既含有价值的内容，又含有事实的内容，既不完全是一个价值的概念，又不完全不是一个事实的概念。贸然断定康德的物自身不是一个事实的概念，在理论上无论如何都不够准确，有失严密。牟宗三未能准确把握这些环节的复杂关系，终于造成了在康德物自身思想研究方面的重大失误。



**3. "上帝造物说"：上述混淆的一个具体例证**

上面我证明了，牟宗三否认物自身是一个事实概念的原因有二，一是将物自身与本体混同为一，二是以先验理念物自身的内涵取代真如之相物自身的内涵。这种混淆贯穿于牟宗三后期的全部著作当中。为了进一步说明问题，下面举一个具体的例子。这个例子是牟宗三在《现象与物自身》中提出来的，着重以上帝只创造物自身，不创造现相，证明物自身并非一个事实的概念。[①] 为了论述的方便，我将其称为"上帝造物说"。牟宗三十分看重这个问题，明确指出，他"是看到康德在《实践理性批判》中，说上帝只创造物自身，不创造现象时，才豁然开朗，才透悟出来。"[②]

---

① 牟宗三提出这一观点后，不少学者均沿着这个套路来考虑问题。程志华即指出："在儒家的'无执的存有论'当中，与'良知'紧密相联的还有'事'与'物'两个概念。因此，在明了'良知'的同时，还必须对'事'与'物'进行细致的解释。对此，牟宗三指出，'事'与'物'虽是'良知'之'用'，然二者均是'在其自己'的实事实物，不可以'现象'视。他认为，'良知'本体与'事''物'的体用关系'有点类似康德所说的上帝与物自身的关系'。也就是说，上帝创造了'物自身'，同样，'事'与'物'也都来自于'良知'的发用。因此，与上帝的创造'物自身'不可以'现象'视一样，'事'与'物'也不可以'现象'视。"(程志华：《牟宗三哲学研究——道德的形上学之可能》，第 203 页)

② 这一段原文如下："读康德哲学，光是顺着《纯粹理性批判》是不易把握其思想要义的，因为康德从感性往里说起，一步一句似乎都有可疑，似乎都可争辩；难怪有一位英国人认为康德所说的几乎每一句都有错误，实际上是他根本不了解康德。我也是看到康德在《实践理性批判》中，说上帝只创造物自身，不创造现象时，才豁然开朗，才透悟出来。"（牟宗三：《中国哲学十九讲》，第 306 页，29/309）

这就是说，牟宗三是看到康德关于上帝造物方面的论述之后，才真正明白了康德物自身理论的真正内涵的，足见这个问题之重要。

与《智的直觉与中国哲学》不同，在《现象与物自身》中，牟宗三为了证明物自身不是一个事实概念，提供一个新的论据。他说：



> 当康德说此超越的区分时，他心中实有一洞见。但如吾首章所明，如果吾人顺吾人之知性与感性说出去，吾人并不能充分证成这种区分，即现象与物自身两不稳定。这是因为对于吾人的知性与感性并未封住故，只是视作由外在的划类而显的事实问题故，智的直觉属上帝，而上帝属彼岸故。但是康德还有另一个论据，这可使这超越的区分较为显豁。这论据是这样的，即：上帝只创造物自身，不创造现象；"创造之观念并不属于存在的表象之感触形式，或者说，并不属于因果关系，但只能涉及智思物（本自物）"。这样说之所以比较显豁，是因为这是从上帝之创造说下来。这比只说物自身可为智的直觉之对象为进一步，虽然如果智的直觉只属于上帝，则说上帝的直觉与说上帝的创造只是一事。
>
> 《现象与物自身》，第 105 页，21/109—110

此前的论证只是从物自身为智的直觉的对象方面入手，这个进路虽然很重要，但不够鲜明。牟宗三认为，康德事实上还从上帝只创造物自身不创造现相这个角度，论证了现相与物自身的区分。这个角度更为显豁，因为这是直接从上帝造物说下来，理解起来较为方便。不过，从牟宗三的有关论述看，这个问题其实一点也不轻松。

康德从上帝造物的角度论证现相与物自身的区分，是从下面这个问题开始的：

> 上帝的直觉是纯智的，因此它并不以时空为形式条件，上帝亦不在时空中（上帝无时间性与空间性）。他直觉之即创造之，即实现之，是当作一物自身而创造之，因此，其所创造者亦不在时空中（无时间性与空间性），时空不能应用于物自身，亦不能是物自身的必然属性，因此，康德遂主张时空之经验的实在性与超越的观念性，而否定其超越的（绝对的）实在性。这样，现象与物自身的区别其主要的记号就是时空性之有无。
>
> 《现象与物自身》，第105—106页，21/110



上帝拥有智的直觉，这种直觉与感性直觉不同，没有时空性，不受时空条件的限制。上帝造物并不通过时空的形式，而是直接地创造，其直觉就是其创造，而所创造的是物自身，不是现相。我们不能想象上帝创造现相，因为现相是相对于时空条件说的，而上帝没有时空性。以此看来，区分现相与物自身的重要标志，就是看其有没有时空性，即所谓“现象与物自身的区别其主要的记号就是时空性之有无”。

在牟宗三看来，康德的上述理论隐含着一些问题，这些问题围绕这样一个核心而展开：上帝造的有限物究竟有没有时空性？他这样设问道：

> 但是，这里亦不能无疑。吾人须知凡上帝所创造的都是有限物，即使是物自身，亦是有限物的物自身（物之在其自己）。上帝把它当作物自身而创造之，亦把它当

> 作有限物而创造之。而有限物之所以为有限物正因其有物质性，是一组合体，就人而言，就是有感性。有限物是一现实存在（上帝所创造的不能不现实）。如是，现实的有限物是否能无时空性，这是很可疑的。有限物似乎必然地函着时空性，以时空性为其必然的属性。这样，我们又否决了时空之超越的观念性，而转到时空之超越的实在性。上帝创造物自身是创造了一个具有时空性、有限性的物自身。一物带着时空性、有限性而在其自己，这是必不可的吗？若必否定其时空性，则亦必连带着否定其有限性。但有限物而不有限，这是自相矛盾的。但康德却以为既是“在其自己”，则必然地不能有时空性。如果时空性是就把此被造物拉成状态的系列而言，则有时空性即无“在其自己”，有“在其自己”即无时空性。但如果自上帝之造此物是孤总地（独个地）造一整物而言，则带着有限性、时空性而为一完整的有限物之在其自己，这似乎也可以。如果不承认此一可能，则在无时空性的“在其自己”上如何能保存它是有限物呢？抑或想于有限物上而说其无限性吗？这如何可能呢？这样一来，上帝造物是当作“物自身”而造之，初看很显豁，但因“有限性”之介入，则弄成很麻烦，此即“物自身”一义仍未稳定也，或至少以时空性之有无为超越区分之主要记号未稳定。
>
> 《现象与物自身》，第 106 页，21/110—111

这段长文相当晦涩。牟宗三有这样一个基本的认识前提：有限或无限与有无时空性密切相关。有限即带时空性，无限即不带时空性。作为无限的上帝自然不能带时空性，否则就不是无限的了。但无限的上帝又只能造有限物，不能造无限物，因为只有上帝才是无限的，上帝不能造一个自己。既然是有限物，那么就应该带有时空性，而康德却说上帝造的有限物是不带时空性的，果真如此的话，这个有限物不就成了无限的了吗？所以，在牟宗三看来，康德关于上帝造的有限物不带时空性这一说法很成问题。反之，如果说有限物必带时空性，那又与康德哲学的基本原则不合。因为康德坚持认为，时空不是物体自有的属性（即所谓“时空之超越的实在性”），而是认知主体在认识对象时人为带进来的认识形式(即所谓“时空之超越的观念性”)。但牟宗三对康德的这个说法也有所怀疑，认为“带着有限性、时空性而为一完整的有限物之在其自己，这似乎也可以”，甚至提出“一物带着时空性、有限性而在其自己，这是必不可的吗?”即为什么有限物不能自带时空性呢？总之，在牟宗三看来，康德说上帝只造物自身不造现相，初看很显豁，但由于有限性介入其间，反倒带来了无穷的麻烦。这一切都说明物自身这一概念并未真的清楚，至少说明以有无时空性来区分物自身与现相，并不是一种成功的做法。

反过来说，如果真的认为上帝造的有限物是有时空性的，那么上帝的无限性又要受到怀疑了。这个问题涉及康德对门德尔松的批评。牟宗三这样写道：

> 如果时间、空间是那当作物自身看的有限存有之一必然的属性，则没有理由说时间、空间必然地属于有限而被造的存有之存在，但却不属于无限存有之存在，即没有理由作此分别。不但没有理由作此分别，进一步，实可说是矛盾：假定时间、空间是被造物之为物自身之一必然属性，则势必作为创造者的上帝（无限的最高存有）亦必在时间、空间中，即必服从时间、空间之条件，今

> 说上帝不服从这些条件，即时空不属于无限存有的存在，这便成自相矛盾。何以故是如此？因为被造的有限的物自身是上帝所创造的，而时空又是其必然的属性，则上帝造之时，必连时空自身一起而造之。如果说只造时间中的存在物，即只为这存在物的创造因，而却不造其必然的属性，即不为时空自身的创造因，则必说不通，因为属性与存在物是分不开的，“时间必须被预定为事物的存在之一必然的先验条件”。
>
> 《现象与物自身》，第107—108页，21/112



这段话是引述康德《实践理性批判》第一卷第三章末尾“纯粹实践理性分析论的批判性阐释”中有关的论述后的一个评论。在门德尔松看来，有限物必然是带时空性的，上帝却可以不带时空性，上帝的无限性并不会因为有限物具有时空性而受到影响。康德对这种看法从两个方面提出了批评。首先，我们没有理由像门德尔松那样将有限物与无限物截然分离开来，说有限物是带时空的，无限物是不带时空的。其次，如果时空是有限物的必然属性，那么我们就没有理由认为这种属性不属于无限的存有，因为既然有限存有是无限存有创造出来的，那么我们就很难想象那种没有时间性的无限存有创造有时间性的有限存有这种看法是合理的。这样一来，上帝的无限性就要受到怀疑了，上帝也要卷在时间之中了，不再是无限的了。

在牟宗三看来，康德的这种批评仍然不无问题：

> 但人们可问：属性与存在物分不开，连时空自身一起而造之，何以因此即把上帝亦卷在时空中？上帝造此以时空为必然属性的物自身，而他自身却不在时空中，这

是不可通的吗？我们不因他造有限物而说他是有限，岂可因他造时空自身便说他亦在时空中？上帝的创造是无限地奥秘。他岂不可无条件地造一个有条件的物自身？但康德的意思似乎是如此：若上帝造存在物必赋之以时间性，即使它为时间中的存在，则他必在时间之条件下而直觉地造之。因为上帝造之即是直觉地造之，亦可简单地说，即是直觉之。上帝造之而赋之以时间属性即是其直觉之之时必带着时间这必然的先验条件。他如果无这形式，即不在这条件下，他如何能赋之以时间性？如是，这必把上帝亦卷在时间中。

《现象与物自身》，第108页，21/112—113

隔了一段又说：

这个辩说似乎不很健全。人们可说你这是拿我们的感触直觉之表象去想上帝之创造。上帝的直觉活动是创造，不是表象。因此，他很可以不在时空条件下，纯智的直觉地创造一个有时空性的物自身。我们不能因为时空是物自身之必然属性就说我们不能把它们从上帝的直觉上移除下来，因此，就说它们亦是上帝的存在之条件。但康德可说：这如何可能呢？当上帝直觉地造物自身时，如果他的直觉不带上这时空条件，那物自身如何能有这必然的属性？如果他带上这时空条件，他的存在亦必在时空条件中。但人们可说：你这是以我们的感性之方式去想上帝；就我们的感性而言，时空是主观的，是我们的感性直觉之主观条件，故当我们直觉外物时，必带上这条件，因而所直觉者亦必在时空中；但是就上帝的直觉而言，我们并不以这方式去想时空，说它们是上帝的直觉之条件，说它们是上帝方面之主观的。上帝的直觉是创造，不是表象，所以在他亦无所谓先验条件；他是无条件地创造了一个有时空性的物自身。他何以能如此，这是上帝的奥秘，无人能知。我们这时说时空性是就被造了的“物自身”之本身说，是由“有限性”分析出的，这纯是客观地说，不说它们是主观的条件。我们不因上帝造有限物而说上帝亦有限，当然亦不能因有限物之有时空性而说上帝亦有时空性。上帝造一个以时空为必然属性的物自身——有时空属性的有限物之在其自己，而吾人即依一定的时空形式去直觉它，表象它，这有何不可呢？上帝孤总地、独个地造之（有限性即函时空性），故为“在其自己”，而吾人依时空方式去表象之（非创造之），故为现象。这有何不可呢？可是，如果如此，这将有双重的时空性。一是上帝孤总地、独个地造之中有限物自身之时空性，依其生灭流转说其时间性，依其广延体积说其空间性；另一是我们依时空形式去表象之所成的时空性。若如此，这两重时空性是一是异呢？如果是一，则何分上帝造之处与吾人之表象之处？如果是异，则相应不相应呢？如果相应，何能定说时空是主观的？如果不相应，则成刺谬，或重叠，势必有一在其自身之时空，复有一现象式的时空，这如何可通呢？这样客观地辩论起来，难得一定的结论，将有许多无谓的缠夹。

《现象与物自身》，第109—110页，21/113—114

牟宗三提出，我们为什么一定要把上帝卷在时空之中呢？我们不能因为时空是物自身的必然属性，就认定时空也是上帝存在的条件，从而坚持不能将时空从上帝的直觉中移开的观点。我们不能因为上帝造了一个有限物就说上帝也是有限的，当然也就不能因为有限物有时空性而说上帝也是有时空性的。我们为什么不能这样设想：上帝造一个以时空为必然属性的物自身，而上帝自己却不在时空之中呢？难道上帝真的不能造一个有条件的物自身吗？“上帝造一个以时空为必然属性的物自身——有时空属性的有限物之在其自己，而吾人即依一定的时空形式去直觉它，表象它，这有何不可呢?”“上帝孤总地、独个地造之（有限性即函时空性），故为‘在其自己’，而吾人依时空方式去表象之（非创造之），故为现象。这有何不可呢?”这些疑问反反复复出现，说明问题确实非常严重。



既然“上帝造物说”有如此多的困难，那么问题的关键在哪里呢？他进而分析说：

> 因此，说上帝造无时空性的物自身，这很难稳定得住。盖所造者定是“有限物”故也。可是如果说他造有时空性的物自身，这亦同样有困难，且势必否决康德的基本主张。问题的关键即在这有限物之有限性。如果所造者定是有限物，则此有限物之为物自身是一个决定的事实概念，不是一个价值意味的概念。
>
> 《现象与物自身》，第 110 页，21/114—115

如果我们说上帝造的是无时空性的物自身，那么这个物自身就应该是无限的而不再是有限的；如果说上帝造有时空性的物自身，那么又会危及康德先验感性论的基本前提，即时空形式并不是物自身的必然属性，而是认知主体在认识过程中带进来的。牟宗三通过正反两个方面的论证，证明康德“上帝造物说”在理论上存在着严重的困难。问题的核心在于，康德所谓上帝所造之物只是一个有限之物，只是一个事实概念，不是一个价值概念。

紧接着牟宗三又说：

> 但康德理解物自身决定说它是无时空性的。此实含有丰富的价值意味，惟上帝创造说不能极成之。此中实函说：上帝所造者虽是有限物，它亦可在流变中，亦可在时空中，然而上帝眼中无时空，亦无流变。所谓在时空中，在流变中，那是你们有限物本身的事，或者不是你们本身的事，而是你们对某一感性主体而现这现上的事，然无论如何，那总不是我的事。可是这层意思，若只说上帝创造，并不能清楚地而且必然地显露出来。究竟何以不是上帝的事，吾人亦不能确知，因为这是上帝的奥秘，吾人无智的直觉故。
>
> 《现象与物自身》，第 110 页，21/115

牟宗三认为，康德实际上已经有了将物自身解释为价值意味概念的想法，只是限于上帝造物说，没有将这个想法表述清楚。康德关于物自身无时空性的观点事实上已经告诉人们，上帝造的虽然是有限物，是受时空条件限制的，但在上帝眼中却可以不受这个限制。也就是说，有限物自己在时空中，有流变相，但上帝眼中却无时空，无流变相。如果我们可以拥有智的直觉，同样可以不受时空的限制。万物流变自己的，而我却不受其影响。我眼中根本没有时空形式，所有的只是物之在其自己。换言之，上帝不受时空限制，上帝的眼中全是物之在其自己，不是现相；我们人类因受时空限制，眼中只能有现相，不能有物之在其自己；如果我们像上帝一样也有智的直觉的话，那么如同上帝一样，我们眼前所见的也就是物之在其自己，而不再是现相了。

这样一来，整个情况就发生了重大转变，变成了这样一个问题：物自身究竟是一个事实的概念呢，还是一个具有价值意味的概念？牟宗三这样写道：



如果被造物决定是有限物，而定是有限物者又决定是事实概念，则此作为事实的有限存在物之在其自己，既不可以时空表象之（无时空性），亦不可以任何概念决定之，它必只是一个空洞的概念，而无实义。如果它要有丰富的真实意义、价值性的意义，它必不是一个事实概念，那就是说，它必应不是一个决定性的有限物。在此，我们似乎是要向此而趋，即：于有限物上而可以说其无限性，即说其有无限性之意义。这如何可能呢？如果我们肯定它是决定的有限物（因而它是一事实概念），则由于其无时空性，我们又如何能保住它是有限物呢？无时空性，而又说它是决定的有限物而在其自己（当作一事实概念看），这“在其自己”除是一个空洞的概念还能有什么呢？因此，如果真要肯定它无时空性，它之为有限物而在其自己决不是一个事实概念，而是一个价值意味的概念。只有在此一转上，它始可不是一决定性的有限物，因此，始可于有限物上而说无限性或无限性之意义。如此，始能保住它不以时空为必然属性，并保住时空之超绝的观念性，而否决其超绝的实在性。

《现象与物自身》，第110—111页，21/115—116



如果上帝造的作为有限物的物自身是一个事实概念，那么它必然是一个空洞的概念，没有任何实义，因为我们既不能对其有直觉，又不能对其用范畴，这样的物自身是没有用的。由此可见，康德所说的上帝所造的物自身一定不是一个事实概念。但康德提出这个概念必然有其自身的意义，这个意义既然不是事实的，那就只能是价值的。这个思路迫使我们走上这条道路：以有限性说其无限性，即一物是有限的，但却具有无限性，这种无限性就是它的价值意义。但康德受上帝造物传统的影响，没有能够把这一点讲清楚。这就需要我们多做工作了。



如何做工作呢？牟宗三接着指出：

> 吾人要想极成物自身无时空性，不能以任何概念决定之，而且把它当作一价值意味之存在，想于有限物而可以说其无限性或说其无限性之意义，使这层意思确然不可移地而且清楚地呈现于吾人的意识中，吾人不能从上帝创造来说，必须即在吾人身上转出自由的无限心方能彻知之。这一面既定住，则知性、感性那一面即有一封限而亦可以被定住，且有一特定的标记，即不只是以时空为感性之形式，以概念为知性之范畴，而且根本上是“执”。如是，有限心与无限心的对照根本即是执与无执的对照。此对照在吾人身上可建立，因此吾人有标准作“超越的区分”，而此超越的区分即在此对照下可充分证成而不摇动。
>
> 《现象与物自身》，第111—112页，21/116

我们要想证明物自身无时空性，关键必须把它当作一个价值意味的存在看待。对于这样一个价值意味的存在，我们的感性知性是不能认识的，因为感性知性必须受到时空的限制，即是有“封限”的。但我们的自由无限心却可以认识，因为自由无限心不受时空条件的制约，是无限的。

以“上帝造物说”证明物自身并非是一个事实的概念，在我看来，是牟宗三相关论述中最曲折缠绕、莫名其妙的例子之一。所谓上帝创造物自身不创造现相的问题，是康德在《实践理性批判》中提出来的。在论述理性的实践运用的过程中，康德面临着一个严峻的困难，这就是自由与必然的关系问题。在康德看来，道德必须是自由的，这是一切道德行为的前提条件，“没有这种惟一是先天实践性的（在最后这种真正意义上的）自由，任何道德律、任何根据道德律的责任追究都是不可能的。”① 正因为自由问题如此重要，康德才将自由视为整个理性批判的拱心石。但是另一方面，人又生活在现实社会之中，必然受到自然因果关系的影响。这种影响就表现在时间性方面。“由于这条法则不可避免地涉及到这些物就其在时间中的存有可以被规定而言的一切因果性，所以，如果这条法则是我们也能够据以设想这些自在之物本身的存有的方式，则自由就必然会被作为一个无意义的和不可能的概念而遭到抛弃。”② 也就是说，时间有其相续性，因而也就有其因果性。如果我们承认我们是在时间之中的，那么也就等于否认了我们的自由，因为“我在我行动的那个时间点上绝不是自由的。”③

那么如何来解决这个问题呢？对此光靠具体举例无能为力，必须从理论层面下手。康德看得很清楚，“如果我们还要拯救自由，那么就只剩下一种方法，即把一物的就其在时间中能被规定而言的存有，因而也把按照自然必然性的法则的因果性只是赋予



① 康德：《实践理性批判》，邓晓芒译，杨祖陶校，北京：人民出版社，2003年（以下简称邓晓芒、杨祖陶译本），第132页。

② 康德：《实践理性批判》，邓晓芒、杨祖陶译本，第130页。

③ 康德：《实践理性批判》，邓晓芒、杨祖陶译本，第129页。

现象，而把自由赋予作为自在之物本身的同一个存在者。”[①] 这就是说，如果要拯救自由，唯一的方法，就是区分现相和物自身，把自然必然性归为现相，把自由归为物自身。为此，康德建议读者回顾一下《纯粹理性批判》的一些基本原理。这些原理一方面告诉我们，自然必然性涉及时间，只能属于现相，另一方面它同时又属于物自身，“自己是自在之物本身的这同一个主体，却将自己的存有本身就其并不从属于时间条件而言也只是看作能通过他凭理性给予自己的那些法则所规定的，而在他的这种存有中，他没有任何东西先行于自己的意志规定，相反，每个行动、并且一般地说他的存有的每个按照内感官而变更着的规定、甚至他作为感官存在者的实存的全部系列，在对他的理知实存的意识中都必须被看作无非是后果，却绝不是他作为本体的原因性的规定根据。”[②] 简而言之，人不仅属于现相，而且属于物自身（本体），物自身（本体）不受时间条件的限制，因而人是自由的。



问题在于，如何证明人既属于现相，受到自然必然性的影响，又属于物自身（本体），是自由的，可以自己作出自己的道德决定呢？康德为此作出了详细的分析和说明。在第一卷第三章“纯粹实践理性的动机”中有一段长文，非常重要，特引述如下：

> （1）这就是说，即使人们向我们承认理知的主体在一个给予的行动上还能够是自由的，哪怕它作为一个属于感官世界的主体在同一个行动上也是以机械作用为条件的，然而看来只要我们认为上帝作为普遍的原始存在者也是实体之实存的原因（这是一个永远也不可放弃的命

① 康德：《实践理性批判》，邓晓芒、杨祖陶译本，第 130 页。
② 康德：《实践理性批判》，邓晓芒、杨祖陶译本，第 133—134 页。

题，除非我们把作为一切存在者的存在者的上帝概念，连同在神学中一切东西所依赖的上帝之圆满俱足都一起放弃掉），我们似乎也就不得不承认：人的种种行动在那个完全在他控制之外的东西中，也就是说在一个与人不同的、人的存有和他的原因性的全部规定所完全依赖的最高存在者的原因性中，有它们进行规定的根据。



（2）实际上，假如人的行动当它们属于人在时间中的规定时，不仅仅是对人作为现象的规定，而且是对他作为自在之物的规定，那么自由就会无法拯救了。人就会是由一切工艺制品的那个至高无上的巨匠所制作和上好发条的傀儡或沃康松式的自动机了，而自我意识虽然会使它成为一个思维着的自动机，但在其中当他的自发性被看作是自由的时，对这个自发性的意识就会只不过是幻觉，因为，既然规定他的运动的那些最近的原因以及这个运动上溯到它的那些规定原因的一个长长的序列虽然都存在于内部，但最后和最高的那个规定原因却毕竟完全是在一只外来的手那里找到的，那么这种自发性就只配称之为比较性的。

（3）因此我看不出那些一直还在坚持把时间和空间视为属于自在之物本身之存有的规定的人在这里将如何避免行动的宿命；或者，如果他们如此直接地（如本来很精明的门德尔松所做的那样）把时空都只承认为必然属于有限的和派生的存在者之实存的条件，但却不是必然属于无限的原始存在者之实存的条件，我看不出他们将如何为自己辩护，说明他们从何处取得这种权利来作出这样的区分；甚至他们将如何避开他们在把时间中的存有看作必然与有限的自在之物相联系的规定时所遭遇到的矛盾，因为上帝是这个存有的原因，但却又不可能是时间（或空间）本身的原因（因为时间必须被预设为物之存有的先天必然条件），因而上帝的原因性在这些物的实存上甚至也必须是以时间为条件的，于是这里就不可避免地必然会出现针对上帝的无限性和独立性这两个概念的一切矛盾。



（4）相反，我们很容易把与一个感官世界的存在者的规定不同的、作为不依赖于一切时间条件的上帝实存的规定，当做某个自在的存在者本身的实存而与一个在现象中的物的实存区别开来。

（5）因此，如果我们不接受时间和空间的那个观念性，则惟一剩下的就只是斯宾诺莎主义，在其中空间和时间就是原始存在者本身的本质规定，而依赖于原始存在者的物（因而也包括我们自己）并不是实体，而只是依存于实体的偶性；因为，如果这些物只是作为原始存在者在时间中的结果而实存，而时间又是它们自在地实存的条件的话，那么甚至这些存在者的行动也就必然会不过是原始存在者随时随地所实行的行动了。因此尽管斯宾诺莎主义的基本理念很荒谬，但它的推论却远比按创世论所能做到的更加令人信服，如果这些被当做实体并自在地实存于时间中的存在者被视为一个至上原因的结果、但却并不同时被视为属于原始存在者及其行动的，而是被视为独立的实体的话。[①]

康德的原文为一整段，为了便于分析根据文意分为了五段。在这

① 康德：《实践理性批判》，邓晓芒、杨祖陶译本，第137—140页。

里，康德首先承认应当从上帝的角度来证明自由的问题（第一段）；其次强调，如果人只在时间之中，就无法保证自由了，因为那样的话，人就只属于现相，只能归于自然机械性了（第二段）；然后又反驳时间为物自身存在方式的观点，认为这种观点将导致一系列无法克服的弊病（第三段）；接着提出了自己解决问题的方案，即把上帝作为自在之物的规定同另一个作为现相的规定区分开来，也就是将物自身与现相区分开来（第四段）；最后提到了斯宾诺莎的观点，认为如果将时间作为物自身存在的方式，那还不如回到斯宾诺莎，因为斯宾诺莎至少还承认时间是神的规定，而非其他物的规定（第五段）。这五段的中心思想很明确，即：要证明自由的合理性，一定要回到《纯粹理性批判》的先验感性的基本预设，反对将时间作为物自身的固有存在方式，坚持时间的观念性。换句话说，要解决自由的合理性问题，“只要求我们把这个预设同自由的理念结合起来”①。

以此为基础，康德明确提出了解决人类何以是自由的办法，他说：

> 上述困难的简单明白的解决是以下面这种方式完成的。如果在时间中的实存就是这个世界中思维着的存在者的一种单纯感性的表象方式，因而并不涉及作为自在之物本身的这些存在者：那么对这些存在者的创造就是对自在之物本身的创造，因为一个创造的概念并不属于实存的感性表象方式，也不属于因果性，而只可能与本体发生关系。因此，如果我关于感性世界中的存在者说：它们是被创造出的，那么我就在这点上把它们看作是本体

① 康德：《实践理性批判》，邓晓芒、杨祖陶译本，第137页。

了。所以，正如说上帝是诸现象的创造者，这是一个矛盾一样，说上帝作为创造者是感官世界中的，因而是作为现象的种种行动的原因，尽管他也是行动着的（作为本体的）存在者的存有的原因，这同样也是一个矛盾。如果现在有可能在无损于这些行动作为现象的机械作用的情况下主张有自由（只要我们承认时间中的存有是某种仅仅适用于现象而不适用于自在之物本身的东西），那么行动着的存在者就是被创造者这一点在这里就不会造成丝毫的改变，因为创造所涉及的是这些存在者的理知的实存，而不是它们的感知的实存，因而不能被看作诸现象的规定根据；但假如尘世存在者作为自在之物本身而在时间中实存，那里的结果就会完全不同了，因为实体的创造者就会同时又是在这个实体身上的全部机械装置的发动者了。①



这段论述具有纲领性的意义。康德在这里提出，如果有人认为，人是在时间之中的，因而只涉及现相，不涉及物自身的话，那么就必须强调，对于人的创造是对物自身的创造，这种创造不属于现相，而只可能与本体有关。这是因为，说上帝创造现相是讲不通的，因为上帝并不在时空之中，而现相必须与时空相联系，只有在时空中的人才创造现相。同样道理，说上帝只创造作为感官世界的人，而不创造本体世界的人，也讲不通，因为上帝并不在感官世界当中，并不创造有时空形式的对象。从这个意义上说，我们可以承认人是受自然因果影响的，但只要看到这只属于现相就可以了，因为这样做的同时也就等于承认人还有本体的一面，



① 康德:《实践理性批判》，邓晓芒、杨祖陶译本，第140页。

既然如此，人同时一定也是自由的。这样一来，人何以是自由的问题也就得到解决了。①

通过分析康德上述论断，可以清楚看出，康德关于上帝创造的说法用意很深。他先是回顾了《纯粹理性批判》先验感性论中的基本原则，强调时间并不是物自身的存在形式，只是现相的存在形式，一定不能将时间与物自身捆在一起。接着又讲到人，指出人如果真为上帝所造，那么这种被造之物一定是作为物自身（本体）而存在的。这就是康德所说的，如果说人是被创造出来的话，那么，“我就在这点上把它们看作是本体了”。一旦弄清了这层意思，我们就会明白，康德这里讲的上帝创造，其所指是作为先验理念物自身的本体，以解决自由何以可能的问题，而非指其他。② 牟宗三看到康德讲上帝只创造物自身，不创造现相，大为惊喜，认为以此足以证明物自身并非是一个事实的概念，而是一个价值意味的概念了。牟宗三这样理解，内部似乎有这样一个逻辑关系。第一，物自身与现相的区分只在有无时间（和空间）。第二，创造一个对象，只要是没有时间（和空间），便不再是现相而



① 康德以这种思路证明自由，当从两个方面来看：首先，人何以会是自由的，这是哲学史上的大问题，这个问题不解决，一切道德学说都将成为不可能。在这方面康德的努力确有其意义。其次，康德以这种办法解决问题，其合理性有待讨论。这是因为，将物自身与现相区别开来，将人划分为本体，很难真正说明人为什么是自由的。如果不按照康德的路数，借助儒家智慧，或许能够更为有效地证明这个问题。诚如牟宗三所说：“自由的透露必通过道德法则始可能。自由是需要另开端而自吾人之道德意识上来揭露的，光自上帝之创造上来说，尚不能显露出。”（牟宗三：《现象与物自身》，第117页，21/122）牟宗三的这个批评非常有见地，值得深入发掘，但限于本书主题不便展开，容当今后在其他研究中再加详论。

② 牟宗三并非不明白康德的这一用意，曾明确指出：“康德之所以主张上帝创造物自身，不创造现象，是为的解决肯定自由之困难。”（《现象与物自身》，第114页，21/119）但他的解释完全没有在这方面发力，而是以此来证明物自身是一个价值意味的概念，令人遗憾。

是物自身了。第三，上帝的创造，不可能有时间（和空间），所以，上帝只创造物自身，不创造现相。第四，上帝的这种创造因为与道德有关，所以这种物自身有价值的意味，是一种价值意味的物自身。第五，因此，康德的物自身不是一个事实的概念，而是一个价值意味的概念。请注意，这里的前提并不牢靠：时间之有无确实是区分物自身与现相的重要标志，但不能把它作为区分物自身与现相的唯一标准，进而认为只要一个对象没有时间，那它就一定是物自身。要知道，本体同样没有时间（和空间）。康德讲上帝创造主要是对本体而言，而不是讲作为质料之源的物自身，也是不讲作为真如之相的物自身。即使我们可以说上帝创造的本体是一种物自身，这种物自身因为与道德有关，而道德又与价值有关，有价值意味，从宽泛的意义上不妨说是一个价值意味的概念（必须再次提醒注意，这种价值意味的概念与牟宗三所说道德之心创生之存有为一个价值意味的概念，又有原则的不同，详见下文），但绝对不能由此得出结论，认定物自身就是一个价值意味的概念，完全排除了它是一个事实概念的可能。

由此可见，牟宗三以上帝只创造物自身，不创造现相来证明康德的物自身并非是一个事实的概念，而是一个价值意味的概念，其理论准确性实在有待斟酌。严格说来，牟宗三并非完全没有看到康德以上帝创造证明人是自由的这种用意，比如他曾讲过："上帝创造只创造物自身，不创造现象。人当作一被造的独立的自体物或个体物（substance）看，他在上帝面前也是一物自身，而不是一现象。这样，他虽是一被造物，但无影响于自由。"（《现象与物自身》，第117页，21/122）但他并没有以此为重点，而是着重以此来证明康德讲的物自身是一个价值意味的概念，不是一个事实的概念。上面的分析已经证明，康德讲的上帝创造只是先验理念本体中自由的创造，既不是创造质料之源的物自身，也不是真如之相的物自身，更不是创造什么他心中所意指的那个道德之心创生的对象。牟宗三不是这样，而是以本体取代物自身，将康德关于本体的论述解释为关于物自身的论述，认为康德实际上已经有了将物自身解释为价值意味概念的想法，只是限于“上帝造物说”，不能将这个想法表述清楚而已。[①] 牟宗三为此甚至大讲，上帝造的虽然是有限物，受时空条件的限制，但在上帝眼中却可以不受这个限制。有限物自己在时空中，有流变相，但上帝眼中却无时空，无流变相。如果我们可以拥有智的直觉，同样完全可以不受时空的限制，万物流变自己的，而我们却不受其影响，我们眼中根本没有时空形式，所有的只是物之在其自己，等等。一种理论缠绕曲折到如此程度，也难怪读者会抱怨牟宗三相关的论述如同天书一般，艰深莫测，难以理解了。



## 四、牟宗三价值意味物自身释义

否定物自身是一个事实的概念，只是牟宗三相关思想的第一步。牟宗三此举的最终目的，是要确认物自身是一个价值意味的概念。因此，如何理解这种价值意味的物自身，就成了整个问题的中枢环节。下面就来分析这个问题。

### 1. 牟宗三强调物自身是一个价值意味的概念

在《现象与物自身》的序中，牟宗三对他的研究方法予以了说明，这种方法简单说就是“从上面说起”：

① 对“上帝造物说”这种不正确的理解，对牟宗三儒学思想造成了很大的负面影响，甚至影响到他对自己圆善论的评价。关于这方面的问题，请见第四章第三节第三小节“两个有待讨论的问题”。

我今从上面说起，意即先由吾人的道德意识显露一自由的无限心，由此说智的直觉。自由的无限心既是道德的实体，由此开道德界，又是形而上的实体，由此开存在界。存在界的存在即是“物之在其自己”之存在，因为自由的无限心无执无著故。“物之在其自己”之概念是一个有价值意味的概念，不是一个事实之概念；它亦就是物之本来面目，物之实相。我们由自由的无限心之开存在界成立一本体界的存有论，亦曰无执的存有论。我们对于自由无限心的意义与作用有一清楚而明确的表象，则对于“物之在其自己”之真实意义亦可有清楚而明确的表象，物之在其自己是一朗现，不是一隐晦的彼岸。

《现象与物自身》，序第 6 页，21/［8］



所谓“从上面说起”又叫“从上面说下来”，意在首先确立一个自由无限心，再由此往下说其他。在牟宗三看来，这个思路有很多好处。自由无限心是从道德之路进入的，是道德的实体，具有无限性。这个具有无限性的实体一经确立，智的直觉如何可能的问题就得到了解决。智的直觉的问题一旦得到了解决，自由无限心便可以同时开出存在界。这个存在是物之在其自己的存在，是物之本来面目，物之实相，而这也就是所谓无执的存有。需要注意的是，无执存有中物之在其自己是一个价值意味的概念，而不是一个事实的概念。

牟宗三进一步提出了他对物自身的理解：

因此，他所说的区分是超越的，不是经验的。但若吾人只内在于知性，这种超越的区分是不能被见到的。

我们必须外在于知性而对于我们人类的知性（连带感性）加以反省，始能作到此种超越的区分。我们反省我们人类的知性是使用概念的，并不是直觉的，正如我们的感性是在一定样式下并以时空为其形式。其他有限存在，如有知性活动，是否亦使用概念，而且使用与我们人类知性相同的如此这般之概念，则不得而知。但我们确知一无限存在，例如上帝，其知性便不使用概念，而是直觉的。这样，我们确知我们人类的知性也是在一定样式下活动的，因此，它也有它的特殊性与有限性。我们即就它的特殊性与有限性而说其所决定的对象虽是客观的，而却仍是现象。那不在一定样式下而且是“智的直觉地”为上帝所知者则是物自身。

《现象与物自身》，第6页，21/6



在牟宗三看来，如果我们只是内在于我们的感性知性，是没有办法真正区分现相与物自身的。因为那种区分只是经验的，其结果只能是将虹视为现相，将雨视为物自身。我们必须对现相与物自身进行超验（超越）的区分，而不是经验的区分。要进行超验的区分，就必须对我们人类的认知形式进行反省，把人类认知的有限性与上帝认知的无限性进行对比。人类感性知性都是有限的，必然受到自己特有的认识形式的限制，不能直达物自身。与人类感性知性相比，上帝的认知则不受这种限制。上帝是无限的存在，它的直觉不需要时空，它的知性不使用概念，其认识可以直达物自身。这是一个重要的对比。整段最后一句“那不在一定样式下而且是‘智的直觉地’为上帝所知者则是物自身”特别重要。它明确告诉我们，依据牟宗三的判定，物自身不是别的，只是智的直觉的对象；反过来说，智的直觉的对象即是物自身。

因为儒家坚持认为我们人类完全可以具有智的直觉，这种智的直觉之下的对象，就叫做物自身，而这种物自身也就是价值意味的物自身。为此再来重温前面引用过的一段论述：

> 物自身是对无限心的智的直觉而说的。如果我们人类无“无限心”，亦无“智的直觉”，则物自身对我们人类而言就只是一个消极意义的预设。可是，我们既可设想其是无限心的智的直觉之所对，则它不是我们认知上所知的对象之“事实上的原样”之概念甚显。纵使譬况地可以说原样，如说“本来面目”，亦不是所知的对象之“事实上的原样”，而乃是一个高度的价值意味的原样，如禅家之说“本来面目”是。如果“物自身”之概念是一个价值意味的概念，而不是一个事实概念，则现象与物自身之分是超越的，乃始能稳定得住，而吾人之认知心（知性）之不能认知它乃始真为一超越问题，而不是一程度问题。
>
> 《现象与物自身》，第 7 页，21/7



牟宗三在这里直接宣告，物自身不是其他东西，只是智的直觉的对象。康德认为，如果确定我们人类没有智的直觉，那么物自身就只有消极的意义，没有积极的意义。但康德毕竟还是肯定了智的直觉的存在，尽管将其归给了上帝。既然智的直觉是存在的，那么智的直觉所面对的就只是物自身而不是现相，所以牟宗三才断言“物自身是对无限心的智的直觉而说的”。因为将物自身理解为智的直觉的对象，智的直觉源于自由无限心，而自由无限心与道德相关，包含着价值意义，所以物自身是一个价值意味的概念，而不是一个事实的概念。

对于这样一套说法，牟宗三非常满意，不无自豪地说："以上所说的俱亲切而明确，这才是对于物自身而有的清楚而明确的表象，这不是从上帝的创造处说所能明朗的。这样的物自身系于无执的无限心这个主体，无限心觉照之即存有论地实现之，此亦可说创造，但不是上帝的创造，因此，物客观地就是如此，就是这样有价值意味的物自身，此就是物之实相：实相一相，所谓无相，即是如相。"（《现象与物自身》，第18页，21/18—19）在牟宗三看来，他对于康德物自身的解说不仅清楚明确，而且亲切自然。他的这种说法的立脚点在于人有无限性，有无限心。因为人类有无限心，这个无限心属于智的直觉，其觉照之即是存有论地实现之、创造之。这种创造不是单纯创造一种现相，而是创造一种价值。这种价值就是物之实相，也就是物自身，一种价值意味的物自身。



### 2. 学术界对价值意味物自身的理解

尽管将物自身规定为价值意味的概念是无执存有论的中枢，但由于牟宗三在这个问题上论述含混不清之处甚多，学界对此的理解也困难重重，很难真正了解牟宗三的真实意图。

郑家栋对牟宗三所谓价值意味物自身的理论有过较为系统的探讨。他的基本看法是：牟宗三这一思想是取消了物自身的认识论方面的意义，或者说是取消了处于彼岸世界的物自身。他认为，康德的物自身有多重含义，其中第一层含义是作为感性材料来源的物自身，但"牟宗三根本否认物自身的第一层涵义，他认为现象的起源不能从物自身方面讲，而只能从主体的'识心之执'方面讲。""完全否认了康德物自身概念在认识论方面的意义，而把之完全伦理化了，即单纯从实践理性（道德实体）方面把握物自身。"①

① 郑家栋：《本体与方法——从熊十力到牟宗三》，沈阳：辽宁大学出版社，1992年，第257—258页。

郑家栋还认为，牟宗三这一思路与费希特十分接近，因为在康德之后的发展中，费希特进一步凸显了康德哲学强调自由的方面，不赞同康德一方面承认自由是人作为理性存在物的本质属性，另一方面又设定一个与主体相对待，且不能为主体所统一的物自身，以其来限制、阻碍主体。“牟宗三对康德哲学的改造较接近于费希特的理路。他们同样是通过‘自我’的无限扩张取消了康德哲学中那个处于彼岸世界的物自身，同样强调‘自我’是道德的、实践的主体，也是存在的实体。”①



在另一部著作中，郑家栋仍然坚持这一观点，明确指出：

> 牟先生根本否认康德哲学中物自身概念的实在论倾向，认为那只是由于康德有关理论的含混不清和不够完善使人们产生的误解。他显然认为，物自身概念只能从实践、伦理、自由、目的方面加以理解、把握和界定，现象与物自身的区分展示了科学与哲学（儒家意义上的哲学）、知识与道德（“即道德即宗教”意义上的道德）、“为学”与“为道”、“闻见之知”与“德性之知”、理论理性与实践理性的不同性质、领域和范围，物自身之不可知和真实含义乃在于：感性直观（牟先生称之为“感触直觉”）和理智分析（知性）都不能运用于道德宗教领域，对后者只能采取一种道德的、实践的进路。②

这就是说，在郑家栋看来，牟宗三价值意味物自身的思想彻底否

① 郑家栋：《本体与方法——从熊十力到牟宗三》，第281页。

② 郑家栋：《当代新儒学史论》，桂林：广西教育出版社，1997年，第144页。氏著《断裂中的传统——信念与理性之间》（北京：中国社会科学出版社，2001年）仍然坚持这一观点，具体可参见该书第227页。

定了康德哲学中物自身概念的实在论倾向，与费希特否认康德物自身的做法非常接近，都是以道德意识取消了康德哲学中处于彼岸世界的物自身。

郑家栋的这种看法在学术界有一定的影响，不少学者认同这种理解。李明辉也是其中之一。其颇具影响的《牟宗三哲学中的"物自身"概念》一文对这个问题进行了详细的分析。他认为，牟宗三与费希特都取消了物自身，两人的思路极为接近，差别只在于：费希特取消了物自身的概念，牟先生则将它提升为一个具有价值意味的概念。这种改变事关重大。因为从康德哲学的立场看，现相与物自身之超验的区分是其整个哲学系统的预设，取消物自身概念意味着放弃其全部哲学系统，难怪康德抱怨费希特误解了他。虽然我们无法知道康德是否会接受牟宗三对物自身概念的重新诠释，但是这套诠释对康德哲学却极为有利，因为它顺着康德哲学原有的思想方向走，既保留了其基本架构，同时又避开了康德的物自身概念可能受到的质疑与批评。在这个意义下，牟先生比康德以后的大多数德国哲学家更切近于康德的思想。①

李明辉进一步指出，尽管牟宗三与费希特都取消了物自身，但他们的用意并不相同。费希特取消康德物自身概念，是因为在他看来这个概念根本无法证明，完全是多余的。牟宗三取消这个概念则出于道德问题的考虑，因为只有将物自身确定为价值意味的概念，才能保证理性的实践功能，才能使道德成为可能，而这一转变恰恰合乎康德哲学的基本精神。他这样写道：

> "物自身"概念在康德的哲学系统中具有双重涵义。在其知识论的脉络中，它似乎如一般学者所理解的，是

① 李明辉：《当代儒学的自我转化》，第46—47页。

> 个事实概念。但在其伦理学中，这个概念又隐约透显出一种价值意味。就其“实践理性优于思辨理性”的立场而言，我们有理由相信：后一意义才是此概念的真正意义。正如康德在《纯粹理性批判》中赋予“自由”概念一项知识论意义（消极意义），是为了进一步说明其伦理学意义（积极意义），我们也有理由假定：“物自身”概念的知识论意义并非究竟意义，其提出仅是为了进一步衬托出其伦理学意义。①

李明辉这里的意思很清楚，物自身在康德哲学中有双重含义，在知识论中属于事实概念，在伦理学中隐含着价值意味。根据康德实践理性优于思辨理性的原则，可以认定，伦理学中的物自身也就是价值意味的物自身，才是康德物自身概念的真正意义。因此，将康德物自身诠释为价值意味的概念，是牟宗三在康德研究中的重要贡献。

郑家栋、李明辉的上述观点在学界影响很大，已经成为了一种通行的理解。王兴国曾顺着李明辉的思路对这个问题给出了自己解释。按照王兴国的理解，康德本人确实没有明确把物自身视为一个具有价值意味的概念，然而从哲学诠释的角度看，做出这种理解也有其理论的理由。“康德认为‘物自身’或‘理体’概念的积极意义只能在‘实践理性批判’或形上学中出现，实际上，他是指点了一个从价值论的形上学的视角来理解与诠释其积极意义的方向。牟宗三明确地揭示出这一方向，并沿这一方向而进，把‘物自身’诠释为一个具有价值意味的概念。”王兴国最后的结论是：“不难看出，‘物自身’或‘智思物’只能在实践的知识或

① 李明辉：《当代儒学的自我转化》，第44页。

实践理性批判中才能肯定，‘自由’与‘道德’概念是理性猜想‘物自身’的基础，自由主体或道德主体的自我意识则是达到‘物自身’的唯一通道。在广义上说，自由主体或道德主体是价值主体。既然如此，那么由价值主体所开显的物自身就不可能是一个纯粹的现象的客观事实，而只能是一个价值的界域。……因此，可以说，物自身是由广义的价值主体的自我意识所透显出来的价值界域。”① 这就是说，在王兴国看来，牟宗三之所以将物自身界定为一个价值意味的概念，完全是从道德问题入手的，目的是确立一个自由主体和道德主体，有了这样一个自由主体和道德主体，我们就可以达到物自身了。这样的物自身显然不是认识论意义上的事实的原样，而是开启了一个新的价值的领域。



对于上述通行理解，我有三点疑问，不敢苟同：

第一，物自身是否就是一个价值意味的概念？按照上述通行理解，牟宗三将物自身诠释为价值意味的概念在康德那里确有理据，因为康德讲物自身的含义较为复杂，既在知识论中讲，又在伦理学中讲。与知识论相关的物自身不能是说一个价值意味的概念，而在伦理学中的物自身确实包含着价值的意义，因为这里讲到的是自由的问题。从这个意义上说，牟宗三将康德物自身概念作一种创造性的诠释无可厚非，甚至还是一个伟大的创造，“比康德以后的大多数德国哲学家更接近康德的心灵”②。但我认为，这种说法本身包含着这样一个矛盾：既然承认物自身概念在康德哲学中有多种含义，在知识论中的物自身与事实有关，在伦理学中的物自身与价值有关，那就不能简单说物自身就是一个价值意味的

① 王兴国：《历史的诠释与创造的诠释——论牟宗三后期哲学中的“物自身”是价值意味概念的命题》，《孔子研究》，2002 年第 3 期。

② 李明辉：《当代儒学的自我转化》，第 329 页。

概念，不是一个事实的概念，完全否认其所包含的事实的意义。牟宗三在诠释康德物自身思想的时候明确讲："康德所说的物自身自应是一个价值意味底概念，而不是一个事实的概念。"（《现象与物自身》，第 14 页，21/14）这种表述等于完全排除了物自身包含的事实含义，这种以偏概全的做法很难说是准确的。上述学者在解释牟宗三相关思想时似乎没有能够充分注意这一点，令人遗憾。 

第二，牟宗三是否取消了物自身？上述通行理解有这样一个基本共识：牟宗三之所以提出价值意味物自身这一概念，是因为他与德国哲学家费希特的思路相似，都是取消了康德现相背后的那个物自身。但我不这样看。牟宗三讲过，究竟什么叫物自身，这是很难确定的，如果不予以充分的说明和限制，可能会产生很多不同的理解：

> 说我们所知的自然界中的对象物与上帝、不灭的灵魂以及意志的自由有别，这是显明的；但若说我们所知的这个自然界中的对象物只是这个对象物之现象，而不是这对象物之在其自己，进而复说这物之在其自己不能作为我们认知之对象，只现象始可作对象，这便不那么显明。
>
> 《现象与物自身》，第 2—3 页，21/2—3

在这段话中，牟宗三有一个重要说法，这就是"我们所知的自然界中的对象物"。牟宗三首先肯定，"我们所知的自然界中的对象物"与上帝、灵魂、自由有不同特点，并不相同，并由此提出究竟如何界定物自身的问题。需要注意，牟宗三在这里并没有完全否定这个"我们所知的自然界中的对象物"。从上下文看，这里所说的“我们所知的自然界中的对象物”就是现相背后作为彼岸世界的物自身，牟宗三根本没有否定它的存在。查阅牟宗三在其他地方的论述，也无法找到明确否定现相背后作为彼岸世界物自身的言论。牟宗三充其量不过是强调依据康德的思路，我们无法认识其自身，只能认识其现相罢了。因此，断言牟宗三否定了现相背后的物自身，其思路与费希特相近，缺乏充分根据，难以成立。



第三，“价值意味的物自身”与“物自身的存有”究竟是什么关系？这是上述通行理解最为严重的问题。上述理解完全以自由代替物自身，因为自由有价值意味，所以才有价值意味物自身的说法。这种理解看似很深刻，但并不合牟宗三的思想主旨。为此我们可以看牟宗三这样一段论述：

> 或者说康德是由“自由”来接近这价值意味的物自身。但是，自由毕竟只是道德理性上的事，与这桌子之为物自身相距甚远。我们的知性、感性不能及于自由，但这并不函说亦不能及于物自身，尤其不能决定这物自身是一个价值意味的概念；而康德亦实未明朗地决定说物自身是一个价值意味的概念，他说物自身常是与事实问题不分的。当然，假定自由的无限心可以呈现，而智的直觉亦可能，则价值意味的物自身即可被稳住，而其价值意味之何所是亦可全部被显露。但是，这样一来，我们对于感性与知性即有一价值上的封限，而不是定然之事实。如是，在我们身上，无限心与识心有一显明的对照，即执与不执之对照；我们即由于此对照而有一标准，以之去决定物自身是一个价值意味的概念，并能显明地决定我们的知性、感性（即识心之执）之所知定是

现象，而不是那有价值意味的物自身，并能充分地决定这分别是超越地分别。但是，这一步，康德并未作到。

《现象与物自身》，第12—13页，21/12—13

有人提出，康德是以自由这个概念来接近价值意味的物自身的。牟宗三对此表示反对，在他看来，自由是道德理性方面的事情，说感性知性不能及于自由，这好理解，但“与这桌子之为物自身相距甚远”。这最后一句极为关键。它明确告诉我们，在牟宗三看来，你可以说自由是物自身，但桌子同样是物自身。这两种物自身是什么关系？这是必须予以正视的。牟宗三紧接着讲到智的直觉，强调如果智的直觉能够成为可能，那么价值意味的物自身就可以被稳住。这里的价值意味的物自身显然是针对智的直觉说的，意即与智的直觉相对的那个对象就是价值意味的物自身。由此不难明白，即使我们肯定了自由是价值意味的物自身，但仍然不能说明桌子何以是价值意味的物自身。从这里可以看到，牟宗三所说的价值意味的物自身强调的不是“物自身创生的存有”，而是“物自身的存有”。“物自身创生的存有”与“物自身的存有”是两回事，明确区分这两个概念非常重要。所谓“物自身创生的存有”是说有一种本体叫做物自身，它可以创生存有；所谓“物自身的存有”是说这种存有本身就是物自身，而不是现相。必须明白，牟宗三创立无执存有论的真正目的是建构一种存有论，一种与现相不同的存有论。这里他特别强调的是智的直觉的有无。没有智的直觉，只有感性直觉，我们只能创生现相的存有。反之，我们就可以直达物自身，创生物自身的存有。与感性直觉相对的是识心，是现相，与智的直觉相对是自由无限心，是物自身。这是牟宗三存有论最基本的原则。如果只把价值意味的物自身理解为与道德相关的自由，尽管可以在康德那里找到某些根据，但与牟宗三存有论的基本精神仍相距较远。[①]

① 在本章最后定稿时，我注意到了唐文明的研究成果。唐文明没有顺着上述学者的思路走，而是从康德第三批判的角度对牟宗三的“价值意味物自身”作出了自己的诠释。《隐秘的颠覆——牟宗三、康德与原始儒家》第三章“良知的僭越”指出，康德有鉴于自然目的论的不足而提出了道德目的论，使道德目的论成为自然目的论的基础，并由此提出了他的道德神学。“在这样一种以道德目的论为根据的道德神学中，整个世界的存在，或者说万物的存在，都染上了一层道德的色彩，或者说，世界的存在、万物的存在都因道德而有其价值。正是在这个意义上，我们可以断言，牟宗三将物自身理解为一个高度价值意味的概念，其中包含着深刻的洞见。”按照唐文明的看法，牟宗三价值意味物自身这一概念应纳入康德道德目的论系统中来理解。由此出发，他对牟宗三提出了批评：“虽然牟宗三在此处承认‘康德的目的王国本有此义’，但他还是忽视了康德的自然目的论和道德目的论，于是进而认为，对于‘物自身皆是一目的’此义，康德‘不能充分证成之’，而‘从上帝的创造处说，尤其不能稳住此义’。实际上，我们可以看到，在康德的目的论思想里，上帝的创造其实是虚说，目的论的最终根据还是落在了作为道德存在者的人身上。”（唐文明：《隐秘的颠覆——牟宗三、康德与原始儒家》，第 199 页）

唐文明这种观点与学界的通行理解不同，提供了一个新的视角，是一个重要进步，值得注意。但根据我的判断，这种观点仍然很难说与牟宗三的意思相吻合。康德的道德目的论与牟宗三的存有论进路并不相同。道德目的论是《判断力批判》中的重要内容。康德看到自然目的论没有足够的说服力，认为只有有道德的人才能作为这个最终的目的，才能把整个世界视为一个整体，整个世界也才具有了道德的意义。牟宗三道德存有论并不是从这个角度进入的。牟宗三提出价值意味物自身这一概念时并没有关注自然世界的目的问题，他关心的是道德之心除能创生道德善行之外，还能不能对宇宙万物发生影响。他从熊十力的新唯识论那里找到了肯定的答案，强调道德之心有涵盖乾坤的功能，可以将自己的意义和价值赋予宇宙万物。将康德和牟宗三的相关思想放在一起比较，两种进路的差别非常明显。如果不能正视这种差别，很可能又将牟宗三的思想置于西方哲学的某个框架之中，不仅不能准确理解其意，而且还会造成诸多不适。

在这个过程中，唐文明对牟宗三相关原文的理解似乎也有欠准确。为了证明自己的理解，唐文明引用了牟宗三这样一段论述：“当自由无限心呈现时，我自身即是一目的，我观一切物其自身皆是一目的。一草一木其自身即是一目的，这目的是草木的一个价值意味，因此，草木不是当作有限存在物看的那现实的草木，这亦是通化了的草木。”（牟宗三：《现象与物自身》，第 18 页，21/18）这段话出自《现象与物自身》第一章。在这一章中，牟宗三特别强调了执与无执的区别。执是认知之心，认知之心必须借助时空和范畴，其创生的是有相的存在，即所谓现相。无执是道德之心，道德之心不需要借助时空和范畴，其创生的是无相的存在，即所谓物自身。因为道德之心富有价值性，所以其创生的对象同时也就有了价值的意义。两方面内容合在一起，牟宗三便认定道德（转下页）

3."善相":价值意味物自身的真实含义

既然关于牟宗三价值意味物自身的通行理解并不符合牟宗三的思想主旨,那么我们就必须重打鼓另开张,寻找新的路径。根据我的体会,要了解牟宗三价值意味物自身这一概念的真正涵义,应当从牟宗三思想发展的整个过程入手。

1)价值意味物自身思想的基本要点



牟宗三关于价值的思想早在写作《心体与性体》时就已经具有了。我曾将牟宗三存有论思想的核心概括为"仁心无外",并列举了相关的十二种不同说法,其中就有"价值说"①。这一说法的核心之点是强调,仁具有创生性,其创生的是一种价值,不是创生其实际的存在。那一段是这样说的:

> 生理呈现,起生化之大用,对生化之大用言,此生理呈现便是一个"元"。元者,始也。此"始"是价值观念,非时间观念。生理呈现之所在即是"元"之所在。《乾·彖》曰:"大哉乾元,万物资始。"即生理呈现为元,故曰"乾元",而亦万物所资以为始也。
>
> 《心体与性体》第二册,第139页,6/149

(接上页)之心创生的对象不是现相,而是价值意味的物自身。牟宗三这里虽然也用了"目的"的字眼,但这并不是论述的中心。仅仅以这里使用了"目的"的说法,便以康德的道德目的论来解释牟宗三的存有论,有欠严谨。其实这个问题放在牟宗三思想发展脉络中并不难理解。虽然牟宗三在写《认识心之批判》时就已涉及了康德的美学思想,但真正对这一问题进行系统研究则是在翻译《判断力批判》的时候,而他关于价值意味物自身的思想是在《现象与物自身》中正式系统提出来的。唐文明所引牟宗三的那段论述出自《现象与物自身》,此时牟宗三尚未正式考虑这方面的问题,以道德目的论理解价值意味物自身的思想,当然就难免显得牵强了。

① 参见杨泽波:《贡献与终结——牟宗三儒学思想研究》第三卷存有论第66—75页。

在牟宗三看来，道德之心有创生之功，是万物之“始”，可以创生宇宙万物。需要注意，这种“始”不是时间观念，而是价值观念。也就是说，道德之心的创生不是在时间序列中将一实物从无变为有，而是为宇宙万物赋予一种价值。

这方面的材料非常多，为了加深理解，下面再引一段：



> 乾元主管宇宙之始，故其为始乃“大始”，亦即万物之本源也。故此始即创始之始，言万物由此而始生也。此始非时间之始，乃理体之始、价值之始。
>
> 《心体与性体》第一册，第440—441页，5/463

乾元是宇宙创生之始，也就是万物之本源。这个始、这个源并非从时间上讲，而是从价值上讲。所谓从时间上讲，是因着一个时间的转换，一物由无到有。所谓从价值上讲，则是说有了这种始、这种源，万物便有了价值，有了意义。

尽管牟宗三此时已经有了价值的意识，但他尚未将这种意识与物自身联系在一起，因为这时他还没有清理以前的思想，还不承认知性具有存有论的意义（牟宗三称之为“存有论的摄指格”）。在此之后，经过写作《智的直觉与中国哲学》，牟宗三思想有了一个根本性的变化，正式承认知性的存有论意义，从此存有论才正式在其头脑中扎下根来，也只是从这之后，才正式大谈价值意味的物自身。这种变化在《现象与物自身》中得到了集中的体现。该书的思路是首先确立一个自由无限心，由此说创生，说存有，说价值：



> 自由的无限心既是道德的实体，由此开道德界，又是形而上的实体，由此开存在界。存在界的存在即是

“物之在其自己”之存在，因为自由的无限心无执无著故。“物之在其自己”之概念是一个有价值意味的概念，不是一个事实之概念；它亦就是物之本来面目，物之实相。

《现象与物自身》，序第 6 页，21/［8］



自由无限心是一创生实体，由这种实体所创生的存有是无执的存有，而不是执的存有。在无执的存有中，对象不再是现相，而是“物之在其自己”。这里已经非常明确地提出物自身是一个价值意味的概念了。

那么，为什么自由无限心创生的是价值意味的物自身呢？根本的理由是自由无限心的思维方法是智的直觉：

物自身是对无限心的智的直觉而说的。如果我们人类无“无限心”，亦无“智的直觉”，则物自身对我们人类而言就只是一个消极意义的预设。可是，我们既可设想其是无限心的智的直觉之所对，则它不是我们认知上所知的对象之“事实上的原样”之概念甚显。纵使譬况地可以说原样，如说“本来面目”，亦不是所知的对象之“事实上的原样”，而乃是一个高度的价值意味的原样，如禅家之说“本来面目”是。

《现象与物自身》，第 7 页，21/7

牟宗三特别强调，物自身不是其他东西，只是智的直觉的对象。康德不承认人类有智的直觉，所以我们只能认识现相。儒家承认人类有智的直觉，所以我们可以直达物自身。但这种物自身不是指认知意义上的“事实上的原样”，而是具有高度价值意味的对象。

由此说来，无限智心之智的直觉的对象便是价值意味的物自身。牟宗三解释道：

> 在无限心的明照上，一物只是如如，无时间性与空间性，亦无生灭相，如此，它有限而同时即具有无限性之意义。无时空性，无生灭相，此两语即显示一价值意味。说“独化”，是化无化相的，是无有转化之过程的。说自在自得，是一个价值意味，不是事实问题中的一个光秃秃的“在”。
>
> 《现象与物自身》，第 17—18 页，21/18

无限心不受时间和空间形式的限制，所展现的不再是受时间和空间形式影响下的样子，而是物自己原本的样子。这种物自己原本的样子，就是如相。这种如相是一种自在自得之相，不是事实问题，而是价值问题。

牟宗三进一步认为，与价值问题相关有两类问题，一是事，一是物。首先说事：

> 就事亲这一层说，当事亲这一孝行实现而系属于知体明觉，在知体明觉中一体而化时，我们即有一无执的存有论。此时，我的事亲之行与亲之为存在物俱是“在其自己”者。因此，我们有一本体界全部朗现，而认知活动亦转为明觉之朗照，即所谓智的直觉是。至此，我们不再说意之所在为物，而只说明觉之感应处为物。
>
> 《现象与物自身》，第 441 页，21/457



在牟宗三观念中，“事亲”之“事”由道德之心直接创生，而道德之心的思维方式属于智的直觉；既然由道德之心之智的直觉创生，所以并不需要经过时间和空间；既然不需要经过时间和空间，所以不能称为现相，只能称为物自身。另外，“事亲”之“事”本身是一种道德行为，有价值内涵，所以由道德本体创生的“事亲”之事便是一种价值意味的物自身。

与事相比，更加重要的是物：



> 由真诚恻怛之仁心之感通，或良知明觉之感应，而与天地万物为一体。盖此感通与感应并不能原则上划一界限也。其极必与天地万物为一体。散开说，感应于孺子，即与孺子为一体，而孺子得其所。感应于鸟兽、草木、瓦石，亦皆然。“亲亲而仁民，仁民而爱物”，亦皆然。“老者安之，少者怀之，朋友信之”，亦皆然。感应于物而物皆得其所，则吾之行事亦皆纯正而得其理。就事言，良知明觉是吾实践德行之道德的根据；就物言，良知明觉是天地万物之存有论的根据。故主观地说，是由仁心之感通而与天地万物为一体，而客观地说，则此一体之仁心顿时即是天地万物之生化之理。仁心如此，良知明觉亦如此。盖良知之真诚恻怛即此真诚恻怛之仁心也。
>
> 《现象与物自身》，第 443 页，21/458

牟宗三对阳明“大人者以天地万物为一体者”的思想非常重视，认为这种说法究其实无非是讲仁心之感通不能有边界，其极必以天地万物为一体。感应于孺子，而与孺子为一体，感应于草木，而与草木为一体。广而言之，道德之心推广出去，物物都能得其所，得其理。从存有论上讲，这就是道德之心创生存有。这种创生与“事亲”之“事”显然有别，不能称为“事”，而应称为“物”。

事与物虽有不同，但都是由道德之心创生的，这就叫做“事物双彰”：



> 真诚恻怛之良知，良知之天理，不能只限于事，而不可通于物。心外无事，心外亦无物。一切盖皆在吾良知明觉之感应的贯彻与涵润中。事在良知之感应的贯彻中而为合天理之事，一是皆为吾之德行之纯亦不已。而物亦在良知之感应的涵润中而如如地成其为物，一是皆得其位育而无失所之差。此即所谓事物双彰也。
>
> 《现象与物自身》，第442页，21/457—458

> 在感应无外之一体朗现中，事是“在其自己”之事，是“实事”，亦是德行；物是“在其自己”之物，其自身即为一目的。此时，事与物俱不可作现象看，因为它们系于明觉之感应，而不系于识心（知性）之认知。它们可以是知体明觉之“用”，因其感应而为用，但是用不必是现象。
>
> 《现象与物自身》，第444页，21/460

在成德的过程中，道德之心会注意到事亲的具体问题，这是事。与此同时，道德之心还会对山河大地、一草一木加以评点，赋予其价值与意义，就是物。如此一来，在道德之心的朗现之下，既有事又有物，这就是所谓的“事物双彰”。道德之心所创生之事是“在其自己”之事，是实事，所创生的物是“在其自己”之物，是实物。道德之心既创生实事，又创生实物，原因全在于道德之心属于知体明觉，而知体明觉又属于智的直觉。

《现象与物自身》确定了这一思想的基本格局之后，再没有原则性的更改，其后都是对这一思想的具体说明。《中国哲学十九讲》即是如此。由于《中国哲学十九讲》是一个讲稿，论述较为浅近，理解起来稍微容易一些，其中下面一段特别能说明问题：

> 由以上之相互比照，我们可以看出康德所说的物自身，是对应智的主体而言，具有提升作用；所以它不是事实的概念，而是具有价值意味的概念（此不同于价值学上所说的价值概念，所以只能说是价值意味的概念）。依照康德所说，通过时间、空间来表象的，以及通过范畴来决定的就是"现象"，若把时间、空间以及范畴都撤掉，不对应于感性知性主体，而回到物本身（return to thing itself），则为"物自身"。这在中国人的心态是很容易了解的，犹如家常便饭，口头上天天都说，但在康德哲学中则不易了解。
>
> 《中国哲学十九讲》，第306—307页，29/310



这里的基点仍然是智的直觉。牟宗三坚持认为，康德将智的直觉放在上帝那里，而在中国人看来，本心仁体的思维方式就是智的直觉，所以不需要另立一个上帝。康德所说的物自身与智的直觉相对应，有智的直觉便为物自身，反之则为现相。既然中国人讲的本心仁体具有智的直觉，其所面对的当然就不再是现相，而是物自身了。因为本心仁体是道德性的，道德具有价值意义，所以与本心仁体所对的便是价值意味的物自身。正因为如此，牟宗三特别强调，这种价值意味的物自身不是价值学上的价值概念，不是说它有什么样的价值，而只是强调其具有价值的意义。

总之，通观牟宗三的相关著作可以得知，他很早就有了道德之心可以赋予宇宙万物以价值的思想，后来又进一步将这一思想上升到存有论的高度，并与康德的物自身理论联系在一起，强调道德之心创生的那个对象即是价值意味的物自身。这一思想最重要的内容可分列为如下诸项：



第一、价值意味物自身的核心是智的直觉之有无，无智的直觉只能达到现相，有智的直觉便可以达到物自身。

第二、儒家承认人类可以有智的直觉，可以达到物自身，而不需要只停留在现相之上，如康德那样。

第三，儒家讲智的直觉的基础是道德之心，道德之心是道德性的、价值性的，所以其相对的便是价值意味的物自身，而不是一个纯粹事实的物自身。

第四，道德之心既可以创生事，即所谓道德善行，又可以创生物，即对天地万物赋予价值与意义，这两者都是价值意味的物自身。

我将上列四项视为牟宗三价值意味物自身这一概念的核心。如果要对这四项进一步加以概括，则可以这样说：与道德之心之智的直觉相对的那个对象就是价值意味的物自身。要理解和把握牟宗三关于价值意味物自身这一概念，必须首先对此有清楚的了解和把握。

2) 价值意味物自身思想的形象说明

以上是对价值意味物自身这一概念基本要点的梳理。如果觉得对这些要点理解还有困难，我们还可以换一个角度，看一看牟宗三对这一思想的形象说明。牟宗三明显意识到证明价值意味的物自身是一件极为困难的工作，除在理论层面予以说明之外，也曾反复举例说明。这些例子具体而形象，对深入了解牟宗三相关的思想大有助益。牟宗三的举例在不同著作中重复较多，其中较重要的有以下六种。

例之一“抬头举目”：

> 罗近溪云：“抬头举目浑全只是知体著见，启口容声纤悉（细）尽是知体发挥。”此时之抬头举目，启口容声，便是实事、实德，而不可以作现象看。它们只是在其自己之如相。如相无相，是即实相：不但无善恶相，并亦无生灭常断一异来去相，焉得视为现象？它们是知体之著见，即是如如地在知体中呈现。
>
> 《现象与物自身》，第444页，21/460



道德之心是一创生实体，是一切道德善行的源头，恰如明儒所说，抬头举目、启口容声，皆是知体著见，知体发挥。牟宗三特别强调，这些由道德之心创生的道德善行皆为实事、实德、实相，即属于物自身，而不能视为现相。

例之二“孝亲”：

> 这样的一个良知（知体明觉），对意念之动而言，自是超越的。意念之动所以有善有恶，有是有非，是因为吾人有感性故，此王阳明所谓随躯壳起念也。因此，意念之动显然是落在感性的经验层上的。意念在感性的经验层上的活动，因涉及外物，必有其内容。此内容即是阳明所谓“意之所在或所用为物”也。如意在于事亲，事亲便是一物。此物是意念的内容，因此，我们名之曰“行为物”，亦即所谓“事”也。就“意之所在”说物，那物就是事。
>
> 《现象与物自身》，第437页，21/453

牟宗三强调，孝亲是由道德之心直接创生的，这种创生就是心学所说的“意之所在为物”。这种物牟宗三特称为“行为物”，其实也就是事。这种事是实事而非虚事。既然如此，当然不能归之于现相，而应视为物自身了。

例之三“抽烟”：



> 我们且举一例来说明，如果眼前我要抽烟，抽烟这个行动当然是属于感触界的现象，然而抽烟这个行动有没有“物自身”的意义呢？这个问题康德并未加以说明。严格地说，既然有“现象”，相对地就当该有“物自身”，现象与物自身只是一物的两面，只是两种不同的呈现而已。所以我们的行动，有时是现象，有时亦可以是物自身。
>
> 《中国哲学十九讲》，第300页，29/303

牟宗三甚至以抽烟说明实事实德。抽烟这个例子初看起来好像比较突兀，不过细细分析却很能看出牟宗三的真实用意。抽烟这一行动从认知的角度看，可以视为现相。但从道德之心的角度看，因为道德之心可以不受认识形式的限制，所以在其视域下，抽烟这个行动也就有了物自身的意义。

例之四“静观自得”：

> 中国人在过年节时贴门对儿，就有“万物静观皆自得，四时佳兴与人同”的说语，此中实已蕴含了无限的哲学义理。“万物静观皆自得”不正指的是物之在其自己吗？这并非指现象，亦非指科学知识。
>
> 《中国哲学十九讲》，第307页，29/310

“万物静观皆自得，四时佳兴与人同”是牟宗三非常喜欢引用的句子。万物为什么能够“皆自得”，四时为什么能够“与人同”？关键是有道德之心的参与。有了道德之心的参与，我们在观察万物的时候，万物便能“皆自得”，四时便能“与人同”。中国人将此看得很平常，实际上却是很高的境界，包含着深刻的哲理。牟宗三在这里强调的是，“皆自得”、“与人同”并不需要借助认识形式，属于智的直觉的对象，因此都不属于现相，而属于物自身。康德没有儒家这种智慧，限于上帝造物说，所以不能把这层意思讲明白。

例之五“通化了的草木”：

> 当自由无限心呈现时，我自身即是一目的，我观一切物其自身皆是一目的。一草一木其自身即是一目的，这目的是草木的一个价值意味，因此，草木不是当作有限存在物看的那现实的草木，这亦是通化了的草木。康德的目的王国本有此义，但他不能充分证成之，从上帝的创造处说，尤其不能稳住此义。
>
> 《现象与物自身》，第 18 页，21/18

这个例子实际是对上面“静观自得”道理的具体说明。我们说的草木绝对不能只限制在认知意义的现相上，除此之外，还有另外一层含义，这就是被自由无限心影响的草木。当自由无限心呈现的时候，一草一木亦在其朗照润泽之下，受其影响的草木即为“通化了的草木”。在牟宗三看来，这种“通化了的草木”已不是单纯的现相，而具有了无限心的意义。这种具有了无限心意义的“通化了的草木”就是价值意味的物自身。

例之六“中道与妙道”：

在自由自律的无限心之圆觉圆照下，或在知体明觉之神感神应下，一切存在皆是“在其自己”之存在。圆觉圆照无时空性、无生灭相，“在其自己”之存在当然亦无时空性、无流变相，它们是内生的自在相，即如相：如相一相，所谓无相，即是实相。无时空性，它们不能是有限（决定的有限）；但我们亦不能说它们就像“无限心体”那样的无限，它们是因着无限心体之在它们处著见而取得解脱与自在，因此取得一无限性之意义。当我们说“一色一香无非中道”时，此时我们并不是把色香看成是一个现实的物体存在（事实概念的物体存在），而是把它们看成即是“中道”，这是一个价值意味的存在。

《现象与物自身》，第112页，21/116—117

当我们说“挑水砍柴无非妙道”时，亦复如此。当我们说“鸟啼花落，山峙川流，饥食渴饮，夏葛冬裘，至道无余蕴矣”（王东崖语），亦复如此。当我们把这些看成是“有限存在”时，那已不自觉地把它们看成是现象了。有限是事实概念式的决定的有限，它当然非有时空性不可，亦非有流变性不可，那不能不是现象。可是当我们说它们是“在其自己”之存在，它们必然地不是现象，因此，它们不能有时空性、有流变相，因此，它们即不是事实概念式的决定的有限，而是取得一无限意义的价值意味的存在了。

《现象与物自身》，第112页，21/117

在此例中，牟宗三坚持这样一个基本的观点：只有相对于认识形式才能讲现相，自由自律的无限心不受认识形式的限制，现于它面前的便不再是现相，而是物之在其自己。比如，当我们说“一色一香无非中道”、“挑水砍柴无非妙道”的时候，我们并不是把这色、这香、这水、这柴，看作是一个事实的概念，而是把它们看作是一个价值性的东西。当我们这样看的时候，这色、这香、这水、这柴，就有了价值意义，就显示为“中道”、“妙道”。这种“中道”、“妙道”不再是与认知相应的现相，而有了特殊的意义，这种特殊的意义就是牟宗三所说的价值意味的物自身。



总的看来，这六个例子都是对上述价值意味物自身四个要点的具体说明：它们的创生主体都是道德之心，其思维形式都是智的直觉，所以不再停留于现相之上，而是直接抵达物自身。这六个例子具体又可分为两类，前三例（“抬头举目”、“抽烟”、“孝亲”）指事，后三例（“静观自得”、“通化了的草木”、“中道与妙道”）指物。无论是事还是物，都是由道德之心通过智的直觉创生的，都没有经过认识形式的中介，所以都不是现相，而是物自身；因为道德之心有价值意义，所以这种物自身是一种价值意味的物自身；又因为价值意味的物自身只是赋予对象以价值和意义，不是讨论对象之事实，所以不再是一个事实概念，而是一个价值意味的概念。

3）价值意味物自身其实是一种“善相”

经过上面的分析，我们已经基本摸到了牟宗三坚持主张物自身是一个价值意味的概念的运思脉络，找到了这一脉络中隐藏的缺失。据此我有充足理由得出这样的判断：牟宗三所说的价值意味的物自身其实并不是什么物自身，仍然是一种现相，当然不是一般的现相，是一种特殊的现相，而这种特殊的现相我称之为“善相”。

为了说清问题，首先对“象”与“相”作字义的追溯。在汉语中，“象”和“相”是两个完全不同的字。《说文》：“象”，“长鼻牙，南越大兽。”“象”就是今天的大象。由此衍生出象舞、象乐等等。“现象”指事物表现的外部的形式，外部的样子。现代汉语中“现象”一词，便是由此发展而来的。“相”就不同了。依据《说文》，“相”，“省视也，从目从木。”“相”是一种看，如《诗经·鄘风·相鼠》：“相鼠有皮，人而无仪。”因为这个字源，“相”字总含有看的内容，如今天常说的“照相”、“照相机”等等。近代以来，人们常以“现象学”来翻译 phenomenology 一词。从词源意义上看，这种译法并不准确。“现象学”最基本的意思是所有的“现象”都是受到人的影响而产生的。从这个意义上说，说“现象”不如说“现相”。因为“现象”在汉语中偏重于事物自己表现出来的那个样子、那个形象，而“现相”则强调对象在人视觉之下的那个样子、那个形象。两相比较，“现相”一词无疑更符合 phenomenon 原来的含义。因此我认为，应当将 phenomenon 译为“现相”，将 phenomenology 译为“现相学”。这就是本书之所以在“现相学”的范围内，只说“现相”不说“现象”的根本理由。

我这里所说的“善相”，与此有着密切的关联。“善相”可以说是“现相”的一个分支。“现相学”讲的是一种在人的影响下产生的“相”，“善相”则更进一步，特指一种在人的道德影响下产生的“相”。我这里特别选用“善相”的说法，是想突出这样一个思想：与一般的“现相”不同，在道德之心“观看”之下也会显现出一种“现相”。因为这种“现相”并非对象原本具有，所以是一种“相”；又因为这种“相”与道德之心有关，而道德之心是关乎善的，所以这种特殊的“相”可以叫做“善相”。“善相”与“现相”的关系须细加辨析。“善相”可以说是狭义的“现相”，而通常所说的“现相”则是广义的“现相”。“善相”属于“现相”，也可以归为“现相”，但不能反过来，将“现相”完全归为“善相”。

为了说明牟宗三所谓物自身的存有不过是一种“善相”，我们还必须再次回到牟宗三存有论思想的核心。前面说过，牟宗三的存有论无非是要说明一个“仁心无外”的道理。所谓“仁心无外”是说仁心有“充其极”的特性，总要对天地万物指指点点，说三道四，从而将自己的好恶取向加于其上，“涵盖乾坤”而后止。为了说明这个道理，牟宗三采用了多种方法，诸如“呈现”、“朗照”、“润泽”、“觉润”、“痛痒”、“妙运”、“神化”、“创生”、“生化”、“成全”、“实现”、“价值”等等。这些不同说法都是要表明，仁心（准确地说当为道德之心）有创生存有的功能，可以对宇宙万物施加影响，将自己的价值取向赋予其上。这种具有道德价值和意义的对象，就是道德的存有。这种道德存有是由仁心创生的，所以叫做“仁心无外”。



“仁心无外”有着深刻的哲学底蕴。仁心属于道德之心，是人的一种道德本体。这种本体是一种活物，有强大的创生性。这种创生性表现在两个方面，既可以创生道德善行，即牟宗三所说的“事”，又可以创生道德的存有，即牟宗三所说的“物”。创生道德善行与这里的主题无关，暂且不论，这里只谈道德存有问题。所谓道德之心创生道德存有，是说道德之心有一个特点，就是不安分，总要对其所涉及的对象发表看法，从而使这些对象带有道德的色彩。这个道理其实并不难理解。比如，一个有德的人观察外部对象与一个无德的人观察外部对象，其外部对象的价值和意义一定有所不同。有德的人观察兰花，便将人格的清新高雅移置其上，观察松树，便将人格的高尚挺拔移置其上，观察翠竹，便将人格的宁折不弯移置其上，从而使兰花、松树、翠竹有了道德的价值和意义。将这个道理推广开来，道德之心总要对宇宙万物施加影响，而宇宙万物也总要受到道德之心的影响。上面所引“万物静观皆自得，四时佳兴与人同”的例子，说的就是这个道理。这里的“万物”，这里的“四时”，并不是“物之在其自己”的“万物”与“四时”，已经是受到道德之心影响即所谓“通化”了的“万物”与“四时”。“鸟啼花落，山峙川流”也应如是看。这时的“鸟啼花落，山峙川流”作为外部对象明显已经受到了道德之心的影响，丧失了“物之在其自己”的身份，所以才能讲“充拓得开，则天地变化草木蕃”。因为这里的“万物”，“四时”，“鸟啼花落，山峙川流”，不与认知之心相对，而是与道德之心相对，所以不是西方一般所说的现相。但需要注意的是，不是一般意义的现相并不代表就是物自身，因为它们已经在人的道德之心的视野之中了，已经包含了道德的因素。这种已经包含了道德因素、染有了道德色彩的对象就是一种“相”，即我所说的“善相”。一言以蔽之，所谓“善相”就是道德之相，或者说就是道德之心所创生的那个特殊的存有之相。

由于在智的直觉问题上把握有欠准确，牟宗三关于这一重要思想的表述完全走偏了方向。牟宗三坚持认为，康德依据西方哲学传统，将智的直觉归到上帝身上，不承认人类有智的直觉，所以人类只能认识现相，不能达到物自身。中国传统无论是儒家还是道家、佛家，无不承认智的直觉，所以可以不必停留在现相之上，而能够直达物自身。由于智的直觉的主体是道德之心，道德之心有强烈的价值意义，由道德之心之智的直觉所直达的那个对象，便是价值意味的物自身。然而牟宗三对智的直觉的理解隐含着很大的问题。尽管牟宗三这一思想的若干部分有着很高的价值，特别是关于人可以对本心仁体有智的直觉的论述，有着深刻的理论意义，预示着一个很有潜力的发展方向，但他关于“觉他”是通过康德意义的智的直觉进行的，其创生的是物之在其自己的存在，不是现相的存在这一基本思想，则无论如何都是不能成立的。这个问题前面已从各个角度进行了分析，此处不再重复。抛开那些复杂的论证不说，这个问题只简单这样来看其实也就足够了：既然是道德之心创生的存有，就说明这个对象已经处在与道德之心的关系之中，受到了道德之心的影响，当然就不再是什么物之在其自己了。为此不妨来看牟宗三这样一段论述：



> 对象在“一定关系”中名曰现象，所谓“一定关系”即是在感性模式下而与感性主体发生关系，即显现到感性主体上来。不在此种关系中，而回归于其自己，即名曰物自身，物之在其自己，或对象在其自己。此即是作为物自体的理智物，而非在一定关系中作为现象的感触物。我们可以这样去思对象，即依在或不在一定关系中之方式而思之；在一定关系中，名曰现象；不在一定关系中，即名曰物自体，对象在其自己。我们这样便形成“物自身”之概念（形成一对象在其自身之表象）。这样思之而形成“物自身”一概念是并无过患的。这所形成的概念即是“物自身”这个概念，“物自身”一义。
>
> 《智的直觉与中国哲学》，第 116 页，20/150—151

这段话非常重要，非常鲜明地表达了牟宗三的相关思想，从中可以清楚看出这一思想的内在矛盾。依据牟宗三的分析，一个对象在一定关系中为现相，不在一定关系中为物自身。这种不在“一定关系”中，就叫做“回归于其自己”。但我们知道，道德之心创生存有，本质是道德之心赋予外部对象以价值和意义，是对外部对象进行一种道德性的说明。既然如此，这种对象就已经受到了道德之心的影响，这种受到道德之心的影响就是道德之心与对象发生一定的关系，使对象处在“一定关系”中了，而不可能是什么“回归于其自己”。[①] 换言之，道德之心创生的对象，已经具有了道德的价值和意义，从此失去了其自身的身份，已经成为了一种“相”，如何还能将称为物之在其自己之存在呢？



这种缺陷对牟宗三的存有论思想造成了极大的负面影响。这首先表现在他对于“事”的看法上。前面讲过，牟宗三认为，儒家承认智的直觉，通过这种智的直觉会产生道德善行，孝亲、抽烟、抬头举目、启口容声等一系列具体行动无不由此而来。牟宗三的这个思想并不难理解，道德之心通过智的直觉确实可以创生一系列的道德善行，这一点问题没有。但麻烦在于，我们能否将这些善行称为物自身。物自身在康德那里有其特殊的用意，根据我们前面的梳理，大致可分为作为质料之源的物自身、作为真如之相的物自身、作为先验理念的物自身。质料之源物自身是指能够刺激感官引起感觉的那个对象。真如之相物自身是指现相背后那个对象的自在性状，虽然我们永远不可能达到这种自在性状，但我们可以由现相为起点推导出它确实存在。先验理念物自身特指人类理性追求无限而制定的一些理念，只有具有了这些理念，

---

① 在这方面可以参考《康德第三批判讲演录》中的一段论述：“Thing in itself 一般译做‘物自身’，那是简单化了。严格讲，当该译做‘物之在其自己’。康德第一批判首先提出现象与物自身的区别，先是认识论的分别。现象都是在关系中，在对待中。‘物之在其自己’不在关系中，跟任何东西不发生关系。至少跟我们人不发生关系，所以，我们不能知道它。物不在与一个主体认知之关系中，这就是‘物之在其自己’的意思。”（牟宗三：《康德第三批判讲演录（十一）》，《鹅湖》第 313 期，2001 年 7 月）这里讲得非常明白，一物不与主体发生关系为物之在其自己，发生关系则为现相。但道德之心创生存有就是道德之心赋予外部对象以价值和意义，而这种赋予的前提就是与外部对象发生关系，否则就无法创生存有。如此说来，道德之心创生的对象怎么能说是属于物之在其自己，“回归于其自己”，不再是现相呢？

理性才能得到满足。在康德这三种物自身当中，并不包括孝亲和抽烟这样一些内容。孝亲当然是实事，但实事并不意味着就是康德意义上的物自身。牟宗三将此叫做物自身，那是他的权利，我们无权干涉，在这一点上我们不加讨论。但是牟宗三将孝亲这类实事比作康德意义的物自身，并以此为据批评康德没有把物自身思想表述清楚，为其价值意味物自身思想张目这种做法的合理性，则无论如何都有待商榷。



影响最大的还不在这里，而在牟宗三对于“物”的解释。牟宗三认为，道德之心不仅有创生道德善行的能力，而且有创生道德存有的功能，因为道德之心有“充其极”的特性，不能人为为其划定一个界限，必待“涵盖乾坤”而后已。这是一个十分重要的思想，对此我完全可以接受，不存在任何异议。我与牟宗三的不同之处仅在于，我不同意将道德之心创生的那个存有的对象叫做物自身。如上所说，道德之心创生存有，就本质而言，是将道德的价值和意义加于对象之上，既然如此，那么这个对象已经受到人为的影响，已经不再是物自身了。牟宗三将道德之心创生的对象叫做物自身（价值意味的物自身），是因为在他看来，这个创生过程是通过智的直觉进行的，中间没有经过认识形式。但根据我的分析，道德之心创生存有的确不需要借助认识形式，但并不等于这种创生的思维方式就是康德意义的智的直觉。时空和范畴可以作为认识形式而存在，也可以作为内容、本质、质料而存在。牟宗三认为“觉他”的思维方式是康德所不承认的智的直觉，其实只是看到了这个过程不需要借助时空和范畴这些认识形式，看到了思维方式的这种直接性，但这种思维方式的直接性并不是康德意义的智的直觉，只大致相当于“胡塞尔现相学意向性的直接性”[1]。牟宗三没有能够将这里的复杂关系分辨清楚，看到道德之心创生存有不需要借助认识形式，加上他对智的直觉有一种非常独特的理解，没有从“本源性”，而主要从有无“曲屈性”和“封限性”的角度来理解这个概念，一旦看到道德之心创生存有不需要借助认识形式，便认定这种思维方式就是康德所不承认的智的直觉。我一再强调，牟宗三讲的智的直觉与康德意义的智的直觉是两个本不相同的问题，属于两个不同的领域，只有语句的相似性，而无内容的相同性。牟宗三未能准确把握这里的关系，终于造成了理论的失误。去除层层的缠绕混乱，牟宗三这一套说法真正要表达的意思无非是，如同认知之心可以创生现相一样，道德之心同样可以创生一种现相，当然这是一种特殊的现相。这种特殊的现相就是我所说的“善相”。



总之，尽管牟宗三对自己关于价值意味物自身的解释十分自信，认为“这才是对于物自身而有的清楚而明确的表象”（《现象与物自身》，第 18 页，21/19），但由于他对康德思想理解有欠准确，直接将道德之心创生的对象称为价值意味的物自身，造成了一定的混乱，严重影响了人们对这一重要思想的理解和把握。牟宗三这一观点面世以来，在学术界产生了广泛的影响，但从来没有人能够严肃指出道德之心创生的对象根本不能叫什么物自身，更不是什么价值意味的物自身，其实不过是一种“善相”，足见这里的环节是多么曲折，问题是多么复杂了。[2] 当然，我承认，以

① “胡塞尔现相学意向性的直接性”是我提出的一个重要概念，意思是说，意向指向一个对象，创生一种现相，是直接进行的，中间不需要借助时空和范畴。在我看来，牟宗三在存有论意义上讲的智的直觉，其实就是这种意向性的直接性。详见《贡献与终结——牟宗三儒学思想研究》第三卷存有论第五章第四节“‘觉他’：牟宗三儒学思想之谜”。

② 这里举两个例子，以证明这个问题的复杂性和严重性。李瑞全对牟宗三两层存有论有过具体说明，指出：“康德由知性立法所建构的现象或自然世界是一种存有，可以成功一存有论，则道德立法所创造的道德世界作为一种客观真实的世界，道德世界的存有也可以构成一存有论。”（李瑞全：《中国哲学现代（转下页）

"善相"解说道德之心创生存有的性质，是一种全新的做法，此前学界尚无人这样做过，其中不少内容还有待研究，一些具体环节可能还存在缺陷。但在我看来至少有一点是十分明确和难以撼动的："善相"尽管不是一般认知意义上的现相，但仍然属于一种特殊的"相"，并不是物自身，更不是什么价值意味的物自身。仅就这一点而言，我下如此苦功研究牟宗三的存有论，得出"牟宗三所谓价值意味物自身其实只是一种'善相'，绝不能以物自身称之"这一结论，就不是没有意义的。



---

（接上页）之后的方向与发展：牟宗三先生两层存有论的意函》，《当代儒学研究》第1期，2007年1月）作者看到，认识之心可以创造一种存有，道德之心同样可以创生一种存有，这自然没有问题。问题在于，道德之心创生的存有在牟宗三称为物自身的存有，这里有没有疑问？作者并没有展开具体分析，只是顺着牟宗三智的直觉可以创生物自身的存有的话头，将这个问题再次重复一遍而已。钟振宇曾探讨过中国哲学研究者如何援引海德格尔哲学诠释中国哲学的问题。他首先说明牟宗三本人对海德格尔的评价，然后举出牟门两位弟子袁保新和陈荣灼对这个问题的不同看法，检讨在这个方向上应该如何展开。我比较关注其中作者关于物自身问题的理解。作者指出，牟宗三对海德格尔的评价是：因为海德格尔由"超越的想象"谈时间性，而时间性是"执的形式"，因此，海德格尔是"执的存有论"或"现象界的存有论"。但在作者看来，如果正确地了解了海德格尔的"时间"概念以及其哲学，其实在海德格尔哲学中，也有"无执"的成分。为此他举了海德格尔引用过的神秘主义者 Angelus Silesius 的诗《无何》(*Ohne Warum*)，来加以说明。诗是这样的："玫瑰花是没有为何的；她开花，因为她开花，她不注意自己，也不问，是否有人看她。"作者最后写道："这朵'无何'之花，生长在庄子的'无何之乡'。不需要问为什么、原因、根据，她只是她自身之'如如'自在，是郭象之'无故'、'自尔'；她不理会他人注意，是郭象之'独化'。这种'离据'之物，应该是属于'物自身'，而不是现象。"（钟振宇：《牟宗三先生、其后学与海德格——迈向一新的基础存有论之路》，《鹅湖学志》第34期，2005年6月）老实说，我读到这一段后，心里很不是滋味。海德格尔引这首诗有其自己的意图，这自不待言，这不是我关注的重点，我特别关注的是玫瑰花与人的视线的关系。这里有一个难以否认的事实：仅就开花这件事来说，玫瑰花已经在人的视线之内了。既然如此，也就说明她已经受到了人的影响，失去了其自身的身份，如何还能说"应该是属于'物自身'，而不是现象"呢？恰如阳明所说"你来看此花时，则此花颜色一时明白起来，便知此花不在你的心外"。既然此花不在你身外，如何还能说是它的自身，是物之在其自己呢？牟宗三关于物自身存有的思想缺陷对学界的负面影响很大，绝非戏言。

# 第四章　牟宗三未能解决康德意义的圆善问题[①]



圆善论是牟宗儒学思想的第四个部分。牟宗三建构圆善论内含两个理论步骤，一是“诡谲的即”，二是“纵贯纵讲”。关于这两个概念的具体内涵和相互关系，请见《贡献与终结——牟宗三儒学思想研究》第四卷圆善论第三章“圆善论两个理论步骤释义”。牟宗三提出这两个步骤的合理性如何？能否解决康德意义的圆善问题?[②] 这直接关系到对牟宗三圆善论的整体评价，本章就来讨论这个问题。

## 一、道德幸福与物质幸福

### 1. 牟宗三能够达到的只是道德幸福

“诡谲的即”是牟宗三圆善论头一个理论步骤。“诡谲的即”包含两层意思：头一层意思是，德与福不能分离地看，而应联系地看，“德福同体，依而复即”，德离不开福，福亦离不开德。第二层意思是，德与福的关系不能僵死地看，而应该变化、转换地

---

① 本章取自《贡献与终结——牟宗三儒学思想研究》第四卷圆善论第四章，原书第 85—158 页。

② 关于德福关系的探讨自古就有，这里所说“康德意义的圆善问题”并非指伊壁鸠鲁或斯多亚学派关于德福关系的一般性讨论，而是专指康德设定上帝存在使有德之人能够必然得到与之相应幸福的那种圆善问题。特请读者留意，不要将这个问题的范围扩大化。

看。一件事情从一般的角度看是苦，从另一个角度看则是福。成就道德往往意味着牺牲，这种牺牲一般人看来只是苦、只是罪，但在另外一些人的眼目中，却能转化为一种愉悦、一种幸福。“诡谲的即”虽然是牟宗三借助佛教天台智慧新创立的概念，但这个概念所要表达的思想对于中国人而言并不特别难理解，它的基本精神其实就是儒家一贯提倡的“孔颜乐处”，通过“诡谲的即”得到的幸福不过是“孔颜乐处”的另一种表达方式。“孔颜乐处”必须在成就道德的过程中产生，单独的“孔颜乐处”没有意义，也不能存在。另外，“孔颜乐处”不可能直接得到，必须经过转化。成就道德过程中的付出和牺牲，只有经过辩证的视角，才能转化为成就道德的满足和愉悦，转化为一种幸福。如果我们以“孔颜乐处”诠释“诡谲的即”没有原则性失误的话，读者可以很容易看出，由“孔颜乐处”所得到的只是一种道德幸福，属于精神领域，即使由此可以达成一种所谓儒家式的圆善，但这种圆善也只是精神意义的，而不是康德所要求的物质[①]意义的幸福。

问题的复杂性不在“诡谲的即”，而在“纵贯纵讲”。“纵贯纵讲”是牟宗三论圆善的第二个理论步骤，也是更为重要的一个步骤。牟宗三强调，中国儒释道三家都有高超的智慧，都有自己解决圆善的思路，所不同的是，佛家与道家的圆善直接由“诡谲的即”建立，只讲“解心无染”或“无为无执”就可以了，只是“纵贯横讲”。与佛道两家不同，儒家义理的圆教，紧扣仁而讲，由道德意识入手，有一道德创生的宗骨，由这一宗骨讲仁心不容已，

① “物质”这个概念原本并不特别复杂，但将其纳入唯物主义和唯心主义的对立中便不一样了，很容易产生争论，甚至连有没有“物质”这种东西都成了一个问题。我使用“物质”这个概念一般与“幸福”相连，特指一种与精神幸福相对的幸福，即“属于‘气’的”（牟宗三语）那种幸福。

讲道德的创造，道德的润生，肇始一切物使之有存在，由此而成的学说即叫“纵贯纵讲”。在牟宗三看来，有了“纵贯纵讲”，有了存有论，儒家的圆善问题就可以解决了。这是因为，有了道德创造的宗骨，便可以创生存有，这种存有并不仅仅限于宇宙万物之自然界，同样也可以影响到人们对于成就道德过程中所遇事情的看法，将成就道德过程中付出的牺牲转化为内心的愉悦和满足，转化为一种道德幸福，成为一种特殊的“福报”（《圆善论》，第325页，22/316）。这种福报虽然特殊，但也是一种福，这样一来，既有德，又有福，德福达成一致，解决圆善问题的任务便可以大功告成了。

然而，即使我们暂时接受牟宗三以“纵贯纵讲”解说圆善的思路（这里只是“暂时接受”，关于这个问题的进一步讨论详见下文），以这种方法能否真的解决康德意义的圆善问题，仍然有待商榷。前面讲了，康德提出圆善问题是看到如果有德之人努力成德却得不到幸福的话，那么这种道德便会显得不够圆满，所以才设定上帝来保障有德之人必有福；康德这里讲的是物质幸福，是让有德之人享受到物质生活方面的圆满，事事如意而无不如意。确定这一点对于正确评判牟宗三圆善思想有重要作用，它可以使我们懂得，即使按照牟宗三所说，承认“纵贯纵讲”的作用，承认道德之心创生存有的同时可以改变人们对于成就道德过程中的一些事物的看法，出现“物随心转”，“物边顺心”的情况，但这种存有论视域下的幸福只是道德幸福，即一种成就道德过程中内心的愉悦和满足，这种道德幸福只能局限在精神领域，而不能达至其他方面。①

---

① 牟宗三《康德第三批判讲演录》中有一段论述有助于发现这里的问题。“严格讲，圆满的善就是两个王国的综和，德代表 kingdom of end，福代表 （转下页）

2. 康德意义的圆善所要保障的是物质幸福

康德意义的圆善所要保障的幸福属于什么性质？对此首先必须有一个清醒的认识。在康德的学理中，实践理性的目的是追求道德，追求善，但如果人有了道德，却不能因此而配享到一定比例的幸福，这种道德对于行德的人来说，便未达到圆满。所以，康德进一步将视线拓展到德与福的关系上来，探讨有德之人如何得到福报，这也就是所谓的圆善问题。这里特别需要注意的是，在康德那里，与圆善相关的幸福是有确切含义的。



在《实践理性批判》的辩证论部分，康德指出，圆善这个概念含有歧义，既可以指至上的东西，也可以指完满的东西。如果圆善概念指完满的东西，那么除了道德本身之外，就还需要有幸福。“因为需要幸福，也配得上幸福，但却没有分享幸福，这是与一个有理性的同时拥有一切强制力的存在者——哪怕我们只是为了试验设想一下这样一个存在者——的完善意愿根本不能共存的。”① 所以必须想办法解决这个问题。历史上伊壁鸠鲁和斯多亚学派在这方面都做出了自己的努力，但他们并没有能够有效解决这个问题，因为他们把德福视为分析关系了。康德由此又谈了实

（接上页）kingdom of nature。因为幸福要寄托在自然方面，要寄托在存在方面，我们的生存就是自然，我们所处的环境就是自然世界。你的身体，环境各方面都事事如意，这就是福。”“事事如意是福，属于自然的存在的事情。甚么叫做福呢？现实人生一天二十四小时的生活事事如意就是福。事事如意这不是属于纯粹的德之事，这是你如何在现实生活中存在的问题。”（《康德第三批判讲演录(四)》，《鹅湖》第 306 期，2000 年 12 月）牟宗三明确看到，福属于自然方面、存在方面，是关乎自然世界的。于是问题就出现了：即使我们承认“纵贯纵讲”的原理，承认道德之心可以一边创生存有，一边改变行为者对于成就道德过程中所付出牺牲的看法，出现“物随心转”，“物边顺心”的情况，从而实现“事事如意”，但这种经由“物随心转”，“物边顺心”达成的“事事如意”的福，仍然不属于自然方面、存在方面，仍然无关乎自然世界。

① 康德：《实践理性批判》，邓晓芒、杨祖陶译本，第 152 页。

践理性的二律背反：要么对幸福的追求产生出德行意向的某种根据，要么德行意向必然产生出幸福。前一种情况是绝对不可能的，因为以追求幸福作为准则根本不是道德的，也不能建立起任何德行。后一种情况也是不可能的，因为幸福取决于将对自然规律的认知用于个人利欲的要求，因而不可能指望通过严格遵守道德律而能得到幸福，从而达成圆善。但是，在康德看来，按照处理纯粹思辨理性二律背反的方式，实践理性二律背反也可以被消除。“这两个命题中的第一个命题，即对幸福的追求产生出德行意向的某种根据，是绝对错误的；但第二个命题，即德行意向必然产生出幸福，则不是绝对地错，而只是就德行意向被看作感官世界中的因果性形式而言，因而是当我把感官世界中的存有当做有理性存在者实存的惟一方式时，才是错误的，因此只是有条件地错误的。”① 这就是说，以幸福作为德行的根据是绝对错误的，但认为德行必然产生幸福，则不是绝对错误的，而只有把德行作为感官世界的因果形式，才是错误的。由此，康德得出了一个重要结论：“意向的德性作为原因，与作为感官世界中的结果的幸福拥有一种即使不是直接的、但却是间接的（借助于一个理知的自然创造者）也就是必然的关系，这并非是不可能的，这种结合在一个仅仅是感官客体的自然中永远只能偶然地发生，而不能达到至善。”②

当然，在这个过程中，康德也注意到成就道德会为理性存在者带来一种内心的愉悦。“道德意向是和直接通过法则规定意志的意识必然结合着的。现在，对欲求能力进行规定的意识总是对由此产生出来的行动感到愉悦的根据；但这种愉快，这种对自己本身的愉悦，并不是行动的规定根据，相反，直接地、只通过理性

① 康德：《实践理性批判》，邓晓芒、杨祖陶译本，第157页。
② 康德：《实践理性批判》，邓晓芒、杨祖陶译本，第157页。

而对意志的规定才是愉快情感的根据，而那种规定仍然是一种对欲求能力的纯粹实践的、而非感性的规定。”① 康德认为，理性存在者对于道德的欲求可以使行为者产生愉悦，这种愉悦是“对自己本身的愉悦”，而不是为了其他目的。当然，康德这里更加重视这种愉悦与道德法则的相互关系。他特别强调，我们必须提防把这种特殊情感作为道德的动机，不能对其予以过高的估价，而只能把它作为遵从道德法则而自然带来的一种结果，否则不仅要贬抑道德的动机，而且一定会把真正的道德动机弄得面目全非。“所以，敬重、而不是快乐或对幸福的享受，才是某种不可能有任何先行的情感为之给理性提供根据的东西（因为这种情感永远都会是感性的和病理学上的），它作为通过法则对意志直接强迫的意识，与愉快的情感几乎没有类比性，因为这种意识在与欲求能力的关系中恰好造成同样的东西，但却是出自另外的来源”②。这就是说，道德的根据必须出自对于道德法则的敬重，而不是快乐或对幸福的享受。康德特别强调，不能把这种愉悦与道德法则的因果关系颠倒了，对于道德法则的敬重才是道德的动机，道德的愉悦只是遵从道德法则所带来的一种结果。

康德这里又遇到了如何对这种道德的愉悦加以表述，将其与幸福区别开来的问题。“但我们是否就没有了一个词，它不像幸福一词那样表示着一种享受，但却指明了一种对我们实存的愉悦，一种与必然会伴随着德行意识的幸福的类比？有！这个词就是自我满足，它在自己本来的含义上永远只是暗示着对我们实存的一种消极的愉悦，在其中我们意识到自己一无所求。”③ 康德认为，

① 康德：《实践理性批判》，邓晓芒、杨祖陶译本，第160页。
② 康德：《实践理性批判》，邓晓芒、杨祖陶译本，第160—161页。
③ 康德：《实践理性批判》，邓晓芒、杨祖陶译本，第161页。

道德的愉悦是一种实实在在的愉悦，但这种愉悦又不同于一般所说的幸福，因为幸福是人们积极追求的，可以说是一种积极的愉悦，而道德的愉悦只是在遵从道德法则过程中产生出来的，只具有消极性。为了表示这种不同，康德找到一个特殊的说法，这就是“自我满足”。自我满足并不具有积极性，只是消极性的。这种自我满足康德又叫做“智性的满足”：“自由和对自由作为一种以压倒性的意向遵守道德律的能力的意识，就是对于爱好的独立性，至少是对于作为我们的欲求之规定性的（即使不是作为刺激性的）动因的那些爱好的独立性，并且，就我遵守自己的道德准则时意识到这独立性而言，它就是某种必然与之结合在一起的、不是基于任何特殊情感的、恒久不变的满足的惟一根源，而这种满足可以称之为智性的满足。”① 在康德看来，人们出于自由，可以遵守道德律，在这个过程中，也会得到一种满足，这种满足有着特殊的意义。“智性的满足”就是康德为表明这种特殊情况而提出的一种说法。《判断力批判》仍然延续了这一思想。在那里，康德指出，快适与善有所不同，但它们毕竟在一点上又具有一致性，因为它们任何时候都是与其对象上的某种利害结合着的。快适这一点自不待言，就是善本身也是一样。“因为善就是意志（即某种通过理性规定的欲求能力）的客体，但意愿某物和对它的存有具有某种愉悦感，即对之感到某种兴趣，这两者是同一的。”② 这就是说，理性存在者对于善的追求，本身就有一种兴趣，带有一种愉悦感，这种情况与快适虽不完全相同，但也有一致性。对于这种由善而产生的愉悦必须予以承认，而这种愉悦也就是《实践理性

① 康德：《实践理性批判》，邓晓芒、杨祖陶译本，第 161 页。

② 康德：《判断力批判》，邓晓芒译、杨祖陶校，北京：人民出版社，2002 年（以下简称邓晓芒、杨祖陶译本），第 44 页。

批判》中所说的“智性的满足”。

然而，需要特别注意，尽管康德承认这种“智性的满足”，但在《实践理性批判》中，并不把它归到幸福的行列。康德这样明确写道：

> 这样就产生了对自己的状态的一种消极的愉悦，即满足，它在其根源上就是对自己人格的满足。自由本身以这样一种方式（亦即间接地）就可以是一种享受，这种享受不能称之为幸福，因为它不依赖于某种情感的积极参加，严格说来也不能称之为永福，因为它并不包含对爱好和需要的完全的独立性，但它毕竟和永福是近似的，因为至少它的意志规定可以免于这些爱好和需要的影响，因而至少按照其起源来说是与我们只能赋予最高存在者的那种自足相类似的。①



在康德看来，遵从道德法则，理性存在者会有一种满足的感觉，这种满足是一种消极的愉悦，不依赖于情感的积极参加，虽然它与“永福”具有近似性，但仍然“不能称之为幸福”。这一表述非常吃紧，直接告诉读者，康德学理中的幸福有其确切的含义，尽管康德看到了遵从道德法则也会带来一种道德的愉悦，但这种愉悦并不能叫做幸福。

基于上述分析，在其后“上帝存有，作为纯粹实践理性的一个悬设”一节中，康德对幸福有这样一个界定：

> 幸福是现世中一个有理性的存在者的这种状态，对

① 康德：《实践理性批判》，邓晓芒、杨祖陶译本，第162—163页。

> 他来说在他的一生中一切都按照愿望和意志在发生，因而是基于自然与他的全部目的、同样也与他的意志的本质性的规定根据与相一致之上的。现在，道德律作为一种自由的法则，是通过应当完全独立于自然，也独立于它与我们的（作为动机的）欲求能力的协调一致的那些规定根据来发布命令的；但现世中行动着的有理性的存在者却并不同时又是这个世界和自然的原因。所以在道德律中没有丝毫的根据，来使一个作为部分而属于这个世界因而也依赖于这个世界的存在者的德性和与之成比例的幸福之间有必然的关联，这个存在者正因此而不能通过他的意志而成为这个自然的原因，也不能出于自己的力量使自然就涉及到他的幸福而言与他的实践原理完全相一致。①

这里说得非常清楚，幸福是存在者的一种状态，在这种状态中，一切都与他的目的和意志完全一致，都按照他的愿望而发生。康

① 康德：《实践理性批判》，邓晓芒、杨祖陶译本，第171页。牟宗三将此段译为："幸福是世界中这样一个理性存有之状态，即：在此理性存有身上［在其全部存在中——依拜克译］，每一东西皆依照他的愿望与意志而进行——幸福即是这样一个理性存有的状态；因此，幸福是基于'物理的自然与此理性存有的全部目的并亦同样与此理性存有的意志之本质的［基要的］决定原则之相谐和'上的。现在，道德法则，作为自由的一个法则，它是经由如下所说的有决定作用的原则而命令着［指挥着］，即：此等有决定作用的原则应当是完全独立不依于自然以及此自然之与我们的作为冲力的欲望机能之相谐和的。但是，世界中的这活动着的理性存有并不是世界的原因，亦不是自然本身之原因。世界中的活动着的理性存有是属于这世界而为其中一部分，因而亦是依靠于这世界者，而亦正因此故，他不能因着他的意志而成为这个自然的一个原因，而当他的幸福被论及时，他亦不能因着他自己的力量使这自然彻头彻尾地与他的实践原则相谐和。因此，对于如此一个存有中的'道德与相称的幸福'间的必然连系，在道德法则中，并无丝毫根据。"（牟宗三：《康德的道德哲学》，《牟宗三先生全集》第15卷，第427—428页）

德此处所说的“一切都按愿意与意志在发生”中的“一切”指的是“基于自然”，也就是说，这种满足是就自然而言的，指物质生活愿望的满足。此外，本段中“这个存在者正因此而不能通过他的意志而成为这个自然的原因，也不能出于自己的力量使自然就涉及到他的幸福而言与他的实践原理完全相一致”也是将幸福与自然联系在一起。由此可见，尽管承认遵从道德法则会使理性存在者产生一种“自我满足”、“智性的满足”，但康德并没有将这种满足归入幸福之列，严格将幸福规定为自然属性，与自然联系在一起。这一点其实并不难理解。在建构自己道德学说的时候，康德有其明确的针对性，这就是反对经验主义的幸福论。在康德看来，经验主义的幸福没有任何普遍性，不可能在这个基础上建立道德原则。正因为如此，在康德道德哲学中，幸福这一概念基本上都是在经验主义的意义上使用的。为了表述的方便，我将康德这种由自然而来的物质生活愿望的满足所达成的幸福称为“物质幸福”，把与之相应的圆善称为“物质意义的圆善”。与康德圆善相关的幸福是物质幸福，其圆善是物质意义的圆善，这一点断无可疑，必须预先肯定下来。



以上是以材料证明康德圆善中的幸福只能是物质性的，不能是精神性的。其实这个问题还可以从逻辑方面加以证明。康德确实承认理性存在者出于敬重而遵从道德法则可以产生一种愉悦，并将其称为“自我满足”或“智性的满足”，并以此来解决实践理性的二律背反问题，但这种满足并不是圆善思想所要保障的那种幸福。这是因为，这种满足完全是在于理性存在者自身的，用孟子的话说是“求在我者”，完全决定于自己，不需要上帝来保障。康德以上帝来讲圆善，一个重要考虑就是道德与幸福处于异质的层面。幸福不可能产生道德，道德同样也不可能带来幸福。为了保障圆善成为可能，唯一的途径，就是借助上帝存在，以“认其为真"[1] 的方式来保障这种德福一致。如果康德圆善所要保障的幸福是精神性的，那么，这种精神性的幸福（注意康德并不使用这种说法，他坚持认为，成德过程的愉悦和享受只是“自我满足”和“智性的满足”，不能称为幸福）并不需要以上帝来保障，康德在《实践理性批判》后半部以及《判断力批判》后半部花费如此力气设定上帝存在，就完全没有必要了。



对于康德圆善思想中幸福的这种性质，牟宗三有清楚的说明。早在《中国哲学十九讲》中，他就这样讲过：

> 中国人常说有德必有福，这是没有必然性的。但是人生在世，我们总希望做好事有好报，就算眼前没有，也期待来世有些福报。德与福之间的配称关系，谁能知道呢？照康德的说法，这只有靠上帝来保障、来安排。因为幸福必从现实世界肯定，所以我们除了道德以外，同时要肯定幸福是可能实现的。幸福必须寄托于现实世界与 physical body，而现实世界的一切并不是我们的道德所能掌握，只有上帝才能掌握。所以我们必须肯定上帝的存在，以保障德福之间的圆满关系。
>
> 《中国哲学十九讲》，第 328—329 页，29/328—329

人生在世，总希望做好事有好报，希望德福相配称，有德之人必有福。为了保证这一点成为可能，康德设定了上帝存在。康德这样做是因为幸福是对现实世界而言的，而现实世界的事情，只有上帝才能掌握，凡人是无能为力的。此段中在“现实世界”这一

---

① 关于康德以“认其为真”的方式看待“信仰的事”的思想，可参见《判断力批判》，邓晓芒、杨祖陶译本，第 330 页。

说法之后，紧跟着一个英文单词 physical body，这一说法足以说明，牟宗三看得非常明白，康德圆善中的福，指的是现实世界的、物质意义的福。

《圆善论》持同样的看法：

> 首先，圆善既是幸福之配称于道德，是故吾人必须先说明幸福之意义。依康德，幸福是这样一个理性存有，既“在其身上（在其全部存在中）每一东西皆依照其愿望与意志而进行”这样一个理性存有之状态。这样一个理性存有即是我们中国人所说的“事事如意”的存有。“事事如意”的存有其生活状态（其存在之状态）当然是很舒适的。这种舒适的状态即被名曰“幸福”。因此，幸福是个体存在之“存在”方面的事。而存在（现实的存在）是属于“物理的自然”的。因此，康德说：幸福是基于“物理的自然与此理性存有的全部目的并亦同样与此理性存有的意志之本质的（基要的）决定原则之相谐和”上的。简单言之，幸福就是一个个体（一个人，一个理性的存有）之物理的自然与此个体之全部目的以及其意志之道德原则之相谐和。物理的自然有其自身之因果，此曰自然因果，亦曰机械的因果，用理学家的词语说，此是属于“气”的。
>
> 《圆善论》，第 230 页，22/225—226

这一段讲得更为具体和直接。康德所说的幸福就是我们中国人所说的事事如意。事事如意很舒适很惬意，这种舒适惬意的状态，就叫幸福。有意思的是，牟宗三特别强调，幸福是关于存在方面的事，这种存在是“现实的存在”，属于“物理的自然”。在这一段结尾处，牟宗三进一步讲到，“幸福就是一个个体（一个人，一个理性的存有）之物理的自然与此个体之全部目的以及其意志之道德原则之相谐和。”此处使用了“物理的自然”的说法，并说这种幸福“是属于‘气’的”。在《〈圆善论〉指引》中，牟宗三再次重申了这一看法：“从道德观念，可引出目的王国。从‘福’的观念也可引出另一王国，叫自然王国（kingdom of nature）。因福就是存在于自然界里，属存在问题，存在是自然界的事情，我们的身体也是自然存在。”（《〈圆善论〉指引》，22/336）从道德的观念可以引出目的王国，从福的观念可以引出自然王国。福的观念之所以与自然王国相关，是因为福属于自然界，属于存在。这就进一步表明，牟宗三看得非常清楚，康德的幸福是物质意义的，是物质幸福，而其圆善也是物质意义的圆善。

### 3. 道德幸福不能代替物质幸福

这样一来就出现了一个根本性的问题：道德幸福能否代替物质幸福，精神意义的圆善能否代替物质意义的圆善，从而最终解决康德意义的圆善难题呢？答案显然只能是否定的。通过“诡谲的即”和“纵贯纵讲”所能得到的只是成德之人内心的满足和愉悦，这种满足和愉悦纵有极高的价值，但只能局限在精神领域，为道德幸福。而康德设定上帝存在以保障德福一致的那个福是物质性的，不是人们的某种精神感受，不是道德幸福。尽管道德幸福与物质幸福都有其意义[①]，但属于两个不同的领域，不能相互替代，更不能随意跨越边界，因此不能说牟宗三已经解决了康德意义的圆善问题。牟宗三在解决圆善问题的过程中，未能清晰地将这两

① 道德幸福即是“孔颜乐处”，“孔颜乐处”即是人成就道德之后内心的愉悦和满足。尽管康德承认人成就道德之后内心的愉悦和满足，认为其有很高的价值，但他仍然把它排除在道德自律的范围之外。这与儒家的看法完全有异。

种不同性质的幸福区分开来，造成了一定的混乱，构成其圆善思想的一个重要不足。

学界很早就有人注意到这个问题了。李瑞全是牟宗三的入门弟子，于1990年在“当代新儒学国际研讨会”上宣读了论文《福报与圆善》①，专门讨论牟宗三的圆善思想。该文首先分析了康德的幸福概念，认为虽然圆善是康德的一个重要思想，但康德对幸福这一概念却未能做出明确的说明，这一概念的含义并不明确，使相关讨论隐含着不少概念上的纠结和论证的滑转。接着，作者对康德解决圆善的方法提出了批评，指出康德以设定上帝存在来保障德福一致的方法有内在的缺陷，因为上帝创造的是物自身，不是现相，那么上帝如何能够让有德之人享有相应的幸福的问题，就是很难理解的。随后，该文又讨论了圆善与道德的创造性问题，认为康德固然也说道德所建立的是一目的王国，而此王国不同于自然王国，但并没有认真而积极地建立此一目的王国，以确立道德实践的真实性与创造性。这一领域固然是一道德的开创，但同时也是一存有的领域，只有依据这一领域方才有望真正解决德福一致的问题。这是因为，依据牟宗三所说，此存有领域即是无执的存有，是本心仁体所开创妙运的领域，剥落了现象界之感性形式与知性范畴之种种认知的规限，即种种执相，而显物之如相，属于无执的存有。

第四部分是该文的重点，详细分析了牟宗三以圆教解决圆善问题的基本思路，认为在圆教模式下，牟宗三特别重视明觉感应问题，主张在明觉感应之中，所对应的不是现相之物，而是无物





① 李瑞全：《福报与圆善》，周群振等：《当代新儒学论文集·内圣篇》，台北：文津出版社，1991年。后来作者将该文收于氏著《当代新儒学之哲学开拓》（台北：文津出版社，1993年），以下引证均出自此书。

之物，无物相之物。此时甚至不可说是所对应之物，因为此时之物本不与明觉感应相对，而是与心意知浑然一体存在。此种存在一齐俱随心转，在此行为中，无往而不顺乎心，而这也就是福之所在。这时所得到的并不是现相义的幸福，而是物自身界的幸福。这样一来，圆善问题就可以得到解决了。“德福虽有如此密切浑然一体的关系，但德福却并不是一分析的关系，因为，儒家在此并不即以德本身为福。德仍就行为本身而言，福仍是就存有而为德之所创造而立。两者的关系也不是如康德的综和关系，不必经一第三者把两者絜合起来，而是由一道德心同时创发出来。静态地观之，两者同时浑然地起现，故牟先生称之为一‘诡谲的相即’之关系。是以在圆教下，德为福之因而且德与福必为一致，此一致乃是德所发自的本心所创造地保证的。此为牟先生的圆善论。”①

文章最后一个部分进一步分析了士教、贤位教、圣位教、神位教的区别，以此来谈圆善问题，指出“各位不同教位也就是各个个体在不同的修德行程中，而即有当体即是的福，而此福也是圆善义意（原文如此。——引者注）下的福，与圆圣之福并无异致。德之发即有福之创立，不断践履即有不断之相应之福，至圆圣之纯亦不已则福亦恒恒不断，斯为最高之福，一切之天刑皆无非当体即是福也。如是之福报并不须有待灵魂之不灭，亦不必待来生的报赎，这正是我们所期待圆善所要说明者。”② 这就是说，不管是哪一种教位，人们在行德过程中当体即是福，而这种福也就是圆善意义的福，与圆圣之福同义。德之创立即是福之创立，不断行德即是不断享福。这种福报并不需要设定灵魂不灭和上帝存在，这恰是我们所需要追求和需要加以说明的，牟宗三写作

① 李瑞全：《当代新儒学之哲学开拓》，第263页。
② 李瑞全：《当代新儒学之哲学开拓》，第264页。

《圆善论》的意义正在于此。尽管该文对牟宗三相关思想予以了极高的评价，但也明确提到了圆善的主观性与客观性问题。作者最后这样写道：

> 但是，纵使在圆圣之体现中，似仍不可必保天下人皆可有最高的福报，而事实上圆圣所能体现者一方是其自身之迹本圆融之无限福报，而能顺乎天下人之各得其德福一致之福而已。诚然，圆圣之德泽当可助天下人增其福业，如是似有非其德而有之福。这是人间社会的共业共报之问题，应有独立的处理。但在此可如此说，圆圣之德泽之流行亦必得相与者之共感才起积极的福应，若他人有封蔽自锢之作意，则圆圣之德泽亦不能福被之，此则仍无不相应之福也。至于恶人在位播其恶于众亦可有类似的疏释。如是圆善之主观性与客观性俱到矣。①



这一段特别重要，是因为它牵涉到了圆善的主观性与客观性的关系问题。李瑞全看到，圆圣确实可以保障自身迹本圆融得其无限福报，也可以助天下人增其福业，但人间社会的共业共报的问题仍然存在，这个问题“应有独立的处理”。在这种情况下，他人因共感而起积极的回应，也可以有其福应。李瑞全这里所说主要是从人间社会的共业共报而引出的，虽然通过这种努力“圆善之主观性与客观性俱到矣”，但似乎也可以由此引出另外一层的含义：圆圣通过迹本圆融所得的福报究竟是主观的呢，还是客观的？换言之，究竟是精神性的呢，还是物质性的？

在那次会议上，陈荣灼也提交了名为《圆善与圆教》的文章，



① 李瑞全：《当代新儒学之哲学开拓》，第264页。

提出了同样的问题。文章认为，牟宗三透过道德的形上学的进路解决圆善问题，固然有其意义，但“这种做法在本质上只是将‘圆善问题’完全‘存有论化’。虽然这种解决方式无需依靠外在的上帝，但这种建基在‘无限心’的存有论义之创生作用之上所能谈到的‘福’，顶多只能算是‘天福’，而没有涉及‘人爵’。……借用海德格的术语来说，‘圆善问题’中所涉及的‘福’乃是属于‘现实的’(ontical)。所以，如果按照牟先生这种将‘福’化约为‘天福’的立场，来解决康德所提出之圆善问题，那么，这个‘福’的概念便完全失去其在康德所提出之圆善问题中的原有意义，这实际上等于并没有解决‘圆善问题’——众所周知，康德是紧扣满足我们的所欲而言‘福’的。”① 这里讲得非常明确，与康德圆善问题相关的幸福是“现实的”，牟宗三能够提供的只是“天福”，“天福”虽然也有意义，但并不是康德所要求的那种幸福，以此为基础并不能解决康德的圆善问题。李瑞全和陈荣灼均是牟宗三的入门弟子，他们撰写文章自然是要宣传介绍其师的思想，但也在一定程度上揭示了其中隐含的问题。

再来看大陆学者的情况。颜炳罡于1995年出版了《整合与重铸——当代大儒牟宗三先生思想研究》一书。这是大陆学界系统研究牟宗三思想的最早的著作之一，其中对牟宗三的圆善论也进行了较为详细的介绍和分析。在引证牟宗三关于圆善的论述之后，作者提出了如下四个方面的疑问：

第一，牟宗三对德福问题的解决只是境界形态的解决，而对于现实解决、社会解决的途径开发不够。德福问题不仅仅是境界问题，更是一个尖锐复杂的社会问题、现实问题。牟宗三所企求

① 陈荣灼：《圆善与圆教》，周群振等：《当代新儒学论文集·内圣篇》，第40—41页。

的那种由圆圣所体现的圆善，于世间的德福背离无济，更不能必保天下人人皆可得到与其德相应的福报。

第二，仅以无限智心作为圆善实现的保障，亦显得不够。无限智心是无限的、绝对的，顺牟宗三之理路，当然可以保障圆善。当无限智心呈现，可谓一了百了。然而现实问题则是了犹未了。千百年来，人间充满了有德无福，有福无德，甚或无德才有福，有福必无德的现象，这些现象不是无限智心所能解决的。当然，幸福与否与其生命的主观体验有关，虽然圣人对“陈蔡绝粮”，“匡地被拘”，“微服过宋”等遭际会泰然处之，但他们决不会认为这就是福。如果说圆圣所体现的那种迹本圆融，“物边顺心”为福，那么现实、社会中大量存在的却是物不顺心的情况。即使孔子七十“从心所欲，不逾矩”，可谓“物随心转”了，然而临终仍以不梦见周公为憾，所谓临终亦不免叹口气。复杂的人生现实，既充满了机遇，也布满了陷阱，既有意外之喜，也有飞来横祸，存在着大量的随机、偶然现象。这些是无限智心无法解决的，一个公平、正义、有序的社会是保障德福一致的重要条件。

第三，牟宗三对德福问题的解决是本体界的解决，而非现象界的解决。他认为神感神应为物，“物随心转”，事事如意而无所谓不如意，既是德，亦是福，“德即存在，存在即德，德与福通过这诡谲的相即便形成德福浑是一事”。这里福完全属于本体界，而不属于现象界。它只能存在于圣人的主观境界中，而无法落实到现实中来。更何况，当他说德即福，福即德，迹本圆融，德福浑是一事时，虽保障了德福间的必然联系，但也取消了他一再强调的德福间的独立意义。

第四，牟宗三以天台圆教说明圆善，在其力图证明佛教实现圆善，儒圣证成了圆善的过程中，忽略了两点：第一，佛家不需要现实的德福一致，佛家根本上是要从现实的纷争，烦恼中超升出来，它对现实的逃避与解脱亦包括了对德福关系的逃避与解脱，佛家的“福田”之福，“功德”之德只具有借喻意义，而不再具有现实的福、德含义。第二，儒圣超越了德福。儒家积极入世，关切德福关系，然而，达到圆圣亦无所谓德，亦无所谓福，它超越了德福。[①]



最后，颜炳罡总结道：

> 总之，自孔子悲颜子之屡空，叹子贡之不受命，至孟子的天爵人爵，所欲所性之提出，德福问题就是一个尖锐的社会问题。康德以上帝来保证德福一致的实现固然是虚伪的，而牟先生以无限智心来开德福一致之机则是彻底唯心的。上帝的保障诚然是一句空话，无限智心的保障亦于现实社会的德福背离无能为力。圆善的实现，除“进德修业”，“闲邪存诚”，努力提高自我的道德境界以外，更需要一个公平、正直、合作的社会作客观保障。[②]

透过这一表述可以看到，颜炳罡清楚意识到，牟宗三所能解决的圆善问题，只停留在精神层面，无法达到物质层面，与康德圆善思想要保障物质幸福的初衷有所不合。牟宗三批评康德以上帝保障德福一致的办法不行，只虚不实，但他自己提出的无限智心所能形成的福也只是精神性的，不是物质性的，对于现实社会中屡见不鲜的德福背离的情况，同样无能为力。颜炳罡的著作比李瑞

---

① 参见颜炳罡《整合与重铸——当代大儒牟宗三先生思想研究》，台北：台湾学生书局，1995年，第353—355页。

② 颜炳罡：《整合与重铸——当代大儒牟宗三先生思想研究》，第355页。

全、陈荣灼的文章稍晚一些，介入的角度也不完全相同，但都提出了类似的问题，这种情况值得注意。更加重要的是，他们发表这些成果的时候，牟宗三尚健在，至少还看过颜炳罡的书稿①，但我没有见到牟宗三对上述批评的回应。牟宗三是否也意识到了这里存在着问题不得而知。但照我的理解，这个问题实在是太明显了，要想躲避，是非常困难的。



随后的研究基本上都延续了上述思路，批评牟宗三所能达到的只是道德幸福，不是物质幸福。关镇强认为，牟宗三的幸福概念虽然在其整个道德形上学的背景下是圆满自足的，但在两个问题上似乎没有考虑周全。第一，"尽管牟先生所重者为本体界的幸福，但既然已谈及到感触幸福，则他似须说明二者应存着一种怎么样的关系，尤以其视现象与物自身并非截然两分，而却是不离也相即于一起。"第二，"依牟先生之分析，天福之取得似纯为主观的，他所说的'天刑即福'实为最好的证明。若是，则此天福之客观意义应如何确立呢？要是此天福之客观意义不能确立，则圆善之客观义便无法彰显。"② 彭高翔也有类似的看法："福既然已成为'明觉之感应为物'随'无限智心'所转而产生（原文缺此'生'字，据文意补。——引者注）的满足状态，成为发生在自由世界之中的事，那么这和牟宗三先生自己在诠释孟子时以'所欲'界定幸福而认同康德是显然相悖的。即便是所谓'自慊'，即伴随道德实践而产生的一种愉悦感，虽然康德不认为其属于幸福。但它也仍然是一种感性的主观感受，不能是牟宗三先生圆善意义下



① 《整合与重铸》校后记讲："随着时间的推移，本书作为研究牟先生学术思想的引玉之砖将被搁置。然牟先生对本书修改所留下的思想痕迹则是永存的。"（参见颜炳罡《整合与重铸》，第 401 页）由此可知，牟宗三不仅看过该书的书稿，而且还对一些地方做过修改。

② 关镇强：《无待的幸福——牟宗三先生的幸福观初探》，《鹅湖》第 259 期，1997 年 1 月。

的福。”[①] 袁保新同样表示：“牟先生在讨论‘圆善’的问题时，对儒家之‘德福一致’的诠释似乎不太妥当。他认为：‘无限智心于神感神应中润物、生物，使物之存在随心转，此即是福。’牟先生这样一种对‘福’的诠释方式，是一种‘以德为福’，‘有德就是有福’或者说‘天福’的诠释方式，与康德所讨论的‘幸福’并不相同。”[②] 这些具体说法虽有差异，但有一点并无二致：牟宗三所能保障的幸福与康德所要求的幸福性质并不相同。[③]



---

① 彭高翔：《康德与牟宗三之圆善论试说》，《鹅湖》第266期，1997年8月。

② 袁保新：《对当代几个重要的儒家道德学诠释系统的分析和检讨》，《醒吾学报》第25期，2002年。后来该文收入氏著《从海德格、老子、孟子到当代新儒学》（台北：台湾学生书局，2008年）。

③ 值得一提的是，近些年来许多年轻学者都意识到了这个问题的严重性，纷纷从不同角度表达自己的看法。张宗曙硕士论文《儒家知识分子的“超越”研究——牟宗三儒家圆教之德福一致的探讨》（2000年台湾辅仁大学硕士论文）第六章这样写道：“因此，很明显，牟先生对于福的诠释已不同于先前康德对于福的定义，而从康德所意味的现实上的福转化为精神上的福。”数年后，其博士论文《从牟宗三圆善论解绎儒家之圆教与圆善》（2009年台湾东海大学哲学系博士论文）再次提出了同样的问题：“依实践上的需要，肯定有一能立道德之必然且能觉润而创生万物使之存在的‘无限而普遍的理性的智心’，并将其实体化为一无限智心，说此解决是理性的决定，丝毫没有情识的作用，在实践上似乎也很难真正臻至圆满的境界。人是理性的存有，也是感性的存有。圆教的实现若在宗教情感上不能有一满足，如何能真正称究竟圆满？换言之，牟先生的圆善论对于现实人生的宗教情感并没有加以解决，这是不得不正视的问题。”

闵仕君也指出：“在对圆善问题的解决中，牟氏对现实世界中的具体存在与本体世界中的意义物（物自身）并未进行严格的区分，而是有意将二者混淆。事实上，混淆本体世界中的存在（物自身）与幸福所涉及的现实世界中的具体存在境遇，恰恰是牟氏在圆善问题上的关键性滑转：当牟氏将圆善作为一个哲学问题摊出的时候，德福一致中的‘福’所涉及的是人在现实世界中的具体存在——这在他对孟子天爵与人爵、所乐所欲与所性的分辨中便不难看出，而德福一致之所以成为一个问题，也正在于此。但当牟氏对这一问题进行解决时，他却将德福一致中的福转换成了本体世界中的存在（物自身）。本体世界无疑是有别于现实世界的另一个世界，它在本质上乃是本体所构建起来的一个‘属我’的意义世界，在相当程度上也是一个虚构的世界。以这个世界中的‘意义物’取代现实世界中的具体存在，并以这样的‘意义物’来匹配德性，以此实现道德与幸福的和谐统一，这一思路表明牟宗三在对圆善问题的解决上并 （转下页）

这个问题即使非中国哲学专业的学者也注意到了。尤西林的专业方向是美学，其长文《智的直觉与审美境界——牟宗三心体论的拱心石》[①] 主要讨论牟宗三的美学思想，其中也牵涉到圆善问题。该文第四节对牟宗三心体和存在的概念进行了分析，提出牟宗三思想的重要特征是"以'心'吞并'物'"，并分疏了这一思想展开的三个逻辑步骤：一是将感性之心经由本心即性，而扩张为心体即性体即仁体；二是将心体本体无向化而获得无执的存有论的普适涵摄性；三是通过儒家仁体的纵贯教化力量，将心体对外



（接上页）未真正越出他所批评的类似于佛道二家的主观性的'境界形态'。"（闵仕君：《牟宗三"道德的形上学"研究》，成都：巴蜀书社，2005 年，第 237 页）在这一段中，除"有意将二者混淆"和"物自身"两处具体表述有待讨论外（牟宗三有此失误并非出于善良的"有意"，乃是不自觉落入误区的，而属于意义世界的幸福也根本不能归为本体，不能称为物自身），非常明确地点出了问题的要害：牟宗三圆善论在幸福概念方面有关键性的滑转。

苏磊和李红红的看法与此相近："当他提出圆善问题的时候，'福'要求与现实世界的人的具体存在挂钩；当他处理这一问题的时候，'福'却转入了'观法'的范围内，由'良知'赋予'物自身'无限的价值与意义来保证'存在'之福，实际是以意义之物代替了现实存在，这种思路并没有超越他所批判的佛道两家。""在这里，牟宗三似乎取消了幸福所具有的物质层面的意义，而仅强调一种精神层面的顺畅，这与康德之幸福含义相比已有所偏差，此亦为学者颇多争议之处。"（樊志辉主编：《牟宗三思想研究》，哈尔滨：黑龙江大学出版社，2012 年，第 183、222 页。根据该书后记的说明，这两章的作者分别是苏磊和李红红）张俊同样认为，牟宗三从其道德的形上学高度给予圆善前所未有的本体论的关注，"建构了一个完全不同的圆善理路"，从哲学思考的角度看可以说超越了康德。但他"最终没有规避德与福的分析关系，于是不可避免滑入心理主义，幸福变成纯粹的德性体验，其统合自由与自然二界的意义便不复存在，德福一致也就名不副实了。"该文的结论是："牟宗三并没有在现代意义上真正超越康德"。（张俊：《牟宗三对康德圆善的超越与局限》，《孔子研究》，2008 年第 4 期）另外，白欲晓的博士论文《牟宗三道德形上学研究》（2002 年南京大学博士论文）也有类似的看法，可参见该论文第五章。当然也有不注意区分圆善所涉及幸福的不同性质，而基本认同牟宗三观点的。唐圣的博士论文《圆觉主体的自由：牟宗三美学思想的核心问题》（2011 年陕西师范大学博士论文）即是如此。参见该论文第三章第三节。

① 尤西林：《智的直觉与审美境界——牟宗三心体论的拱心石》，《陕西师范大学学报》，2008 年第 3 期。后来，该文收入氏著《心体与时间——二十世纪中国美学与现代性》（北京：人民出版社，2009 年）。

界事物的润泽强化为创生。通过这些步骤，牟宗三凸显了“价值论本体同时是教化创生性的存在论”的重要思想①。由此出发，牟宗三开始着手解决康德的圆善问题，作出了巨大的努力。这些努力当然有重要价值，但也隐含着这样一个问题：在康德那里，德福具有不同的性质，一个属于道德，一个属于自然，而在牟宗三这里，实现德福一致只在一机之转，而不属于两个不同领域。“由于牟氏圆善的主体是心体性的无限智心，因而其‘纵贯地（存有论地）遍润而创生一切存在’的‘润’与‘创生’，仍停留在佛家‘一念之转’的心体自身中。心体意向当然会启动肢体进而与外界发生实践关系，但牟氏于此完全未曾提及，所反复强调的‘神感神应’固然处于浑一无向心态中，即使进入‘明觉感应为物’的有向之执阶段，也仍然是‘物随心转’的心体中心论，‘心’完全未反应出心意碰撞外界、与物质异在及社会他人发生关系时的双向作用状态。如此‘纵贯’，怎能是‘存有论地’?”②“圆教纵贯基于心体，圆善目标亦‘摄所归能’、‘摄物归心’指向心体，因而



① 尤西林：《心体与时间——二十世纪中国美学与现代性》，第240页。

② 尤西林：《心体与时间——二十世纪中国美学与现代性》，第243—244页。虽然我同意尤西林在这个问题上对牟宗三的批评，但对其某些具体提法也有不同看法。比如，在这一段论述中“即使进入‘明觉感应为物’的有向之执阶段”的说法，似乎便有欠准确。因为按照牟宗三的一贯说法，“明觉感应”和“意之所在”相对应，与“明觉感应”相对的是物自身意义的物，为无执的存有，与“意之所在”相对的是现相意义的物，为执的存有。因此，不宜说“即使进入‘明觉感应为物’的有向之执阶段”，只能说“即使进入‘明觉感应为物’的无向之无执阶段”。又如，“如此‘纵贯’，怎能是‘存有论地’”的说法也值得讨论。从上下文看，作者之所以这样说，是因为在他看来，牟宗三这样以心体讲圆善，“‘心’完全未反应出心意碰撞外界、与物质异在及社会他人发生关系时的双向作用状态”，所以不能说是“存有论地”。在这个问题上，我的理解略有区别。这里的关键是对牟宗三“存有”这个概念作何种理解。在牟宗三那里，“存有”有不同含义，与圆善论相关的“存有”主要是指道德之心赋予外部对象以价值和意义。牟宗三解决康德圆善问题，正是从存有论进入的，可以说完全是“存有论地”，而不能说“怎能是‘存有论地’”，尽管这一思路本身的合理性有待商榷。

牟宗三虽然与康德对判而认为自己实现了圆善，实质上牟氏建构的只是作为圆善主体条件的心体。”[①] 这些引述足以说明，尤西林同样看到了，牟宗三通过纵贯系统建立的圆善，究其实不过是对于心体状态的一种描述，由此达成的幸福与康德意义的幸福并不是一回事，牟宗三关于他已经解决了康德圆善问题的说法，有失准确。



我不怕浪费篇幅，引用这么多材料，旨在说明，自《圆善论》出版之后，不少学者很快发现了这里存在的问题，指明牟宗三并没有真正解决康德意义的圆善问题。有人甚至表示“衷心盼望以光大牟先生之学为志业者能就此两方面作更仔细的厘清，俾使牟先生之思想系统能进一步完善。”[②] 说句有点不敬的话，这等于是下了“战表”，迫使以继承牟宗三思想为职志的学者必须正面回答，否则《圆善论》的理论价值将面临严峻的挑战。面对这种局面，杨祖汉 1997 年发表了专文《牟宗三先生的圆善论与真美善说》，作出了自己的回答。该文涉及问题较多，其中有两个方面特别值得一说。杨祖汉首先指出：

> 在圣人化境下，一切顺心的福，依牟先生，当然是物自身界之福，而非现象义之福。但现象和物自身的区分，是同一对象对于不同的主体而有的不同意义。同一对象，对于感性直觉，是现象；对于智的直觉，则为物自身。物自身并不是离现象外的另一存在物。圣人生命全幅是天理流行，所感之物都是良知之明觉感应，是物自身之物，但他所感的物，亦即是一般人所对之对象，



① 尤西林：《心体与时间——二十世纪中国美学与现代性》，第 244 页。
② 关镇强：《无待的幸福——牟宗三先生的幸福观初探》，《鹅湖》第 259 期，1997 年 1 月。

一般的世间，只是意义不同。你不能因此而是说圣人所感的物是另一套的法，另一种的存在。圣人所接触的存在界，与常人接触的一般无异，只是圣人在其中感受到常人感受不到的意义。即圣人所感到之顺心之福，是即于现实世界而有的，若说这是天福，则天福亦是即于人间而显的，离开了人间、三千法亦无所谓天福。因三千世间法本是佛法，故一转念，即三千果成，咸称常乐。故圣、佛无住而不顺心，无处而不乐。①



这是以圣人与常人之不同为牟宗三作辩护。杨祖汉认为，牟宗三所论圆善专就圣人而言。圣人与常人虽然不能截然分割，但圣人就是圣人。圣人智慧高，可以通过“诡谲的即”的方式看问题，直接即三千世间而得福，在三千世间中凭借一转之念，无往而不顺心，无处而不成乐。尤其重要的是，圣人有智的直觉，从智的直觉视角看出去的对象为物自身。有了这样一个特殊的视角，圣人而成的福“是物自身界之福，而非现象义之福”。所以我们不能说牟宗三的圆善只涉及精神领域，不涉及现实（物质）层面。

接着作者又写道：

牟宗三虽同时肯定儒道释三教都可达圆善之境，但三教仍是有不同的，儒家的圆善，具有道德的创造性，对存在界有善化、润泽，革故生新的作用，而释、道则否，此后二家都无创生性。……牟先生对儒释道的不同，有很明白的区分。故若以儒家义的德福一致为准，则德的一面之无限智心，是可以繁兴大化，具立体直贯的创

① 杨祖汉：《牟宗三先生的圆善论与真美善说》，《鹅湖》第267期，1997年9月。

生性的作用者。若是如此，则一定会对存在界起改变，转化的作用，而且是不已地起作用，不断地革故生新，纯亦不已。若是则不会如彭氏（指彭高翔。——引者注）所说，不能变世界，而只好改变自己，自我安慰。当然这圆圣的道德实践并非一般的克己复礼，致良知以正念头，格物的实践，而是心意知物只是一事之浑圆之流行，实践而无实践相。但虽如此，其必仍是自由意志之道德创造。若知此义，则牟先生之圆善论决非只是一主体的境界，而亦是一有客观之实有性之道体作不已的生化活动的。①



这是以儒释道三家存有论之不同为牟宗三辩护。牟宗三反复强调，儒释道三家都有自己的存有论，但性质有所不同。释道两家的存有论没有道德创生性，属于“纵贯横讲”。儒家的存有论有道德创生性，属于“纵贯纵讲”。因为儒家存有论有道德创生性，所以可以繁兴大化，革故生新，使存在界发生改变，而绝不仅仅只是个人的作诚意、正念头的自我安慰，而是确实可以改变世界的。所以不能说牟宗三圆善无关于现实世界，只是一个绝对主观的境界。

杨祖汉的这种辩护尽管非常用力，态度笃实，令人钦佩，但在我看来并不足以解决问题。圣人自然与常人不同，有智的直觉，不须“缘理断九”，不必脱离日常生活，可以即三千世间而得福，乃至将一般视为的苦和罪转化为幸福，这一点我并不反对，但坚持认为不能将这种幸福视为物自身。我在前面已经反复证明，牟宗三对智的直觉的理解有所偏误，不仅误解了康德这个概念的内涵，而且将道德之心创生存有的对象错误地称为物自身。以这种理解为基础，我愿意非常负责任地说，圣人通过所谓智的直觉所



① 杨祖汉：《牟宗三先生的圆善论与真美善说》，《鹅湖》第267期，1997年9月。

得到的那个幸福，绝对不是什么物自身。[①] 另外，其以儒家存有论的特殊性对牟宗三进行辩护，更值得商榷。儒家存有论确实与佛道两家不同，有其道德的创生性。但这种道德的创生性并不是真的去改造现实世界，使其革故生新，繁兴大用，以满足人们的物质需要。牟宗三建构儒家存有论，其核心不过是说，道德之心有“涵盖乾坤”的功能，可以将自身的价值和意义赋予宇宙万物之上，使其染上道德的色彩而已，其创生的具有道德价值和意义的世界从根本上说，仍然是主观的，属于精神范畴。这与改造现实社会，使其满足人们的客观需要，达成德福一致完全是两个不同的问题。[②]



行文至此，预感到这里有一个问题容易产生误解，需要特别预先加以申明。在前面的分疏中，我着重强调了，康德圆善问题所要求的幸福是物质性的，可称为物质幸福，牟宗三通过自己思路解决的幸福则是精神性的，可称为道德幸福。道德幸福不能代替物质幸福，所以很难说牟宗三已经解决了康德意义的圆善问

① 另外，在杨祖汉为牟宗三所作的辩护中还有一个问题必须考虑到：究竟什么是圣人？关于什么是圣人的问题，在历史上本来就争论不断。即使可以证明谁可以称为圣人，那这种圣人也是极少数。如果一种理论只能证明极少数人可以达到德福一致，那么这种理论因为缺乏普遍性，也就没有多少实际意义了。

② 这个问题其实与应该如何看待佛教意义圆善也有关联。按照牟宗三的说法，佛教可以通过“诡谲的即”而达成圆善，但这种圆善中的幸福根据上面的分析同样只是精神性的。虽然这种精神性幸福的价值和意义不可低估，但佛教由因果缘起说所要保障的幸福应当主要是物质性的，而不是精神性的，否则其作为宗教的作用就很难保障了。如果仅仅以“诡谲的即”来解说佛教的圆善，很可能会淡化佛教圆善的这个重要意义。张宗曙在其博士论文《从牟宗三圆善论解绎儒家之圆教与圆善》（2009 年台湾东海大学哲学系博士论文）中，以佛教义理解说牟宗三的圆善，认为“牟先生主张德与福是诡谲的相即，若以华严‘法界缘起’之圆融无碍观之，此诡谲的相即可说是互为主体性的相即，以‘德慧圆融’言之，此‘福’可由‘慧’析出，如佛在海印三昧中之‘事事无碍’的体证，是佛性般若所呈现的圆满无尽、圆融无碍的圆教意境。”说来说去，牟宗三所能保障的只是精神性的幸福，不是物质性的幸福，这进一步验证了，牟宗三的圆善论并没有解决康德的德福关系问题。因为本书只讨论牟宗三的儒学思想，儒教问题已经超出了本书的范围，此处只是提及而已，不作深入讨论。

题。请读者注意，我这样做并不是希望通过加强社会经济建设，强化社会公平的办法来解决圆善问题。在我看来，即使社会经济再发展，物质再丰饶，制度再合理，有德之人无法必然得到相应的物质幸福这一问题，仍然无法解决。无论社会发展到什么程度，生命中的一些无法抗拒的力量，始终存在。儒家命的观念的合理性就在这里。既然如此，像康德所希望的那样将福准确地配给有德之人，就只能停留在信仰层面，在现实生活中永远也达不到。这可以说是人类生存的永恒难题，永远也无法破解。正因为有这样一个基本的立场，我与学界对牟宗三圆善思想同样有所批评的一些学者略有不同。比如，颜炳罡在批评牟宗三的过程中，清晰地指出了其对圆善问题的解决只是一种境界的解决，精神的解决，与康德讲的圆善并不完全一致。这一点与我的看法相同。但他进一步强调德福关系是一个社会问题，希望从社会公正的角度来解决（具体材料见上引，此处不再重复），则不无讨论余地。① 在我看来，共有两类不同的德福关系，一类是广



① 尤西林持类似的看法，只不过进入的角度不同。他说："圆善之必需历史过程，亦并非牟氏批评之'虚幻'，而恰恰为其实践性所决定。作为价值论统一目的的圆善，由于纳入了自然人心（任性欲望）及其社会关系的改造，德行实践已从精神性德性置身于物质活动中。"（尤西林：《心体与时间——二十世纪中国美学与现代性》，第 241 页）与此相比，牟宗三的思想就显得很不够了。在牟宗三圆善论系统中，"牟宗三的德福相即圆善论由于将康德外界目标的圆善内化为心体的意念，因而不再关注改造客观外界的经验结构，也毋须承担将自然界自由化这一僭越性目标所带来的公设难题。"（同上，第 244 页）"牟氏圆善越是'圆顿'、越是系于'一念之转'的'诡谲相即'，表明其'活动'越远离时空限定中的传统习惯、社会结构、利益阶层等真实存在之圆善改造，而只是心体自身内的活动。"（同上，第 254 页）尤西林从马克思主义的实践性出发对牟宗三的这种批评，依据我的理解，牟宗三恐怕很难接受。牟宗三讨论圆善问题，并不是从如何创造社会财富以及社会制度的合理性进入的。他看得非常清楚，即使创造再多的社会财富，创造再公平的社会，德是求在内者，福是求在外者，二者一定有其不一致性。牟宗三只在伦理学的意义上讨论圆善问题，这一思路包含着极强的合理性，这一点我们必须有清醒的认识。

义的，一类是狭义的。广义德福关系包括社会制度层面，涉及政治学范畴，狭义德福关系只包括伦理层面，属于伦理学范畴。就广义德福关系而言，我一点不反对甚至积极主张儒家建立一种公正的社会制度，以保障人们得到必要的物质幸福。但应该看到，社会公正只具有相对性，不具有绝对性。在一个相对公正的社会制度中，仍然会存在德福不一的情况，不能奢望建立了一个相对公正的社会制度，德福关系问题就不存在了。即使政治学对此进行再深入的研究，在社会制度层面做足了功课，德福关系仍然存在，仍然需要从伦理学角度加以讨论。牟宗三写作《圆善论》始终把视线限定在伦理学范围之内，没有从政治学意义上加以探讨，并非是其不足，而恰恰是其高超之处。从这个视角出发，我倒是赞同牟宗三的观点，与牟宗三站在相同的学术立场上。



## 二、存有论与圆善论

察觉牟宗三未能明确区分两种不同幸福，没有如其所说真正解决康德意义的圆善难题，相对而言并不是一件太困难的事。上面讲过，《圆善论》出版后，学界不断有人提出这个问题，李瑞全、陈荣灼、颜炳罡、关镇强、彭高翔、袁保新、尤西林均是其例[①]。但问题在于，这两种幸福的不同非常明显，牟宗三为什么会出现这种混乱，构成如此之误呢？这才是圆善论研究最为

① 1992年秋，我为参加山东大学在济南举办的“牟宗三与当代新儒家学术思想研讨会”准备了一篇会议论文，题目为《儒家幸福观与康德圆善论》。虽然我当时对牟宗三的存有论还未能有深切的理解，但已经注意到了两种不同幸福的问题，认为“康德的圆善论是用德性配享现实的幸福，而儒家的幸福观是在成德过程中享受精神上的满足，这两者的思路显然不同”。当时感到文章还不成熟，未正式提交大会。后来随着研究的深入，这篇文章的深度远远不够了，一直未公开发表。

困难的部分。这个问题曾令我困惑了很久，就是在写完《贡献与终结——牟宗三儒学思想研究》第三卷存有论，发现其间存在的问题后，仍然无法确定答案。写好了，推翻，再写好，再推翻，不知反复了多少遍，迟迟无法定稿，烦燥不已，痛苦不堪。后来我试着耐心将存有论缺陷与圆善论联系起来，反复推排，不断摸索，慢慢体会牟宗三的思路，方才悟出，其所以出现这种情况，一个非常重要同时也是更为复杂的原因，是牟宗三以存有论解说圆善这一思路存在着严重的缺陷。



**1. 一个奇特的进路：以存有论解决圆善问题**

上面做过简单介绍，牟宗三在写完《心体与性体》，特别是《智的直觉与中国哲学》、《现象与物自身》，完成自己的存有论建构之后，很快将存有论的基本原理运用到圆善论中来，成为其解决圆善问题的重要理论依据。关于这一点，《圆善论》序言中的一个说法透露了重要的信息：

> 本书则讲圆教与圆善，故先以古人所理解的哲学——实践的智慧学、最高善论，标之于此序，以实践理性作开端，把圆满的善（圆善）套于无执的存有论中来处理，即从圆教看圆善，此将使无执的存有论更为真切，使一完整的系统之圆成更为真切。
>
> 《圆善论》，序言第 6 页，22/ [11]

这里讲得很明白，牟宗三探讨圆善问题，一个重要方法，就是“把圆满的善（圆善）套于无执的存有论中来处理”，并相信这样做“将使无执的存有论更为真切，使一完整的系统之圆成更为真切”。这样的说法在《圆善论》中还可以找到不少。比如：“只有在非分别说的‘只此便是天地之化’之圆实教中，德福一致之圆善才真是可能的。因为在神感神应中（神感神应是无执的存有论中之感应，非认知的感性中之有执着的被动的感应），心意知物浑是一事。”（《圆善论》，第 325 页，22/315—316）此段括号中“神感神应是无执存有论中之感应”一句相当清晰地表明，牟宗三是以其存有论特别是无执存有论来说明圆善论的。换句话说，圆善论与存有论有着密切的关联，存有论是圆善论的理论基础，圆善论是存有论的具体应用。



在以存有论解说圆善问题的过程中，牟宗三特意创立了无限智心这一概念。[①] 在牟宗三看来，中国儒释道三家皆有无限智心的观念，在道家为道心或玄智，在佛家是般若智或如来藏自性清净心，在儒家则为本心或良知。牟宗三特别强调，儒家的无限智心由孔子的仁为开端。孔子言仁主要是由不安、不忍来启发人的道德生命，这一思路直接开启了儒家的道德智慧。自孔子开创这一途径后，经孟子、《中庸》、《易传》的继承，形成了主观面的德性生命与客观面的天道、道体合为一体的理论格局。再经宋明儒学中明道的识仁与一本，象山的重言本心，阳明的四有四无，蕺山的心宗与性宗为一，终于使这一理论格局确立而不动摇。在《圆善论》中，牟宗三曾专门转引《心体与性体》中的一大段评论来说明这个道理：

> 案：此段文本是由程明道之《识仁篇》说起，上通孔孟，下赅陆王，上下贯通，若合符节。仁确是一无限的智心。仁者或大人即是能操存践履以天地万物为一体的人。其能以天地万物为一体非意之也，意即非主观造作臆想虚设其是如此也，乃是“其心之仁本若是其与天地



① 无限智心的思想在《现象与物自身》已经有了，不过当时主要称为“无限心”。

万物而为一也”。此即由大人之操存践履定知仁心为一无限的智心。此心不独大人有之，人人皆有之，甚至一切理性的存有皆有之，惟大人能勿丧耳。大人是此心之体现者。孟子已充分建立起此义。此心虽由不安不忍愤悱不容已来指点，然决不是人们一时之感触。孔孟所以如此指点乃是予人以切近悟入之路。故此心决不是康德所说的“人性的特殊属性”，“人类之特殊的自然特征”，或“某种情感和性癖性好”之类，乃确然即是其所说的纯粹实践的理性：此心即是理性的心，乃有绝对普遍性者。故明道云：“此道不与物对，［虽谓之为］大，［亦］不足以明之。”康德所说的“人性的特殊属性”，“人类之特殊的自然特征”，乃至性好性癖以及某种情感之类，皆是告子所谓“生之谓性”，或宋明儒所谓“气质之性”，决不能由此等建立道德，亦不能由之说无限性以及绝对普遍性，更不能由之说觉润万物。故此仁心——无限的智心乃即是纯粹理性的心；孟子即此心以说性乃即是宋明儒所说的“义理之性”。义理之性即义理之心，故有无限性以及绝对普遍性，一切理性的存有皆有之。就不安不忍而指点之，乃是“当机指点”之意。当机指点之即示其当下可以呈现。每一现实之机即是引起其当下可以呈现之缘。因为它是心，焉有既是心而可以不呈现？此心即是性，焉有既是性（人之为人之超越的性，非生之谓性之性）而可以不呈现？机是特殊的，故使其当下可以呈现之缘亦有局限性。但此心之本身则不为此机此缘所限而有其无限性与绝对普遍性，此则由大人之操存践履而已体现之矣，故云“其心之仁本若是其与天地万物而为一也”。此即此无限的智心之证成。此则纯由实践理性而证立者，决不涉及思辨理性之虚构。

《圆善论》，第262—263页，22/255—256

这是《心体与性体》第二册中对明道六段原文的一个总的评论，中心是说仁就是无限智心，寓意丰富，其中最值得关注的，是解说明道所说的“其心之仁本若是其与天地万物而为一也”。牟宗三认为，要理解这一说法，要从仁者或大人说起。仁者或大人即是能操存践履以天地万物为一体的人。当然，与天地万物为一体，并非只有大人能够做到，人人都能做到，只是大人能够不丢失其本心而已。孔子由不安不忍愤悱不容已指点仁，这个仁其实就是纯粹的实践理性，与康德所说的“人性的特殊属性”，“人类之特殊的自然特征”，或“某种情感和性癖性好”绝非同类。因为仁即是纯粹的实践理性，此心即是理性的心，所以仁有绝对的普遍性，这种绝对的普遍性就是明道所说的“此道不与物对，［虽谓之为］大，［亦］不足以明之”。这一思想是儒家的一贯传统，孔子由不安不忍当机指点，其实就是显露仁心可以当下呈现。当机、当下只是呈现之缘，指点、呈现则是终极目的。仁心必然呈现，哪里有既然是心而可以不呈现的？仁心即是性，哪里有既然是性而可以不呈现的？因为必然呈现，所以“其心之仁本若是其与天地万物而为一也”；因为与天地万物为一，所以仁心具有绝对普遍性，可以觉润万物。

牟宗三接着写道：

有此无限而普遍的理性的智心，故能立道德之必然且能觉润而创生万物使之有存在。只此一无限的智心之大本之确立即足以保住“德之纯亦不已”之纯净性与夫“天地万物之存在以及其存在之谐和于德”之必然性。此即开德福一致所以可能之机。

《圆善论》，第 263 页，22/256—257

无限智心之所以无限，是因为它有绝对的普遍性，不仅能够决定道德，而且“能觉润而创生万物使之有存在”。“能觉润而创生万物使之有存在”这一说法，与上引明道所说“其心之仁本若是其与天地万物而为一也”是同一个意思。牟宗三强调，正是仁心的这种觉润性和创生性，可以创生宇宙万物的存有，“开德福一致所以可能之机”，才使圆善成为可能。这就说明，牟宗三的圆善思想是直接建立在无限智心创生存有这个理论基础之上的。为什么有了无限智心创生存有就可以谈圆善呢？因为无限智心是智的直觉，智的直觉是一定要涉及存在的，无限智心涉及存在便会使这种存在随心而转，出现“物边顺心”的情况，从而“物随心转”，“物边顺心即是福”。在无限智心的视野之下，一切都可以随之发生变化，甚至可以将原本为成德所做出的牺牲转变为一种福，保障福之实现。这样一来，一方面有了德，另一方面有了福，圆善问题自然也就得到解决了。



2. 道德幸福主要是由存有论赋予的吗

牟宗三这种以存有论解说圆善问题的做法不无可议之处。这里首先需要澄清这样一个问题：道德幸福是如何生成的？

1) 以存有论解说道德幸福是一种“赋予说”

如上所说，牟宗三看到康德设定上帝存在以保障圆善得以实现的思路不可行之后，决定以儒家无限智心代上帝来解决这一问题。牟宗三的这一工作分为两个步骤。第一步是“诡谲的即”。牟宗三提出这一思想主要是看到，德福关系既不可能是综合的，也不可能是分析的，所以必须为其确定一种新型的关系，这种新型的关系就是“诡谲的即”。“诡谲的即”有两层基本意思，一是诡谲，即奇妙、奇异、转变、变化。二是即，也就是不即不离。两方面合在一起，在我看来，德福关系其实就是我们一般说的辩证关系。第二步是“纵贯纵讲”。牟宗三通过“纵贯纵讲”解决儒家圆善问题，是因为儒家圆善与佛道两家有所不同。佛家和道家只是就“解心无染”或“无为无执”来论德福关系。儒家就不同了，有一“敬以直内，义以方外”的宗骨。这一宗骨有强烈的创生性，在其创生之下，不仅原本没有道德色彩的宇宙万物可以具有道德的意义和价值，而且成就道德过程中的苦和难也会随心而转，发生变化，转变为道德幸福。



这两个步骤中，这里特别关注的是“纵贯纵讲”。牟宗三以“纵贯纵讲”论圆善的核心是存有论。如上所说，牟宗三明确讲过，他这样做就是要把圆善问题“套于无执的存有论中来处理”（《圆善论》，第 10 页，22/ [11]）。按照牟宗三的一贯思想，在无执存有论的视野下，道德之心可以赋予宇宙万物以道德的价值和意义。因为道德之心是无限智心，其思维方式是智的直觉，所以其所面对的对象便不再是现相，而是物自身。更有意义的是，牟宗三坚持主张，在道德之心创生存有的同时，也可以改变人们对于成德过程中所付出的牺牲的看法。成就道德并不是一个轻而易举的事情，在很多情况下必须付出牺牲。这种牺牲在一般人看来，只是迂，只是苦，只是罪。但从存有论的眼光来看，这种迂，这种苦，这种罪，也可以在道德之心创生存有的过程中改变性质，变成一种内心的愉悦和快乐，从而出现“物随心转”而成福的情况。有了“物随心转”，儒家历史上所说的命也没有了意义，被超化了，不起作用了。因为“物随心转”并不受客观条件的限制，即使现实生活再不好，再困苦，从道德存有论的视角来看，也可以转变为幸福。在道德存有的境界中，已经完全没有了孤立看的苦和罪，所有的苦和罪都成为了成就道德过程中必不可少的一环，成为了成就道德过程中内心的满足和愉悦，“事事如意而无所谓不如意”（《圆善论》，第 325 页，22/316），苦即是乐，罪即是福。因为这种福不再受任何的限制，是必然得到的，所以有德就一定有福。特别有趣的是，由于无限智心属于智的直觉，在其朗照之下，与此相应的幸福，也具有了物自身的意义，属于“物自身层之自然”。这样一来，德福便达成了完全的一致，康德意义的圆善难题也就得到了解决。为了便于表述，我把牟宗三对于道德幸福的这种解说称为“赋予说”。简要而言，所谓“赋予说”就是将道德幸福视为道德之心在创生存有的过程中将对象赋予道德的色彩而产生出来的一种说法。



牟宗三以“赋予说”解释道德幸福，非常新颖，自成系统。因为道德之心确实有创生的能力，可以创生道德存有，赋予宇宙万物以意义。这种赋予不仅指宇宙间的自然之物，而且可以将成就道德过程中的苦和难赋予道德的色彩，使成德之人改变对其的看法，将其变成一种好事，一种乐事。但是如果深入观察则会发现，牟宗三这种说法也存在一定的不足，因为它忽视了产生道德幸福最深层的原因。面对牟宗三的“赋予说”，人们完全有理由提出这样的问题：我承认道德之心可以创生道德存有，改变人们对很多事情的看法，甚至可以从中感受到一种快乐和愉悦，但道德幸福生成的基础主要在于存有论吗？难道没有比存有论更为深刻的基础吗？

2)“满足说”：一种与牟宗三完全不同的解释

与牟宗三不同，我认为道德幸福不宜主要从存有论出发，以“赋予说”进行解释，而应该着重从道德要求得到满足的角度加以说明。

历史上关于什么是幸福有各种不同的解说，争论很多。在我看来，在这方面康德的说法特别值得关注：“幸福是对我们的一切爱好的满足"[1]。在康德哲学系统中，幸福是一个重要的概念，其相关的说法也较为复杂。但康德主要是在经验主义的意义上使用这个概念，则不存在任何异议。康德建构自己道德学说的一个重要目的，就是为了反对经验主义的幸福观。在他看来，经验主义意义上的幸福不具有普遍性，要建构一种具有普遍意义的道德学说，不可能以此为基础。结合此段的上下文[2]，可以清楚看到，康德这里所说的"爱好"主要取其经验意义。这种经验意义上的"爱好"大致即相当于我们今天所说的物质欲望。每个人都有物质欲望，一旦这种欲望得到了满足，内心就会有一种满足感，这种满足感就是幸福。简言之，幸福就是欲望的满足。



康德对于幸福的这种解说，也可以用于儒家。很长一段时间以来，人们往往以为，孟子所说的"何必曰利，亦有仁义而已矣"[3] 是不准追求物质利欲。这种理解并不准确。要对孟子这一思想有正确的把握，需要掌握两个前提。一是对孟子所讲义利的具体含义有清晰的理解。孟子论义要义有三，即人伦之理、一般道理、道德根据。其论利也有三个基本义项，即利益之利、利于之利、锐利之利。二是对义利的不同对象细加分辨。孟子论义利，有君、民、士三个不同向度，相应的义利其含义亦有很大差异。比如义，对于民而言，主要是明于孝悌；对于士而言，主要是立志于道；对于君而言，主要是施行仁政。利也一样。贪利对于庶民而言，表现为穿踰搂妻；对于士人而言，表现为求禄忘志；对

---

① 康德：《纯粹理性批判》，A806，B834，邓晓芒、杨祖陶译本，第 612 页。

② 随后不久，康德又讲："我认为实际上是有纯粹的道德的，这些道德律完全先天地（不考虑经验性的动机，即幸福）规定了所为所不为，即规定一般有理性的存在者的自由的运用，而且我认为这些规律绝对地（而不只是在其经验性目的之前提下假言式地）发出命令，因而在任何方面都是必然的。"（康德：《纯粹理性批判》，A807，B835，邓晓芒、杨祖陶译本，第 613 页）

③《孟子·梁惠王上》。

于君王而言，则表现为单纯追求富国强兵。有了以上两个前提，“何必曰利，亦有仁义而已矣”这一名言的含义就比较清楚了。此处梁惠王讲的“将有以利吾国”之“利”，是“利于”之“利”，是“对我的国家会有所帮助”的意思。孟子讲的“何必曰利”之“利”，却是“利益”之“利”，其间有一跳跃。由于孟子谈话的对象是君王，君王的根本任务是治理国家，这里的“义”字又只能从治国方略的意义上理解，特指富国强兵之类。这种“富国强兵之利”，在孟子看来，不是治理国家最理想的办法，绝对不可行。所以，“何必曰利，亦有仁义而已矣”只是说君王应以仁义治国，不能单纯追求富国强兵，而不是完全否定物质利欲。①



既然不完全否定物质利欲，而是承认物质利欲的合理性，那么物质利欲对人就会形成一种要求，希望这种要求得到满足。一旦这种要求得到了满足，内心便会有一种满足感、愉悦感。这种满足感、愉悦感儒家称为“乐”。这种“乐”也就是幸福。儒家并不反对因物质欲望得到满足而产生的幸福。仍以孟子为例。孟子虽然有“广土众民，君子欲之，所乐不存焉”② 的说法，似乎对这种“乐”不以为然，但那只是相对于“中天下而立，定四海之民，君子乐之，所性不存焉”而言的。其实孟子一点不否认人们因物质利欲要求得到满足后的快乐。孟子见梁惠王，王站在池塘边上，指着鸟兽问：“贤者亦乐此乎？”孟子曰：“贤者而后乐此，不贤者虽有此，不乐也。”③ 孟子这里主要是强调有道德的人才能享受这种快乐，没有道德的人纵使有这种快乐也无法享受，但他并没有否定“贤者亦乐此”。这方面孟子另一段话更值得细细品味：“丈



① 参见杨泽波《孟子评传》，南京：南京大学出版社，1998 年，第 225—260 页。
② 《孟子・尽心上》。
③ 《孟子・梁惠王上》。

夫生而愿为之有室，女子生而愿为之有家；父母之心，人皆有之。”[①] 男孩生下来父母愿意为他找妻室，女孩生下来父母愿意为她找婆家，因为有了妻室婆家儿女才能生活美满，这种美满就是幸福。父母都希望自己的子女生活美满幸福，所以才希望其有室有家。这一点都不奇怪，因为“好色，人之所欲”，“富，人之所欲”，“贵，人之所欲”[②]。好色富贵虽然属于利欲，但这种利欲的满足也是一种幸福，所以才“人之所欲”，而不是“人之所恶”。从孟子上述论述可以看得非常明白，儒家对于利欲是持肯定态度的，承认利欲的满足是一种“乐”，是一种幸福。我将这种因物质利欲要求得到满足而得到的幸福称为“物欲幸福”。



以欲望得到满足来解说幸福，是一个重要的思路。在儒家系统内，不仅可以说明物欲幸福，也可以说明事业幸福。在儒家看来，人除了有利欲的要求之外，还有认知的要求。这里讲的认知主要是外向的，是对自己从事的那样行业发展规律的把握。一旦这方面的把握到了一定程度并将其运用于实践之后，自己的事业也就会取得一定的成绩，得到事业的成功。事业成功后，内心也会有满足感和愉悦感，这种满足感和愉悦感在孟子看来也是一乐，我把它称为“事业之乐”。这种事业之乐也就是今天说的“事业幸福”。“父母俱存，兄弟无故，一乐也；仰不愧于天，俯不怍于人，二乐也；得天下英才而教育之，三乐也。”[③] 孟子认为，君子有三乐，其中之一便是得到天下优秀的人才而对其进行教育。由于“天下英才”能不能得到，要受很多偶然因素的影响，不能完全决定于自己，一旦如愿以偿，通过各种办法施加教育，“有如时雨化

① 《孟子・滕文公下》。
② 《孟子・万章上》。
③ 《孟子・尽心上》。

之者，有成德者，有达财者，有答问者，有私淑艾者"[1]，对内而言可以将自己的所学所问传给后人，使之茁壮成长，对外而言可以将圣学发展光大，使天下得以平治，人自然会得到心理的满足，成全人间一大乐事。

孟子同充虞的一段谈话，也和这个问题有关。孟子离开齐国，脸色不好，"若有不豫色然"。充虞以君子不怨天，不尤人为由，询问其故。孟子回答道："彼一时，此一时也。五百年必有王者兴，其间必有名世者。由周而来，七百有余岁矣。以其数，则过矣；以其时考之，则可矣。夫天未欲平治天下也；如欲平治天下，当今之世，舍我其谁也？吾何为不豫哉？"[2] 在孟子看来，大丈夫为人一世，当干一番大事业。历史上每过五百年一定有圣贤之君兴起，与此同时一定有闻名于世的人才出现。从周武王算起，到现在已经七百多年了。论年数，已经超过了；论时势，也已经可以了。可如今上天似乎不想平治天下，如果想，当今之世，除了我，还有谁呢？那样的话，我为什么不快乐呢？这段有名的论述说明，帮助圣贤的君王平治天下，成为一代名士，是孟子的政治理想。如果这种理想不能实现，就会不快乐（"有不豫色然"）；如果能够实现，就会感到快乐（"何为不豫哉"）。这就说明，人生在世，希望能够成就一番大的事业，有事业上的要求。一旦这种要求得到了满足，就会享受到事业的幸福。由此可见，与利欲幸福是利欲要求得到满足的结果一样，事业幸福是人的事业要求得到满足的结果。

儒家的道德幸福同样可以以此加以说明。发现仁，创立仁的学说，是孔子的一大贡献。孟子继承孔子的思想，进一步创立了

---

① 《孟子·尽心上》。

② 《孟子·公孙丑下》。

性善论，提出了良心的学说，以解决仁究竟来自何处的问题。自此之后，仁和良心便成了儒家学理不可或缺的组成部分。历史上人们在这方面的研究汗牛充栋，无以计数。这些研究当然都有意义，不容轻忽，但似乎还有进一步推进的余地。依照我现在的理解，孔子仁的思想，孟子良心的思想，最重要的意义是向我们宣示了这样一个道理：人天生是一个道德的存在。这里所说的道德的存在是想说明，道德是人生而具有的一种性向，人天生就具有道德的性质。尽管孔子对人性问题没有明确的说法，但毕竟看到了每个人都有仁，否则就不可能提出“为仁由己”的主张了。孟子在建构性善论的过程中，尽其全力告诉我们，人之所以有善性，是因为人有良心本心，“仁义礼智，非由外铄我也，我固有之”①。“我固有之”这四个字表面看只是说良心本心不是从外面取得来的，是我原本就有的，没有什么新内容。其实不然，这里大有深意。既然良心本心是我原本就有的，那么人天生便具有道德性，是一个道德的存在，就成了这一说法必然的逻辑结论。孔子仁的思想，孟子良心的思想，对我们最大的教益是使我们明白了，人天生就具有道德性，就是一个道德的存在。这是我之所以特别重视孔子和孟子相关思想，希望从新的视角审视其哲学意义的根本原因。这个意义万万不可小视。我们确认人有物欲的要求，是一个物欲的存在并不困难，因为我们很容易体察到自己身上食色方面的要求。同样，我们确认人有认知的要求，是一个认知的存在，进而有事业方面的要求，也并不困难，因为我们很容易体察到我们身上有这方面的能力和要求。但要确认人是一个道德的存在，则千难万难。孔子之伟大，孟子之伟大，正在于此。也许我们只

① 《孟子·告子下》。

有从这个角度才能真正看清孔子孟子相关思想的巨大意义。[1]

既然人原本就有道德的根据，是一个道德的存在，那么这个道德的根据必然向自己提出要求，迫使自己按照它的要求去做。一旦满足了它的要求，就会体会到一种满足感。这种满足感可以称为“道德之乐”，也就是所谓的“道德幸福”。这方面孟子有段话特别值得关注：“万物皆备于我矣。反身而诚，乐莫大焉。”[2]《孟子》中的“物”字既指一般的物品物件，也指代心。从孟子的一贯思想来看，此处的“物”字当指心而言，泛指道德的根据。在孟子看来，良心本心人人都有，是道德的根据，道德的本体，依此而行即成道德。所以，“万物皆备于我”，简单说就是道德的一切根据我都具有的意思。当然光有道德的根据还不行，要成就道德还必须逆觉反求这个根据，这就是“反”。反字在《孟子》出现的频率比较高，基本涵义是回到、返回，具体又可分为回到、返回、翻回、回报、反复等义项。放在这里，是回到良心本心、反省自问的意思。人人都有良心本心，要成就道德，就要想方设法回到自己的良心本心，发明自己的良心本心，这个过程就叫做



① 承认人天生是一个道德的存在的意义远不止于此。西方民主制度的一个重要理论前提是人天生只能是自利的。现在已经有不少学者对此提出了批评，怀疑这种观点的正当性与合法性。他们反驳道：“即使人天生仅仅是自利或平等的，我们是否应该如此呢？在通常的一些论证自由民主的正当性的论辩之中，一个常见的错误是从我们是怎样的来论证我们应该怎样，并进而为此欣喜、欢呼。人类生而蒙昧，但我们通常并不认为我们应该保持这种蒙昧。只有在我们不能超越我们所生而是之的时候，各种各样对人性（我们是什么）的论述才可能有一个决定性的功能。……但人是明显可以利他的或公利的、不平等的或反个人主义的。”（白彤东：《旧邦新命——古今中西参照下的古典儒家政治哲学》，第22—23页）这种反驳非常重要，但在我看来似乎还仅限制在比较弱的意义上。要对民主制度之利弊得失有一个全面的评价，必须从理论根基上入手。为了做到这一点，必须从根本上证明人当然有其自利性，但同时也有利他性，人不仅是一个经济的存在，同时天生也是一个道德的存在。

②《孟子·尽心上》。

“反”。不过，只做到反还是不够，反了之后，如果不遵从良心的要求，同样不能成就道德，所以还要进一步做到诚。《说文》诚信互训：“诚，信也”；“信，诚也”。诚字的基本涵义是真实、诚心，在这里特指反求良心本心，听命于良心本心时应有的心理状态。依据孟子，道德的根据在于良心本心，对良心本心真诚不二，一切听命于它，不打折扣，也就足够了；一个人要成就道德，必须对良心本心真实不欺，这就叫做“诚”。一旦做到了反身而诚，便会有一种精神的快乐和满足，就会体会到一种巨大的快乐，用孟子的话说就是“乐莫大焉”。这里的“乐”字大有讲究。显然它并非指物欲之乐、事业之乐，而是指道德之乐、道德幸福。所以依据孟子，道德幸福是指经过主观努力，反身而诚，服从良心本心命令，满足其要求后内心的一种愉悦的感觉。



在这方面，有一种现象值得关注。在一般情况下，成就道德的愉悦和满足，只要通过“反身而诚”就可以得到了，中间比较顺畅，但在另外一些情况下，则必须经过艰难险阻，克服重重困难。孔子讲：“饭疏食饮水，曲肱而枕之，乐亦在其中矣。”① 粗粮冷水，以臂作枕，并不是人们希望的，但是与“不义而富且贵”相比，还是它对道德有利，所以这种苦就转变为一种乐，仁人君子可以乐在其中。这方面另一个典型的例子是颜渊。“颜子当乱世，居于陋巷，一箪食，一瓢饮；人不堪其忧，颜子不改其乐，孔子贤之。”② 在孟子看来，人或修其天爵或修其人爵，修其天爵，就不会斤斤计较于人爵，而只修其人爵，必弃其天爵。颜渊重视修其天爵，以行道为己任，自然不会计较利欲条件的恶劣，才能不为物欲所累，达到“不改其乐”的境界。恶劣的条件，坎坷的路途，

---

①《论语·述而》。
②《孟子·离娄下》。

并不是一种享受，但经过一种转折，也可以成为一种乐、一种幸福。因为这种幸福必须经过一种转折，绕个弯子才能得到，所以层面更高，价值更大，也更为人们所重视。①

道德幸福在很多情况下必须经过一种转折才能得到的情况说起来很玄妙，其实并不难理解。不管在物欲领域、事业领域还是道德领域，其幸福的阈值与其付出均成正比。付出越多，得到的幸福指数越高，付出越少，得到的幸福的指数也越低。享受美食是一种利欲幸福，如果美食佳肴轻而易举就能得到，品味起来也不过尔尔，但如果付出了很多的努力，其感觉自然不同。事业有成，立功立言是人人希望的，如果背景太好，过程太顺，得来太过容易，纵然也会有幸福之感，但其阈值一定不能与那些经过千辛万苦才得到的人相比。道德幸福也属于这种情况。在一些小事上，只要反身而诚即可以成就善行，付出的并不太多，所以得到的愉悦之感也不会太高。如果在一些关键场合，必须做出巨大付出，甚至牺牲个人的性命，那么所得到的幸福之感就一定会大大超过其他场合或其他人，享受到最高的快乐。由此也可以明白，所谓道德幸福，确切而言，是指成就道德后内心的一种满足感，而不是因成就道德而做出牺牲之本身。这些牺牲原本只是苦只是罪，并不是幸福，只是因为它们是在成就道德过程中进行的，是成就道德必不可少的一环，经过一种转折，才会变成道德幸福。

总之，儒家道德学说告诉我们，人从来到世间的那个瞬间起，便不是毫无目的，漫无方向的，而是一个道德的存在，具有道德的性质。因为人是一个道德的存在，必然有道德的要求。一旦满足了这种要求，便会有一种满足感，这种满足感因为由道德而成，

① 参见杨泽波《孟子之乐的层级性质及其意义》，《云南大学学报》，2002 年第 2 期。

所以可以叫做“道德幸福”。这种情况同满足物欲要求而有物欲幸福，满足事业要求而有事业幸福，其实是一样的，其差别只在于领域有异，境界不同而已。由此可见，道德幸福初看起来很复杂，其实从根本上说不过是人的道德要求得到满足的结果。为了与牟宗三的“赋予说”区别开来，我把这种由道德要求得到满足而产生道德幸福的机理称为“满足说”。



3)“满足说”比“赋予说”更为深入合理

上面分别列举了关于道德幸福生成机理的两种不同解说。首先是牟宗三的“赋予说”。这一说法的基础是存有论。在牟宗三看来，道德之心有强大的创生性，不仅可以创生宇宙万物之存在，而且可以在此过程中改变人们对成就道德过程中所付出的牺牲的看法，将道德的价值和意义赋予其上，将其转变成一种愉悦、一种幸福。再就是我所理解的“满足说”。这种说法的核心是道德有其内在的要求。依据儒家一以贯之的思想，人原本就具有良心善性。良心善性遇事必然呈现，向人提出强烈的要求，迫使人们遵从它的指令。这种要求有强大的动能，一旦满足了它的要求，内心就会有一种愉悦感。这种愉悦感就是道德幸福。这两种说法各有自己的道理，也不具有完全的排他性，但毕竟属于两个不同的思路。如果将它们放在一起比较，照我的理解，“满足说”比“赋予说”可能更为深入，更为合理。我之所以得出这种结论，主要是考虑到下面一些要素：

首先，是第二序的还是第一序的？如上所说，依据“赋予说”也可以对道德幸福进行解说，但这种说法所侧重的是一个人成就道德之后的事，是以道德眼光看世界看自身的一个结果，而对人为什么要成就道德，成就道德本身是苦还是乐，缺乏必要的说明。“满足说”就不同了。依据这种说法，我们可以深入成就道德的内部，看到道德幸福是人的内在道德要求得到满足的结果，所以成就道德本身就是一种满足，一种幸福。如何成就道德，成就道德本身是苦还是乐，这是第一序的问题，而成就道德之后，以道德眼光看周围的世界包括看自身会有一种什么结果，会形成什么新的看法，这是第二序的问题。

其次，是间接的还是直接的？这与上面的问题有一定的关联，但侧重点有所不同。“赋予说”主要是依靠存有论改变人们观察问题的角度来说明道德幸福。人们成就了道德之后，必然会以道德的眼光看世界看自身，不仅将道德的价值和意义赋予自然万物，同时也将原先因为成德而忍受的苦和罪改变性质，“物随心转”而成福。依据这一路数，道德幸福的得来是道德存有视野之下的产物，思路较为间接。“满足说”就不一样了。每个人都有良心善性，良心善性会向人提出道德的要求，一旦满足了它的要求，内心就会体验到快乐和愉悦，得到道德幸福。尽管“满足说”也必须说明成就道德的牺牲如何能够变为幸福的问题，也必须有一个转折，但那种转折仍然属于内心的直接体验，直接感受，而不是间接得来的。

第三，是后来的还是原有的？“赋予说”的理论基础是存有论，根据我的研究，牟宗三所着力阐释的这种存有论是自佛教传入后，儒学受到其影响而形成的一种理论。尽管不能说这种理论在先秦儒家中没有一点思想的颗粒和萌芽，但作为一种思想体系而言在当时并不突出。这样就出现了一个问题：在存有论未正式形成气候之前，人们同样可以享受到道德幸福，那么人们是如何解释这种道德幸福的产生呢？虽然我并不完全反对以后来的理论来解说先前的问题，因为这种情况在思想发展史中是屡见不鲜的，但强调这样做必须注意两个问题：其一，以前的系统是否完全没有办法说清问题；其二，其后的理论是否更为有效。从孔子创立仁学，孟子创立性善论以来，儒家就坚信人人都有内在的道德根据，只要遵从它的要求去做，就可以成就道德，体验道德之乐，得到道德幸福。这方面先秦儒家不仅有很多直接的论述，而且这些论述可以非常有效地对道德幸福提供一种合理的说明。“赋予说”就不同了，虽然它提供了新的视角，但其理论依据不仅要晚得多，是后来衍生的，而且如上所说尚未能点到问题的核心。



最后，是曲折的还是简明的？读《圆善论》可能都有这样的体会，牟宗三以存有论来解说德福一致的思路并不易把握。这主要有两方面的原因：首先，存有论本身就是一个难题，而牟宗三对存有论的阐述又存在不少有欠准确的地方；其次，以存有论来说明道德幸福的思路本身也比较怪异，不同于人们对于道德幸福的一般理解。这两方面的原因大大加强了人们理解的难度，使整个说法显得高深莫测，曲折难解，人们很难明白为什么圆善问题必须通过无执存有论加以说明，为什么在存有论的视野下“物随心转”即可成福，为什么这种福不属于现相，而属于“物自身层之自然”，为什么以此便可以解决康德意义的圆善问题了。“满足说”远没有这么麻烦。人人有良心善性，一旦良心善性的要求得到满足，恰如经过努力满足了利欲要求和事业要求可以得到利欲幸福和事业幸福一样，也会得到道德幸福。这种说法在人们日常的道德实践中是很容易体会得到，乃儒学之家常便饭，较之“赋予说”无疑要简明得多。

总之，“赋予说”虽自成系统，但亦有其不尽处；不仅不尽，而且没有点出问题的根本。照我的想法，从道德满足的角度，而非道德存有赋予的角度说明道德幸福的生成机理，坚持“满足说”而非“赋予说”，可能更为深入，更加合理。这种思路可以直入虎穴，深入道德幸福的内部，看到道德幸福最深刻的原因，使人们明白，道德幸福一点都不神秘，都不玄奥，就发生在成德过程的每时每刻，是人们满足自身成德要求之后的切身感受。更为重要的是，它还可以帮助人们懂得，人有道德的需要是很自然的，希望这种要求得到满足也是自然的，道德并不是人生的额外负担，本身就是一个自然的过程。因此，我坚持主张，道德幸福主要不是道德之心创生存有过程中一种附属品，不是以道德眼光“看”的结果，而主要是从事道德的人满足了自身道德要求之后的一种内心“体验”。牟宗三以极大的力量以存有论建构儒家义理的道德幸福，以“纵贯纵讲”解说儒家义理的圆善，表面看高深玄妙得不得了，但因为缺少对道德幸福生成机理的最深层基础的分析，不客气地说，是一种未及根本、不够到位的说法。



**3. 道德幸福属于“物自身层之自然”吗**

以存有论解说道德幸福还有一个疑点需要讨论，这就是如何准确规定存有论视域下的道德幸福的性质问题。这个问题更为复杂难解，是相关评论无论如何绕不开的一个门槛。

1）属于“物自身层之自然”的幸福

上面讲了，无限智心是牟宗三建构儒家圆善论的核心概念。他认为，康德只承认人的有限性，不承认人的无限性，所以强调人没有智的直觉。但在儒家传统中，既承认人的有限性，又承认人的无限性，人完全可以有智的直觉。因为人可以有智的直觉，所以道德之心创生存有的那个对象便不再是现相，而是物自身。牟宗三这一致思路线在下面这段论述中表达得十分明确：

> 在浑化之境中，仍然有物。但此物是无物之物，物无物相。王阳明亦说“明觉之感应为物”，此物即是无物之物。无物相者是说此物既无为良知所知之对象相，亦无善恶意中之正不正相。“意之所在为物”，此物是经验层上的物；“明觉之感应为物”则是超越层上的物。若用

康德词语说之，前者是实践中现象义的物，相应于有善恶相之意而说者，后者是实践中物自身义的物，相应于明觉之感应而说者。

《圆善论》，第318—319页，22/309—310



无限智心可以达到浑化之境，在浑化之境中，仍然有物。不过这种物既无良知所知的对象相，又无善恶意中的正不正相，是超越层上的物。这种超越层上的物，不再是现相义的物，而是“物自身义的物”。这里，牟宗三已经非常明确地将在存有论视野下的物称为物自身了。

顺着这一思路，牟宗三进一步把无限智心创生存有过程中所达成的幸福称为“物自身层之自然”：

圆圣依无限智心之自律天理而行即是德，此为目的王国；无限智心于神感神应中润物、生物，使物之存在随心转，此即是福，此为自然王国（此自然是物自身层之自然，非现象层之自然，康德亦说上帝创造自然是创造物自身之自然，不创造现象义的自然）。两王国“同体相即”即为圆善。圆教使圆善为可能；圆圣体现之使圆善为真实的可能。

《圆善论》，第333页，22/323—324

圆善问题涉及两个不同的王国：依无限智心之自律天理而行即是德，这是目的王国；无限智心在神感神应中生物、润物，使物之存在随心而转即为福，这是自然王国。牟宗三特别强调，“此自然是物自身层之自然”，不是现相层的自然，并在括号中专门补充了一句“康德亦说上帝创造自然是创造物自身之自然，不创造现象义的自然”。这一表述非常重要，直接说明，在牟宗三心目中，由存有论创生的幸福不仅属于自然王国，而且这种自然王国是属于“物自身层之自然”。这样一来，既有目的王国，又有自然王国，两个王国同体相即而为圆善，圆善问题由此就可以得到解决了。

2）存有论缺陷对圆善论的影响

牟宗三认定存有论视野下的幸福属于“物自身层之自然”，与其存有论的基本思想有直接的关系。



存有论是牟宗三儒学思想的重要组成部分，在这个方面他做出了重要的贡献，也留下了诸多的遗憾。其中一个重要方面，就是对于康德关于智的直觉以及物自身概念的理解有欠准确。前面讲过，牟宗三对于物自身概念的理解与康德有很大不同。他一再强调，物自身并非如人们一般想象的那样，是一个事实的概念，即所谓“事实上的原样”，而是一个价值意味的概念。牟宗三之所以这样认为，主要是从承认不承认人可以有智的直觉着手的。在牟宗三看来，康德不承认人有智的直觉，所以人不可能达到物自身，与其不同，儒家坚持认为人类可以有智的直觉，所以完全可以达到物自身。因为智的直觉的主体是道德之心，道德之心是关于价值的，不是关于事实的，所以物自身是一个价值意味的概念，不是一个事实的概念。

在这方面，下面的论述值得重点关注：

> 现在，我们不从上帝之创造来说物自身，但只从自由自律的无限心来说，只从知体明觉之感应来说。
>
> 凡物在知体明觉之感应前俱是物自身，但这却并不是说草木瓦石皆是自由的。自由单自在人处所呈露之无限心上说。
>
> 《现象与物自身》，第118页，21/122

牟宗三在这里明确告诉读者，我们不应再像康德那样从上帝创造来说物自身，而应从自由自律的无限心，从知体明觉之感应来说物自身。因为知体明觉属于智的直觉，属于自由自律的无限心，在它的明觉感通中，其对象便不再是现相，而是物自身了。“凡物在知体明觉之感应前俱是物自身”这句话非常要紧，直接说明，在牟宗三的理解中，物自身不是别的，就是知体明觉所显现的那个对象。对于这种理解，牟宗三非常自信，在《现象与物自身》序言中这样写道：“谁能想到诚体成己成物所成之事事物物是事事物物之在其自己？谁能想到知体明觉之感应中之物与事是物与事之在其自己？……然而如果知康德所说的‘物之在其自己’是对上帝而言，对其所独有的智的直觉之创造性而言，则在自由无限心前为‘物之在其自己’乃必然而不可移者。”（**《现象与物自身》，序言第 17 页，**21/［19］）在牟宗三心目中，学界关于康德物自身概念的那些争论多是不相应的，根本没有说到点子上。物自身不是别的，只是诚体成己成物的那个对象，知体明觉感应的那个对象，智的直觉的那个对象。牟宗三甚至断言，以这种观点看物自身是“必然而不可移者”，态度之坚定表露无遗。

以这一理解为基础，牟宗三又谈到存有之无相的问题：

> 物无物相即为“无物之物”，无物之物亦至善而纯是“知体著见”也。焉有所谓善恶相对之差别相？不但无此差别相，即“物”相亦无矣。不着于物即无物相。一方它是“知体著见”，一方它是绝对的“如”相。……如相之物纯是知体著见，纯是良知天理之所贯彻，纯是明觉之感应，则物不为碍矣。物不为碍，则意之所用即为不可测度之神矣。意用之神即明觉感应之神也。

《从陆象山到刘蕺山》，272 页，8/224

若从明觉之感应说物，则良知明觉是心之本体，明觉感应自无不顺适；意从知起，自无善恶之两歧；物循良知之天理而现，自无正与不正之驳杂。如是，明觉无所对治，心意知物一体而化，一切皆是如如呈现。明觉无知无不知，无任何相可着，此即所谓四无，四无实即一无。

《从陆象山到刘蕺山》，273 页，8/224—225



良知是知体著见，知体著见不着于物，不着于物即是无物相，无物相即是绝对的如相。另外，良知又是明觉感应，明觉感应无所对治，自无不适，一切皆是如如呈现，无任何相可着。“如如呈现”的说法在牟宗三有重要意义，特指明觉感应不经过任何形式而表现出对象本来的样子，这种表现出来的对象即为对象的“如相”，而这种“如相”也就是物之在其自己之相。

要命的是，牟宗三由此强调，这种无任何相可着之“物”，即是物自身之物：

在此，若依康德的哲学而问：此明觉感应中之物与事是何身分的物与事？阳明必答曰：物是“物之在其自己”的物，事亦是“事之在其自己”的事。前者易解，后者似有疑。盖在明觉感应之贯彻中，物物，从孺子，到鸟兽、草木、瓦石，一切皆如如地得其所而然其然，此如如地然其然即是依“物之在其自己”而然其然。明觉感应之知之即实现之，此知是无知而无不知之知。若依康德，此必是智的直觉之知，而不是通过感触的直觉而依范畴去作判断的知性之知，因此，物亦不是对感性知性而为对象的物，即，不是作为现象的物，因此，必是作为“物之在其自己”的物。

《从陆象山到刘蕺山》，第242页，8/199

牟宗三自我设问：明觉感应之中的物依照康德哲学而言当是什么身份？紧接着便借阳明之口回答道，必是“物之在其自己”的物。根据何在？因为明觉感应之知之即是实现之，而明觉感应之知是无知不无知之知，依照康德学理，这种知“必是智的直觉之知”。与智的直觉相对的不再是现相，因为不是现相，当然就一定是“物之在其自己”之物了。

《现象与物自身》中的一段论述表达了同样的思想：

物之在其自己即是“无物之物”也。“无物之物”者即是无物相之物也，亦即无“对象”相之物也。“用神”者其为用无封限无滞碍而不可测度也。物之用之神是因明觉感应之圆而神而神。明觉之感应处为物。此感应处之物既无“物”相，即无为障碍之用，它系于明觉而有顺承之用，故其为用是神用无方，而亦是不显用相之用也。明觉感应圆神自在，则物亦圆神自在也。故物不作物看，即是知体之著见也。此是将“物之在其自己”全系于无限心之无执上而说者。如只系于上帝之创造，而所造者又决定其为有限物，则成缠夹，不能至此。

《现象与物自身》，第113页，21/117—118

在牟宗三的观念中，现相乃相对于时空和范畴而言，无限智心不受时空和范畴的限制，属于智的直觉，所以它所面对的不再是现相，而是物自身。这就是说，无限智心无时空无范畴，在其圆觉圆照下的对象也无时空性无范畴性，这种无时空性无范畴性的存在，就是物之在其自己的存在。牟宗三重视龙溪之四无，根本性的理由就在于四无可以做到无相。因为无相，所以是“无物之物”；因为是“无物之物”，所以是物之在其自己。上段中“此是将‘物之在其自己’全系于无限心之无执上而说者”一句，直截了当将这个意思表达了出来。它告诉我们，牟宗三对于物自身有自己独特的理解：物自身不是一个事实的概念，不能从事实的角度去理解，而应当从智的直觉之有无去理解。没有智的直觉，只能认识现相；有了智的直觉，可以直达物自身。因此物自身不是别的，只是智的直觉的对象。康德认为，只有上帝才有智的直觉，人类不可能有，所以只有上帝才能直达物自身。儒家哲学则不然，自始就承认人可以有智的直觉，智的直觉不着于任何相，与这种不着于任何相相对应的物就是物自身。



在完成自己存有论思想的建构之后，牟宗三很快开始了《圆善论》的写作。由于他对自己的存有论非常自信，所以很自然便将存有论的思想运用到圆善论的研究中来。将存有论视野下的幸福称为“物自身层之自然”就是由此而来的。牟宗三这一做法问题很多，亟待商榷，而其核心还在无限智心这个概念。在牟宗三学理中，无限智心之所以为无限，关键是有智的直觉。必须明白，尽管我们可以承认对自己的良心有智的直觉，但这不能代表我们可以对外部自然对象有牟宗三所诠释的那种智的直觉。牟宗三所着力证明的儒家道德之心创生万物存在实际上并不是通过牟宗三所想象的智的直觉进行的，所以，绝对不能将儒家存有论创生的对象称为物自身或物自身的存在。我在本书第三章第四节有过这样的分析：



“仁心无外”有着深刻的哲学底蕴。仁心属于道德之心，是人的一种道德本体。这种本体是一种活物，有强大的创生性。这种创生性表现在两个方面，既可以创生道德的善行，即牟宗三所说的“事”，又可以创生道德的存有，即牟宗三所说的“物”。创生道德善行与这里的主题无关，暂且不论，这里只谈道德存有问题。所谓道德之心创生道德存有，是说道德之心有一个特点，就是不安分，总要对其所涉及的对象发表看法，从而使这些对象带有道德的色彩。这个道理其实并不难理解。比如，一个有德的人观察外部对象与一个无德的人观察外部对象，其外部对象的价值和意义一定有所不同。有德的人观察兰花，便将人格的清新高雅移置其上，观察松树，便将人格的高尚挺拔移置其上，观察翠竹，便将人格的宁折不弯移置其上，从而使兰花、松树、翠竹有了道德的价值和意义。将这个道理推广开来，道德之心总要对宇宙万物施加干预，而宇宙万物也总要受到道德之心的影响。上面所引“万物静观皆自得，四时佳兴与人同”的例子，说的就是这个道理。这里的“万物”，这里的“四时”，并不是“物之在其自己”的“万物”与“四时”，已经是受到道德之心影响即所谓“通化”了的“万物”与“四时”。“鸟啼花落，山峙川流”也应如是看。这时的“鸟啼花落，山峙川流”作为外部对象明显已经受到了道德之心的影响，丧失了“物之在其自己”的身份，所以才能讲“充拓得开，则天地变化草木蕃”。因为这里的“万物”，“四时”，“鸟啼花落，山峙川流”，不与认知之心相对，而是与道德之心相对，所以不是西方一般所说的现相。但需要注意的是，不是一般意义的现相并不代表就是物自身，因为它们已经在人的道德之心的视野

> 之中了，已经包含了道德的因素。这种已经包含了道德因素、染有了道德色彩的对象就是一种“相”，即我所说的“善相”。一言以蔽之，所谓“善相”就是道德之相，或者说就是道德之心所创生的那个特殊的存有之相。①



儒家确实有自己的存有论传统，这个传统与西方哲学最大的不同在于，它不是从认知的意义上，而是从道德的意义上讲的，其创生的主体不是认知之心，而是道德之心。更为重要的是，道德之心创生存有不需要借助时空和范畴，其形成的对象也不是一般所说的认识论意义上的现相。但这种不是认识论意义上的现相并不就是物自身，仍然属于现相的范畴，只不过是一种特殊的现相，即我所说的“善相”罢了。对于道德之心创生存有的那个对象应该叫做物自身，还是应该叫做“善相”？牟宗三认为理当叫做物自身，我则坚持主张只能称为“善相”：这是我与牟宗三存有论以及由此引申出来的圆善论的一个根本区别。

遗憾的是，牟宗三并没有看到这一层。在他心目中，儒家承认人有无限智心，有智的直觉，无限智心和智的直觉创生的对象因为不需要通过时空和范畴，所以不再是现相，而是物自身。《圆善论》大讲无限智心可以创生物自身的存在，存有论视野下的幸福是关于物自身意义的，属于“物自身层之自然”，皆由这样一个思路而来。细心的读者可能已经注意到了，这里其实有两种不同意义的物自身：一是牟宗三认为的与康德圆善相关的物自身。这种意义的物自身只有上帝才能保障，康德设定上帝存在，就是希望上帝保障有德之人可以得到自然王国的幸福，使人们有这样一种信念。二是牟宗三作为智的直觉或明觉感应对象的那个物自身。

① 见本书第313—314页。

根据牟宗三关于物自身不是别的，只是智的直觉的对象的一贯观点，儒家承认人可以有智的直觉，与智的直觉相对的不再属于现相，而是属于物自身。与此相应，在存有论视野下随心而转而成的那个福也不再是现相，而是物自身，即所谓“物自身层之自然”。但是，我们必须明白，道德之心创生存有不是通过牟宗三所理解的那种智的直觉进行的，其思维方式只大致相当于“胡塞尔现相学意向性的直接性”，所以其创生存有的那个对象并不是物自身，不能称为“物自身义的物”或“物自身层之自然”。牟宗三顺着其存有论的思路建构儒家义理的圆善，将存有论视野下“物随心转”之“物”规定为物自身之物，不仅完全立不住脚，而且隐含着极大的危险性。



如此看来，存有论的缺陷是导致牟宗三将存有论视野下的幸福视为“物自身层之自然”的根本原因。牟宗三早在写作《佛性与般若》时就已经提出了分别说与非分别说的概念，强调法性与无明属于同体相即的关系，不能完全分离。在《中国哲学十九讲》中又进一步谈到康德的圆善问题，凸显儒家德福关系的特殊性。随后不久，便开始了《圆善论》的写作，正式探讨儒家德福究竟属于什么关系的问题。此时他已经清楚看到，儒家的成德过程因为要做出牺牲，所以是一种苦、一种罪，但通过一种转化，同时也可以成为一种福，进而断定儒家的德福关系既不是综合关系，也不是分析关系，而是一种“诡谲的即”的关系。在这种新的关系中，在存有论的视域下，人依心意知之天理而行，这即是德，在此过程中明觉感应为物，“物随心转”，这即是福，这样一来，既有德，又有福，自然也就达到了德福一致，从而解决了康德的圆善难题。然而，在这个过程中存有论的缺陷为其带来了诸多麻烦。牟宗三此时没有想到，尽管他自信满满，但他对康德智的直觉以及物自身思想的理解并不准确。在智的直觉问题上，儒家确实与康德有所不同。康德不承认人可以有智的直觉，儒家承认人可以有这种能力，但儒家的直觉只是对于良心本身的直觉，不是对于宇宙间自然万物的直觉，即只能用于“自觉”，而不能用于“觉他”。道德之心不可能创生物自身意义的存有，只能创生一种特殊现相即“善相”的存有。牟宗三没有这样看问题，以为无限智心不受时空和范畴的限制，其创生的对象便不再是现相而是物自身，所以才断言，通过无限智心创生的幸福是属于物自身的，是“物自身层之自然”。



3）存有论不能保障属于“物自身层之自然”的幸福

上面的梳理旨在说明，通过存有论不可能解决康德意义的圆善问题。牟宗三借助存有论解说圆善，说穿了无非是这样一个道理：道德之心是一个活物，有创生润泽宇宙万物的能力。在其创生润泽之下，宇宙万物都会发生一定的变化，由原先没有道德的色彩变得有了道德的价值和意义。在这种特殊的视野之下，成就道德过程中所付出的牺牲也会转变性质，由原先的苦和罪，转变为成就道德的愉悦和满足，成为一种特殊的幸福。但是，由于牟宗三存有论存在一定缺陷，强调所谓物自身并不是别的，只是那种没有时空和范畴的智的直觉的对象，因此与这种智的直觉相对的对象就不再是现相，而是物自身了。更为重要的是，存有论视野下的幸福也来自这种智的直觉的创生和赋予，由智的直觉创生和赋予的幸福于是便具有了物自身的意义，所以这种幸福便不再属于现相，而是属于“物自身层之自然”了。

但是，上面的分析足以证明牟宗三这种做法并不正确。牟宗三着力阐发的存有论并不是通过康德意义的智的直觉进行的，其思维方式只大致相当于“胡塞尔现相学意向性的直接性”。就算我们顺着牟宗三的思路，承认道德之心可以创生存有，在存有论的视野下出现“物随心转”，“物边顺心”的情况，由此将成德过程中的苦和罪转化为一种幸福，但这种幸福明显只是一种精神上的满足，是一种道德幸福。这种道德幸福与康德意义的物自身没有直接关系，根本不能称为“物自身义的物”和“物自身层之自然”。牟宗三将由存有论而成的道德幸福界定为“物自身义的物”和“物自身层之自然”，固然有他的考虑，因为在他看来，所谓的物自身只是智的直觉的对象，只是不受时空和范畴影响而生成的对象，物自身只是一个价值意味的概念，不是一个事实的概念，但即使如此，这种特殊的物自身也只停留在精神领域，怎么能够断言从“纵贯纵讲”的存有论出发可以解决康德意义的圆善问题呢？这样，我们又回到了最初的起点：牟宗三通过存有论所能得到的究竟是物质幸福，还是道德幸福？如果是前者，我们可以说牟宗三已经达到了预期目的，可惜的是，这一点是根本不可能的；如果是后果，我们只能承认这种思路尽管有其意义，这种意义也需要探讨，需要发掘，但绝对不能说牟宗三已经解决了康德意义的圆善问题。



4. 从存有论的缺陷看圆教之说难以成立

三系论、存有论和圆善论是不同的学理系统，但有内在的关联。三系论划分了三个不同的系别，区分了正宗与旁出；存有论阐述了儒家存有论的道理，建立了两层存有论的系统；圆善论则进一步以存有论为基础，借助儒家智慧解决德福一致的问题。在解决圆善过程中，由于有三系的划分，又多出一个判教问题，以分判各系学脉圆与不圆。分判的结果是以龙溪、五峰为圆教，确切来说，是以龙溪的“纵贯纵讲”加上五峰的“诡谲的即”为圆教。这里有两个问题需要加以讨论：第一，龙溪、五峰能否解决康德意义的圆善问题？第二，解决德福关系问题是否与朱子一系无缘？

1）龙溪、五峰无力解决圆善问题不宜立为圆教前面反复讲过，“诡谲的即”和“纵贯纵讲”是牟宗三解决圆善问题的两个基本步骤，但他判教的重点无疑更偏重于“纵贯纵讲”。这是因为，“诡谲的即”虽然也重要，但这一思想佛道两家均有，儒家相关思想与其并无原则之别；“纵贯纵讲”就不同了，它是儒家思想的特征，其智慧远远超过佛道两家。在以“纵贯纵讲”判教的过程中，牟宗三特别关注心学，认为心学重视道德之心的创生性，有完整的存有论系统，以此为基础完全可以解决德福关系问题。而在心学系统中，龙溪智慧高超，最有代表性，堪称“圆实教”。牟宗三这一判教用心良苦，但我很难接受这种看法，因为这里至少包含下面两个重要疑点：

其一，在儒家存有论系统中应该如何安排阳明的位置？牟宗三在以存有论解决圆善问题，进行判教过程中，有这样一个基本观点：在解决圆善问题上，龙溪更胜于阳明，因为阳明只讲“意之所在为物”，龙溪则更重“明觉之感应为物”。对此我有不同的理解。我的理由说来并不复杂：阳明并非只讲“意之所在为物”，同样也讲“明觉之感应为物”。熟悉阳明思想的人都知道，阳明同样有丰富的存有论思想。《传习录》中的两段记载可以为证：

先生曰：“你看这个天地中间，什么是天地的心？”对曰：“尝闻人是天地的心。”曰：“人又什么教做心？”对曰：“只是一个灵明。”“可知充天塞地中间，只有这个灵明，人只为形体自间隔了。我的灵明，便是天地鬼神的主宰。天没有我的灵明，谁去仰他高？地没有我的灵明，谁去俯他深？鬼神没有我的灵明，谁去辨他吉凶灾祥？天地鬼神万物离却我的灵明，便没有天地鬼神万物了。我的灵明离却天地鬼神万物，亦没有我的灵明。如此，便是一气流通的，如何与他间隔得！”[1]

先生游南镇。一友指岩中花树问曰："天下无心外之物，如此花树，在深山中自开自落，于我心亦何相关？"先生曰："你未看此花时，此花与汝心同归于寂。你来看此花时，则此花颜色一时明白起来。便知此花不在你的心外。"[2]



这两段是研究阳明思想必用的材料。前一段是说，人是天地之心，而天地之心无非是一个灵明。没有我的灵明，便没有人去仰天之高，去俯地之深，去辨鬼神之吉凶，说到底是凸显人是天地的灵明。次一段更是深刻，直接讲到心外无物，只有有了人心，花开才一时明白，否则花便与人心同归于寂。[3] 这就说明，阳明的存有论思想是非常丰富的。

按理说，牟宗三非常熟悉这两段材料，在《从陆象山到刘蕺山》中还专门作了引证和说明：

良知灵明是实现原理，亦如老子所说"天得一以清，地得一以宁"云云。一切存在皆在灵明中存在。离却我的灵明（不但是我的，亦是你的、他的，总之，乃是整个的，这只是一个超越而普遍的灵明），一切皆归于无。你说天地万物千古见在，这是你站在知性的立场上说，

① 《传习录》（下），《王阳明全集》，上海：上海古籍出版社，1992 年，第 124 页。

② 《传习录》（下），《王阳明全集》，第 107—108 页

③ 熊十力《新唯识论》对阳明关于岩中花树的论述评价极高，指出："逮于阳明昌言'心外无物'，门下诘难，片言解蔽。《语录》有云：'先生游南镇，一友指岩中花树问曰：天下无心外之物，如此花树在深山中自开自落，于我心亦何相关？先生曰：汝未看此花时，此花与汝心同归于寂。汝来看此花时，则此花颜色一时明白起来，便知此花不在汝心外。'其持说精到如此，故知理有同然。"（熊十力：《新唯识论》，北京：中华书局，1985 年，第 54—55 页）

而知性不是这个灵明。

《从陆象山到刘蕺山》，第227页，8/187

这不是认识论上的“存在即被知”，既不是柏克莱的独断的观念论，亦不是笛卡尔的怀疑的观念论，亦不是康德的超越的观念论。这也是“存在依于心”，但却不是有限心认知的层次，而乃是相当于柏克莱的最后依于神心之层次。“依于神心”是存有论的、纵贯的；“依于有限心”是认知的、横列的。这是两个不同的层次，其度向亦不同。

《从陆象山到刘蕺山》，第228页，8/187—188

牟宗三在这里强调，良知灵明是实现原则或创生原则，宇宙万物皆在良知灵明中存在，这种实现、这种创生恰如老子说的“天得一以清，地得一以宁”，没有这种灵明，一切统统归于无。更有意义的是，这种存有论与西方认识论意义下的存有论完全不同，虽然它也是依于心，但这个心不是有限的认知心，而是无限的神心，这种依于神心就是存有论的，纵贯的。

由此可知，阳明有非常丰富的存有论思想，不能说阳明只重“意之所在为物”，不重“明觉之感应为物”。其实，阳明也曾直接讲过“明觉之感应为物”。《传习录》卷二云：“理一而已。以其理之凝聚而言，则谓之性；以其凝聚之主宰而言，则谓之心；以其主宰之发动而言，则谓之意；以其发动之明觉而言，则谓之知；以其明觉之感应而言，则谓之物。”① 这即是说，宇宙天地只是一个理，只是形态不同而已。理的凝聚叫做性，凝聚而为主宰叫做心，主宰而又发动叫做意，发动而有明觉叫做知，明觉之感应叫

① 《传习录》(中)，《王阳明全集》，第76—77页。

做物。这段话是很精彩的，学人多有引用。牟宗三在《从陆象山到刘蕺山》中同样有所引述，并评论道：

> 故凡阳明言明觉皆是内敛地主宰贯彻地言其存有论的意义，而非外指地及物地言其认知的意义。故“天理之自然明觉”即是“天理之自然而非造作地，昭昭明明而即在本心灵觉中之具体地非抽象地呈现”，天理之这样的呈现即在良知处发见。故良知之心即是存有论的创发原则，它不是一认知心。它不是认知一客观而外在的理，它的明觉不是认知地及物的或外指的，它是内敛地昭昭明明之不昧，它这一昭昭明明之不昧即隐然给吾人决定一方向，决定一应当如何之原则（天理）。当其决定之，你可以说它即觉识之，但它觉识的不是外在的理，乃即是它自身所决定者，不，乃即是它自身的决定活动之自己，此决定活动之自己即呈现一个理，故它觉此理即是呈现此理，它是存有论地呈现之，而不是横列地认知之。而就此决定活动本身说，它是活动，它同时亦即是存有。
>
> 《从陆象山到刘蕺山》，第219—220页，8/181



这里第一句“凡阳明言明觉皆是内敛地主宰贯彻地言其存有论的意义，而非外指地及地言其认知的意义”特别有意义。由这一说法可知，牟宗三明确承认，阳明讲的良知本身就含有存有论的意义。牟宗三又说，“良知之心即是存有论的创发原则”，在其创发之下，昭昭明明地为人决定一个方向，而这一方向“同时亦即是存有”，这更加肯定了阳明的存有论思想。

这一思想在《圆善论》中得到了延续。如前面引过的，牟宗三曾明确讲过："王阳明亦说'明觉之感应为物'，此物即是无物之物。无物相者是说此物既无为良知所知之对象相，亦无善恶意中之正不正相。'意之所在为物'，此物是经验层上的物；'明觉之感应为物'则是超越层上的物。"（《圆善论》，第319—320页，22/309—310）此处牟宗三强调，阳明同样讲"明觉之感应为物"，这种境界的物，物无物相，是无物之物，既无良知本身之相，又无善恶之正不正相，属于超越层上的物，与"意之所在为物"的经验层上的物完全不同。既然如此，又如何能下断语说，阳明只重"意之所在为物"，存有论思想赶不上龙溪，从而要以龙溪而非阳明为圆教呢？

以龙溪为圆教，第二个也是更为重要的疑点是，龙溪能否真正解决康德意义的圆善问题？这是整个问题的核心。我们知道，牟宗三非常看重龙溪，将其定为圆教，是因为龙溪有四无之说，可以解决康德意义的圆善问题。但龙溪的四无能不能做这种理解，是有待商榷的。对于四无学界一直有不同理解。吴震主要从至善的意义上立说，认为："阳明基于良知本体论的思想立场，提出了无善无恶的观点，龙溪对此作了较为精辟的分析和阐发，明确指出至善不是相对意义上的善，而是绝对意义上的无善无恶乃是至善。换言之，也可这样表述：'无善而至善'。"[①] 陈来则从是否执着的角度理解，指出："王畿主张，人的意识与情感作为本性（自性）的一种表现（发见），是由外感即外部事物刺激而发生的，主体对于外部刺激的反应，本来是十分自然的，不需要安排、计较、预期、计划、算计的。不计较就说明它并不预设对何者肯定（善）和对何者否定（恶），这种意向的状态就是'无善无恶'。如果主体的反应能够像它应该作到的那样不假思索、当下自然，这就叫

① 吴震：《阳明后学研究》，上海：上海人民出版社，2003年，第68页。

‘自性之流行’，即自性在外感的刺激下自然地作出反应。如果有所计较，就不是自然流行，这就叫做‘着’，也就是‘执着’。”①彭国翔的理解亦相似，认为：“龙溪以‘空’、‘无’、‘虚’、‘寂’来描述良知，突显了良知在道德实践过程中发生作用时的自然性、境遇性和形式性，而这些属性均显示了良知无执不滞的品格，或者说良知之‘无’。在龙溪看来，这是良知往往被人忽略的一个向度，所谓‘良知无知而无不知，人知良知之为知，而不知无知之所以为知也’。”② 比较而言，我倾向于陈来、彭国翔的理解更多一些。其实牟宗三也有这个意思。他在解说四无头一句“无心之心”时这样写道：“阳明亦说‘无心俱是实，有心俱是幻’。此是‘体现良知’之作用层上的有无。在体现良知本心这体现之之作用上却须以‘无心’之方式体现之，如此，则一切皆浑然天成，不但工夫是实，即本体亦如如呈现；若非然者，则一切皆幻，不但工夫不实，即本体亦扭曲而成意象。”（《圆善论》，第317页，22/308）“无心俱是实，有心俱是幻”是阳明非常有名的说法，这里的“有”和“无”是体现良知作用层上的有和无。体现良知不能人为造作，应以“无心”的方式进行，能够做到这一点，就可以得到良知，这就是实。反之如果人为造作，扭曲成意，是不是可以真的得到良知，就成问题了，这就是幻。这恰如佛家所说的“即心是佛，无心为道”。“即心是佛”是肯定有心为佛，“无心为

---

① 陈来：《宋明理学》，沈阳：辽宁教育出版社，1991年，第347页。

② 彭国翔：《良知学的展开——王龙溪与中晚明的阳明学》，北京：生活·读书·新知三联书店，2005年，第45—46页。我总体上赞同彭国翔的观点，但对其从“形式性”的角度理解龙溪有所保留。以我一贯的观点，儒家心学与康德哲学有很大不同，康德道德哲学的形式性原则，很难适用于儒家心学。“道德法则的形式性为实践行为的道德纯粹性提供了担保，而龙溪以‘空’、‘无’、‘虚’、‘寂’形容良知之形式性，也正是在这个意义上可以与康德相通。”（彭国翔：《良知学的展开——王龙溪与中晚明的阳明学》，第43—44页）这一看法不无商榷余地。

道”是以无意于心与佛的方式体现此心而成佛。[①] 为了清楚表达这一思想，在《贡献与终结——牟宗三儒学思想研究》第三卷存有论中，我曾将四无之“无”理解为“道德而无道德之相”。所谓“道德而无道德之相”是说人达到一定境界后，成德过程完全归于自然，无心为善而成善，无心为德而成德，从心所欲皆是无执，外面丝毫显不出道德样子的意思。[②] 厘清了这层关系我们就可以懂得了，“道德而无道德之相”并不是存有之无相。所谓存有之无相是说一种存有没有任何的相，是一种无相的存有，这种无相的存有就是物如，就是物自身。

麻烦在于，牟宗三虽然以阳明的“无心俱是实，有心俱是幻”解说四无，但没有把“道德而无道德之相”与存有之无相的关系划清，直接以“道德而无道德之相”说存有之无相，进而证明人可以认识物自身，不再止步于现相。在解说四无最后一句时，牟宗三提出这样一个问题：在浑化之境中，仍然有物，但这时的物已无物相。无物相是说此物既无为良知所知之对象相，亦无善恶意中之正不正相，那么，这种无物相之物是一种什么性质呢？是现



① 盛志德在这方面的一个说法有欠准确。他认为，牟宗三强调人有智的直觉的能力，只有这样才能使本心的“立”与“觉”成为可能，“但也使他不得不赋予‘本心’以‘命令而无命令相’这种严重削弱道德的命令性的特点，因为牟宗三不这样规定的话，‘立’与‘觉’又会分裂。”“牟宗三所谓‘限制而无限制性’，‘命令而无命令相’，即是康德这里‘法则对于我们必不会再是一命令’这一现象的一种拐弯抹角的说法而已。”（盛志德：《牟宗三与康德关于“智的直觉”思想的比较研究》，第 101、106 页》）牟宗三强调在四无境界中可以做到“道德而无道德之相”，意思是说，一旦达到四无境界，一切皆是自然，没有道德的故意即已成就了道德，对外完全没有了崇高伟大之相。这原本是一个褒义的表述，盛志德却将其作贬义的理解，与“削弱道德的命令性”、“法则对于我们必不会再是一命令”放在一起，暗指道德命令没有力度，进而对牟宗三进行批评。这种理解与儒家通行的含义，与牟宗三的思想用意，相距实在太过遥远。

② 参见杨泽波：《贡献与终结——牟宗三儒学思想研究》第三卷存有论第五章第四节第一小节“‘觉他’的思维方式并非牟宗三理解的智的直觉”。

相层的物，还是物自身层的物？经过一系列的分析，牟宗三得出了结论，认为“是实践中物自身义的物，相应于明觉之感应而说者”（《圆善论》，第 319 页，22/310）。这就是说，与四无相关的物，不再是现相义的物，而是“物自身义的物”。既然四无之下的存有是物自身意义的物，那么与此相应，由存有论创生的幸福当然也是物自身意义的，所以牟宗三才断言，儒家圆善所成就的幸福是属于“物自身层之自然，非现象层之自然”（《圆善论》，第 333 页，22/323）。然而，根据上面的分析，这种称谓是完全要不得的。四无只是“道德而无道德之相”（指道德达到一定高度后，一任自然，全无造作扭曲），不是存有之无相（指一种存有没有任何的相，或一种完全不属于现相的存有）。因此，在存有论视野下的道德幸福绝对不是什么物自身，不能称为“物自身义的物”，不能称为“物自身层之自然”。牟宗三根据其对智的直觉和物自身的看法认定与四无相对的是存有之无相，是物自身意义的物，至此终于铸成大错。此前我反复讲过，存有之无相这个说法本身就有问题。存有是由认识之心或道德之心创生的，这种创生就是以认识之心或道德之心影响外部对象，使其带有自身的痕迹或色彩，这种痕迹或色彩本身就是一种相，怎么能够由“道德而无道德之相”直接证明存有之无相，进而大谈道德创生的存有是“物自身义的物”，与之相应的幸福是“物自身层之自然”呢？

更为重要的是，就算我们接受牟宗三的说法，将四无之下的存有称为“物自身义的物”，将与此相应的幸福称为“物自身层之自然”，以此就能解决康德意义的圆善问题了吗？还是不行，因为纵然按照牟宗三的说法依靠存有论可以得到幸福，但它并不是康德所要求的那种幸福。康德提出圆善问题是因为如果有德之人不能因此配享到幸福，那么这种道德的合理性便存在问题，因此在其基督教的文化背景下设定了上帝，以上帝来保障有德之人能够按照比例配享到幸福。康德这里讲的以道德配享的那个幸福是有确切含义的，特指物质领域的幸福。不管我们给存有论视域下的幸福起什么样的称谓，这种存有的性质只是精神性的东西则是没有任何疑问的。这种精神性的东西既不能改变为物质性的东西，也不能代替物质性的东西，从而真正解决康德意义的圆善问题。即使按照牟宗三的说法，在四无浑化之境中，通过“明觉之感应”创生存有，改变人们对于成就道德过程中的事物的看法，“物随心转”而成福，但这种福仍然不是康德所要求的那种物质之福，无法以此为据来解决康德意义的圆善难题，且不说以存有论解说道德幸福这一思路本身就有问题。既然如此，他耗费如此气力独辟蹊径立龙溪四无为圆教，以这种圆教来解决圆善问题，是否合理，就是有待讨论的了。以我个人的判断，既然立龙溪为圆教的目的是要解决康德意义的圆善问题，而这个目的并没有办法真正达到，那么这种判教就是不能成立的，很难在理论上站得住脚。

有读者可能不同意我的这种判断。他们会说，牟宗三立龙溪为圆教，有五峰作为辅助，龙溪思想的不足五峰可以克服，所以牟宗三如此判教仍有其合理性。我不同意这种说法。牟宗三立圆教必讲五峰，是因为看中了其“天理人欲同体而异用，同行而异情”的说法。但了解这一段思想史的读者都知道，五峰这种说法主要是解决天理和人欲的关系，与道德与幸福并没有直接的关联。为此不妨引陈来的解释为证：“这个思想又被胡宏表述为‘天理人欲同体而异用，同行而异情’，如夫妇之道，圣人行之有道而安，便是天理；庸人溺之无节，便是人欲，这就是同体异用，同行异情。后来朱熹批评这两句话，认为胡宏‘以天理人欲混为一区’，这个批评其实是不对的。胡宏是要人在生命欲望的活动中注意循其当然之则，即是说，欲的正当展开就是‘天理’，欲的不合准则的放荡才是‘人欲’。因而天理、人欲的分别并不意味着要排斥或禁绝人的正常的自然欲望，而是如何按照社会通行的准则合理地加以展开。”[①] 陈来的解释代表了学界的一般理解。按照这种理解，五峰将天理人欲视为“同体而异用，同行而异情”，其目的是要合理安排二者的关系，反对当时将二者绝对对立起来的不正确做法。牟宗三将其引申到德福关系上来，作“诡谲的即”的解释，与五峰本来的用意明显有一层间隔。牟宗三这种做法只能从诠释的角度来看，而不宜理解为五峰原本就是这个意思。不过，即使我们充分尊重牟宗三对五峰的诠释，不在这个细节上过多计较，认可他对五峰相关说法作“诡谲的即”的诠释，五峰能得出的幸福也只是我们一般所说的“孔颜乐处”，属于道德幸福的范畴，同康德要求将物质幸福准确配称给有德之人有原则上的不同，仍然无法解决康德意义的圆善问题，仍然无法帮助龙溪成为圆教。一言以蔽之，龙溪的“纵贯纵讲”加上五峰的“诡谲的即”，无法真正解决康德意义的圆善难题，立其为圆教的做法实不可取。



2）讨论圆善问题不能将理学排斥在外

另外有一个现象值得注意。在牟宗三关于圆善的分析中，象山、阳明（龙溪为此系的传承者）一系和五峰一系都讲到了，唯独没有讲到伊川、朱子一系。这自然会给人这样一个联想：伊川、朱子一系与儒家意义的圆善问题无关，或者这一系解决不了儒家意义的圆善问题，不值一谈。[②] 那么，以伊川、朱子为代表的理学

---

① 陈来：《宋明理学》，沈阳：辽宁教育出版社，1991 年，第 155 页。

② 牟宗三这种做法在学界的影响很大。谢大宁在对宋明理学德福关系思想发展脉络的梳理过程中，也将伊川、朱子一系放在了一边。“由于牟先生原则上认为伊川朱子一系的说法，对理学所直接想承继的儒学精神，乃是一种歧出，因此它和牟先生所真正想形构之诠释架构，并无直接关涉。以此之故，笔者的综述基本上也排除了伊川朱子这一理学中最大的支脉。”（谢大宁：《儒家圆教的再诠释——从“道德的形上学”到“沟通伦理学的存有论转化”》，第 327 页）谢大宁的这种做法明显是受到牟宗三判教思想的影响。

一系是不是确实与圆善问题无关呢？这一点虽然不如上面的问题重要，但也并非可有可无。

根据我的理解，牟宗三这种将理学一系完全排除在圆善问题之外的做法并不合理。牟宗三之所以这样做，与其以“纵贯纵讲”的思路讲圆善有直接关系。按照他的想法，儒家的圆善问题与佛道两家不同。佛道两家没有一个道德创造的宗骨，只是“纵贯横讲”。儒家则特别重视道德之心的创造性，是“纵贯纵讲”。在这种义理下，道德之心可以创生宇宙万物的存有，与此同时也可以改变人们对于成就道德过程中所付出的牺牲的看法，将一般视为的苦和罪，改变为一种道德的快乐。“赋予说”的根本意图就在这里。由于牟宗三在分判三系时已将伊川、朱子一系定为旁出，认定其学理不仅在成德问题上有缺陷，而且在存有论上也有不足，无力解决德福关系难题，所以也就可以舍弃不顾了。但是，在上面的分析中，我已经否定了以存有论讲圆善的合理性，指明“满足说”较“赋予说”更为深入合理，强调道德幸福是道德之心得到满足的结果。一旦我的观点可以成立，必然能够得出这样的结论：讲圆善并不是龙溪、五峰的专利，理学同样有份。在历史上，伊川、朱子一系虽然在如何成德问题上确有不足，但他们同样遇到了德福关系问题，同样提出了自己的解决方案。这里至少有一个情况是非常明确的，濂溪教二程体会孔颜乐处，其中也包括伊川。伊川这方面的思想对朱子有深刻影响。检查朱子的著作，关于孔颜乐处的说法虽然不如心学深刻，可检讨之处较多，但并非没有涉及，并非不值得发掘和研究。牟宗三从存有论角度论圆善只谈阳明、龙溪、五峰，不谈伊川、朱子，不仅搁置和浪费了朱子学理系统中很多宝贵材料，而且必然形成视野狭窄之弊，并不全面，应该予以纠正。①。

## 三、《圆善论》并未达到预期目的

### 1.“始得到圆善问题之圆满而真实的解决”



读《圆善论》可能都会有这样的印象：牟宗三对自己的这一研究成果非常看重，且十分自信。该书序言不无自豪地这样写道：

> 吾人若不能洞晓道家“无”之性格与佛家般若之性格之共通性，则不能解除后世儒者对于佛、老之忌讳，此一忌讳是儒家义理开发之大障碍。吾人若不能了解儒家系统是纵贯纵讲之创生系统，佛、老是纵贯横讲之非创生系统，则不能了解三教之所以异。吾人若不能证立三教皆有无限智心之肯认，则不能证立三教皆有智的直觉之肯认，此而不能被肯认，则必致使三教之宗趣，自相刺谬。吾人若不能证立三教无限智心既是成德之根据亦是存在之根据，则必不能预规圆教之规模，因而圆善之可能亦不可得而期矣。吾人若不能了然于分别说与非分别说之足以穷尽人类理性之一切理境，而非分别说又有属于“无限智心之融通淘汰之作用（无）”者，又有属于“存有论的法之存在”者（纵贯纵讲者与纵贯横讲者），则不能知何以必在两义兼备之非分别说中成立圆

① 这种情况近年来已有所好转。蔡家和撰有《中国哲学天道论者对于德福一致问题之解决方式》（《当代儒学研究》第1期，2007年1月）一文，将处理德福关系问题的不同思路分为四类：一是康德的路子，二是心学的路子，三是天道的路子，四是理学的路子。其中特别值得关注的是，文章引罗整庵的材料为例，对朱子一系的相关思想进行了较为细致的分析。这可以视为对牟宗三将伊川、朱子排除在圆善问题之外这一做法的一种纠正。

教，因而亦不能知何以必在此究极圆教中始得到圆善问题之圆满而真实的解决。

《圆善论》，序言第 13—14 页，22/［15］

这里一共讲到五点：一是要了解道家无之性格与佛家般若之性格的共通性，否则无法解除人们对于道家与佛家的忌讳。二是要了解“纵贯纵讲”与“纵贯横讲”之差异，儒家属于“纵贯纵讲”，道家与佛家属于“纵贯横讲”，否则无法明白三家之不同。三是要了解儒释道三教皆承认无限智心，否则无法明白三教皆肯定人可以有智的直觉。四是要了解三教皆承认无限智心的作用，所以成德的根据与存在的根据为一，否则无法明白三教何以均能证成圆善问题。五是要了解分别说与非分别说之不同，特别是非分别说又含有“无限智心之融通淘汰之作用”与“存有论的法之存在”等不同情况，否则无法明白圆善问题何以真实可能。这些说法透露出这样一个信息：在牟宗三心目中，这些他都做到了，所以圆善问题得到了“圆满而真实的解决”。

紧接着牟宗三又谈了他对《圆善论》的总体评价：

凡此皆经由长途跋涉，斩荆截棘，而必然地达到者。中经《才性与玄理》、《佛性与般若》（两册）、《心体与性体》（三册），《从陆象山到刘蕺山》等书之写作，以及与康德之对比，始达到此必然的消融。吾愧不能如康德，四无傍依，独立运思，直就理性之建构性以抒发其批判的哲学；吾只能诵数古人已有之慧解，思索以通之，然而亦不期然而竟达至消融康德之境使之百尺竿头再进一步。

《圆善论》，序言第 14 页，22/［15］

撰成《圆善论》殊为不易，中间经过《才性与玄理》、《佛性与般若》、《心体与性体》、《从陆象山到刘蕺山》等书的写作，特别是与康德思想的对比，最后才达此高度。此段最后一句“不期然而竟达至消融康德之境使之百尺竿头再进一步”最值得关注。由这一表述可知，牟宗三非常看重《圆善论》，认为他的努力已经达到消融康德而更进一步的境界。说得明白一点，圆善问题在康德那里没有解决，在牟宗三手里得到了解决。①



2. 如何看待牟宗三的自我评价

每个人都有权利对自己的研究成果进行评价，但这种评价应该尽可能客观准确少有歧义。尽管牟宗三对《圆善论》自我评价

① 自《圆善论》问世以来，尽管一些学者曾对此提出过疑问，但认可牟宗三这种自我评价的人也不少。程志华认为：“牟宗三不仅能够‘正视’‘圆善’问题，而且还使它‘明朗’起来：他通过儒学‘良知’本体保住了‘圆善’实有性之真，又借助于儒家‘圆教’保障了‘圆善’之可能。也就是说，在牟宗三的体系下，‘圆善’既是真的，亦是可能的，而且自始至终就是一种真可能。这样，牟宗三就解决了康德所没有解决的‘圆善’问题。”（程志华：《牟宗三哲学研究——道德的形上学之可能》，第 380 页）如上所说，陈荣灼 1991 年曾对牟宗三所证之圆善究竟是物质性的还是精神性的提出过疑问，但 2008 年发表的《牟宗三对康德哲学的转化》谈到同样问题时却改变了态度，指出：“在儒家圣人的境界中，‘德即存在，存在即德’。而从一形而上学的角度来看，这意谓我们的道德心同时就是存有论—宇宙论的原则。一言以蔽之，当道德实践必然地指向改善存在之期望，那么‘存在随心转即是福’。牟宗三因而达致下列之结论：‘依儒家义理而说儒家圆教（……）由此圆教之显出始可正式解答圆善之可能’。”（陈荣灼：《牟宗三对康德哲学的转化》，《鹅湖学志》第 40 期，2008 年 6 月）这一表述完全认可了牟宗三的努力，不再提出任何批评。何以会有这种变化，令人不解。陶悦属于另外一种情况。一方面，她把幸福分为两类，一是“幸福之境”，这是指主观的体验和感受，二是“幸福之感”，这是指客观的实际生活境遇。牟宗三经过努力所能得到的幸福“已脱离了客观实际境遇，只是境界之圆中的一种体验或感受。”但另一方面，她又承认，“牟宗三用境界的提升与超拔，来实现德福一致，同样很符合中国传统下的精神追求和审美意趣，可给中国人以向善的动力”（陶悦：《道德形而上学——牟宗三与康德之间》，第 240 页），而没有直接道出牟宗三并没有能够真正解决康德意义的圆善难题。

很高，认为这部著作已经使圆善问题得到了“圆满而真实的解决”，他自己也“达至消融康德之境使之百尺竿头再进一步”，然而在我看来，实际情况恐怕并非如此简单。

如果乙说，他解决了甲提出但没有解决的问题，就实际情况而言，无非有真解决和假解决两种可能。但如果考虑到对于这个问题本身的不同态度，具体情况则要复杂一些，可能会出现这样几种情况。第一，乙认为，甲提出的问题本身是错的，并不认可这个问题，换了一种思路，从根本上排除了这个错误的问题，从特定意义上说，也等于解决了甲提出的问题。这可以叫做“否定式的真解决”。第二，乙认为，甲提出的问题本身没有错，是有意义的，只是没有能力解决，而他有这个能力，将其解决了。这可以叫做“肯定式的真解决”。第三，乙不认可甲提出的问题，认为这个问题本身就不正确，努力用自己的方式来处理，排除这个错误的问题，但由于理论上有一定偏差，并没有能够真正达到目的，而自己却误认为问题已经解决了。这可以叫做“否定式的假解决”。第四，乙认为甲提出的问题是有意义的，接受了这个问题，并努力寻求解决，尽管没能解决，但同样由于理论上有所疏忽或表述不够准确，造成一种误会，认为自己已经把问题解决了。这可以叫做“肯定式的假解决”。牟宗三对《圆善论》的自我评价属于哪种情况呢？这需要细加辨析。

先来看第一种情况。“否定式的真解决”这一表述可细分为前项和后项。前项是指，乙从根本上否认甲提出的问题，认为这个问题本身就是错的，并不认可这个问题。后项是指，因为不认可，所以改换思路，提出一套新的方案，否定甲提出的问题，从特定角度来看，也等于解决了或者说是化解了这个问题。照我的理解，这里的前项和后项对《圆善论》都不适合。首先，牟宗三认可并接受了康德的圆善问题。虽然他对康德设定上帝保障幸福的做法不以为然，质疑为什么设定一个上帝，这种幸福就可以得到保障了，但他并不认为康德圆善问题本身是错的，不应该问的，并不反对康德提出这一问题。在《圆善论》中处处可见牟宗三对康德圆善问题的认可，甚至有如果只有德而没有福就等于是“自毁”、“自杀”，相关之理论只是“偏枯之教”（《圆善论》，第199、270页，22/194、263）一类的说法。其次，牟宗三并没有能够真正解决康德意义的圆善问题。牟宗三接手康德的圆善问题，从中国哲学的背景出发，以无限智心为根据，将德与福联系起来。他的这种努力非常有意义，这点必须承认，但同时也应该看到，牟宗三由此得到的幸福与康德所要求的幸福有很大的差异。这里的关键是划分两种不同的幸福，即物质幸福和道德幸福。物质幸福是指人的物质欲望方面的幸福，道德幸福是指人的道德要求方面的幸福。康德提出圆善问题，旨在解决的是物质幸福，不是道德幸福。而牟宗三采取“诡谲的即”和“纵贯纵讲”两步走的方法所能得到的只是道德幸福，不是物质幸福。纵然道德幸福有极高的价值，但也只能停留在精神领域，不能跨越边界，到达物质领域，代替物质幸福。一句话，康德圆善的幸福和牟宗三圆善的幸福具有不同的性质，牟宗三只证成了道德幸福（暂且不论其论证思路是否合理），没有能够证成物质幸福。尽管道德幸福的地位非常崇高，价值巨大，但毕竟不能取代物质幸福，所以不能说牟宗三已经解决了康德意义的圆善问题。

证明第一种情况不适合之后，第二种情况“肯定式的真解决”就比较简单了。这种情况是说，乙接受了甲的问题，并真正解决了这个问题。牟宗三关于《圆善论》的自我评价符合前项，而不符合后项，也应该排除。如上所说，牟宗三接受了康德的圆善问题，认为这个问题有其意义，应该而且必须解决。这是符合前项。

但牟宗三通过努力所能得到的只是道德幸福，不是物质幸福，所以并没有能够真正解决这一问题。牟宗三可以说，他的新思路有自己的道理和意义，但不能说他已经解决了康德的问题，因为即使我们完全接受他的这一思路，这一思路也没有办法保障有德之人一定能得到相应的物质幸福。这是不符合后项。



第三种情况“否定式的假解决”同样不适应于牟宗三。这种情况是指，乙不承认甲提出的问题，通过自己的努力来彻底否定这个问题，而他的努力也因种种原因没有能够达到预期目的，但他自己却误认为已经达到了。与第二种情况相反，牟宗三的自我评价不符合前项，而符合后项。前面已经证明，牟宗三认可康德意义的圆善问题，只是不认可康德解决问题的具体方式，而他通过无限智心所能保障的只是道德幸福，不是物质幸福。就后面一点而言，不管牟宗三付出多大的努力，也不管他对自己的努力有多高的自我评价，都不可能使康德所希望的有德之人享有物质幸福的想法成为真实。因此，这种情况同样应该排除在外。

最后再来看第四种情况“肯定式的假解决”。这种情况是说，乙接受甲提出的问题，努力解决这一问题，但因为理论有缺陷，加上表述不够准确，虽然问题没有得到解决，却误认为已经解决了。根据我的判断，牟宗三对《圆善论》的评价既符合前项，又符合后项，与这种情况最为接近。前面反复讲过，牟宗三对康德意义的圆善问题是认可的，只是觉得康德设定上帝存在解决问题的方式不行，才努力借助中国哲学的智慧来解决这一问题。但他由存有论进入的思路存有疑点。道德幸福并不主要是由存有论创生出来的，而主要是道德之心的内在要求得到满足的结果。也就是说，我们应该主要以“满足说”而不是“赋予说”来解说道德幸福。这且不论，就算我们顺着牟宗三的思路，承认通过道德之心创生存有，在存有论的视野下出现“物随心转”，“物边顺心”的情况，由此将成德过程中的苦和罪转化为一种幸福，但这种幸福只是一种精神上的满足，是一种道德幸福，怎么能够断定由此便可以解决康德意义的圆善问题呢？康德意义的圆善所要求的是物质幸福，这是一个常识。道德幸福与物质幸福分属两个不同的领域，牟宗三所能得到的只是道德幸福，与康德所要求的物质幸福并不是一回事。这样，我们又回到了那个老问题：牟宗三通过无限智心所能证成的幸福究竟是什么性质？是物质幸福呢，还是道德幸福？如果是物质幸福，那么我们可以说他已经解决了康德意义圆善问题；如果是精神幸福，那么我们虽然可以承认这种幸福有重要的意义，但并不能说以此便可以解决康德留下来的这个问题了。正是基于这一点，我才断言，牟宗三对于《圆善论》的自我评价有欠准确：他接受了康德的问题，但并没有能够真正解决，而他以存有论解决圆善问题的思路本身也有待讨论。

3. 两个有待讨论的问题

有人可能不同意上面的理解。他们认为，牟宗三关于“圆满而真实的解决”这一说法可以有两种不同的解释。其一，牟宗三借助儒学智慧已经解决了康德意义的圆善问题。其二，牟宗三为解决德福关系提供了一种新的思路，这种新的思路虽然没有真正解决康德意义的圆善问题，但论说合理，超越了康德，所以也可以算是一种“圆满而真实的解决”。“牟宗三对‘圆善之圆满而真实的解决’是基于‘圆教确立，用于圆善’的前提。‘圆教’的概念一方面是来自于康德的‘最高的善’的概念，另一方面则是由中国大乘佛教的判教而来，经过中西会通，牟宗三建立一哲学上的‘圆教’论，正是以‘圆教’论为基础而有‘圆善’问题的提出与解决。如果在牟宗三的系统来说，牟宗三当然足以自信地说他使圆善问题得到了‘圆满而真实的解决’。但是，离开牟宗三所建立的前提来看，则自当别论了。”[①] 这就是说，牟宗三关于《圆善论》的自我评价并非直接针对康德意义的圆善，而只是针对儒家圆教而言的。依据儒家圆教系统，可以为德福关系问题提供一种解决的办法，虽然这种办法并不能真正解决康德的圆善问题，但可以自成系统，自有价值。从这个意义上看，牟宗三自信通过他的努力，圆善问题（注意并不是康德意义的）已经得到了“圆满而真实的解决”，这自然也不能算错。这显然是一个严重的问题，必须认真对待，因为如果这一说法可以成立，那么我前面对于牟宗三圆善论的评论就必须从根本上予以重新考虑了。但根据我的理解，这种解释是很难成立的。



首先必须清醒地看到，牟宗三并没有否定康德意义的圆善问题。在他看来，现实的人生总有很多不如意的地方，不可能保障德与福的必然综合。不过依据基督教传统，在上帝那里，却可以得到这种综合。因为上帝有圆满的意志，既能照顾到德的一面，又能照顾到福的一面，将福准确地配称于德，从而实现最高的善，即所谓圆善。牟宗三特别强调，在康德圆善问题中，道德属于目的王国，幸福属于自然王国。上帝之所以能保障圆善成为可能，因为上帝“创造了‘自然’，他能使自然王国与目的王国相配合，因而成为一上帝王国”（《圆善论》，第 175 页，22/171）。这就说明，在牟宗三思想中有这样一个基本意识：一个是目的王国，一个是自然王国，圆善即是实现目的王国与自然王国的统一。目的王国属于道德领域，自然王国属于自然领域，或者用牟宗三的话说，是属于“物理的自然”，属于“气”的。尽管康德设定上帝存在以



① 这个说法出自一位学者为我的一篇文章所写的复审意见。参见杨泽波：《贡献与终结——牟宗三儒学思想研究》第四卷圆善论第五章第四节“我们应该如何研究《圆善论》”。

保障这两个王国统一的做法有待讨论，但德福一致这个问题本身并不为错。

这样的论述还有不少，再看下面一段：

> 德福一致既是超感性的关系，不是感触世界中所能有者，然则谁能保障其可能？曰：只有上帝（自然之创造者）能保之。上帝之存在是我们的力量之外者。圆善中，德是属于目的王国者，福是属于自然王国者。这两王国的合一便是上帝王国。因此，唯人格神的上帝这一个体性的无限存有始能保障德福一致。
>
> 《圆善论》，第 211 页，22/207



这一段重申了上面的思想：道德属于目的王国，幸福属于自然王国，将两个王国合并为一体即是上帝王国。所以要保障圆善成为可能，只有上帝才能做到。

这一思想《〈圆善论〉指引》讲得更为明了：

> 从道德观念，可引出目的王国。从“福”的观念也可引出另一王国，叫自然王国（kingdom of nature）。因福就是存在于自然界里，属存在问题，存在是自然界的事情，我们的身体也是自然存在。
>
> 把目的王国和自然王国合在一起就是上帝王国（kingdom of God）。只有上帝才能把这两王国合在一起，人不能。孟子说，“德”是我们所能掌握的，“求则得之，舍则失之，是求有益于得也，是求之在我者也。”道德的问题是我们能掌握的，做了好事或坏事，都要自己负责。但是，“福”便不能由自己掌握。孟子说：“求之有道，

得之有命，是求无益于得也，是求之在外者也。”命的问题就是福的问题，亦是存在问题。

存在由谁管呢？由上帝管。人虽能掌握死，但不能掌握生。福是属存在范围，人管不了。所以，康德把目的王国和自然王国合起来成为上帝王国是顺适的。要达成德、福一致，最高的善，便要信靠上帝，肯定上帝的存在，从而证明上帝的存在，这种证明叫道德的证明（moral proof）。

《〈圆善论〉指引》，22/336



一方面是目的王国，这是关于德的，另一方面是自然王国，这是关于福的。我们可以掌握德，因为德是“求则得之，舍则失之，是求有益于得也，是求之在我者也”。但我们不能掌握福，因为福是“求之有道，得之有命，是求无益于得也，是求之在外者”。如何将这两个王国结合好？需要有一个上帝。在康德学理中，只有上帝才能把目的王国和自然王国结合在一起。所以要解决德福一致的问题，必须信仰上帝，肯定上帝。

当然，牟宗三并不认同康德设定上帝存在以解决圆善问题的思路，所以才提出了以无限智心代上帝的思想。但需要注意，牟宗三这样做仍然是要保障目的王国与自然王国的一致：

依此，撇开那对于超越理念之个体化（真实化对象化）、实体化、人格化之途径，归而只就无限智心以说明圆善可能之根据，这将是所剩下的唯一必然的途径。这途径即是圆教之途径。此只就实践理性而言即可。于知解理性方面，吾人随康德只承认其轨约的使用，不承认其构造的使用（圆成的使用）。理性之构造的使用（圆成的使用）只能在实践理性之圆教途径中被呈现出来。康德所想的上帝王国（圆善世界），由目的王国与自然王国谐一而成者，亦将只能在圆教途径中朗现，除此以外，别无他途。

《圆善论》，第255页，22/248



这一段论述直接亮出了牟宗三的一个中心思想：要想解决圆善问题，必须抛弃康德将上帝个体化、实体化、人格化的途径，将问题回归于无限智心上来，以无限智心代替上帝。无限智心之所以重要，是因为只有它才能保障目的王国与自然王国相互一致，达成圆满，除此之外，别无他途。换句话说，牟宗三提出以无限智心代上帝，就是认为上帝虚而不实，无限智心则实实在在。以此为基础，就可以消除上帝之虚幻性，真正保障目的王国的道德与自然王国的幸福的相互一致了。“康德所想的上帝王国（圆善世界），由目的王国与自然王国谐一而成者，亦将只能在圆教途径中朗现”一句，将这一思想表达得非常明确。

如果还嫌不够清楚，再来重新温习下面这一段：

无限智心能落实而为人所体现，体现之至于圆极，则为圆圣。在圆圣理境中，其实义完全得见：既可依其自律而定吾人之天理，又可依其创生遍润之作用而使万物（自然）有存在，因而德福一致之实义（真实可能）亦可得见：圆圣依无限智心之自律天理而行即是德，此为目的王国；无限智心于神感神应中润物、生物，使物之存在随心转，此即是福，此为自然王国（此自然是物自身层之自然，非现象层之自然，康德亦说上帝创造自然是创造物自身之自然，不创造现象义的自然）。两王国“同体相即”即为圆善。

《圆善论》，第 333 页，22/323—324

其所以要重温这一段，是因为它非常明白地表达了牟宗三通过无限智心以保障目的王国与自然王国一致的思想动机。牟宗三此处强调，只有以无限智心代上帝才能解决圆善问题。无限智心体现之极即是圆圣。在圆圣之境中，依自律天理而行而成德，这是德之一面，属于目的王国。依创生作用使万物有存有，在此过程中使物之存在随心转而成福，这是福之一面，属于自然王国。两王国“同体相即”即为圆善。这里福之一面需要特别当心。无限智心于神感神应中润物、生物，使物之存在随心转，这就是福。这种福是属于自然王国的，而且这种自然是“物自身层之自然，非现象层之自然”。牟宗三在这里非常明确地将以无限智心解决圆善问题而成的福视为“物自身层之自然”，归属于自然王国，认为有了这种福，目的王国和自然王国就可以谐调一致，圆善问题也就因此而成了。

这样我们就看得比较清楚了。牟宗三虽然对康德设定上帝保障幸福的做法不以为然，但并不反对康德所要保障的那种属于自然王国的幸福，而他着力建构无限智心的根本目的就是以此来保障这种属于自然王国的幸福。也就是说，牟宗三并没有否认康德的圆善问题，承认将目的王国与自然王国统一起来是应该的，有其意义，而他希望通过无限智心所要保障的也正是这两个王国的和谐一致。但根据前面的分析，对于这种属于自然王国，属于“物理的自然”，属于“物自身层之自然”，属于“气”的幸福，牟宗三通过存有论的方法是根本没有办法加以保障的。假如牟宗三申明，康德这样解决问题有其基督教的背景，儒学与基督教的性质有很大不同，从来不以这种方式考虑问题，其处理德福关系的思路非常微妙。一方面承认成德是个人的本分，另一方面也充分看到了成德必须付出牺牲，不过这种牺牲经过“诡谲的即”，经过辩证的转化，又可以上升为“孔颜乐处”，成为一种特殊的意义的福。只是这种特殊意义的福并不属于“气”，与自然王国无关，只局限在精神领域，不能指望以此实现目的王国与自然王国的一致。如果是这样的话，我们当然没有理由反驳牟宗三对《圆善论》的评价，反而应该对其给予高度的认可。然而牟宗三不是这样。他一方面肯定将德之目的王国与福之自然王国统一起来有必要有意义，另一方面又明言，经过无限智心，通过存有论的方式所达成的德福一致中的福属于自然王国，属于“物自身层之自然”，于是目的王国与自然王国通过同体相即达成了一致，康德圆善难题由此得到了解决。上面反复讲过，且不说以存有论解决圆善问题这种思路本身就不无问题，有待商榷，就算我们完全接受这一思路，无限智心通过存有论方式而成的道德幸福，只能停留在精神领域，不可能属于自然王国，怎么能由此证明目的王国与自然王国的一致，并进而宣称解决了康德的圆善问题呢？那种以“圆满而真实的解决”可作双重理解的说法，只是出于善良意愿对牟宗三所做的辩护而已，在理论上很难找到有力的根据作为支撑。

但这样一来，又会引出一个新的问题：既然没有真正解决，牟宗三为什么偏偏要说解决了，而且是“圆满而真实的解决”呢？这可以说是《圆善论》最大的疑窦，也是这部著作很难真正读通读透的重要原因，实在不好回答，曾令我百思不得其解，郁闷不已。[①] 我曾努力设想了多种方案，都不理想，全排除了，最后

① 那段时间真的非常苦恼。一来不相信以牟宗三之地位会有如此之疏忽，在情感上不愿接受。二来又确实看不透其间另有什么深意妙意，抱怨自己智慧不够。左右彷徨，不停摇摆，反复设定不同方案，不断试错否定自己。用民间的俗语说，“把脑袋砸了的心都有”。

只剩下一种可能，感觉或许还有一定道理，特提出来讨论。这就是概念发生了滑转：牟宗三看到与康德圆善相应的幸福具有物自身的性质，只是康德没有办法使这种幸福得到保障，而他已经证明，儒家通过无限智心得到的幸福具有这种性质，属于“物自身层之自然”，既然如此，自然可以宣称，他以无限智心的方式解决了康德未能真正解决的圆善问题。



前面随处讲过，在牟宗三看来，康德要解决的圆善问题是由德而配享福，这种福是涉及存在的，“幸福是个体存在之‘存在’方面的事。而存在（现实的存在）是属于‘物理的自然’的”（《圆善论》，第 230 页，22/225)。更为重要的是，牟宗三认为，与福相关的存在，一定是物自身意义的存在。这种物自身意义的幸福属于自然王国。只有目的王国与自然王国谐调一致，才能算是圆满，才能达成圆善。明确了这个前提，再来看牟宗三圆善论所涉及的存在。既然牟宗三圆善论是以存有论解说圆善的，认为无限智心有创生性，在其创生之下，“物随心转”，“物边顺心即是福”，那么，这种由无限智心创生的存在属于何种性质，或者说，无限智心可以创生什么意义的存在，就是一个不得不重视的问题了。牟宗三的回答非常明确：是物自身意义的存在。牟宗三认为，西方哲学也有存有论，但那只是以知性的分解来看待存有。由于不承认人可以有智的直觉，所以其存有的对象只是现相。与此不同，儒家的道德之心不以知性的分解来看待存有，承认人有智的直觉，所以其存有的对象不再是现相，而是物自身。因为西方哲学的存有论执着于现相，所以为执的存有，儒家哲学不执着于现相，可以直达物自身，所以为无执的存有。从这个意义上看，无执存有也可以称为智的直觉的存有。将智的直觉所创生存有的对象叫做物自身，是牟宗三的一个核心观念。顺着这样一个思路发展，《圆善论》也将“物随心转”的“物”定性为物自身意义的物：

在浑化之境中，仍然有物。但此物是无物之物，物无物相。王阳明亦说“明觉之感应为物”，此物即是无物之物。无物相者是说此物既无为良知所知之对象相，亦无善恶意中之正不正相。“意之所在为物”，此物是经验层上的物；“明觉之感应为物”则是超越层上的物。若用康德词语说之，前者是实践中现象义的物，相应于有善恶相之意而说者，后者是实践中物自身义的物，相应于明觉之感应而说者。

《圆善论》，第318—319页，22/309—310

有两种不同的物一定要注意区分：一是“意之所在为物”之“物”，这属于经验层上的物，以康德的表述方式，可以叫做“现象义的物”；二是“明觉之感应为物”之“物”，这属于超越层上的物，以康德的表述方式，可以叫做“物自身义的物”。这里已经讲得非常直截了当了：与明觉感应相对的那个对象，是超越层的物，是物自身意义的物。

《〈圆善论〉指引》中的一段话讲得更是简明真切：

无心之心的特性是藏密，藏得很深密。无意之意的感应是圆通的。知善知恶之知是有“善、恶”作对象，无知之知是没有知相的。因此也是没有对象的，所以其体寂。般若之知就是无知之知，僧肇在《肇论》中有篇文章《般若无知论》就是根据道家的玄智而来的。体寂的体是不动的，不随外物转动。最后一句无物之“物”是“明觉之感应为物”，即物之在其自己之物，即物如。物如无“对象”相，即不可以作知识之对象，它是与明觉感觉一体呈现的。如果物指表用（作用），则有物之物即有“对象”相，有对象相之物是有限定之用（老子名之曰“利”），而无物之物（无对象相之物）之用是无限定之用，此即是神用。故曰“无物之物则用神”。

《〈圆善论〉指引》，22/345



四无做到了“无心之心”就可以藏密，藏得很深密；做到了“无意之意”就可以应圆，感应得很圆通；做到了“无知之知”就可以没有造作，没有知相。这三句的道理比较清楚，一般没有太多的争议①，问题出在应该如何理解“无物之物”。牟宗三强调，“无

---

① 当然，也有例外，唐文明就不认可牟宗三关于“无知之知”的解说。在他看来，牟宗三虽然认为儒道佛三家皆主张人具备智的直觉能力，而且他的立场也是儒家的，但他对智的直觉的看法中起关键性作用的却不是儒家而是佛家。“于是，当我们看到牟宗三将智的直觉的一个基本含义概括为‘无知之知’时，就不会感到奇怪了。智的直觉的无知之知义意味着牟宗三关于智的直觉的思想在形而上的层面最终归宗于无，而不是归宗于有，换言之，他的思想最终只能归宗于以无为本的佛学或玄学，而不能归宗于以有为本的儒学。这一点实际上意味着，即使撇开其他相关的问题，牟宗三关于智的直觉与中国哲学的看法也难以自圆其说，且无论是就他在精神上高度认同的儒家思想而言，还是就他在中西问题的触动下一定程度地认同的道家思想和佛家思想而言。”（唐文明：《隐秘的颠覆——牟宗三、康德与原始儒家》，第 211 页）唐文明之所以对牟宗三有所批评，核心理由是：牟宗三以无讲智的直觉，丢失了儒家的立场，偏向了佛老。我不认为这种批评是合理的。必须明白，无的思维方式是共法，不是个法，不是佛老的专利，儒家同样可以讲无。“无知之知”说到底是道德达到一定境界后，一切任其自然，没有知的故意却已知善行善，没有一点知的样子的意思。从这个角度来看，儒家完全有权利讲无，即使龙溪讲四无在学理上亦有其道理，其失仅在过于超拔，不易为常人理解罢了。我们不能一见到有人讲无，便认定其已归宗于无，不再归宗于有，必是佛家和道家，不再是儒家。

在另一处，唐文明又批评牟宗三是虚无主义、神秘主义，是不可知论：“更为麻烦的是，将有落在心上（心为本体），而将无落在知上（无知之知），实际上并不能够免于虚无主义的责难。乍看起来就会觉得奇怪的是，牟宗三反对康德认为人没有智的直觉的看法，似乎蕴含着反对康德的不可知论，但当他断言人有智的直觉之后又说人对万物的这种智的直觉是一种无知之知，似乎又回到了康德的不可知论立场上去了。既然人对万物的智的直觉是一种根本性的直觉，而（转下页）

物之‘物’是‘明觉之感应为物’，即物之在其自己之物，即物如”。这就是说，在牟宗三看来，“无物之物”的“物”就是物自身，物之在其自己。因为“无物之物”的“物”是相对于明觉之感应而说的，明觉之感应属于智的直觉，而与智的直觉相对的不再是现相，而一定是物自身。



在这个过程中，“上帝造物说”起到了重要作用。[②] 前面反复讲过，牟宗三非常重视康德这方面的论述，直言康德关于智的直觉的思想只读《纯粹理性批判》很难予以透彻的把握，他也是看到《实践理性批判》中关于上帝只造物自身，不造现相的说法之后才豁然贯通，明白了康德的真正用意。按照他的理解，在康德那里，上帝只造物自身，不造现相。这一思想的意义在圆善问题上充分彰显了出来：既然圆善中的福属于物自身，而上帝只造物自身，不造现相，那么康德讲圆善问题设定上帝存在，就是要以上帝作为根据，来保障这种属于物自身意义的幸福。可惜在康德那

---

（接上页）其结果却是一种无知之知，那么，物之本性、物之天理的概念就根本不可能成立。这显然既不符合原始儒家的根本立场，也与宋明理学的精神追求和理智事业背道而驰。”（同上，第 236 页）“站在一个尽可能同情地理解的角度上，我们可以说，神秘主义乃是牟宗三思想的最后归宿。”（同上，第 238 页）这种批评更没有道理。如上所说，无知之知只能从知无知相角度来理解，特指一种没有知相之知，强调的是一种过程和境界，而不是说什么也没有得到，和虚无主义、不可知论没有半点关系，怎么能说“似乎又回到了康德的不可知论立场上去了”呢，又怎么能说“既不符合原始儒家的根本立场，也与宋明理学的精神追求和理智事业背道而驰”呢？神秘主义的问题更为复杂。因为对于儒家本心仁体的体悟是一种直觉，这种思维方式无法借助语言讲明白，也不能运用逻辑关系加以分析，历史上争议很大。无知之知则更进一层，不仅讲了对本心仁体之知，还强调这种知没有知相，这更容易使人们感到困难。但如果真正深入到儒家的道德生活之中，这些问题其实并没有那么难理解。牟宗三关于四无的解说体现了高超的智慧，极见学术功力，非常精当，没有什么不妥之处，也没有什么神秘色彩。在这方面我必须坚决为牟宗三进行辩护。

② 关于“上帝造物说”的具体讨论，请见第三章第三节第三小节“‘上帝造物说’：上述混淆的一个具体例证”。

里，上帝只是出于情识的需要，只是设准，虚而不实，无法使那种作为物自身意义的幸福真正得到保障。与其相比，儒家哲学大有不同。儒学坚信人既有限又无限，因有限而有感性直觉，因无限而有智的直觉。由于儒家承认人可以有智的直觉，而与智的直觉相对的对象即为物自身，所以道德之心通过智的直觉创生的那个存有的对象，以及由此而决定的幸福，即属于物自身的范畴，而不再是现相。儒学与康德的这个不同有着巨大的理论意义。康德一面说上帝只造物自身，不造现相，只有上帝才能保障与圆善相关的那种属于物自身意义的幸福，一面又将上帝规定为设准，而不是真实。这样就留下了一个很大的发展空间：如果可以证明人类确实具有智的直觉，那么也就等于证明人类可以达到物自身，从而也就可以保障那种属于物自身意义的幸福，最终解决康德的圆善难题了。在此之前，牟宗三已经有了一个得意的发现，这就是发现儒家具有无限智心，自始就承认人可以有智的直觉。这个发现意义非同寻常，因为一旦这个发现真实无伪，那么也就等于证明了儒家无限智心通过智的直觉创生的对象便是物自身，而与之相应的幸福也就不再属于现相，而具有了物自身的性质。于是，牟宗三便自然地相信，他以儒家的无限智心取代了上帝，最终解决了康德依靠上帝才能解决的圆善问题。



从这个角度出发，我们就可以理解为什么牟宗三特别强调解决圆善问题必须从本体着手，而不能停留在现相之上了。“圆满的善之可能不能只在现象界（感触界）被期望。吾人必须在智思界中寻求其可能性之根据。”（《圆善论》，第200页，22/195）这一句不长，但很重要。根据牟宗三的理解，本体与物自身是同等的概念，可以相互划等号。[①] 因此，此处所讲的本体界（智思界）也就是物自身界。这里透露出一个重要的信息：牟宗三强调要解决圆善问题，必须在物自身上想办法，不能只停留在现相领域；康德设定上帝存在以解决圆善问题本有此意，只因上帝无法落实，圆善问题才未能真正解决；他通过无限智心完成了这一任务，保障了这种属于物自身意义的幸福，做到了康德想做而未能做到的事。[②]



牟宗三将无限智心创生的对象界定为物自身，将由此为基础产生的幸福称为"物自身层之自然"的说法，有很大的危害性，不仅使读者很难明白这里的真实含义，而且根据我的推测，或许牟宗三自己也是一个受害者。牟宗三宣称通过他的努力，康德圆善问题已经得到了"圆满而真实的解决"，很可能就是由此而来的。牟宗三对《圆善论》做出如此评价，其致思大致有这样一个理路：康德圆善的幸福属于物自身领域，但康德设定上帝只是出于情识的需要，并不能落实，所以无法真正保障这种属于物自身的幸福；儒家的无限智心真实无虚，完全可以保障这种幸福的落实，而且这种幸福是通过智的直觉实现的，所以不再是现相，而是物

① 牟宗三指出："因此，康德这一空洞的交替语实是多余的，我们可以简单化单就'物自身'想这'理智物'即可。"（《智的直觉与中国哲学》，第 114 页，20/148）这就是说，在牟宗三的理解中，物自身与本体是同义词，物自身即是本体，本体即是物自身。这一理解对牟宗三的物自身理论产生有极大的负面影响。关于这个问题的具体分析，请参见杨泽波：《贡献与终结——牟宗三儒学思想研究》第三卷存有论第二章第一节第二小节"物自身与智的直觉"。

② 关于这个问题如果再重读牟宗三下面一段论述，可能会有更深的理解。"在圆圣理境中，其实义完全得见：既可依其自律而定吾人之天理，又可依其创生遍润之作用而使万物（自然）有存在，因而德福一致之实义（真实可能）亦可得见：圆圣依无限智心之自律天理而行即是德，此为目的王国；无限智心于神感神应中润物、生物，使物之存在随心转，此即是福，此为自然王国（此自然是物自身层之自然，非现象层之自然，康德亦说上帝创造自然是创造物自身之自然，不创造现象义的自然）。两王国'同体相即'即为圆善。圆教使圆善为可能；圆圣体现之使圆善为真实的可能。"（《圆善论》，第 333 页，22/323—324）

自身；既然康德没有能够证成这种幸福，我牟宗三证成了，那么，我当然可以宣称，康德的圆善难题已经得到了“圆满而真实的解决”。但牟宗三做出这种表述的时候可能没有意识到，这里有一个重要的概念的滑转。康德圆善的幸福属于自然王国，属于“物理的自然”，属于“气”，从宽泛的意义上也可以讲属于物自身（严格来讲，康德并不在这个意义上使用物自身这个概念），而他以无限智心证成的只是道德幸福，是历史上人们常说的“孔颜乐处”，这两者有着完全不同的性质。更为重要的是，这种由无限智心证成的道德幸福并不能称为“物自身义的物”或“物自身层之自然”，不属于自然王国。即使充分尊重牟宗三的做法，将由儒家无限智心证成的道德幸福称为“物自身义的物”或“物自身层之自然”，它也不可能真的变成那种属于“物自身的自然”，属于“气”的幸福。牟宗三一方面没有将康德圆善的幸福与自己所证成的幸福的区别开来，另一方面又将自己证成的幸福称为“物自身义的物”、“物自身层之自然”，归并为自然王国，同康德属于“物理自然”的、物自身意义幸福混同起来，从而认定他已经解决了康德意义的圆善问题，最终造成了理论上的失误。

由此说来，牟宗三《圆善论》陷入如此失误，有着深刻的理论根源。存有论是牟宗三儒学思想最为重要的一个组成部分，这一思想直接源于其师熊十力的新唯识论。熊十力不满意传统佛教的唯识学说，认为这种说法虽然有其道理，但由于不讲本体，缺陷非常明显。熊十力创立新唯识论，一个重要创新就是强调本体的重要，而这种本体是道德本体，不是认知的本体。道德本体有其创生性，可以创生宇宙万物，使其有存在，有意义。牟宗三继承了熊十力这一思想，进一步提出了道德形上学的理论。“道德形上学”的一个重要义项是以道德之心说明宇宙万物何以有存在。建构道德形上学是牟宗三一生努力的目标，早年写作《认识心之批判》即已开始这种尝试，在《心体与性体》中有详细发挥，在《智的直觉与中国哲学》、《现象与物自身》等著作中又借助梳理康德智的直觉的学说将这一思想发展到一个新的阶段。在此之后，牟宗三不断将这一思想运用于其他方面的研究之中，圆善论是其中一个重要方面。存有论的核心是说道德之心有创生性，可以使原本没有道德意义和价值的宇宙万物染有道德的意义和价值。这种情况不仅仅指自然界，同时也包括道德界，可以使人们用道德的眼光看待成就道德过程中的一切事物。成就道德在很多情况下必须做出牺牲，这种牺牲在一般人的眼光中只是苦，只是罪，但经过道德之心的赋予，却可以变成内心的愉悦和满足。这种愉悦和满足，也是一种福，一种道德之福。这种福是经过转化而来，这种转化必须在道德的视野之下进行。牟宗三以存有论解说圆善，最根本的用意就在这里。更为重要的是，他反复强调，道德之心创生存有与认知之心创生存有不同，不需要如康德所说那样必须通过时空和范畴，形成的对象也不是一般所说的现相。但必须清楚看到，不是认知意义的现相未必一定是物自身，完全可以是另一种现相，即所谓“善相”。“善相”虽然不是通过认知之心借助时空和范畴产生的，然而不借助时空和范畴的思想方式，并不就是牟宗三所理解的智的直觉，更不要说是康德意义的智的直觉了，其对象绝对不能叫做物自身。牟宗三在建构其存有论的过程中，大讲智的直觉，大讲物自身的存有，在理论上存在着很大的缺陷。一旦将这一理论用来解说圆善问题，这些缺陷势必进一步发酵扩大，从而直接将由此而成的道德幸福称为“物自身层之自然”，归属于自然王国。遗憾的是，牟宗三似乎并没有看到这里概念的不一致，反而对自己的研究成果充满了自信，评价极高，认为他已经“圆满而真实”地解决了康德的圆善问题。在我看来，这可以说是《圆善论》的最大败笔，不仅使其思想极为纠缠曲折、艰深难解，而且大大降低了这部重要著作的学术价值。

4. 牟宗三的自我评价有很大的负面作用

牟宗三对《圆善论》的自我评价有很大的负面作用，为读者理解带来了很多困难。

在人们的一般理解中，道德幸福是很常见的事情，远不像牟宗三说的那样复杂。比如，一个人见到一个道德的场景，内心一定会有一种声音告诉他应该怎么做，他按照这个指令去做了，就会感受到愉悦和满足，这种愉悦和满足就是道德幸福。当然，在一些场景中，按照内心指令去做并不是一件容易的事情，因为这很可能意味着要作出牺牲，这种牺牲本身并不是人们乐意的，但因为是成德所必需的，一旦这样做了，内心得到的愉悦和满足也会更大，由此所成就的道德幸福的价值也就更高。但是，牟宗三不是这样，他以无限智心创生存有来讲道德幸福，强调无限智心有其绝对的普遍性，一定要涵盖乾坤而后已。在这个过程中，一方面可以使原本没有道德意义的宇宙万物带有道德的价值和意义，另一方面也可以转变人们对成德过程中付出的牺牲的看法，“物随心转”，“物边顺心”就是福。牟宗三这种以“赋予说”而非“满足说”为基础的圆善思想，不仅没有很好地阐明道德幸福的原因，而且直接干扰了人们对于相关问题的理解，儒家历史上孜孜以求的“孔颜乐处”也变得高入云端，难以琢磨了。

更为麻烦的是，牟宗三以自己对智的直觉的看法为根据，强调道德之心创生存有是通过智的直觉进行的，不受时空和范畴的影响，其对象不再是现相，而是物自身；与此相应，在存有论视域下生成的幸福也有了特殊归属，属于“物自身义的物”、“物自身层之自然”。这更把人们弄糊涂了。按照人们的通常理解，物自身不仅指与现相相对的对象的自在性状，同时也指为质料提供源泉的那个对象，即一般所说的自然之物。可牟宗三这里偏偏说，在无限智心面前，明觉感应之下的那个物就是物自身意义的物，与之相应的福也具有了物自身的意义。人们难免要纳闷了，为什么无限智心能够创生物自身的存在？为什么明觉感应下的幸福属于“物自身层之自然”？难道牟宗三是在主张无限智心可以直接创生在康德那里上帝才能创生的属于自然王国的幸福，以解决圆善问题吗？

根据我的体会，我们显然不能这样理解。以无限智心代上帝解决圆善问题的确是牟宗三圆善论的一个重要观点，但对这一观点需要认真辨析。为此我们先来看牟宗三是怎样说的：“圆教必透至无限智心始可能。如是，吾人以无限智心代上帝，盖以无限智心之人格神化为情执故，不如理故。无限智心不对象化而为人格神，则无限智心始落实。落实云者人能体现之之谓。人能体现之始见其实义。对象化而为人格神只是情识崇拜祈祷之对象，其实义不可见。实义不可见，吾人不能知其于德福一致问题之解决将有何作用。无限智心能落实而为人所体现，体现之至于圆极，则为圆圣。在圆圣理境中，其实义完全得见：既可依其自律而定吾人之天理，又可依其创生遍润之作用而使万物（自然）有存在，因而德福一致之实义（真实可能）亦可得见……”（《圆善论》，第333页，22/323）设定上帝存在以解决圆善问题，是康德的重要思想。尽管这种做法在康德学理系统中有其合理性，但也隐含着不少疑点。这是因为，康德讲上帝，只是情识的需要，其实义并不可见。依据中国文化传统，我们完全可以不讲上帝，以无限智心取而代之。牟宗三认为，以无限智心代上帝解决圆善问题必须落实在人上，而落实在人上的极限即是圆圣。在圆圣的理境中，一方面依自律天理而行而成德，另一方面依其创生作用使万物有存有，物之存在随心转而成福，从而使德福一致之圆善的实义真实可见。这里需要提醒注意的是，牟宗三此处讲无限智心，主要是从存有论的意义上讲的。“依其创生遍润之作用而使万物（自然）

有存在”这一表述值得细细品味。它告诉我们，牟宗三以无限智心解决圆善问题，是说无限智心可以创生道德存有，在创生存有的过程中，同时也可以将因成就道德而予以的付出赋予道德的价值和意义，“物随心转”，变苦为乐，变罪为福，从而达成一种特殊的德福一致，而不是说无限智心如同上帝一样可以创造自然万物之本身。

为此，不妨再看另外一段：



> 道德法则之确立是理性的，意志之自律亦是理性的，要求圆善亦是理性的，要求一绝对而无限的智心之体证与确立亦是理性的。惟对于绝对而无限的智心人格化之而为一绝对而无限的个体存有则是非理性的，是情识决定，非理性决定。在此，中国儒释道三教之传统有其圆熟处。我们依此传统可期望有一“彻头彻尾是理性决定”的说明模式。
>
> 《圆善论》，第241页，22/236

在这一段中，牟宗三表达了这样一个中心思想：康德解决圆善的思路是宗教的，不是理性的。要克服康德的问题，必须去除康德的宗教背景，以无限智心代替上帝。无限智心完全是理性的，不是非理性的。可喜的是，在中国文化传统中，儒释道三家都有这方面的资源，因此，我们完全可以以此为背景，以一种“彻头彻尾是理性决定”的方式来解决圆善问题。既然牟宗三坚定认为，他的思路是彻头彻尾的理性决定，这种理性决定当然就不可能如康德设定的上帝那样创造自然之物，使有德之人真的可能得到物质欲望的满足。

其实这个问题并不需要如此费时费力，必须以引证牟宗三原文来加以证明。我们可以简单这样来想：如果牟宗三真的是在主张中国哲学的无限智心可以取代西方的上帝以解决康德意义的圆善问题，那么这里讨论的就不再是哲学问题，而是神学问题了。牟宗三作为现代新儒家的重要代表人物，希望以一种纯粹理性的方式来解决这个问题，并不关心什么神学问题。仅此一点便可证明，牟宗三不可能走到那一步。因此，以无限智心代上帝解决圆善问题，绝对不是说无限智心可以如上帝那样创造自然万物，满足人们的物质要求，以达成德福一致之圆善。我们千万不要以为牟宗三真的认为，通过“诡谲的即”和“纵贯纵讲”所形成的福就是物质之福，只是因为受其存有论内在缺陷的影响，误将这种道德幸福称为“物自身义的物”和“物自身层之自然”，从而使概念发生了重大滑转，认为自己已经解决了康德的圆善难题。牟宗三思想再有不足，也不至于因为承认儒家有智的直觉，智的直觉所成的对象是物自身，进而认为道德之心可以直接创生物理自然，使其发生物理变化，以满足人们的物质需要，从而达成圆善了。①



然而，《圆善论》有这些理解的困难，容易造成误解，也不能

① 这方面颜炳罡提供的材料很有价值。《整合与重铸——当代大儒牟宗三先生思想研究》是颜炳罡很重要的一部作品，也是“牟先生生前校定过的最后一本、也是当时唯一一本由大陆学者研究他哲学思想的学术论著”（颜炳罡：《整合与重铸——当代大儒牟宗三先生思想研究》，后记）。该书引言谈及牟宗三圆善问题时有这样一段论述：“牟先生用无限智心代替康德的上帝，认为‘依无限智心之自律天理而行即是德’‘无限智心于神感神应中润物、生物、使物之存在随心转，此即是福’，德与福浑是一事，由此可见，牟先生所谓的德福一致并非是现象界的德福一致，而是超现象领域的德福一致。康德所谓的圆善固然不能实现，而牟先生的圆善则只有依靠圆教来实现，当证悟到天刑即是德即是福，地狱即天堂时，圆满的善就实现了。这实质上是理想主义的解决问题的方式，因为这本是神学与形上学的事。天下事本不必一一皆求现实地作到也。”（同上，第 28 页）该书 2012 年的简体字本中，作者在这一段后面加了一个说明：“按：此语是牟宗三先生审阅本书稿时所加。”（颜炳罡：《整合与重铸——牟宗三哲学思想研究》，北京：北京大学出版社，2012 年，第 22 页。简体字本上段引文的字句与繁体字体略有差异）根据文气，按语中的“此语”当指这一段的最后一句，即“天下事本不必一一皆求现实地作到也”。我之所以重视这一按语，是因为它清楚说明，牟宗三并不认为通过存有论方式解决的圆善问题，是一种“现实地”解决。换句话说，牟宗三并不认为，他着力以无限智心解决圆善难题是以一种“现实地”方式来解决这个问题。

全怪读者，牟宗三自己表述不够准确负有不可推卸的责任。牟宗三没有从满足道德要求的角度解说道德幸福，而是顺着自己存有论的路子，以存有论来说道德幸福，即不是以“满足说”而是以“赋予说”来解决圆善问题，这个门一开，就把问题引向了一个危险的境地。更加麻烦的是，牟宗三存有论有很大的缺陷，直接将他所理解的智的直觉的对象叫做物自身的存在，与此相应也将道德幸福规定为“物自身义的物”、“物自身层之自然”，为理解带来了更大的困难。因为牟宗三是按照自己的方式使用物自身这个概念的，他所说的物自身不是别的，只是他所理解的智的直觉的对象，而人们此时一般是按照通常的含义来理解物自身的，将这个概念理解为为质料提供源泉的那个对象。这还不算，牟宗三又对自己的研究成果给予了极高的评价，断定自己已经解决了康德的圆善问题，这更使人们怀疑无限智心是不是真的可以创生物自身的存在，使目的王国与自然王国达成一致，解决康德的圆善问题。这就说明，《圆善论》难以理解并非由单一环节构成，而是有着多重原因，其中的关键还在于以存有论来解说圆善。存有论本身就深奥难懂，加上以存有论解决圆善问题这一思路十分怪异，理解起来更为困难，再加上存有论内部还有严重的缺陷，表述不确，这就更是难上加难了。

行笔至此，我眼前浮现出两种不同的情景。一是如牟宗三这样，肯定康德意义的圆善问题，通过“诡谲的即”和“纵贯纵讲”两个步骤，着重从存有论来证明道德幸福，并将这种道德幸福归属于“物自身之自然”，归属于自然王国，断言由此便可以“圆满而真实”地解决康德意义的圆善问题了，而这种努力也使自己“不期然而竟达至消融康德之境使之百尺竿头再进一步”。一是站在儒家的立场上，公开宣称康德意义的圆善问题只有在宗教背景下才会提出，儒家从不这样考虑问题。在儒家系统中，成就道德必须付出牺牲，但这种牺牲不光是一种苦，经过辩证的转化，同时也可以成为一种乐，一种幸福，即所谓“孔颜乐处”。这样一来，成就道德为德，成就道德带来的道德之乐为福，既有了德，又有了福，由此便形成了一种“特殊的德福一致”。但这种“特殊的德福一致”并不是康德意义的圆善，也不能奢望以此可以解决康德意义的圆善难题。这两种不同情景的后果完全不同：后者的前景显然更为明朗，而前者的结果我们已经看到了，缠绕不清之处甚多。



## 四、简要的结论

简要而言，虽然牟宗三为解决康德意义的圆善问题做出了极大的努力，但由于思想的疏忽，连续有三个失误，造成了思想的混乱：首先，没有发现“满足说”，而是坚持“赋予说”。牟宗三没有看到道德幸福主要是道德要求得到满足后内心的一种愉悦，直接顺着自己存有论的思路，将圆善问题套在无执存有论的框架之中，以存有论来说道德幸福。由此而成第一乱。其次，以四无为圆教解决圆善问题。牟宗三没有看到道德尽管可以达到无相，但这种无相与存有是否有相没有直接关系，不能由此证明道德之心创生的对象是物自身，究其实，道德之心创生的那个存有的对象只是一种特殊的现相，即所谓的“善相”，并不是什么物自身，而是直接将由存有论而达成的幸福说成是“物自身义的物”、“物自身层之自然”。由此而成第二乱。最后，也是就重要的，未能对自己的研究成果有一个准确的定位。牟宗三未能直接表明康德意义的圆善问题只有在宗教背景下才会提出，他只是以儒学为背景提供了一个新的思路，这个思路虽然可以在一定程度上化解康德的德福关系，但不可能使康德的圆善问题得到根本性的解决。恰恰相反，他自信满满地宣称，通过存有论的方式已经“圆满而真实”

地解决了康德意义的圆善问题，从而为读者的理解带来了诸多困扰，怀疑无限智心是如何创生“物自身义的物”、“物自身层之自然”，进而解决康德的圆善难题的。由此而成第三乱。



牟宗三在写完《心体与性体》、《智的直觉与中国哲学》、《现象与物自身》，基本上完成了自己存有论思想的建构之后，很快便开始了《圆善论》的写作，并将存有论的原理推广运用到圆善问题的研究之中。可能是这个过程有些急促，来不及对存有论进行反省，存有论内在的缺陷对圆善论产生了严重的负面影响。牟宗三对此并没有察觉，而是自信地认为，经过他的努力“始得到圆善问题之圆满而真实的解决”。上面的分析已经证明，这里的“圆满”并不圆满，这里的“真实”并不真实。所谓“并不圆满”是说以存有论的方式无法合理说明道德幸福产生的机理，尚未说到根子上；所谓“并不真实”是说即使我们接受以存有论解说道德幸福的思路，由存有论而成的这种幸福与康德圆善问题所要求的那种幸福仍不具有同质性，不可能以此解决康德意义的圆善难题。倒过来看也是一样。存有论没有办法真正保障成德必然得到物质幸福，这是“并不真实”；以存有论方式谈论幸福这个思路本身不无讨论余地，这是“并不圆满”。以此观之，“圆满而真实”从何谈起呢？更为麻烦的是，牟宗三不仅没有能够真正解决康德意义的圆善难题，还造成了理论上很多新的混乱。由于这里的环节复杂，盘根错节，尽管很早就有人对牟宗三是否真的解决了康德意义的圆善问题提出过疑问，近年来也不断有人重提这一话题，但人们很难真正看透其中的奥妙，清晰掌握牟宗三圆善论的真实思想，更别说道破其中破绽了。[①] 一些人往往认为，牟宗三是现代新



① 这里举一个例子。林同奇发表过专文，对牟宗三的圆善思想进行解说。文章很长，分上下两个部分，最后得出了这样的结论：“至此，圆善作为‘德福（转下页）

儒家最重要的代表之一，是大人物，大人物一般是不会有错的。有错的只能是自己，是自己悟性太低，理解不了如此高深的思想，没有勇气检讨其学理是否可能真的存在不足，只是出于善良愿望拼命往好处去想，人云亦云。可想来想去总是想不通，最后只好作罢，仰天一声长叹，放在一边不再搭理。《圆善论》出版后的命运大致如此。



---

(接上页）之间的合适的比例’不但在理论上得到证成，并在实践上得到说明。它之所以成立主要是因为无限心所指向之处存在（或物自身）随之涌现。因此，圆善之可行并不是如康德所言通过上帝之存在和灵魂之不朽得到保证，而是通过人自我努力而达成的精神境界。这个境界，如按儒家的说法或按阳明的理解可归结为‘明觉（即知体）之感应为物（即物自身），物随心转’。然而，这一物自身的超越世界并不是与世俗隔绝的，而是直接寓于它。在这个境界中，所有的理论分析和解释都是不相关的，因此也完全无效。就连牟历尽艰辛所建构的繁复浩大的哲学大厦也因之而夷为平地，所谓‘得意忘言’正是此意。经久传承的宗教教义、礼仪制度都悄然消失，甚至连各精神传统之间的界线也变得不可辨认了。留下来的只是无限心之自然流行，如如呈现。”（林同奇：《牟宗三的精神理境：圆善如何可能？——牟宗三〈圆善论〉初解》[上下]，《鹅湖》第366、367期，2005年12月、2006年1月）为什么由无限心指向的存在是物自身？什么叫明觉之感应为物，物随心转？为什么通过一种境界可以达成德福之间的一致？圆善问题是否真的在理论上得到了证成，在实践上得到了说明？这些问题该文统统没有回答，只是把牟宗三的话重新组织一下，变个说法重新说了一遍而已。我这样讲并不是对作者有什么不敬，只是想表明，牟宗三圆善论确实给学界造成了很大的麻烦，极大地考验了人们的理解能力。而人们往往又总是心地善良，不愿意承认牟宗三本身会有缺陷，致使问题长期得不到发现和解决。

# 第五章　后期合一论述评[①]

牟宗三儒学思想最后一个部分是合一论。合一论有早期后期之分，前者可称为“早期圆成论”，后者可称为“后期合一论”。关于早期圆成论详见《贡献与终结——牟宗三儒学思想研究》第五卷合一论第三章“早期圆成论述评”，本章只处理后期合一论。

## 一、后期合一论的两个理论贡献

1991年，牟宗三下大气力重新翻译了康德的《判断力批判》，并撰写长文《商榷：以合目的性之原则为审美判断力之超越的原则之疑窦与商榷》(以下简称《商榷》)，置于卷首，正式开始了后期合一论的研究。后期后一论的理论贡献主要表现在以下两个方面。

### 1. 阐发了一种新的审美思想

后期合一论的头一个理论贡献是对审美进行了新的界定，提出了一种与康德完全不同的审美思想。在这方面，《商榷》第九节第一小节“先声”尤其值得关注。这一小节主要是三点声明，名曰“声明三义”，直接表明了牟宗三相关思想的基本原则。牟宗三这样写道：

① 本章取自《贡献与终结——牟宗三儒学思想研究》第五卷合一论第四章，原书第46—131页。

1. 美与美感只对人类，即“既有动物性又有理性性”的人类，而言，不对“只有动物性而无理性性”的存有而言，亦不对“只有理性性而无动物性”的存有，即纯睿智的存有，而言。此即是说，纯动物无美感，纯睿智的神亦无美感（或超美感），只动物与神间的人类始有美感。

《康德〈判断力之批判〉》，第 70 页，16/67—68

这是第一义，引用康德的话表明美只对人类有意义。纯粹的动物没有理性，谈不上审美。相反，神则属于“纯睿智的存有”，同样谈不上审美。人就不同了，既有“动物性”又有“理性性”，所以才有美感，才可以谈审美。

2. 康德依一般判断之质、量、关系，与程态而言审美判断之四相，这只是权用之为窍门以明审美判断之本性。这种权用只是“虚用”，并非“实用”。因为康德明说审美判断并不依待于任何概念，然而一般判断之四相却皆有待于概念而然。惟康德之分析，只于审美判断之“质”相合此“虚用”之义，吾名之曰“内合的表示”。但到说审美判断之量相、关系相，与程态相时，却不自觉地渐渐转成“实用”，即渐渐转成有待于概念，虽不是决定的概念，却也是遥控的概念。吾名曰“外离的表示”。“外离”云者，对审美判断而言，“外开地离而远之”之谓也。“内合”者则“内切地合而近之”之谓也。是则于表示审美判断之其他三相时，康德是依违于虚实之间而游移不定，故有种种穿凿歧出强探不自然之相出现，而此则胥由于其以合目的性原则为审美判断之超越的原则而然也。

《康德〈判断力之批判〉》，第 71 页，16/68

这是第二义，批评康德美学思想落于“外离”。康德以质、量、关系、模态四契机讲鉴赏判断。讲质这一契机符合“内合”原则，但讲其他三个契机却不自觉变成了“外离”。康德思想存在这种滑转，原因全在于将审美建立在合目的性原则之上。



3. 不视“审美判断力”之判断力为由作为“认知机能”看的一般“判断力”而转来。审美固亦是一种判断，但这判断，通常名之曰“品鉴”或“赏鉴”，此即远离一般认知意义之判断力矣。故此品鉴或赏鉴是属于“欣趣”(taste) 或“品味”的，而不属于认知的；即使它亦有“知”意，这也是品知，而非基于感性而有待于概念的认知；即使这“品知”即是直感，这直感也是品味之直感，而非知识中感性之直感。故审美判断力之“品味”，吾人直接名之曰“审美力”，不再名之曰判断力。对此审美力，若自其“品知”而言，吾人名之曰“妙慧”；若自其“直感”而言，吾人名之曰“妙感”。依此，审美判断即是妙感妙慧之品鉴；若名之曰“反省反照的判断”（自其非决定性的认知判断而言），此名固可，但也只是妙感妙慧之品鉴之反照，故康德所云的“反照”，吾亦直接意解为“无向”，反照判断即是“无向”判断，此则即是康德所说的“静观默会”（§5 节中首段云：“审美判断简单地说只是静观默会的”。）这样，我们可以免除康德之纠缠于认知机能间所造成的种种不顺适。

《康德〈判断力之批判〉》，第 71—72 页，16/69

这是第三义，强调审美判断只是妙感妙慧之欣趣。牟宗三认为，在康德那里，审美判断力是由认知机能转过来的，这种讲法不行。审美判断当然也有知的意思，但这种知只是一种品知，不是依于概念的认知。审美判断力只是一种“品鉴”或“赏鉴”，只是一种“欣趣”或“品味”。审美判断的“品知”从性质上说是一种“妙慧”、“妙感”，而“妙慧”、“妙感”均属于“直感”。这种“直感”，即是康德所说的“静观默会”。牟宗三将这种由妙感妙慧之品鉴所成的判断称为“反照的判断”，不再称为“反思的判断”，而这种“反照的判断”即是一种“无向判断”。

“声明三义”内容精练，地位显著，高度概括了牟宗三关于审美判断的一些新的理念。这些新的理念，根据我的理解，至少包括如下五个方面的内容。

其一，人类原则。牟宗三认为，美与美感只对人类而言，不对纯粹动物和纯粹神性而言。因为人类既有“动物性”又有“理性性”，而动物与神都只有其一，而无其二。牟宗三如此强调，意在凸显人、神、动物的差别。因为对于神而言，不需要谈审美，对动物而言，也谈不上审美，只有人类既有“理性性”，又有“动物性”，可以谈审美。

其二，非目的性原则。康德讲审美一定要挂在目的性原则之上，在牟宗三看来，这种做法没有必要。康德曾明确规定，审美判断不依待于任何概念。在讲质的契机时，这一点确实做到了。但在讲量、关系、模态时却又离不开概念，把原先的“虚用”转换成了“实用”，由“内合”变成了“外离”，背离了先前的基本精神。康德之所以出现这一问题，根本性的原因是将合目的性原则作为审美判断的先验原则，将审美判断套在合目的性原则的框架之中。牟宗三认为，依据儒学传统，讲审美完全没有必要走这个路子。于是，不以目的性原则讲审美遂成为牟宗三美学思想的一个重要标志。

其三，“无向”原则。如上所说，在牟宗三看来，“反照判断即是‘无向’判断”。什么是“无向”？“‘无向’云者无任何利害关心，不依待于任何概念之谓也。有利害关心即有偏倾，偏倾于此或偏倾于彼，即有定向。而任何概念亦皆指一定向。”（**《康德〈判断力之批判〉》，第72页**，16/69）后期合一论讲“无向”有两个基本含义。其一指无任何利害关心，因为一旦有利害关心就一定会有偏倾，这种偏倾即是定向。其二指无概念，因为任何概念都有一定的指向，有了这种定向，必然受其影响。因此，审美必须“无向”。牟宗三认为，康德讲第一契机，即是以这种“非此非彼”的方法进行的，既要“非”掉利害关心，又要“非”掉任何概念。但在讲后三个契机时却背离了这种精神，十分可惜。

其四，妙慧妙感原则。审美判断不仅为“无向”，而且是一种妙慧妙感。这就是上引第三义中所说的：“对此审美力，若自其‘品知’而言，吾人名之曰‘妙慧’；若自其‘直感’而言，吾人名之曰‘妙感’。”审美判断之所以是妙慧妙感，是因为审美判断的思维方式较为特殊。它既不是逻辑的，也不是道德的，只是一种“别才”，即所谓“诗有别才，非关学问”的“别才”。这种“别才”当然不是完全乱来，不是粗野暴乱，不是癫痫愚昧，其中也有理性，也有智慧。不过它属于一种特殊的智慧，这种特殊的智慧就是妙慧妙感。审美无法离开妙慧妙感，妙慧妙感就是一种直感直觉。牟宗三经常将妙慧妙感与直感直觉放在一起讲，正是出于这个原因。

其五，欣趣原则。牟宗三认为，审美判断既然不决定于任何利害关心和任何概念，那么它就只是人类所特有的对于对象的一种品味、品鉴和欣赏。无论是品味、品鉴还是欣赏，都可以说是一种欣趣，这也就是“声明三义”中第三义中所说的：“故此品鉴或赏鉴是属于‘欣趣’（taste）或‘品味’的”。为了凸显这一思想，我将其概括为“欣趣原则”。欣趣的最大特点，是能够产生愉悦。牟宗三认为，审美本身即是一种愉悦：“分别说的美由人之妙慧之直感那‘在认知与道德以外而与认知与道德无关’的气化之光彩而凸起。这一凸起遂显美之为美相以及‘愉悦于美’之愉悦相。”（《康德〈判断力之批判〉》，第79页，16/78）由此可知，所谓欣趣即是说审美是对一个对象因为欣赏而产生的内心的愉悦。

在“声明三义”之后，经过对康德鉴赏判断四个契机、纯粹审美判断的演绎以及审美判断辩证问题的重新表述，在《商榷》一文的最后部分，牟宗三对何为审美给出了一个十分简洁的说法：

> 于“美”方面之垂象，则是气化底子中人类这一“既有动物性又有理性性”的存有经由其特有的妙慧而与那气化之多余的光彩相遇而成的“审美之品味”。
>
> 《康德〈判断力之批判〉》，第90页，16/87

这一段的主要内容前面都讲到了，唯独“气化之多余的光彩”一句还需要作一点补充。首先说什么是“气化”和“光彩”。在这方面，牟宗三下面一段论述可作参考：“妙慧别才中审美之‘美’相被化除，则一切自然之美（气化之光彩）皆融化于物之如相中而一无剩欠。”（《康德〈判断力之批判〉》，第86页，16/83）在这里的后半句中牟宗三直接把“气化之光彩”放在括号里作为“自然之美”的注释。这就说明这两个说法是同一意思的不同表述，“气化”即指自然，“光彩”就是美的形相。简言之，“气化之光彩”就是自然之美的形相。再来看“多余”。这个说法同审美与认知、道德的关系有关。“至于此气化之结聚所蒸发之种种美的形相或美的景色则无与于此知识构成之成素，亦无与于此知识对象构成之成素，更难说这是一‘意志’之所规制或制定，更难说它们是上通于睿智的存有或最高的理性而为其所预定：总之这些美的形相或美的景色不是理性之事，而是气化之多余的光彩（所谓多余意即无与于知识之构成，亦无与于道德之构成）。”（《康德〈判断力之批判〉》，第88—89页，16/86）这里所说的“自由意志之理性”即道德理性或道德本体。道德本体是本体宇宙论的根源，这是牟宗三一贯强调的思想。但是，光有这个本体宇宙论的根源还不够，还要有具体之物，这种具体之物即是“气化之结聚”。气化结聚的具体方式，由知性的认知过程加以说明，但气化结聚本身所形成的种种美的形相或美的景色，则与知识无关，同时也与自由意志无关。因为气化结聚所形成的这些美的形相或景色，是由人的妙慧妙感而成的一种欣趣，这种欣趣从独立的意义上看与知识和道德没有直接关联。这就是“多余”。简要而言，“多余”就是指与知识和道德之构成没有直接关系。



在明白了什么是“气化之多余的光彩”之后，再回过头来看上引牟宗三关于何为审美判断的那段表述。这一段表述字数不多，但牟宗三关于审美新界定的几项原则都讲到了：“既有动物性又有理性性”即为人类原则；“多余”即为无向原则；“特有的妙慧”即为妙慧妙感原则；“审美之品味”即为欣趣原则。所有这些都与目的性无关，而这也就是非目的性原则。由此可见，人类原则、非目的性原则、无向原则、妙慧妙感原则、欣趣原则，这五个方面可以说涵盖了牟宗三关于审美判断新界定最基本的内容。掌握住这些内容，以这些内容为指引，牟宗三很多表面看来比较晦涩的表达也就不难理解了。

牟宗三对审美判断的这一新的界定值得高度关注。在《判断力批判》中，康德以无目的的合目的性为核心对审美判断有一整套说法。牟宗三没有完全接受康德的说法，而是在其基础上对审美判断予以了新的说明。牟宗三的这种新说明与康德有着明显的不同。首先，不再以认知讲审美。牟宗三强调，他与康德一个很大的不同之处即在于，康德以认知讲审美，而他“不视‘审美判断力’之判断力为由作为‘认知机能’看的一般‘判断力’而转来”（《康德〈判断力之批判〉》，第 71 页，16/69）。由于不把审美与认知捆绑在一起，从而有效地免除了康德纠缠于认知机能之间所造成的种种不顺适。其次，不再以目的性讲审美。牟宗三对康德第三批判最大的不满之一，就是康德以目的性讲审美。“说合目的性原则是它的超越原则，这根本不切合，且亦失意指。以此之故，若把审美判断亦视作反照判断力之表现（判断力仍视作知识机能），则显得甚为穿凿而迂曲。”（《康德〈判断力之批判〉》，第 29 页，16/27）牟宗三反复强调，康德以目的性讲审美并无太多道理，显得穿凿而迂曲。审美判断只是一种品鉴，一种欣趣，完全没有必要将目的性原则规定为审美的先验原则。最后，不再讲美是善的象征。“美是德性-善的象征”是康德美学思想的一个重要判断，在其整个思想系统中占据关键位置。牟宗三对审美的新界定走的完全是另外一条路子，没有接受康德的这种讲法。在牟宗三看来，美只是气化之多余的光彩，无关于理性，所以不能通过合目的性之原则硬说“美是德性-善的象征”，而只能说“分别说的美是合一说的美之象征，分别说的真是合一说的真之象征，分别说的善是合一说的善之象征”（《康德〈判断力之批判〉》，第 89 页，16/87）。牟宗三这样讲，是因为在他看来，所谓合一即是合一于本体。真善美三个方面尽管各有其独立的意义，但都是本体的反映。善是本体的象征，真是本体的象征，美同样是本体的象征。既然一切都是本体的象征，再单独分开讲“美是道德的象征”也就没有意义了。

总之，牟宗三《商榷》一文的一个重要意义是阐发了一种新的审美思想。康德从无目的的合目的性来讲审美的思路尽管自成体系，但内部有诸多不顺适之处，很难为人们真正理解和接受。牟宗三讥之为“凿”，并非完全没有道理。与此不同，牟宗三强调，审美并非那么复杂，只是一种与利害关心和概念没有关联的欣趣原则，是人对一个对象的品鉴和欣赏。牟宗三这一努力的意义是多方面的，其中特别值得关注的，是关于美与本体的内在关联性的思想。牟宗三根据儒学思想传统非常重视本体的作用，认为本体是活泼泼的，分别表现为真善美三个方面。美尽管有其独立的意义，但不能绝对离开本体。这样一来，牟宗三便将其一以贯之的道德理想主义贯彻到美学领域，把美学牢牢建立在本体基础之上，彰显了儒家伦理美学的思想传统。这种美学思想对于校正唯美主义、虚无主义之失，将人类文明引向一个正确的方向，确实有一定帮助作用。

**2. 提出了一个新的合一主张**

后期合一论另一个理论贡献是提出了一个新的合一主张。康德写作《判断力批判》的一个重要任务，是以判断力作为媒介，把理论理性和实践理性综合起来。对此牟宗三看得很清楚，这样写道：

> 依康德，反照判断力之“自然之合目的性”这一超越原则便可提供一媒介概念把自然概念与自由概念勾连起来通而为一整体，使“从纯粹知解的［知性之立法］转到纯粹实践的［理性之立法］”为可能，并使“从依照自然之概念而有的合法则性转到依照自由之概念而有的终极目的”为可能。因为通过这媒介概念，我们认识了那“只能在自然中且在与自然之法则相谐和中被实现”

的那终极目的之可能性。

《康德〈判断力之批判〉》，第 32 页，16/30

这是对康德相关思想的描述。康德先是对理论理性进行了批判，接着又对实践理性进行了批判，然后以自然的合目的性原则提供一种媒介，将两个不同的方面联系起来。这种自然的合目的性原则，就是一种媒介。这种媒介的作用就是将自然与自由形成一个整体。



牟宗三并不认可康德这种主张，严厉批评道：

> 康德即因判断力有此媒介作用，遂如此看重反照判断力而把审美判断与目的论的判断皆归于其下。但是说到以“自然之合目的性”为此反照判断力之超越的原则时，此超越原则之媒介作用在“目的论的判断”方面甚为显豁而切合，而在审美判断方面则甚不显豁，亦不切合。
>
> 《康德〈判断力之批判〉》，第 32 页，16/30

牟宗三对康德的主张提出上述批评，根据还在合目的性原则。康德看到判断力有媒介作用，便将审美判断与目的论判断统统归于其门下。在他的这种做法中，讲目的论的部分还较为通顺，还能够切合于媒介的作用，但讲审美判断的部分则问题多多，既不显豁，又不切合。“若就反照判断力之表现为审美判断而言，这很不足以作为自然概念与自由概念间的媒介，那就是说，它担当不了这个责任。”（《康德〈判断力之批判〉》，第 33 页，16/31）这就是说，康德以反思判断力作为媒介，以沟通理论理性和实践理性的想法看起来十分高深，其实非常迂曲生硬，极不自然。审美判断作为反思判断力的一种，无法承担作为自然与自由两界之间的媒介，担当不了这个重要的责任。一言以蔽之，以目的论讲审美进而完成综合这条路子很难走得通。

在对康德进行批评的基础上，牟宗三希望依据中国哲学的智慧，建构一种新的合一的方式，从而指出：



> 此所谓合一不是康德所说的"以美学判断沟通自由与自然之两界合而为一谐和统一之完整系统"之合一，乃是于同一事也而即真即美即善之合一。此一"合一"之妙境非西哲智慧所能及。
>
> 《康德〈判断力之批判〉》，第82页，16/80

有两种不同的合一，一是康德式的合一，一是牟宗三式的合一。康德式的合一，是以美学判断沟通自然与自由两界。这种合一可以称之为"媒介式合一"。牟宗三式的合一，是指"同一事也而即真即美即善之合一"。这种合一可以概括为"相即式合一"。牟宗三对自己的这一说法非常自信，认为他的合一可以解决康德理论中的不足，为西方哲学的智慧所不及。

要使这种新的不同的合一成为可能，必须首先确立一个基本纲维：

> 真、美、善三者虽各有其独立性，然而导致"即真即美即善"之合一之境者仍在善方面之道德的心，即实践理性之心。此即表示说道德实践的心仍是主导者，是建体立极之纲维者。因为道德实践的心是生命之奋斗之原则，主观地说是"精进不已"（纯亦不已）之原则，客观而绝对地说是"於穆不已"之原则，因此其极境必是

“提得起放得下”者。

《康德〈判断力之批判〉》，第83页，16/80—81

真美善是三个不同的领域，各有独立的意义，由此形成分别说。然而在另外一种情况下，同一事物可以“即真即美即善”。这种“即真即美即善”就是一种新的合一，一种完全不同于康德媒介式合一的合一。这种新的合一的基础和主导是道德之心，这是“建体立极之纲维者”。因此，要建构新的合一说，必须首先将这一纲维确立起来，用牟宗三特有的表示方式，这就叫“提得起”。“提得起”简单说就是将道德之心作为一个基本纲维确立起来。

光有“提得起”还不行，还要做到“放得下”。牟宗三在另一处写道：

> 但当道心之精进不已与圆顿之通化到“提得起放得下”而化一切相时即显一轻松之自在相，此即暗合于作为审美之超越原则的“无相原则”，亦即道心之藏有妙慧心。故此时亦可说为审美之“无相原则”之外用。此外用即示审美之妙慧心即藏有道心，或至少亦不违于道心或暗合于道心。（未至此外用时，美与善常显冲突相，如苏东坡之与程伊川。）

《康德〈判断力之批判〉》，第81—82页，16/79

所谓“放得下”就是放下道德之相，做到大无大相，从而实现“无相原则”。康德强调实践理性优于理论理性，这虽然十分重要，但缺少一个环节，尚达不到这种“放得下”的境界，恰如苏东坡之与程伊川[①]。这是因为，康德不承认人可以有智的直觉，不认为人可以达到物之在其自己之“实相”。相反，儒家始终承认人有智的直觉，可以达到物之在其自己之“实相”，从而做到“放得下”，通过“无相原则”，实现这种新的合一。

在新的合一之下，美与善，美与真也就不再相互分隔，而是彼此相即，融为一体，做到了“即真即美即善”。“即真即美即善”可从两层分观。先看“即善即美”：



> 人需要“大”，既大已，而又能化除此“大”，而归于平平，吉凶与民同患，“以其情应万事而无情”，不特耀自己，望之俨然，即之也温，和蔼可亲，此非“冰解冻释，纯亦不已”者不能也。到此境便是无相原则之体现。此为第三关，即“无相”关（佛家所谓无相禅）。到此无相关时，人便显得轻松自在，一轻松自在一切皆轻松自在。此即“圣心”即函有妙慧心，函有无相之原则，故圣人必曰“游于艺”。在“游于艺”中即函有妙慧别才之自由翱翔与无向中之直感排荡，而一是皆归于实理之平平，而实理亦无相，此即“洒脱之美”之境也。故圣心之无相即是美，此即“即善即美”也。
>
> 《康德〈判断力之批判〉》，第 84 页，16/82

牟宗三认为，要达到“即善即美”当过三关。一是“克己复礼”关，也就是首先挺立“大体”，以克服或主导小体。二是“有光

---

① 牟宗三后来对苏东坡与程伊川之事有一个具体说明：“程伊川讲道德，而苏东坡讲文学之美、艺术之美。程伊川就是没有把道德相化掉，苏东坡就是讨厌他那矜持，要把他的矜持拉掉。”（牟宗三：《康德第三批判讲演录（二）》，《鹅湖》第 304 期，2000 年 10 月）

辉”关，即将自己的大体充实而显其伟大与光辉。三是“无相”关。这一关最重要。有了伟大与光辉，自然是必要的，但由此难免有一种“道德相”、“伟大相”，形成一种紧张、一种敌对。所以还必须想办法把这种“道德相”和“伟大相”化掉，做到大无大相。这种大无大相，即为“无相”，而这也就是“无相”关。牟宗三认为，达到“无相”关，人便显得轻松自在。一轻松自在一切皆轻松自在，直至“游于艺”而止，任妙慧别才自由翱翔，实理平铺，直到“无相”，真正达到“洒脱之美”之境。一旦达到这个境界，也就做到了“圣心（之）无相”。“圣心无相”同时也就是美，一种“洒脱之美”，而这也就是“即善即美”。

再看“即善即真”：

> 圣心之无相不但无此善相，道德相，即连“现象之定相”，即“现象存在”之真相，亦无掉。盖现象之存在由于对人之感性而现，而为人之知性所决定。但圣心无相是知体明觉之神感神应，此神是“圆而神”之神，已超化了人之感触的直觉与辨解的知性。因此，在此神感神应中，物是无物之物（王龙溪云：无物之物其用神）。无物之物是无“物”相之物，既无“物”相，自亦无“对象”相。无物相，亦无对象相，即是物之如相，此即康德所谓“物之在其自己”也，故圣心无相中之物是“物之在其自己”（物如）之物之存在，而非现象之物之存在，此即是“真”之意义也。故圣心无相是“即善即美”，同时亦是“即善即真”……
>
> 《康德〈判断力之批判〉》，第 85 页，16/82

在牟宗三看来，如果做到了“圣心无相”，不仅没有了善相、道德相，更为重要的是，甚至连“现象之定相”也没有了，被化掉了。现相是相对于感性和知性而言的，人们之所以有“现象之定相”，是因为人总要受到感性和知性的限制。然而，“圣心无相”并不受此限制。“圣心无相”是知体明觉之神感神应，在这种神感神应之下，物是无物之物，物无物相。这种无物相之物，就是物之如相，也就是康德所说的物之在其自己或物自身。“圣心无相”达到物之在其自己，这当然就是真，因而可以说“即善即真”。



牟宗三进而详细分析了“即善即美”、“即善即真”所以可能的理论根据：

> 现象知识之“真”相被化除，即显“物如”之如相之“真”相。道德相之“善”相被化除即显冰解冻释之“纯亦不已”之至善相。妙慧别才中审美之“美”相被化除，则一切自然之美（气化之光彩）皆融化于物之如相中而一无剩欠。分别说中的美（气化之光彩）对知识与道德而言为多余，然而在合一说中，则无所谓多余。既无所谓多余，则亦无所谓“剩”。既无剩，自亦无“欠”。无欠即一无欠缺，即示一切皆非分解地溶化于如相中而一是皆如，无一可废。
>
> 《康德〈判断力之批判〉》，第86—87页，16/83

在“无相”关中，知识之“真”相被化除了，显现为如相之真相。道德之“善”相被化除了，显现为冰解冻释之“纯亦不已”之至善相。审美之“美”相也被化除了，一切自然之美统统溶化于物之如相中而一无剩欠。一切都溶化在如相之中而一是皆如，一切皆非分解地溶化而为一，这种为一就是合一。“此是化境中的心意知物，亦即是‘即真即美即善’之境也，此亦可用庄子之语调而谓之曰：‘俄而真美善矣，而未知真美善之果孰为真孰为美孰为善也’。”（《康德〈判断力之批判〉》，第 85 页，16/83）总之，一旦确立了道德之心的纲维，经由“放得下”的转进，达到了“无相”，一物同时“即真即美即善”，三个方面便统而为一，再无真美善的分别，当然也就没有必要像康德那样以美作为媒介来沟通理论理性和实践理性。这是牟宗三提倡新的合一论最重要的理论依据。



《康德第三批判讲演录》因为是一个讲稿，言说通俗，理解较为容易，其中有这样一段论述：

> 真、美、善三个领域都是通过人类主体三个不同方面的能力所皱起，所凸显。既然可以皱起，也可以平伏下去，到合一境界就平伏下去了。平伏下去的时候，独立的领域没有了，它就消融到即真即美即善合一中去了。到合一的境界，独立意义的真没有了，变成了物自身的真。物自身没有科学，因为科学不能了解物自身。科学知识代表真，真这个现象世界平伏下去就是物自身。
>
> 那么，独立意义的善呢？善是我们的自由意志所皱起的，皱起来就是说把一切存在——不但我们的言论行动，同时包括天地万物——通通隶属到一个目的，隶属于天命不已，就是隶属到道德的创造性。这就是善，善就是我们的意志自由为建立道德的善而皱起来的。既然可以皱起来，也可以平伏下去。独立意义的善到了合一境界，善无善相。“大而化之之谓圣。”（《孟子·尽心章句下》）那个“大”就是道德概念，崇高、庄严、伟大，这是道德相。独立意义的善到合一境界，道德相没有了，化掉了。化掉了，那个善归到哪里呢？善就融入真，融入物自身的真。

> 那么，独立意义的美呢？美是我们的 tast 所皱起。到即真即美即善合一的境界，独立意义的美化到哪里去呢？从哪一个分际说这个意义的美呢？就从真无真相、善无善相，把真相、善相化掉的没有相的那个地方就显美。在没有相的分际上讲美。大无大相，把大相化掉，把道德相化掉，苏东坡就不感觉威胁了。[①]



真美善是人类主体从三个不同方面皱起来的“土堆”。既然是主体皱起来的，也就可以平伏下去，归于“平地”。统统归于了“平地”，也就达到了新式的合一。在合一境界中，真归于了物自身，不再属于现相。善归于了善无善相，将一切道德之相都化掉。美同样归于没有相，这个没有相是就把真相、善相化掉而言，“把真相、善相化掉的没有相的那个地方就显美”。

通过上面的分析，两种不同的合一已经鲜明地摆在我们面前了。首先是康德的“媒介式合一”。康德首先写了《纯粹理性批判》，为理论理性建立了法则，然后又写了《实践理性批判》，为实践理性建立了法则。虽然《纯粹理性批判》证明了自然概念和自由概念可以无矛盾地共处在一起，但这两个部分毕竟没有形成有机的联系。面对这种说法，人们难免产生这样的疑问：这两个批判究竟有什么关系？你说实践理性高于理论理性，但又说人们无法认识本体，那么这个本体究竟有何意义呢？康德明确意识到这个问题必须解决，认为“自由概念应当使通过它的规律所提出的目的在感官世界中成为现实”[②]。如果根本没有这种可能，那么受自然法则制约的人永远也无从意识到自己的自由和道德法则，对



① 牟宗三：《康德第三批判讲演录（十四）》，《鹅湖》第 316 期，2001 年 10 月。
② 康德：《判断力判断》，邓晓芒、杨祖陶译本，第 10 页。

本体世界的设想就是毫无根据的。为了解决这个问题，康德专门撰写了《判断力批判》，希望以反思判断力建立一个桥梁，将理论理性和实践理性连接起来。正如康德所说，这个判断力并不形成一个“特殊的部分”，只是介于理论和实践之间，“在必要时随机附加于双方中的任何一方”①。因为它是诸认识能力的自由而合目的的运用，所以一方面出自人的认识能力，与人的认知相关，另一方面又指向人的自由和道德，与人的实践相关。这样就克服了前两个批判留下的缺憾。

再就是牟宗三的“相即式合一”。在牟宗三看来，康德这种做法尽管也可以实现一种综合，但因为环节过多，很难真正为人们理解和接受。根据儒家的思想传统，完全没有必要这样讲。在牟宗三看来，审美判断是一种“无向”判断。“无向”判断既无关于利害关心，又无关于概念范畴，所以由“无向”可以推出“无相”。为了证明“无相”，牟宗三此时又增加了一个理由，这就是“放得下”。要将理论理性与实践理性沟通起来，必须以道德之心立论。道德之心一旦确立之后，经历“克己复礼”关以及“有光辉”关，显出伟大之相。这就是所谓的“提得起”。但光有这一步还远远不够，还必须把这种伟大之相化除掉，做到大无大相。这就是所谓的“放得下”。牟宗三特别强调，“放得下”就是“无相”，而达到这种“无相”的思维方式，就是康德所不承认的智的直觉。因为儒家承认人有智的直觉，所以可以达到“无相”。一旦达到了“无相”，不仅道德没有道德之相，审美也没有了审美之相，一任妙慧别才之自由翱翔，归于实理之平平，达到了“洒脱之美”，美无美相。这就是“即善即美”。更有意义的是，一旦达到这种境界，在认识范围内也就抵达了物之在其自己之如相，不

① 康德：《判断力判断》，邓晓芒、杨祖陶译本，第2页。

再受现相的制约，从而实现了“即善即真”。既然道德之心可以“即善即美”、“即善即真”，当然也就做到了“即真即美即善”，真美善从此一体平铺，消融为一，成为了一个整体。这就叫做“相即式合一”，也就是真美善三者彼此相即而不相离的一种合一。有了这种合一，康德那种希望另立判断力来沟通自然与自由两界的努力，自然也就没有必要了。“相即式合一”的提出标志着一种完全不同于康德的综合方式的产生。尽管它内部还存在一些有待讨论的问题，但这种努力以及其中包含的理论意义是不可否认和低估的。



## 二、“外离”的疑案：应该如何看待康德的“外离”

### 1. 批评康德由“内合”变为“外离”

后期合一论同样有内在的缺陷。这些缺陷，首先表现在所谓“外离”上。批评康德审美思想由“内合”变为“外离”，是《商榷》一文的主基调。牟宗三相关论述主要围绕如下三个问题而展开。

其一是关于鉴赏判断四契机的问题。《商榷》第九节第一小节中“声明三义”的第二义集中表达了这个意思。康德一般将判断放在质、量、关系、模态四个契机之下进行分析，处理鉴赏判断也是如此。根据牟宗三的理解，康德在讲鉴赏判断四契机的时候强调审美判断并不依待于任何概念。这一特点在讲质的问题时，表现得最为清楚。因为鉴赏判断完全远离利害关心，只是内心的一种欣趣和愉悦。牟宗三把这种情况称为“内合”或“内合的表示”。但在说鉴赏判断之量相、关系相与模态相时，却不自觉渐渐转成有待于概念，虽不是决定的概念，却也是遥控的概念。牟宗三将这种情况称为“外离”或“外离的表示”。随即牟宗三对“内合”和“外离”进行了界定：

> “外离”云者，对审美判断而言，“外开地离而远之”之谓也。“内合”者则“内切地合而近之”之谓也。是则于表示审美判断之其他三相时，康德是依违于虚实之间而游移不定，故有种种穿凿歧出强探不自然之相出现，而此则胥由于其以合目的性原则为审美判断之超越的原则而然也。
>
> 《康德〈判断力之批判〉》，第 71 页，16/68



所谓“内合”即是“内切地合而近之”，也就是只内在地合于鉴赏判断自己，不受外部因素影响的意思。所谓“外离”就是“外开地离而远之”，也就是离开鉴赏判断自己，跑到外面绕圈子，受制于外部因素影响的意思。牟宗三发现，康德在讲第一契机时贯彻的是“内合”的原则，而在讲其他三个契机的时候，没有把这个原则坚持到底，不自觉地由“内合”变成了“外离”。

其二是关于纯粹审美判断演绎的问题。牟宗三看到，在康德那里，审美判断只是对一个特定对象愉悦或不愉悦的判断，既不属于认知判断，也不属于道德判断。但康德又强调，审美判断一定有普遍性与必然性，而这种普遍性和必然性来自何方必须有所证明，纯粹审美判断的演绎就是为了解决这个问题的。牟宗三认为，康德在这一演绎过程中存在一个问题：

> 当我们分解地解明审美判断之特殊性时，我们是消极地用“非此非彼”（既非亦非）之排拒方法（遮诠）来表示的。这排拒之方法（遮诠），我们名之曰“内合”之方法。“内合”者“内切地合而近之”之谓也。这很

好，很能显审美判断之特性。但是当康德以合目的性原则为审美判断之超越的原则，并环绕此超越的原则以自由表现（游戏）中的想象力与知性之谐和一致之心灵状态以及“共感”来说明审美判断之量相、关系相与程态相，并进而依据此超越的原则来证成审美判断之普遍性与必然性为合法时，他是出乎其位地用“外离”之方法的。

《康德〈判断力之批判〉》，第 54—55 页，16/52



在康德那里，审美判断既无关于利害关心，又无关于任何概念。牟宗三将其称为“非此非彼”的方法，而这种“非此非彼”的方法就是“内合”的方法。牟宗三强调，这种“内合”的方法很好，能够彰显审美判断的特性，因为它只是为了审美自己而不是为了其他。但康德为了解决审美判断的普遍性与必然性问题，又不得不围绕合目的性原则讲出一大套道理来。这实际上已经是“外离”而不是“内合”了，违背了最初的原则。

牟宗三还引用康德 heautonomy 和 autonomy 两个概念来说明这个问题：

此义即引论第 V 节 V. 7 中“heautonomy”一词之义，即“自律之为自己而律”。“autonomy”是“自律之为他而律”。在审美判断中，反照的判断力之自律是为自己而律，这就是这里所说的“判断力其自身主观地就是其自己之法则”。这与知性之自律之为“自然”而律（而立法）不同，亦与自由意志之自律之为“行为”而律（而立法）不同。盖因为知性与意志之自律皆是客观地为他而律也。又在审美判断中，反照判断力之反照之自身主观地即是美的对象或美的景色之呈现，并非是像认知判断那样去认知一外在的客观对象也。这也就是这里所说的“判断力其自身主观地就是其自己之对象”。“判断力其自身主观地就是其自己之对象并亦同样主观地就是其自己之法则”这表示是很好的。这种表示是“内合性的表示”。即只内在于审美判断之自身而理解审美判断之特殊性而并不须外离地出位而思之。

《康德〈判断力之批判〉》，第58页，16/55—56



在康德那里，autonomy 和 heautonomy 均为自律，但属于两个不同的概念。牟宗三解释说，autonomy 之自律是为他而律，如知性的自律和自由意志的自律。虽然是自律，但这些自律都是为他而存在的。知性是为了做成知识，为自然立法，自由意志是为了成就道德，为行为立法。而 heautonomy 之自律就不同了，它是为自己而律。审美判断即是这种情况。审美判断的自律完全是为了自己，是为了成就自己对于自然的观察，以便能够将那些不为概念所包括的无限多样的复杂因素形成一个系统。牟宗三很重视这两个概念的区别，《商榷》一文中多次提到它们。在另一处的论述是这样的：“说反省判断力把此超越原则当作一法则由其自身而给出，给出来单给与于其自己，这表示说：并不是把它给出来给与于自然，替自然立法以去规定自然。由此两义，康德遂引出一个很古怪而少见的词语，即‘heautonomy’一词，此词与‘autonomy’不同。前者是自律之为自己而律（把一法则自律地规划给自己），而后者是自律之为他而律（如知性为自然立法，意志为行为立法）。”（《康德〈判断力之批判〉》，第7页，16/5）从这一论述可以看出，牟宗三非常看重审美判断的“内合”原则，一个重要根据就在于康德所说的这个 heautonomy，即自律而为自己而律。

其三是关于审美判断的辩证问题。牟宗三不同意康德对于审美判断辩证问题的处理，这样写道：

> 我们当初说审美判断之量相（普遍性即对每一人有效之普遍性）并不基于概念，这不基于概念是不基于任何概念，并非是单不基于决定的概念，而尚可基于一不可决定的理念上。若如此，那普遍性仍是有待而然的，虽不是有待于“持之有故”的决定概念，然而却是有待于“言之成理”的不决定的概念（超感触者之理念）。既如此，审美判断之遍效性虽不是经由可决定的概念而为可验证的（在此证明实即验证），但却仍是经由不可决定的概念而为可推明的（经由推断而证明的）。如是，则仍是有待于某种概念的，这便与原初之“不依靠任何概念”相冲突。这便是对于审美判断之外离式的表示，即“外开地离而远之”之表示。
>
> 《康德〈判断力之批判〉》，第 68 页，16/65—66

康德最初讲审美是不基于概念的，这种不基于概念是不基于任何概念，而不是不基于规定性概念，却可以基于非规定性概念。可到了解决二律背反的时候，却又说审美判断虽不基于概念，但可以基于一个非规定性的概念，基于一个超感触者的理念。这与之前关于审美判断的基本规定构成了矛盾。其所以出现如此问题，根由即在违背了“内合”的路线，投奔了“外离”的路线。

牟宗三进而分析了康德变“内合”为“外离”的原因，认为这里的关键一环，是康德讲审美一定要挂靠到一个合目的性原则之上：

这外离式的表示胥关键于其所说的合目的性之原则。由此主观的形式的合目的性之原则，审美判断必远离地挂搭于“超感触者”之理念上。此超感触者之理念当即是所预设的“一超绝的知性（神智）之设计”之理念。这个理念对审美判断而言，不是一个“内合”的概念，即不是一个“内切地合而近之以便决定而证明之”的概念；它但只是一个“外开地离而远之，只是言之成理地不决定地推而明之而非持之有故地决定地证明之”的概念。

《康德〈判断力之批判〉》，第68—69页，16/66



根据牟宗三的理解，康德有如此失误，缘由全在合目的性原则。审美判断基于主观的形式的合目的性原则，这是康德判断力批判最为重要的思想之一。但与此同时，康德又将这种目的性原则挂到“超感触者”的理念之上，预设一个“超绝的知性（神智）”的理念。于是，康德原本设定的“内合”的路线就无法坚持了，只好走上“外离”的路线，以神智和上帝来讲审美。

另一处的论述更为简明：

经过以上逐步的检查，总症结是在康德以“合目的性原则”为审美判断之超越的原则。康德用非此非彼之“内合”方式作审美判断之分析本是很好的，但一旦说到审美判断之超越原则为合目的性之原则时，却是用了“外离”之方式，种种刺谬睽隔均集中于此。

《康德〈判断力之批判〉》，第62—63页，16/60



此段中，“总症结是在康德以‘合目的性原则’为审美判断之超越的原则”一句最为紧要。它明确道出，以合目的性原则作为审美判断的先验原则，是康德判断力批判根本问题之所在。康德原本以“非此非彼”的“内合”方式，也就是既无关于利害关心，又无关于概念，来讲审美判断。但一旦要为审美判断确立先验原则了，却又把审美联系在合目的性之上，联系到“超绝的知性（神智)”之上，这就成了“外离”。由“内合”变为“外离”，是康德学理中“种种刺谬睽隔”的根本原因。



**2. 康德审美判断力与目的论判断力的内在关联**

上面的引述充分说明，牟宗三批评康德由“内合”变为“外离”，核心是不满意康德将审美与目的论捆绑在一起，以目的论讲审美。那么，牟宗三的这种批评是否有道理，或者说，我们应该如何看待牟宗三的这种批评呢？如果仅以“都是英雄所见”[①] 加以调和，似乎尚不足以解决问题。要彻底解决问题，在我看来，一个必要的途径，是首先充分理解康德《判断力批判》中审美判断力批判与目的论判断力批判这两个部分的内在关联。[②]

---

① 殷小勇指出：“康德由审美进入世界目的性之概念作为感性与自由的最后根据，可视为儒家心性工夫从道德情感之美境呈现即真即善之本体，澄明一悬立直贯于心的实践理性作为世界之目的（价值意义规定）生生流行，此与儒家讲的外在天命大化流行于‘仁义内在，性由心显’的内在心性在人伦日用之生活道路上精进不已的存在一样。故牟先生无须责康德之迂曲，都是英雄所见，比较而诠释他们的见解对于当代中国现代美学的发展具有非常深远的意义。”（殷小勇：《审美判断与合目的性之关系——论牟宗三关于康德美学之商榷》，《同济大学学报》，2008 年第 4 期）

② 近些年来，国内关于《判断力批判》的研究有了长足的进展，而这方面邓晓芒无疑最值得关注。邓晓芒的硕士论文就是关于康德第三批判的，并著有《冥河的摆渡者——康德的〈判断力批判〉》（昆明：云南人民出版社，1997 年）。后又与杨祖陶合作，共同翻译了康德的三大批判。在《判断力批判》译本后面还附有长文《论康德〈判断力批判〉的先验人类学建构》系统阐述了其对第三批判的理解。该文略有修改后收在《康德哲学诸问题》（北京：生活·读书·新知三联书店，2006 年）之中。近年来又出版了由讲稿整理而成的《康德哲学讲演录》（桂林：广西师范大学出版社，2005 年）、《康德〈判断力批判〉释义》（转下页）

如所周知，康德哲学体系原本只有两个部分，即关于人类认识能力的批判和人类实践能力的批判。这两个部分分别完成于《纯粹理性批判》和《实践理性批判》。康德在《纯粹理性批判》中曾把自己的任务归纳为三个方面，这就是："我能够知道什么?""我应当做什么?""我可以希望什么?"这其中，"我能够知道什么"的问题是理论的，"我应当做什么"的问题是实践的，"我可以希望什么"的问题与实践和理论两个方面都有联系，可以说是宗教的。但是在写完《实践理性批判》之后不久，在该书尚未正式出版之前，康德又有了一个新的重要发现。在写给莱因霍尔德的信中，他透露了一个重要信息：他正忙于鉴赏力的批判。"在这里，将揭示一种新的先天原则，它与过去所揭示的不同。"心灵具有三种能力，即认知能力，快乐与不快乐的感觉，以及欲望能力。康德在第一批判中发现了第一种能力的先天原则，在第二批判中发现了第三种能力的先天原则，而当时他正"试图发现第二种能力的先天原则，虽然过去我曾认为，这种原则是不能发现

---

(接上页)(北京：生活·读书·新知三联书店，2008年)。在这些研究中，邓晓芒不仅坚决反对将审美判断力与目的论判断力截然分割的观点，而且反对以自然美作为这两个不同部分衔接点的看法，主张"这个衔接点不是自然美，而是艺术"(邓晓芒:《康德哲学诸问题》，第168页)。本章写作对其相关成果多有借鉴，在此谨致谢忱。

此外，李淳玲的研究亦值得关注。李淳玲近十多年来分别撰有《康德美感判断的思索》、《康德美学——解读'美是道德善的象征'》、《审美判断先验原则的再商榷——'主观合目的性'失意指吗?》等文，详细分析了康德第三批判的内在理路，以及牟宗三相关研究中的理论瑕疵。这是我在这方面能够看到的最早的、最为系统的研究，尽管她的研究尚未点破牟宗三以"无相原则"为基础沟通理论理性和道德理性这一努力存在的重大问题，而这才是合一论的命脉所在。李淳玲的研究与邓晓芒略有不同。邓晓芒多是站在康德第三批判本身加以说明，对准确理解康德思想有重要指导作用；李淳玲则是进一步探讨牟宗三的相关研究，指明其中存在的问题。李淳玲上述文章均收入氏著《康德哲学问题的当代思索》(嘉义：南华大学社会学研究所，2004年)之中，读者可参阅。

的。”① 这个新的发现使康德开辟了一个全新的领域，这就是对于人类情感的研究。根据这一新的发现，康德证明，人类情感同样具有先天的原则，与此相关的内容就是判断力批判。这样一来，康德哲学就由原先理论哲学与实践哲学两个部分，变成了理论哲学、目的论、实践哲学三个部分，而这三个部分分别形成了理论理性批判、判断力批判和实践理性批判。



判断力并不是一个新问题，康德在《纯粹理性批判》中就讨论过这个问题。在那里，所谓的判断力是用已有的纯粹知性概念去统摄感性直觉从而形成知识的一种能力，所涉及的是在认识论意义上如何将人类诸认识能力联结起来以形成知识，从而达到对经验事物的先验把握的问题。但在《判断力批判》中，康德的思想有了很大的改变，提出了一种新的判断力。这种判断力不是用已有的普遍概念规定特殊事物的能力，而是为已有的特殊事物寻找普遍性原理的能力。因为前一种判断力是以概念对客观对象进行规定，所以称为“规定的判断力”，而这种新的判断力仅以认识能力的自由而合目的性的运用为转移，所以叫做“反思性的判断力”。因为反思性判断力只涉及人的思维，不涉及客观质料，所以在康德的学理中，属于主观形式的原理。

需要注意的是，康德以此为基础还提出了另外一种反思判断力，这就是客观质料意义上的反思判断力。人类的知性要求把一切经验对象都统摄在一个完整的系统之中，但是自然界经验事实异常复杂，充满着偶然性和丰富性，无法完全被概念统摄。为了将其统一起来，只能求助于理性，让理性发挥调节性的作用。反思性判断力刚好可以被理性作为统一人类知识的工具，调节性地运用于客观质料上。当然，这种运用不是为了产生愉快的情感，



① 李秋零编译：《康德书信百封》，上海：上海人民出版社，1992 年，第 110 页。

而是把特殊统一于被当作客观原理的目的性原理之下，从而指导自然科学的研究。这种目的性原理认为自然界的一切偶然经验事实都趋向于某个目的，并由此被安排在一个由低级到高级的系统之中。当然这并不是说自然界的客观性质原本即是如此，而只是出自认识能力的要求而不得不有的一个假定，是一种权宜之计。所以它仍然是一种反思性的判断力。



康德进行判断力批判，一个重要目的是把前两大批判联系为一个整体。在康德那里，反思性判断力有两个特征，首先是诸认识能力的自由运用，其次是这种认识能力的合乎目的的运用。因为同时具有这两方面的特征，反思判断力一方面出自人的认识能力，与理论理性相关，另一方面又指向人的自由和道德，与实践理性相关。康德如此安排，是要借助这一特点把理论理性与实践理性连接起来。在《纯粹理性批判》中，康德成功地证明了自然概念和自由概念是两种不同的概念，一个属于现相，一个属于本体，两者可以无矛盾地共存于一个主体之中。但此时这两个方面还没有形成一个有机整体。如果康德不能提供一种渠道让人们意识到自己是本体的存在，那么受自然法则制约的人永远也无从意识到自己的自由及道德法则，对本体世界的设想就是毫无意义的。因此，必须有一个桥梁，让自然人切身感受到某种特殊的情感，“促进了内心对道德情感的感受性”①，从而完成由自然向道德的过渡。反思性的判断力所担负的就是这个使命。

在《判断力批判》中，主观形式的反思性判断力和客观质料的反思性判断力分别阐述于“审美判断力批判”和“目的论判断力批判”之中。但这两个部分究竟是一种什么关系，很长时间一直是一个谜。一些学者往往只将第三批判视为一部美学著作，不



① 康德:《判断力批判》，邓晓芒、杨祖陶译本，第 32 页。

了解康德为什么非要把审美判断力批判和目的论判断力批判联系在一起，甚至认为康德原本只是想进行审美判断力研究，与目的论没有直接关系，目的论判断力批判是后来加上去的，所以才多了一个可有可无的大尾巴。这种看法长期占据学界的主流。但是随着研究的深入，人们逐渐改变了这种看法，试图把审美与目的论视为一个整体。一些学者认为，第三批判中审美判断力批判和目的论判断力批判是一个统一体，康德如此安排出于精心考虑，那种将目的论判断力批判视为“大尾巴”和“衍生物”的观点，是站不住脚的。“一个明显的事实是，康德从来没有把审美判断力排除在‘目的论’之外。当康德把审美判断力称之为‘自然的形式的合目的性’或‘主观合目的性’时，这种‘合目的性’当然是属于目的论所讨论的范围的，甚至是唯一具有先天原则的合目的性。它和‘自然的实在的合目的性’一样，都属于‘自然的合目的性’，而与‘实践的合目的性’相区别（虽然它们都是按照与实践的合目的性的‘类比’而被思考的）。”“可见，审美判断力批判既然谈的就是‘自然形式的合目的性’，就不能说它与目的论‘没有多大关系’，也谈不上什么‘让位’、‘缩小’或‘贯穿’的问题。审美判断力批判就是康德目的论的一个部分，当然不是其全部，也不是主体部分，但却是为目的论概念的运用（而不是这概念本身）奠定先天原则之基础的部分。”① 这就是说，康德的审美判断力与目的论判断力有着密切的内在联系。审美判断力作为一种“主观合目的性”或“自然的形式的合目的性”，其本身就是目的论的一种，或者说是目的论的一个组成部分。审美判断力的重要性在于，它为目的论概念的运用奠定了先天原则，从而成为目的论的一个重要理论基础。康德研究的这种新进展提示我们，《判





① 邓晓芒：《康德哲学诸问题》，第 165—166 页。

断力批判》中审美判断力与目的论判断力并非互不相关，而是一个整体的两个不可或缺的组成部分。

研读康德第三批判的读者可能都有这样的体会，要了解审美判断力与目的论的关联，应当首先从整体上把握《判断力批判》的内在逻辑结构。康德虽然把《判断力批判》分为审美判断力批判与目的论判断力批判两个不同部分，但明显是将前者作为了后者的基础。在审美判断力分析论中，康德对鉴赏的四个契机进行了分析。鉴赏的第一契机是美感的性质问题。康德认为，美感与快适和善所带来的愉悦不同。快适和善的愉悦都具有利害关系，唯有对美的鉴赏的愉悦是无利害的和自由的。鉴赏第二契机是美感的普遍性问题。美感并不像口味那样完全是个人的，它带有普遍传达的要求，而这种普遍性又不基于概念，只是一种“主观的普遍性”。有趣的是，鉴赏判断虽然是主观的普遍性，但同时又采取了一种好像是一个“客观判断”的形式，要求人们普遍承认。在鉴赏第三契机中，康德指出，鉴赏判断着眼之处，只是一个对象对于主体的“无目的而合目的性的形式”，只是让诸认识能力好像趋向于一个目的那样处于协调的游戏活动中，而不在乎对象本身。因此，这种“无目的的合目的性”只是主观的，是主观观察对象的一种形式。也就是说，审美判断“好像”有一种客观的形式，但这种客观的形式并不是真正的客观性，而只是主观的，不过是人对自己情感的社会普遍性的确信和对一般人类情感认同的形式而已。凡是符合这一要求的即为“自由美”，反之则为“依存美”。第四契机讨论的是这种主观合目的形式之所以可能的先天必然性条件，这就是“共通感”。这种先天的必然条件之所以重要，是因为这个问题不解决，就没有办法要求人与人之间在情感方面有一种普遍的传达。由于鉴赏并不是认知，不能将解决问题的希望寄托在概念上，于是康德为其寻找到了另外一种先天条件，这就是共通感。共通感是自由的美感之所以能够普遍传达的先天条件。通过这种分析，康德告诉我们这样一个基本道理：审美是一种愉悦，这种愉悦完全是自由的，而在这种自由中又包含着一类本性中某种共同的、普遍的东西，这种共同的、普遍的东西就是审美判断的先天原则。

康德进而将上述思想，运用到对艺术的分析之中，并将艺术美与自然美连接起来。康德讨论艺术的重点并不在所谓“一般的艺术”，而在“美的艺术”。“美的艺术是这样一种表象方式，它本身是合目的性的，并且虽然没有目的，但却促进着对内心能力在社交性的传达方面的培养。”① 也就是说，美的艺术本身没有目的，但又有合目的性，而这种合目的性使普遍的传达成为可能。艺术之美最重要的特点是“无目的的合目的性”。艺术的这一特点与自然之美有着很大的一致性。因为美的艺术虽然不是自然本身，而是人工制品，但由于它制作精巧，混然天成，不留痕迹，又显得像是自然本身的作品。“自然是美的，如果它看上去同时像是艺术；而艺术只有当我们意识到它是艺术而在我们看来它却又像是自然时，才能被称为美的。”② 自然只有像是艺术的时候才是美的，而艺术也只有像是自然的时候才是美的。因为艺术之美和自然之美有这种共性，所以人们有理由以此来观察自然本身，将美的艺术中的这种“无目的的合目的性”特点置于自然本身之中，将自然也看作是一种“无目的的合目的性”。康德认为，人们在对自然美的评判中是不考虑完善性的，但是因为对艺术美的评判要求考虑到完善性，而自然美与艺术美又有相似性，所以在评判自然美的时候，也不得不将完善性考虑在内了。这个转变有着十分重要

① 康德：《判断力批判》，邓晓芒、杨祖陶译本，第149页。

② 康德：《判断力批判》，邓晓芒、杨祖陶译本，第150页。

的意义，因为我们在评判自然的时候，也必须加上目的论的因素，而在这之前人们并不需要这样做。“虽然在这种评判中，尤其是在对有生命的自然对象如这个人或一匹马的评判中，通常也一起考虑到了客观的合目的性，以便对它们的美加以评判；但这样一来，就连这判断也不再是纯粹审美的、即单纯的鉴赏判断了。自然不再是如同它显得是艺术那样被评判，而是就它现实地是艺术（虽然是超人类的艺术）而言被评判了；而目的论的判断就充当了审美判断所不得不加以考虑的自身的基础和条件。”① 一句话，在艺术美与自然美的一致性中，通过艺术与自然的类比，人们有理由将审美判断力与目的论判断力联系起来，这样也就从审美过渡到了自然客观目的性。

在由审美过渡到自然目的性的过程中，康德又将这种自然目的性分为外在的和内在的两种。“这可能以两种方式发生：要么我们把这个结果直接看作艺术品，要么只是看作别的可能的自然存在者的艺术的材料，因而，要么看作目的，要么看作其他原因的合目的的运用的手段。后面这种合目的性（对于人类而言）就叫作有用性，或者（对任何其他被造物而言）也叫作促成作用，只是相对的合目的性；而前一种合目的性则是自然存在物的内部的合目的性。”② 康德认为有两种目的性，一种是“相对的合目的性”，又叫“外在的合目的性”。它只是把一个自然物看作另一个自然物的手段，这种目的性只是一种有用性。这种做法必然陷入无穷追溯的过程之中，无法得到一个最终目的，并不是真正的目的性。另一种目的性是以自身为目的，并把所有一切自然物看作自己的手段，所以又叫“内在的合目的性”。这才是真正的自然目

① 康德：《判断力批判》，邓晓芒、杨祖陶译本，第 156 页。
② 康德：《判断力批判》，邓晓芒、杨祖陶译本，第 217 页。

的性。康德主要在内在合目的性的意义上谈自然目的性。康德在杂多的自然事物中发现，有机体正是他所要寻找的那种“内在的合目的性”。有机体的各个部分之间不仅互相依赖，而且互为目的和手段。它并不以外在的东西为目的，只把那些当作维持自己生存和延续的手段。有机体是那样的复杂，这种复杂程度单凭机械作用根本无法理解。因此我们完全有理由想象其中存在着某种目的，尽管这种想象只是一种反思性判断，而不是规定性判断。这样一来，整个无机自然界也就可以作为产生有机体的手段，而被联结到一个自然物本身为目的的大系统之中了。



引入有机体的概念对于说明自然目的性固然有所帮助，但作用还比较有限。因为如果仅仅是这样，整个自然仍然是一大堆有机体杂乱无章、相互冲突的世界，仍然无法将自然理解为一个有序的整体。这与人的知性要把自然界统一于一个原理之下的要求不相符合。但是，康德同时又指明，人们一旦承认了有机体的内在目的原理，那么也就必须把整个自然界也看作一个“自组织的有机体”，即一个合乎目的地按等级次序组织起来的巨大系统。这是因为，如果自然界不是合目的地为有机体提供存在的环境条件，单是有机体之自身是无法生存下来的，也就不会有有机体存在了。但事实是，有机体确实已经存在着，这反过来使我们有理由将整个自然界视为一个目的论的系统，即“使我们有理由提出自然的一个巨大目的系统的理念”①。这样，康德就把目的论原理中的“外在目的性”归属于“内在目的性”之下，说明只有内在目的性才是自然目的论的真正根据，“它不仅是一个目的，而且也是一个终极目的”②。这个终极目的只能是人类，“因为他是地球上惟一能

① 康德：《判断力批判》，邓晓芒、杨祖陶译本，第232页。
② 康德：《判断力批判》，邓晓芒、杨祖陶译本，第283页。

够给自己造成一个目的概念、并能从一大堆合乎目的地形成起来的东西中通过自己的理性造成一个目的系统的存在者"①。可是，如果仅仅把人看作自然界的一部分，即一种动物，这个"终极的"自然目的仍然缺少根据。因为大自然对于作为动物的人类并不特别优待，如果没有理性，人这种动物也会被大自然毫不留情地消灭掉。由此康德认为，这就迫使我们必须到人的"理性运用的一个主观条件"中，去寻找终极目的之根据。



为了确定这个终极目的的根据，康德把人的理性原理分为两种，首先是人的"幸福"的理念。人把它当作一个可望而不可及的终极目的，但这个目的并不能把自然界和人类社会的一切不幸都统一在一个目的的系统中。于是"只剩下形式上的主观条件，即这种适应性的主观条件：一般来说能为自己建立目的并（在他规定目的时不依赖于自然）适合着他的一般自由目的的准则而把自然用作手段"，而这也就是"文化"。"只有文化才可以是我们有理由考虑到人类而归之于自然的最后目的"②。这样一来，康德就从自然领域转入到人类文化领域。但并不是所有文化都足以成为自然的最后目的的。康德认为，在文化中，劳动不过是"熟巧"，它虽然是"对促进一般目的的适应性的最重要的主观条件；但却还不足以促进在规定和选择其目的时的意志"③，无法把意志从欲望的专制和兽性的冲动中解放出来，反而要以人类不平等为自身发展的前提。艺术和科学就不同了，虽然它们也可以导致虚荣和奢侈，却能对人更为低级的兽性起到抑制作用，使人的意向得到锻炼，变得更为文明，这就为我们感到自身隐藏着一种更高的目的

---

① 康德：《判断力批判》，邓晓芒、杨祖陶译本，第 284 页。
② 康德：《判断力批判》，邓晓芒、杨祖陶译本，第 289 页。
③ 康德：《判断力批判》，邓晓芒、杨祖陶译本，第 289 页。

而作了准备。这样，对自然最终目的的追寻就引导我们到达了“作为本体看的人”①，“只有在人之中，但也是在这个仅仅作为道德主体的人之中，才能找到在目的上无条件的立法，因而只有这种立法才使人有能力成为终极目的，全部自然都是在目的论上从属于这个终极目的的。”② 一切自然物在演变中趋向于人的文化，而人的文化又在一个漫长的历史过程中趋向于道德的或理性的人，这样就完成了由自然界向道德世界的过渡，完成了由现相的人向作为本体的人的过渡。



但是，一个道德的人仍然会面对自然界和社会生活的种种不道德因而不合目的的事。为了能够把整个现实的世界仍然看作是从属于以道德为制高点的一个更大的目的系统，我们就必须设想灵魂不朽和上帝存在。于是在康德那里又有了一个从“自然神学”向“伦理神学”的过渡。对于传统的自然神学，康德像在《纯粹理性批判》中一样，再次进行了批判的考察。他认为，自然神学以自然目的论为自己论证的依据，但实际上自然目的论不管推进到多么远，都永远不能为神学提供经验的证明。因为自然目的论的根基只能是内在目的论，其“终极目的”除了主观上必要的反思性规定外没有任何其他规定；但自然神学仍不失为一种必要的尝试，激发我们去追求一个最高原因和目的，而在这种追求中人们就会发现，“真正说来一个基于完全不同的理性运用（实践的运用）之上的最高存在者的理念先天地在我们里面奠定着根基，它驱动着我们把一个自然目的论关于自然中诸目的的原始根据的有缺陷的表象补充为一个神的概念”③。自然神学除了作为伦理神学



① 康德：《判断力批判》，邓晓芒、杨祖陶译本，第 293 页。
② 康德：《判断力批判》，邓晓芒、杨祖陶译本，第 294 页。
③ 康德：《判断力批判》，邓晓芒、杨祖陶译本，第 297 页。

的准备或入门之外，没有别的用处。

由上可知，《判断力批判》中审美判断力与目的论的关系十分微妙，那种认为二者之间没有内在关联，甚至认为目的论完全是多余的看法，完全要不得。正如有的学者所说：“康德的审美判断力和目的论判断力的关系就在于，它们是目的论的两个不同的层次，前者为目的论在人的情感能力中找到了它唯一可能的主观先天原则，后者则立足于这一原则的观点对自然界的客观事物进行一种反思的评判，从而澄清了目的论判断力的条件、范围、性质和作用。可见在这种关系中，审美判断力处于更深刻的层次，而目的论判断力则更广泛、更全面地展示了理论哲学和实践哲学通过目的论所形成的过渡关系，甚至反过来把审美判断力（自然美）也包括在它的论证范围内了。”①

### 3. 牟宗三相关理解有欠准确的三个例证

遗憾的是，在《商榷》一文中，我们看不到牟宗三对《判断

① 邓晓芒：《康德哲学诸问题》，第171页。李淳玲的看法与此相近，可作参考。在其《审美判断先验原则的再商榷——“主观合目的性”失意指吗?》一文中，作者从两个方面对这个问题进行了分析：一是确切掌握康德审美判断的特性，以澄清牟宗三可能对康德的误解；二是展示审美判断的涵义及其与道德的关系，以解脱《商榷》长文对康德美学的批判所形成的牵累。通过系统的分析，作者指出：牟宗三的合一说虽然甚为微妙，但那是圣人的道德气象所达到的境界，实际已经脱离了康德审美判断的意趣。如果仅以合一说的真善美为标的，反过來决定分别说的审美意味，对于审美是不公平也是不恰当的，同时也失去了审美判断的特殊意义。“这是笔者近年来研读康德美学的看法，以为牟先生对康德美学的批评对康德不算是公平的，也不是康德美学的意指。换句话说，就是对于康德审美判断的特色没有完全掌握，太快就以传统中国人的审美情调指摘康德，这里可能有些问题。尤其是对‘主观合目的性’的诠释，看似没有误解，却又有些滑溜，对于‘想象力与知性和谐’的意思没有抓紧，因觉其‘难索解’而把它编派到目的论的判断里，这样反而混漫了康德的各色判断；并且没有把康德审美与道德分别说的意思澄清，以为崇高属于道德之情，这些就康德哲学的系统而论可能都算是误解的。”（李淳玲：《审美判断先验原则的再商榷——“主观合目的性”失意指吗?》，第六届当代新儒学国际学术会议论文，2001年）

力批判》这一内在逻辑关系的把握。与此相反，看到的多是疑惑和不解。为了说明问题，下面举几个例子。

第一个例子是关于目的本身的。这个问题可以这样表述：在康德学理系统中，对于审美而言，讲目的是不是“外离”？牟宗三在《商榷》中直言，他不明白康德为什么一定要把审美与合目的性原则放在一起。在他看来，审美只是如如之欣趣，与目的论并无直接关联，并举“这枝花是美的”这一判断作出说明：



> 试看“这枝花是美的”这一美学判断。在这一“自然之美”之对象中，有什么“合目的性”存于其中呢？这一审美判断表象什么“合目的性”呢？人人见美的花皆有一愉快之感，这愉快之感与康德所说的“合目的性”有什么关系呢？我百思不得其解！我不知合目的性原则在这里究竟如何了解其切义。我每看到康德于美学判断处说合目的性原则时辄感困惑，我找不到它的切义究竟在那里。我甚至怀疑它在这里根本没有切义。
>
> 《康德〈判断力之批判〉》，第 17 页，16/15

“这枝花是美的”是一个审美判断，但在这个判断中，“合目的性”起什么作用呢？人人见到美的花都会感到愉悦，这种愉悦即是如如之欣趣。但这种愉悦与“合目的性”有什么关系呢？牟宗三承认，他于此处“百思不得其解”，实在不明白这里的道理究竟何在，甚至怀疑根本没有道理，“没有切义”。

牟宗三又举文学作品中的例子来讲这个道理：

> 如“西风、古道、瘦马。小桥、流水、人家。断肠人在天涯。”“天苍苍，野茫茫，风吹草低见牛羊。”“四

围山色中，一鞭残照里。遍人间烦恼填胸臆，量这般大的小车儿如何载得起!”“朝飞暮捲，云霞翠轩；雨丝风片，烟波画船。锦屏人忒看得这韶光贱。”凡此，于文学是最美的文学作品（诗词）；于风光是最美的风光，康德所谓“美的景色”（beautiful view，花是美的对象 beautiful objevct）。“合目的性”原则如何进入这些“美的表象”呢？如康德所论的“合目的性”原则，以及借赖此原则所说的“自然的特殊化之法则”，如果这原则或这法则进入这些美的对象或美的风光中，则这些美的对象或风光早就不美了。所以我们很难就这些美的对象或景色说“合目的性”之原则。

《康德〈判断力之批判〉》，第 17 页，16/15—16

“西风、古道、瘦马”，“天苍苍，野茫茫，风吹草低见牛羊”，这些文学作品中的精彩描述我们都非常熟悉。人们看到这种场景，读到这样的描写，内心就会感到喜欢，有愉悦感，认为它们是美的，但一般并不把这些景象与合目的性联系在一起。如果像康德那样在里面非要讲一个合目的性，论证这些美的景象背后的目的性是什么，不仅感受不到美的愉悦，就是这些美的对象或风光也早就变得不美了。

另一处的表述用词更为激烈：

但是对审美以及此中之愉快而讲这么一个“合目的性”为其超越的原则，亦可谓刻而凿矣。我很难得其切义。我不知对象（如花之形式）之这么一种合目的性究竟于“美”有何切义？是因花这个对象之依其目的而可能而然呢？抑或是因其适合于主体之认知机能而然呢？

如果是前者，则花之美是目的论的判断，而不是审美判断。如果是后者，则我很难了解反省判断中主体之认知机能之自由表现究竟于我之直感花之美或景色（风光韶光）之美有什么作用或有多少作用。此则太迂曲而离歧以至切合不上“美”。吾每看至此语或类乎此者真有语意分析家所谓“你究竟意谓什么?”（What do you mean?）之感。

《康德〈判断力之批判〉》，第19页，16/17



康德讲审美的一项重要内容，是为审美确立一个合目的性的先天原则。牟宗三在研究过程中对康德这一思路大为不解，直截了当地指明，他不知这是因为花这个对象依其目的而美，还是因符合主体认知机能而美？如果是前一种情况，那么讲花之美就属于目的论判断，而不属于审美判断了；如果是后一种情况，又实在不清楚主体认识机能的自由表现对于感受花的美有什么作用或有多大作用。“迂曲而离歧”，“你究竟意谓什么”这些说法生动表达了牟宗三对康德合目的性原则无法理解的感受。

牟宗三上述批评的中心是不明白“这枝花是美的”这一审美判断与合目的性是什么关系，甚至怀疑这里根本就没有关系，认为康德把美与合目的性联系在一起，完全是多余的。这种多余就是“外离”。但是，如果我们把这个问题严格置于康德第三批判的逻辑结构之中，则明显不能这样说。上面的梳理已经指明，在康德学理中，审美的一个重要特征是“无目的的合目的性”。“无目的”是说审美必须完全是自由，不受利害关心的影响，更不源于外力的强制。但它又必须“合目的性”。这种“合目的性”并不是审美对象自身所具有的，只是人们为了思想的方便人为加于其上的一种权宜的办法。这就是康德所说的：“所以，这就需要某种在对自然的评判中使人注意到自然对我们知性的合目的性的东西，即需要一种把自然的不同性质的规律尽可能地纳入到更高的、虽然仍然是经验性的规律之下的研究，以便在做到这点时对自然与我们认识能力的这种只被我们看作偶然的相一致感到愉快。”[①] 值得一提的是，这种合目的性的一个重要因素是事物的完善性。“由于一个事物中的多样性与该事物的内在规定的协调一致作为目的就是该事物的完善性，所以在对艺术美的评判中同时也必须把事物的完善性考虑在内，而这是对自然美（作为它本身）的评判所完全不予问津的。”[②] 一个对象一旦与这种完善性协调一致，也就达到了合目的性，人们就会感到一种愉悦，这种愉悦就是美。康德下面一段话值得关注：

> 在这种场合下，例如即使有人说：“这是一个美女”，我们所想到的实际上也无非是：大自然在她的形象中美丽地表现了女人身体结构中的那些目的；因为我们还必须越过这单纯的形式而望见一个概念，以便对象借这种方式通过一个逻辑上被决定了的感性［审美］判断得到设想。[③]

在康德看来，一方面，我们不知道大自然本身是不是有目的，另一方面我们却可以为它设想一个目的，以弥补以机械论原理观察大自然带来的不足。既然设想大自然有一个目的，那么这个目的一定是向完善性发展的，否则我们这样做就没有任何意义了。一

---

① 康德：《判断力批判》，邓晓芒、杨祖陶译本，第22—23页。
② 康德：《判断力批判》，邓晓芒、杨祖陶译本，第156页。
③ 康德：《判断力批判》，邓晓芒、杨祖陶译本，第156页。

旦设想大自然是向完善性发展的，那么凡是与完善性相符合，就是合目的性的。一旦一个对象与这种合目的性相协调，人们就会感到愉悦，感到美。“这是一个美女”的例子非常具体地表达这一思想。康德认为，当我们说“这是一个美女”的时候，我们想到的无非是她符合了我们所设想的大自然的某种目的，是在她的形象中表现了女人身体结构中的那些目的。也就是说，女人作为一种自然的产物，其本身是否有目的我们并不知道，但我们可以设想有这样一个目的，这种目的的一个重要内容就是其自身的完善性。一个女人达到了这种完善性，也就是与目的性相协调了，这就是她的合目的性。一个女人达到了这种合目的性，人们也就感受到了美，称其是一个美女。



从上面的例子可以看出，康德讲审美一定要讲目的，不讲目的就无法谈审美。上面举的例子可以很好地表达这一思想：一个女人之所以为美是因为她的形象符合了我们赋予女人身体结构中的那些目的。如果不讲目的，那么在康德系统中将以什么来决定一个女人是不是美呢？牟宗三并不这样看，他通过“这枝花是美的”来表达其对康德思想的怀疑。尽管“这枝花是美的”与“这是一个美女”具体表述略有差异，但并没有原则的区别。依据康德对“这是一个美女”的分析，我们同样可以说，我们认定“这枝花是美的”是因为我们赋予了花这一对象以目的性。一旦“这枝花”与这种目的性相符合，我们就会感受到它是美的。反之亦然。

第二个例子是关于道德的。这个问题可以这样表述：在康德学理系统中，对于审美而言，讲道德是不是“外离”？康德讲审美不离道德，以至于有“美是德性-善的象征”的著名判断。由于牟宗三不满意康德将审美与合目的性联系在一起，对这一著名判断也提出了批评：

如是，若就反照判断力之表现为审美判断而言，这很不足以作为自然概念与自由概念间的媒介，那就是说，它担当不了这个责任。说“美”是善之象征，这也只是这么一说而已，并无严格的一定性。

《康德〈判断力之批判〉》，第 33 页，16/31

牟宗三对康德将判断力作为自然与自由概念之间媒介的做法持怀疑态度，认为它担当不了这个重要的责任。尽管康德“美是德性-善的象征”的说法非常吸引人，但牟宗三认为，这并没有严格的一定性，只是一般说说而已。在牟宗三看来，康德以反思判断力沟通两界的想法过于迂曲生硬而不自然。

又说：

凡“美的灵魂”皆有妙慧。审美判断力（品鉴力）即是此妙慧之表现。康德所说的合目的性之原则以及环绕此原则所涉及的一切，以及其最后的目的“视美为道德的象征”（§59），皆是不相应的“外离”之论，皆不能相应此妙慧之品鉴而说审美判断之特性。

《康德〈判断力之批判〉》，第 69—70 页，16/67

牟宗三认为，审美属于特殊的智慧，即所谓“妙慧”，强调审美判断力必须以这种妙慧为依据才能讲得通，而不能像康德那样走合目的性原则的路子。否则，即使是“美是德性-善的象征”这样美好动听的讲法也站立不住，亦是“外离”之论。

另一处再次谈到这个问题：

说目的论的判断中所反照之世界依靠于一最高的理性，这是可以的，然而于审美判断中所反照之世界却不必这样为之说一不切合的合目的性之原则以便把它迂曲地遥依于一最高的理性上。康德之所以这样强说背反以及迂曲不顺地把美的世界遥依于一最高的理性上，乃正是为的想说“美是善之象征”。这样硬说是不行的。美与真与善各有其独立的意义，当然亦可有其相干性，但不是直接地相干，此中还有更多的层次分际之曲折，硬说是不行的，此则非康德之洞见所能及。康德当然有洞见，但未臻通透圆熟之境。

《康德〈判断力之批判〉》，第77—78页，16/75



牟宗三强调，康德总是要把审美与神意联系在一起，以神意来说其合目的性，意在说明美是道德的象征。但这样硬说是不行的。“美是德性-善的象征”这样的说法，表面听上去很是动人，其实矛盾很多，“未臻通透圆熟之境”。这种“未臻通透圆熟之境”即是一种“外离”。

牟宗三对康德“美是德性-善的象征”这一说法的批评，同样需要加以讨论。康德写作《判断力批判》，将审美与道德联系在一起，有其精心的考虑。康德第一批判解决的是理论理性的问题，第二批判解决的是实践理性的问题，这两步工作取得了巨大成就，但也形成了两个批判过于对立的问题。因此，在理论理性和实践理性之间必须有一个中介环节。康德把这个中介的重任放在审美判断力之上。他认为，随着人类历史的发展，审美能力也得到了提高，通过这种审美能力，人们可以猜测到自身的道德，认识到自己是道德的存在。这就是康德所说的：“认识能力的协调一致包含着这种愉快的根据，在这些认识能力的活动中的自发性使上述自然合目的性概念适合于成为使自然概念的诸领地和自由概念在它们的后果中联结起来的中介，因为这种联结同时也促进了内心对道德情感的感受性。”① 这段论述非常明确地表达了康德的这一思路。这就是说，通过审美人们可以感受到自身的道德，意识到自己并非只是一个现相的存在，同时也是一个本体的存在，一个道德的存在，这样也就可以将理论理性和实践理性联系起来了。康德“美是德性-善的象征”的重要思想，主要就是基于这样一个设想而提出来的。“于是我说：美是德性-善的象征；并且也只有在这种考虑中（在一种对每个人都很自然的且每个人都作为义务向别人要求着的关系中），美才伴随着对每个别人都来赞同的要求而使人喜欢，这时内心同时意识到自己的某种高贵化和对感官印象的愉快的单纯感受性的超升，并对别人也按照他们的判断力的类似准则来估量其价值。”② 从这一表述可以清楚看出，在康德的学理中，美不是道德，但它可以暗示人的道德，通过审美人们可以想到自己是一个道德的存在，本体的存在。所有这些重要的思想都包括在“美是德性-善的象征”这一重要论断之中。

但在牟宗三的论述中，全然看不到康德的这一深邃用心，看到的只是对康德的简单批评。牟宗三当然完全有理由不顺着康德的思路通过审美来感受道德，因为在儒家学理系统中，人有智的直觉，通过这种直觉可以直接感受到自己的良心善性，但并不能因此而看不到康德这种说法的理论意义，因为这种说法至少在康德的体系中是一种解决问题的办法，尽管这种办法的有效性可以商榷。遗憾的是，在牟宗三对康德的上述批评中，我们很难看到

① 康德:《判断力批判》，邓晓芒、杨祖陶译本，第 32 页。
② 康德:《判断力批判》，邓晓芒、杨祖陶译本，第 201 页。

他对这一问题的深入把握，很难看到他对康德这一思路的揭示，这种情况使我们不得不思考这样一个问题：牟宗三在多大程度上把握了康德“美是德性-善的象征”这个重要判断在《判断力批判》中的地位和作用呢？[①]



第三个例子是关于上帝的。这个问题可以这样表述：在康德学理系统中，对于审美而言，讲上帝是否“外离”？牟宗三批评康德“外离”，一个重要原因是不满意康德讲审美时一定要讲一个上帝，认为这其实是以上帝来证明目的论的合理性。比如，在引述《判断力批判》导言第Ⅳ部分第四自然段的一段话之后，牟宗三有这样一段论述：

> 以“合目的性原则”为反省判断力之一超越的原则即表示反省判断力要透视到“神智”以为繁多的自然形态之根据。此一原则之确立是由繁多的自然形态以及其特殊的经验法则之反省默察而悟入，故其切义似乎于反省判断力之表现而为“目的论的判断”方面更为显明，也就是说，于“上帝存在之自然神学的证明”方面最为

---

① 在这方面，李淳玲对牟宗三的批评确有切中其弊之效。作者指出：“当康德说出‘美是道德善的象征’时，他并没有牺牲掉美，反而正因为美‘为己立法’的独立性格才可能全符地表征道德的自由意志，也只有在道德不干预美的情况下，美才可能争得象征道德善的地位。并且是美象征善，才使自由的当身贯彻到现象界而被经验，并不是相反。如此，正因为他的自由不可知，他的实践理性的优先性，以及他的先验哲学不可避免的背反与批判，才使他必须发展出象彻理论来沟通两界，这也是他哲学向来贯彻一致的风味，当是先验哲学的殊胜而不是缺失。”“此处要强调的是：正因为美是独立的，才足以象征善，才足以象征自由，以美来象征善在康德的哲学系统里既没有委屈美，也没有委屈善，完全保持住各别判断鲜明独立的色彩。康德美学并没有挂搭于目的论的滑转或嫌疑，更没有以目的论判断沟通两界的意思。”（李淳玲：《审美判断先验原则的再商榷——“主观合目的性”失意指吗?》，第六届当代新儒学国际学术会议论文，2001年）

显明。

《康德〈判断力之批判〉》，第 11 页，16/9

按牟宗三的理解，康德讲合目的性的先验原则，一个重要特点是将其联系在神智之上，以神智作为繁多的自然形态的根据。这其实是将反思判断力透视到“上帝存在之自然神学的证明”之上了。



接下来不远又说：

由此第Ⅴ节中之申说，康德即进而至第Ⅵ节，正式标题为“快乐之情与自然的合目的性之概念之相联合”。由第Ⅴ节中所说的“当我们遇见经验法则下的系统性的统一时，我们也会很欣慰而高兴”，读者当知依据“合目的性之原则”来反省自然，觉得自然是如此之美好，如此之有条有理而可赞叹，心中自然可感到一种快乐。但这种快乐之情正是“上帝存在之物理神学的证明”之所宣示者，因此，那合目的性之原则正切合于“上帝存在之物理神学的证明”，亦切合于“目的论的判断”，而在这原则下所观的自然正是牧师传道之所赞美者，而这所赞美的世界之美好不必是“审美判断”所品题之“美”，而快乐之情亦不必是审美判断中之“愉悦”。这正是《第三批判》关于审美判断之超越原则之最大的疑窦。

《康德〈判断力之批判〉》，第 14—15 页，16/12—13



康德在《判断力批判》导言第Ⅴ节指出，如果我们遇见经验法则下的系统性的统一时，自然会感到欣慰和高兴。牟宗三于此解释说，当人们依据“合目的性之原则”来反思自然，觉得自然是如此之美好，心中自然会感到一种快乐，“但这种快乐之情正是‘上帝存在之物理神学的证明’之所宣示者”。这就说明，在牟宗三看来，康德在目的论中讲上帝，一个重要出发点，是以上帝来证明“自然是如此之美好，如此之有条有理而可赞叹”，而这恰恰是“上帝存在之物理神学的证明”。



在梳理《判断力批判》导言第Ⅶ部分和第Ⅷ部分时，牟宗三又说：

> 从“因此”说到这里，这其中岂无滑转乎？岂不说得太快乎？除非那“美学的表象”太广泛而笼统，如牧师传道家[①]说这世界有条有理，处处“丝丝入扣”，若非有一上帝在那里作设计，焉能如此之美丽与巧妙！但这并非普通所说的审美品味中的“美学的表象”。审美判断表示“美学的表象”，但牧师传道并非想作美学的表象，他只想证明上帝的存在。因此，康德这句归结语中所谓“合目的性”是切合于“目的论的判断”或“上帝存在之物理神学之证明”的，并不切合于“审美判断”。
>
> 《康德〈判断力之批判〉》，第16—17页，16/14—15

在《判断力批判》导言第Ⅶ部分，康德有这样一段论述：“因此，我们只由于对象之表象直接地被伴偶以愉快之情之故，我们始把‘合目的的’这个形容词应用于对象上；而此被伴偶以愉快之情的表象自身即是合目的性之一‘美学的表象’。唯一的问题是这样一种‘合目的性之表象’究竟是否存在？”（《康德〈判断力之批

① 原文如此。——引者注

判〉》，第 16 页，16/14)[①] 牟宗三认为，康德把合目的性与愉快之情联系在一块，这是可以的，但说愉快之情是合目的性这一美学的表象则不行。康德如此说，明显是将审美与上帝存在之物理神学的证明联系在了一起，恰如牧师以自然之美说明上帝之伟大。但那只适宜证明上帝的存在，而不能证明审美判断。



另一段是同样意思：

> 康德之为反省判断力寻找超越原则之入路是循诸特殊法则之统一之路而入的。由此统一而感到欣慰高兴，更由此而想到自然对象之合目的性，由此想到愉快之情与自然之合目的性之相联合。如是，遂泛指合目的性原则为反省判断力之超越的原则。此本切合于“目的论的判断”，更亦切合于“上帝存在之物理神学的证明”。我想此是康德想反省判断力之超越的原则之最原初的洞见。但切合于“目的论的判断”者并不能切合于审美判断。精察的康德何以如此混漫而无简别？这也许是不自觉地滑转。如是，遂显出于审美方面穿凿难解之困境。
>
> 《康德〈判断力之批判〉》，第 23 页，16/21

康德为反思判断力寻找先验原则，以求将特殊法则纳入于统一之路，并由此想到自然对象的合目的性，引生欣慰高兴，这本身很有意义。但问题在于，康德关于目的论的讲法不行，无法与审美

① 邓晓芒、杨祖陶将此段译为：“而这样一来，对象就只是由于它的表象直接与愉快的情感相结合而被称之为合目的的；而这表象本身就是合目的性的审美表象。——问题只是在于，一般说来是否有这么一种合目的性表象。”（康德：《判断力批判》，邓晓芒、杨祖陶译本，第 25 页）

判断相贯通，却切合于“上帝存在之物理神学的证明”，其关于审美方面的论述多有穿鑿难解之处皆源于此。

牟宗三还将这个问题引申到终极目的方面：

> 由自由意志而来的特种因果性中之“果”即是“终极目的”。此终极目的，道德地说，即是纯德意义的最高善，即依无条件命令而行的那道德的善；而本体宇宙论地讲或客观而绝对地讲，依儒家，即是天命不已之创生万物，依西方基督教的传统，便是上帝之创造万物，此时此终极目的便可依《易传》之“终成”义而译为“终成目的”。依康德，反照判断力之“自然之合目的性”这一超越原则便可提供一媒介概念把自然概念与自由概念勾连起来通而为一整体，使“从纯粹知解的［知性之立法］转到纯粹实践的［理性之立法］”为可能，并使“从依照自然之概念而有的合法则性转到依照自由之概念而有的终极目的”为可能。因为通过这媒介概念，我们认识了那“只能在自然中且在与自然之法则相谐和中被实现”的那终极目的之可能性。
>
> 《康德〈判断力之批判〉》，第 32 页，16/30



康德关于自由意志所说的那种特种因果性，就是终极目的。这一终极目的包含两个方面的意义。首先从道德的意义上看，这一终极目的就是纯道德的最高善，也就是依无条件命令而行的那个最高的善。其次从本体宇宙论的意义上看，依西方基督教传统，就是上帝创造万物，依儒家义理说，就是天命不已创生万物。康德建构一种反思的判断力，目的是以此作为一个媒介，使从知性到理性的连接成为可能，将自然概念与自由概念联合成一个整体。

这里的意思很明显，牟宗三把康德的“终极目的”与西方基督教传统中的“上帝之创造万物”联系在了一起。

在依据儒家思想对康德思想加以阐释之后，牟宗三对康德这一说法提出了严厉批评：



> 康德即因判断力有此媒介作用，遂如此看重反照判断力而把审美判断与目的论的判断皆归于其下。但是说到以“自然之合目的性”为此反照判断力之超越的原则时，此超越原则之媒介作用在“目的论的判断”方面甚为显豁而切合，而在审美判断方面则甚不显豁，亦不切合。我们不能说“花”之美合什么目的，也很难说其通于由自由而来的终极目的。而终极目的之作为结果而实现于自然中也很难就是审美判断中所品鉴之美的对象或美的景色。要不是“美”之意义太广泛，与自然神学家证明上帝存在时所赞美的世界之美混而为一，则便就是有一种滑转。
>
> 《康德〈判断力之批判〉》，第 32—33 页，16/30—31

康德认为判断力有沟通的功能，所以把审美判断与目的论判断统统归于其门下。但这里凡是讲到目的论的部分都比较好理解，“甚为显豁而切合”，凡是讲到审美判断的部分则都困难重重。牟宗三猜测，这要么是把美的意义看得太宽泛，与自然神学家证明上帝存在时所赞美的世界之美混而为一；要么是在理论上存在着重大滑转，由此形成缠夹不清。

此类的说法还有不少，为节约篇幅不再引证。这些说法尽管侧重点不同，但均不离一个中心思想：康德讲上帝是为了证明目的论的合理性。这种理解是否准确很值得讨论。[1] 如所周知，康德在谈审美的时候对自然神学明确持反对态度。《判断力批判》第 85 节“自然神学”对此有清晰的论述。这一节一开始，康德就对自然神学进行了明确的界定：“自然神学是理性要从自然目的（它们只能经验性地被认识）中推论出自然的至上原因及其属性的尝试。”[2] 这就是说，那种将自然目的上归到某个至上原因的理论，就是自然神学。在康德看来，自然神学是靠不住的。无论自然神学有多大的发展，其学说怎样的完善，都无法向我们展示有关创造的一个终极目的的任何东西。正因为如此，在这一节的最后，康德得出结论说，“不论自然目的论可能有怎样的扩展，我们按照上述原理都完全可以说：我们依照我们认识能力的性状和原则，在自然的已为我们所认识的合目的性安排中，我们只可能把自然设想为一个它所服从的知性的产物。但是这个知性是否借这个自然整体及其产生本来还会有一个终极意图（那样的话这个终极意图就不会处于感性世界的自然界中了），这是理论的自然研究永远不能向我们揭示出来的”[3]。意即自然目的只能是人类知性的产物，是人类知性赋予自然的，而不是由某个至上神所确定的。那种希望以至上神来说明自然目的的观点永远也得不到证明。



与自然神学不同，康德主张的是伦理学神学（道德神学）。在康德看来，只有人才能成为自然的终极目的。如果没有人，没有

---

① 殷小勇已经看到了这里的问题，指出：“智性直观作为消极的意义是感性直观的限制或界限，但作为积极的意义却指向合世界的目的性领会，从而最终被审美判断所置换。世界的合目的性牟宗三解释为世界不诚无物，诚则实是恰当的。但他对康德关于世界的合目的性作为审美判断的超越原则是神证论的定言却是不中肯的。”（殷小勇：《道德思想之根——牟宗三对康德智性直观的中国化阐释研究》，第 247 页）可惜的是，他对这个重要观点并没有作出详细的证明。

② 康德：《判断力批判》，邓晓芒、杨祖陶译本，第 294 页。

③ 康德：《判断力批判》，邓晓芒、杨祖陶译本，第 300 页。

理性的存在者，整个大自然就只能是一片荒漠，不会有任何意义，也谈不上任何终极目的。但是，人之所以能成为自然的终极目的，并不是由于他的情感能力和对幸福的追求，也不是由于他的理性认知能力，而是由于他的高级欲望能力，即他的自由意志。“人惟一能够给予他自己的那种价值，并且是在他所做的事中，在他不是作为自然的成员、而是以自己的欲求能力的自由怎样及根据什么原则来行动中的那种价值，也就是善良意志，才是人的存有惟一能借以具有某种绝对价值、而世界的存有能据以拥有某种终极目的的欲求能力。”① 在这里，康德明确告诉我们，只有道德的存在才能成为自然的终极目的。当然，康德一方面强调道德的重要，另一方面也看到了道德的不易。尽管人是一个道德存在，但道德生活并不是轻而易举的，一定会遇到困难，一定要付出牺牲。而人本身的力量又还没有达到那样的强大，以至于还需要有一个至上神来提供精神的保障，为其增强力量。“这样，现在就有了实践理性的一个纯粹的道德根据来把这个原因假定下来（因为这是可能无矛盾地发生的），再没有别的根据了，但这却使我们免得冒把那种努力在其效果上看作完全是无价值的、因而任其松懈下去的危险。”② 设定上帝存在一个最大的好处，是可以让行为者坚定信念，不使自己因为各种困难而松懈下来。这是设定上帝存在的唯一的理由，除此再没有其他理由了。这样一来，康德就坚持了他的道德神学，排斥了传统的自然神学。用康德的话说就是：“以这样一种方式，道德的目的论就补充了自然的目的论的不足并首次建立了一种神学，因为如果自然目的论不是暗中从道德目的论借贷，而是要贯彻到底的话，它自己单独所能建立的无非是一种不

① 康德：《判断力批判》，邓晓芒、杨祖陶译本，第 302 页。
② 康德：《判断力批判》，邓晓芒、杨祖陶译本，第 305—306 页。

能形成任何确定的概念的鬼神学。”①

厘清这个关系对理解康德何以讲上帝有重要帮助。它告诉我们，康德赞成的是道德神学，而不是自然神学。康德坚持主张，只有人才能成为自然的目的。但一个意识到道德的人，仍然会面对自然界和社会生活中的种种不道德因而不合目的的事，比如灾难和痛苦，欺骗和强暴，不幸和不公。为了使人增加道德的力量，能够把整个现实世界仍然看作从属于以道德为制高点的一个更大的目的系统，我们理当设定灵魂不朽和上帝存在，以保证可以进行最后的审判，使人世间的道德与幸福的对立终归有希望相配合与和谐，达到圆善。“这样，我们就必须假定一个道德的世界原因（一个创生者），以便按照道德律来对我们预设一个终极目的，并且只要后者是必要的，则（在同样程度上并出于同一根据）前者也就是必然要假定：因而这就会是一个上帝。”② 这里说得很清楚，康德是为了保证人们努力成德最终能够配享到幸福才设定上帝存在的，否则“他一旦有可能相信没有什么上帝，马上就会以为自己摆脱了一切道德责任，那么，他心中的内在的道德意向就必定仍然只会是一团糟”③。这就是康德的“对上帝存在的道德证明”。应该说，牟宗三并非完全不了解康德这方面的思想。比如，1990年9月到1991年1月，牟宗三在香港新亚研究所讲授“康德美学：第三批判”，凡十六讲。其后卢雪昆对录音进行了整理，以《康德第三批判讲演录》为名，在《鹅湖》连载。其中有这样的说法：

讲目的论，好像这个自然界任何现象背后总有一个

① 康德：《判断力批判》，邓晓芒、杨祖陶译本，第303页。
② 康德：《判断力批判》，邓晓芒、杨祖陶译本，第310页。
③ 康德：《判断力批判》，邓晓芒、杨祖陶译本，第311页。

目的在推动它。这个“目的”就凤凰木说叫做自然目的，假定就全部自然现象似乎有一个总目的说，那么，从这个自然目的就可以想到最后有一个最高的超级设计师在后面指挥。他想从自然目的证明上帝存在，这种证明就叫做自然神学的证明。或者叫做物理学的证明。但是，依照康德的批判，这种地方只能作为一个线索，严格讲不能证明的。光从自然现象好像有一个目的，推测后面有一个设计师，这个设计师就是上帝。这样证明上帝存在，这个证明是很薄弱的。传道的牧师可以这样讲，但这种证明经不起哲学家的考验。

最后证明上帝存在不能靠自然目的。要从自然目的进一步想到道德目的，高一层，道德目的从哪里来呢？从我们的自由意志（free will）而发。证明上帝存在最后靠道德目的，那个目的是什么目的呢？那是自由意志的一个必然对象（necessay object）——圆善（highest good；summum bonum）。这种证明就叫做道德的证明（moral proof）。从道德的证明建立道德的神学（moral theology）。这是大体的脉络。这就是在西方基督教传统下讲的目的论（teleology），就是为的想建立道德的神学。①

在这段材料中，牟宗三明确区分了自然神学和道德神学，指明康德讲目的并不是以自然来证明上帝的存在，而是以人来作为自然的目的。康德的真正意图是从自然目的进一步想到道德目的，然后以上帝保障圆善的实现，从而建立道德神学。但奇怪的是，在



① 牟宗三：《康德第三批判讲演录（十六）》，《鹅湖》第318期，2001年12月。

《商榷》一文中，我们却很难看到牟宗三对康德这一思想的具体阐述，与之相反，看到的多是对康德进行自然神学的批评。“于‘上帝存在之自然神学的证明’方面最为显明”，“那合目的性之原则正切合于‘上帝存在之物理神学的证明’”，康德讲目的性“是切合于‘目的论的判断’或‘上帝存在之物理神学之证明’的，并不切合于‘审美判断’”，“更亦切合于‘上帝存在之物理神学的证明’”，这样的论述屡屡出现，足见这个问题之严重。①



上述问题之所以出现，固然与《判断力批判》难以理解有内在关联。学界公认，第三批判是康德最难理解的著作。人们往往不能理解为什么康德在讲审美时一定要讲一个目的论，因而只是关注审美判断力批判，而不太关注目的论判断力批判。牟宗三同样如此，他对康德第三批判的研究，精力都放在审美判断力部分了，对目的论判断力批判部分着力不多。这只要看一看《商榷》

① 这里我愿意再次引证李淳玲的说法来说明这个问题的严重性。李淳玲在引述牟宗三批评康德是以“上帝存在之物理神学之证明”来说明审美判断的论述之后，这样写道：“笔者以为一般读者在此都能同意牟先生所说的，审美判断的‘自然’，并不必是牧师传道所赞美的‘自然’。问题是在康德所谓审美判断的自然并不必是牧师传道所赞美的自然。在这里康德所谓的‘合目的性’在目的论的判断里确实是指目的论的‘客观合目的性’，但是在审美判断里并不是指目的论判断的‘合目的性’，而是指落在主观认知能力里‘想象力与知性完成和谐’的‘合目的性’，它并不是一个‘上帝存在之物理神学’的形上学概念，而是认知能力主观的先验条件的先验概念，也就是认知能力主观形式的‘合目的性’，它意指一种主体表象的能力，与目的论判断力所预设的‘客观合目的性’(objective purposiveness) 的意义并不相同，因此笔者以为牟先生在此对康德美学最大的疑窦，可能还是源于一种对康德的误解。因为康德所谓审美的‘合目的性’确实是指主体认知能力的表象形式、并不是指挂搭在一个‘神意’里的‘合目的性’。”又说：“因此笔者并不以为康德在此有滑转，反而以为牟先生在此对康德可能有些不谅解；而不谅解的理由则牵涉到传统的中国学问对于知性与审美没有独立的分别说，对于康德从知识论首出的学问路径，缺乏亲切的同情与了解，连带地也对于康德由认知力开拓的审美力不能相契、只感到‘穿凿’，因此才对其美学有种种不惬意的责难。”(李淳玲：《审美判断先验原则的再商榷——“主观合目的性”失意指吗?》，第六届当代新儒学国际学术会议论文，2001 年)

的篇章结构就可以知道了：该文从A开始到I结束，共有九节，讲的全是审美判断力的内容，很少涉及目的论判断力批判部分。在这方面还可以列举另外一份材料作为佐证。牟宗三《康德第三批判讲演录》共有十六讲，前十五讲都是讲审美部分。在第十五讲末尾，牟宗三对后面讲课的安排有一个说明："下学期讲目的论判断。讲目的论判断就是为的完成道德的形而上学，照西方讲，就是完成道德神学。《判断力之批判》分两部分，一部分讲美学，下一部分讲目的论判断。讲美学那部分就是这个学期讲的。我给你们一个智慧的方向，假若你们能了解，可以写出大文章，可以开发你很多思考。因为我的思考用完了，我的力量用没有了。"[①] 但从讲演录来看，下面仅仅还有一个第十六讲，似乎并没有一个"下学期"。而关于目的论判断的讲述只在第十六讲中进行，而且这种讲述也只是草草带过，几句话就说完了。牟宗三对康德《判断力批判》研究的重点有所偏失，由此可见一斑。这种情况影响重大，致使牟宗三未能透彻把握康德第三批判审美判断力和目的论判断力的内在关联，虽然在讲课时对此也有所涉及，但也只是那么一说，在真正能代表其美学思想的《商榷》一文中，并没有或很少有这方面的具体论述。不客气地说，牟宗三批评康德讲目的性是"外离"，仍然是学界不明白审美判断力和目的论判断力的内在关联，只将康德第三批判视为美学著作这一做法的变形产物，所不同的仅仅是他进一步将其批评为"外离"而已。对这种情况我们必须有一个清醒的认识。



最后有一个问题必须再次予以强调。我们当然完全可以依据中国哲学的传统讲审美，不需要像康德那样亦步亦趋地讲什么目的性，但我们在这样做之前，至少应该了解康德讲目的性原则的

① 牟宗三:《康德第三批判讲演录（十五）》,《鹅湖》第317期，2001年11月。

基本思路。如果我们清晰把握了康德讲目的性的基本思路，然后指出这种讲法不合适，没有必要，那自然可以，甚至是应该的。但如果对康德讲目的性的基本思路把握不透，贸然批评康德讲目的性不正确，其结论未必一定是错的，整个论述过程则一定缺乏说服力，难以令人信服。换言之，站在儒家学理立场上，我们可以批评康德以目的论讲审美是“外离”，因为儒家讲审美并不需要讲什么目的性，但在康德学理中则不能这样说，因为康德如此讲自成系统。牟宗三在上世纪八十年代以一己之力，翻译了《判断力批判》，撰写《商榷》长文，做出了极大的努力，其学术气魄与胆识令人敬佩。但难以否认的是，受到当时客观条件，特别是康德研究总体水平以及资料引进方面的限制，牟宗三相关的研究不可避免地存在着一定的缺陷，尤其是对第三批判中审美判断力与目的论判断力内在关系的把握不够到位，从而直接导致其对康德的某些批评有失准确。对此我们理当持历史的眼光，取同情理解的态度，不能苛责于前人，但这并不等于不能去发现和指出问题，展开讨论，提出批评。我上面着力指出牟宗三对康德第三批判理解中存在缺陷，就是本着这样一个指导思想进行的。



## 三、“无相”的困惑：应该如何评价牟宗三的“无相”

牟宗三后期合一论的问题不仅表现在“外离”上，更表现“无相”上。这两个问题的重要性不同。“外离”仅涉及如何理解康德《判断力批判》中审美判断力批判和目的论判断力批判的关系。这个问题原本就有不同理解，即使对康德的理解有所欠缺，也不必然影响其自身理论的正确性。换句话说，就算牟宗三对康德“外离”的批评完全错了，其自身理论的建构也仍然可以是正确的。因此，上一节当视为对康德思想不同理解的一种讨论，并不构成对牟宗三后期合一论的本质批评，虽然这种讨论也不是可有可无的。“无相”问题就不一样了，它直接涉及牟宗三整个儒学思想体系，有极强的思辨性①，牵一发而动全身，必须认真对待。

**1.“无相”：“相即式合一”的理论基础**

牟宗三“相即式合一”有自己的理论基础。这个理论基础就是“无相”，又叫“无相原则”。要了解“无相”，首先需要明白什么是有相。牟宗三承认，分别说中的审美品鉴是有相的：



> 分别说的“美”是生命之“闲适原则”，是生命之洒脱自在。人在洒脱自在中，生命始得生息，始得轻松自由而无任何畏惧，始得自由之翱翔与无向之排荡。但此是妙慧静观之闲适，必显一“住”相。
>
> 《康德〈判断力之批判〉》，第 82 页，16/79—80

美是生命的洒脱自在。在这种洒脱自在中，无任何功利，无任何畏惧，任凭生命之自由翱翔，与利害和概念全无关联。牟宗三由此将美规定为生命的“闲适原则”。美虽然是生命之闲适，但生命之闲适也会显出一种相，即所谓“必显一‘住’相”，意即美有其自身之相。“必显一‘住’相”就是一种有相。

另一段言说更详：

> 分别说的美由人之妙慧之直感那“在认知与道德以外而与认知与道德无关”的气化之光彩而凸起。这一凸

① 尤西林认为：“美之超越性‘无向’（‘无相’）即是分别相之美自身的特性，又吻合于真善美合一圆成境界整体特性。因而，辨析并贞定‘无’—‘有’，是牟宗三美学最高的思辨，它同时将美学带入哲学形上学（存有—本体论）层面。”（尤西林：《心体与时间——二十世纪中国美学与现代性》，第 209 页）

起遂显美之为美相以及“愉悦于美”之愉悦相。这一愉悦相既无任何利害关心，亦无混于“义理悦心”，且亦远离于激情与妩媚，自是一纯美之愉悦，妙慧静观中直感于气化之光彩之自在闲适之愉悦，如苏东坡《赤壁赋》所说“唯山间之明月，江上之清风，耳得之而为声，目遇之而成色，此造物者之无尽藏，而吾与子之所共适”，正是说的此美境。此美境之愉悦先由妙慧直感之无向而凸起，即由此凸起而显一“无向”之美相，而此美相亦是一相。

《康德〈判断力之批判〉》，第80—81页，16/78



根据牟宗三的理解，在康德学说中，美由妙慧直感而成，这种美与认知和道德均无关系，只是气化之光彩之凸起。在这种凸起中显现出美之为美相以及愉悦于美之愉悦相。这种美相与愉悦相，既无任何利害关心，也与“义理悦心”及激情与妩媚无关，完全是纯美之愉悦。但他同时又强调，“美境之愉悦由妙慧直感之无向而凸起，即由此凸起而显一‘无向’之美相，而此美相亦是一相”。意思是说，美虽然不决定于什么，既无关于利害，又无关于概念，但本身仍然是一相。此处“此美相亦是一相”与上段“必显一‘住’相”是同一个意思，都是讲审美是有其相的。在牟宗三学理中，这种有其相的美即为“有相之美”。

牟宗三强调，有相之美还仅限于分别说，尚无法担当合一的大任，要实现合一，必须再进一步：

但既是“无向”，此一无向即函一“无相”之原则而越乎其自己，此一越乎其自己之原则虽内合地就“无向”而显一美相，此为无相原则之内用，然而同时亦越乎此

> “无向”而外离地可化掉此美相并可化掉一切相，此为无相原则之外用。
>
> 《康德〈判断力之批判〉》，第81页，16/78

这段论述中的两个特殊概念值得关注。一个是“无相原则之内用”。这是指“无相原则”通过妙慧直感而显一美相，因为它是内合性运用，故为“内用”。另一个概念是“无相原则之外用”。这是指“无相原则”不仅内用显一美相，而且要超脱自己，化掉这些美相，成为无相之美。经由这种“无相原则之外用”，一切相都被化掉了，从而真正达到了“无相”，成就了更高层次的美。



这种更高层次的美，化掉一切相的美，就叫“无相之（的）美”：

> 上帝之形式即上帝之容。上帝那里有容？要说上帝之容必须在非分别说之无相中而说那“即真即善”的美，直就此美而说其容，此容即是庄子所说的“天地之美，神明之容”。非艺术之有相之美而可为上帝之容也。依庄子，艺术是技，必“技也而进于道矣”，始可进至无美相之美。至此无相之美，则虽妙慧心而亦道心，虽道心而亦妙慧心，至此方可云“天地之美，神明之容。”
>
> 《康德〈判断力之批判〉》，第86页，16/84

这是对庄子之语的解释。牟宗三非常重视庄子“天地之美，神明之容”的说法，认为这是美的最高境界。在这个最高境界之中，一切皆归于“无相”，不仅真没有了真相，善没有了善相，就连美也没有了美相，即所谓“无相之美”。这种没有美相的美就相当于庄子所说的“天地之美，神明之容”。要达到这种没有美相的美，必须由妙慧心进至道心。只有道心才能保证美而没有美相。

牟宗三关于“无相”还有一个非常形象的一个说法，叫“平地”。在他看来，分别说的真善美是相对各自领域而言的，皆由人的特殊能力而凸显。这种情况借用象山的话说就叫“平地起土堆”。本体是一“平地”，这一“平地”相对于不同领域而形成不同的“土堆”。由人的感性、知性以及理性所起的“现象界的知识”之“土堆”便为真；由人的道德意志所起的“道德行为”之“土堆”便为善；由人的妙慧之静观直感所起的“对于气化光彩与美术作品之品鉴”之“土堆”便为美。但在本体处，则只是一“平地”，没有任何的“岔裂”与“凸显”，一体皆平。因为分别说的真善美是“平地”推出的“土堆”，所以不能仅仅局限于“土堆”，必要时还要回归于“平地”：



> 平地是对神心而言的。这神心依儒、释、道即是无限心，康德认为人不能有之，人亦无理智的直觉，故人永不能接触到“物之在其自己”；但儒、释、道三教则认为人可以有之，人可以有智的直觉，此在儒家即为良知明觉（一体的仁心）之感应，在道家即为玄智，在佛家即为般若智，故人可以接触到物之在其自己，使之朗现于良知明觉、道心玄智、实相般若之面前。此时土堆即消融于平地而归于平平之一如，现象之真归于平地之真。
>
> 《康德〈判断力之批判〉》，第 79 页，16/77

这段是对认识问题而谈的，但有其普遍性。在牟宗三看来，康德由于不承认人有无限心，所以只能达到现相的“土堆”，达不到物之在其自己之“平地”。但中国儒释道三家统统承认人可以有无限心，可以有智的直觉，所以不仅可以通过感性直觉到达现相，也可以通过智的直觉达到物之在其自己。这种情况就叫“土堆即消融于平地而归于平平之一如”。归于“平地”也就是归于“无相”。

正因为如此，牟宗三明确将审美判断的先验原则规定为“无相原则”。《商榷》第九节第二小节的标题就叫“审美判断之超越的原则应该是‘无相原则’”。这一小节旨在对于康德鉴赏判断第一契机进行新的表述。牟宗三明确指出：

> 审美品鉴只是这妙慧之静观，妙感之直感。美以及美之愉悦即在此妙慧妙感之静观直感中呈现。故审美品鉴之超越原则即由其本身之静观无向而透示，此所透示之原则即相应“审美本身之无向”的那“无相原则”也。
>
> 《康德〈判断力之批判〉》，第72页，16/70

因为审美只是妙慧妙感之直觉，只在静观直感中呈现，所以审美品鉴的先验原则即由其静观无向而显现。这种静观无向即相当于审美判断的“无相原则”。“此所透示之原则即相应‘审美本身之无向’的那‘无相原则’”一句，非常简明地将这一思想表达了出来：审美的基本原则就是“无相原则”。

牟宗三对第二、三、四契机的重新表述，同样围绕这个原则进行。在康德那里，第二契机是讲美是没有概念而同时又普遍令人喜欢的东西。牟宗三不同意这种讲法，认为既然审美不依于任何概念，那么这一普遍性由何而来，就成了一个大问题。在他看来，审美的普遍性根本不需要像康德这样讲。审美品鉴确实有一种普遍性，但这种普遍性并不是一般的普遍性，而是一种特殊的普遍性。这种特殊的普遍性当从“如相”或“实相”方面理解。既然审美品鉴无任何利害关心，又不依于任何概念，那么，它就是一个四无旁依的妙慧静观之“如相”或“实相”：

此一实相本身即已函蕴着“不诤”（如《大智度论》说般若为不诤法）。夫既“不诤”，焉有依待于概念之“然”与“不然”之辩耶？《大般若经》云：“实相一相，所谓无相，即是如相”。此就是实相之普遍性矣。同理，审美判断之普遍性即是此“一相”之“一”也。

《康德〈判断力之批判〉》，第 73—74 页，16/71



这是说，审美说到底是一四无旁依的妙慧静观之如相，如相无相即是实相。既然是如相实相，当然就含有不诤之义。这种不诤之义之相，即是“一”，而这种“一”即具有普遍性。牟宗三将这种普遍性称为“‘如相’性的普遍性”或“‘如’之普遍性”，认为西方哲学没有这种传统，所以康德在讲审美判断普遍性的时候，才会遇到那么大的困难。

关于第三契机关系问题，牟宗三也是这样处理的：

审美之普遍性与必然性如上解，但审美判断却并无一种遮显的关系相。其无任何利害关心，不依待于任何概念之质相，以及其直接由此而显的特种普遍性与必然性，在在皆正显其无关系相，即超脱于“关系”之外。

《康德〈判断力之批判〉》，第 75 页，16/72—73

牟宗三坚持认为，审美判断既然无任何利害关心，又不依待于任何概念，只是妙慧无外之如相，如相即“无相”，“无相”当然也就无关系相。也就是说，审美因为源于如相，所以不受任何其他关系的影响，不在任何其他关系之中，完全超脱于关系之外。既然超脱于关系之外，当然也就没有“关系相”。然而康德不是这样，讲审美判断一定要讲一个合目的性，一定要把审美“外离”地搭挂在神意的目的之上。这种做法，即显出一种关系相。因为有如此缠绕，所以康德第三批判才有种种的矛盾和牵累。

在对第四契机的重新表述中，牟宗三着重讨论这样一个问题：审美判断之必然性是何意义的必然性？他这样写道：



> 审美判断之普遍性既即类乎“如”之“一”之普遍性，则其“必然性”亦是类乎“如”之“一”之“必然”，非由概念而然者。此为妙慧直感之无诤之所必函，没有“然”与“不然”之更替之可能，只有一个妙慧之“然”之“无外”：“无外”之“然”实即必然。
>
> 《康德〈判断力之批判〉》，第74页，16/71—72

既然审美判断的普遍性当从“实相一相，所谓无相，即是如相”处来确定，那么这种普遍性也就是其必然性。牟宗三强调，审美判断的必然性即是“如相”之“一”的必然性。因为是“一”，当然也就是无诤，再没有然与不然的无谓争议，而这也就是其必然性。审美判断说到底“只有一个妙慧之‘然’之‘无外’：‘无外’之‘然’实即必然”。这一句十分关键，意在说明，所谓审美判断只是妙慧的那个“然”的显现“无外”。这个显现“无外”的“然”只能是“一”，而“一”就是必然。

此外，牟宗三对于审美判断辩证问题也依同样原则来处理。他认为，审美判断既无任何利害关心，又不依于任何概念，并不由推理决定，所以并不存在是非对待的问题。从这个意义上看，审美判断不仅是不可争辩的，而且是不可争吵的，自无辩证之可言：



> 审美判断既不依于任何概念，亦无任何利害关心，

无有“然”与“不然”之对待，是故其本身只是自由自在四无旁依的静观妙慧之直感，因而其本身便是有类于《大智度论》所说之“不诤法”（佛以异法门说般若之为不诤法，非如通常以一法门、二法门，乃至三、四、五、六等法门所说者之为可诤法）。既为“不诤法”，便无背反之可言。因为康德原说判断力之成为辩证的，它必须是在推理中的判断力（参看§55开头句）。妙慧直感之品鉴力既不在推理中，它自无辩证之可言。这就是“不诤法”了。

《康德〈判断力之批判〉》，第75—76页，16/73



牟宗三认为，审美判断原本就没有什么辩证问题。审美判断既然无任何利害关心，又不依于任何概念，并不由推理决定，只是自由自在四无旁依的静观妙慧之直感，所以并不存在是非对待的问题，有点类似于佛教所说的“不诤法”。从这个意义上看，审美判断不仅是不可争辩的，而且是不可争吵的，谈不上什么辩证问题。牟宗三之所以坚决反对康德审美判断的辩证论，根本理由即在于此。康德一方面认为审美判断有一个二律背反，另一方面又以正题是不基于决定性的概念，反题之是基于非决定性的概念，来消解这个二律背反。对这种做法牟宗三不以为然，认为是自找麻烦，完全违反了审美判断之本性。如果能够认识到审美判断根源于如相无相，相当于“不诤法”，就完全没有必要再谈什么审美的辩证问题了。

有了上面的基础，真善美的合一也就成为了可能：

经过这一彰显，那无声无臭之无尽藏之丰富内容即可逐渐或圆顿地朗现于吾人之面前。因此，吾人说那分别说的真即是那无尽藏之“无相的真”之象征（有相可见的相）；那分别说的善即是那无尽藏之“无相的善”的象征；那分别说的美即是那无尽藏之“无相的美”（天地之美，神明之容）之象征。

《康德〈判断力之批判〉》，第 90 页，16/88



牟宗三强调，分别说与合一说是不能分离的，分别说是合一说的象征。具体而言，分别说的真是“无相的真”的象征，分别说的善是“无相的善”的象征，分别说的美是“无相的美”的象征。这样一来，牟宗三以“无相原则”建构“相即式合一”的思路已经看得比较清楚了。这一思路大致是这样展开的：在“无相原则”指导下，不仅道德没有道德之善相，审美没有审美之美相，就连认知也没有了认知之真相。既然都是“无相”，真善美三个方面在“无相”这一点上也就融为一体，不再彼此分隔了。分开来看，有相可见的真善美是三个不同的方面，各有独立意义，不可抹杀；合而观之，有相可见的真善美又都是无相可见的真善美的象征。由于有了“无相原则”这个底子，真善美三个方面相互为即，并不构成绝对的分离。这就是一种新式的合一，即所谓“相即式合一”，一种不同于康德媒介式的合一。因为这种合一以“无相原则”为前提，所以“无相原则”是“相即式合一”的理论基础。

**2. 以“无相”为基础的“相即式合一”的缺陷**

既然“无相原则”是“相即式合一”的理论基础，“无相原则”是否正确也就成了“相即式合一”能否成立的关键环节。牟宗三深知这一环事关重大，多方面加以证明。这些证明主要沿着三个方面展开：一是以“无向”论“无相”，二是以“放得下”论“无相”，三是以“天垂象”论“无相”。[①] 这三个方面的证明不可截然分割，但又有相对的独立性，其间都有一些疑点需要细加辨析。不清除这些疑点，

① 这种分疏是根据我自己的体会进行的，牟宗三并没有明确做这样的归纳。

牟宗三后期合一论很难真正看清楚，更无法做出实质性的评论。①

① 据我观察，这是目前牟宗三美学思想研究中普遍存在的一个问题。面对牟宗三以无相原则为基础实现“相即式合一”的思想体系，学者们多是跟着走，少有能够发现问题，敢于提出质疑的。

这种情况在近些年来的博士论文中可以看得非常真切。张海燕的博士论文从康德审美判断的四契机入手分疏了无相原则的四个方面的意义，即：第一，无相原则可以推导出审美是无功利的主观活动；第二，无相原则显现了审美具有普遍性；第三，无相原则暗合了道德目的；第四，无相原则体现了审美具有必然性。在文章结尾处，作者尝试性地对牟宗三美学思想提出一些批评，但并没有讲到无相原则本身是否存在问题（张海燕博士论文：《牟宗三美学思想研究》，第144—145页）。这种情况同样表现在其单篇论文《牟宗三“圆善”美学思想述要》（《中南大学学报》，2007年第6期）中。唐圣的博士论文对牟宗三美学思想进行了相当系统的爬梳，在最关键的第四章末尾，作者总结了牟宗三相关思想的四个步骤：“其首先在分别说的义理模式里表明了真美善三者各自皆有其自己的独立意义，其次在合一说的义理模式里说明了真美善所凸显的自性相是可以（此处原文中多一“无”字，似不通，故去之）化掉的而归于平平实实之如如境界，再次继而进一步详细地微妙地说明了在此合一化境里又当该在何处言即真、即美及即善之诸义，最后以象山之平地起土堆一观念而言分别说的真美善与合一说的真美善之关系究何谓。此四义乃是其在分析并批判康德美学核心问题，即审美判断之诸义及其超越原则何所是之诸问题的基础上，依中国智慧传统而所独辟者，此即是说，此乃是康德美学所无有之进一步的思维之曲折者。”（唐圣博士论文：《圆觉主体的自由：牟宗三美学思想的核心问题》，第347—348页）这只是对牟宗三相关思路的一个疏理，并没有指出以这种无相原则为基础能否达到真美善的合一。

当然，也有一些学者试图在这方面做出一些突破。宛小平在对牟宗三相关思想进行细致分疏之后，从三个方面表达了自己的困惑，其中一个方面便涉及无相原则。宛小平认为，在牟宗三美学思想中有一个美情由何而生的问题。牟宗三不赞成康德拿知性和想象力的和谐的心意状态作为主观的普遍性的做法，但他的思想也会产生新的矛盾，出现两个本体，而这也就决定了牟宗三很难真正保证审美的普遍性和必然性。“当然，牟宗三可能会说他并没有把这种普遍性和必然性给予经验的层面，他是通过‘无相原则’来达到普遍性和必然性的，也就是要把真相、美相、善相统统‘化掉’，达到‘有而能无’的境地。如果这样，不是又产生了‘美的领域是气化的光彩’（经验层面）和‘天地大美’（超验层面）的两个本体么?”（宛小平：《以中国传统智慧会通和消化康德的第三批判——牟宗三美学思想初探》，《安徽大学学报》，2008年第5期）依据我的判断，虽然宛小平关于牟宗三美学思想存在两个本体的批评，牟宗三未必会接受，但他试图发现牟宗三美学思想中存在问题的这种努力仍然值得赞许，只可惜他的这种努力没有将重点集中在无相原则本身上，所以没有能够找到问题的根子，从而将问题真正解决。

以下依次对这三个不同方面加以讨论。

1) 以“无向”论“无相”隐含的问题

“无向”是牟宗三非常重视的一个说法，在早期圆成论中就已经出现了。《认识心之批判》明确使用了这个说法：



> 道德世界与命题世界皆为有向者。此所谓向，若特殊化之，即是有一定之内容或曲屈。因为有向，所以皆表示本体之凸出与岔裂，因而有界可言，本体本身无所谓凸出与分裂，因为如如故。但自其所成与外现言，则有此不平之丘壑。故道德命题两界皆为积极的也。今言圆成世界，则融有向于无向，即将其向反而融之于本体之自身，而单自本体之如如处以言和。此和即圆成。
>
> 《认识心之批判》，第 314 页，19/719

本体是一个创生的实体，既可以创生命题世界，又可以创生道德世界。这两个世界尽管有所区别，但皆为“有向”，即都有一定的内容或曲屈，都是由本体绕出去以形成的一种“岔裂”或“丘壑”。但本体自身只是“如如”，没有“岔裂”或“丘壑”。要达到圆成世界，必须“单自本体之如如处以言和”，也就是消融那些向，反归于“无向”，在本体自身上想办法，动脑筋。

隔不远又说：

> 惟自本体以外之所创造，分别地而言之，则现实存在之是什么为命题世界，而是什么之存在之归于本体之创造中即为道德世界。此实是两种意义之分观，而在本体之创造处原本合一也。今反其向而融于本体之如如的创造中，则即是一种最后的圆成之和。此圆成之和惟自

本体之如如处言。本体之如如的创造，成自然，而自然同时亦即是当然，是有向，同时亦即是无向。有向内在于本体之自已而为无向之向。是即所谓圆成之和。

《认识心之批判》，第316页，19/721

此段与上段意思相同。从分别的意义上说，本体可以创生命题世界，也可以创生道德世界。但在本体处这两个世界原本即是合一的。因此，要达至圆成之和，必须反其向，融于本体之如如的创造之中。此段最后一句“有向内在于本体之自已而为无向之向”讲得最为明了，意即将由本体所发出去的“向”收回来，达于“无向”，这就是圆成之和。



早期圆成论中这方面的含义还比较简单，只是说没有指向，不像命题世界和道德世界那样形成一定的“岔裂”或“丘壑”。在后期合一论中，牟宗三仍然使用这个概念，但意思有了一定的变化。《商榷》在对鉴赏判断第一契机的重新表述中，对这一概念作出了这样的界定：

“无向”云者无任何利害关心，不依待于任何概念之谓也。有利害关心即有偏倾，偏倾于此或偏倾于彼，即有定向。而任何概念亦皆指一定向。康德诠表审美之第一相即质相为“独立不依于一切利害关心”乃最为肯要之语，最切审美判断之本性者。此一最中肯之本质即由非此非彼之遮诠而显。故审美品鉴之反照即是一种无向之静观。

《康德〈判断力之批判〉》，第72页，16/69—70

牟宗三认为，康德关于鉴赏判断第一契机的论述其实就是强调一种无向性。这里所说的“无向”有两个所指：一是“无任何利害关心”，因为一旦有利害关心就一定会有偏倾，这种偏倾即是定向；二是“不依待于任何概念”，因为任何概念都是一种定向，这种定向也会引起一定的偏倾。审美品鉴必须是“无向”的，既无关于利害关心，又无关于概念。将牟宗三早期与后期的论述加以比较不难看出，虽然都讲“无向”，但含义略有不同。早期讲“无向”主要是指没有指向，不形成“岔裂”或“丘壑”，后期讲“无向”则主要指无关于利害关心，特别是无关于概念。[①]



以“无向”为基础的判断，牟宗三称为“无向判断”：

> 审美判断力与目的论的判断力皆属反省的判断力，而非决定性的判断力。因此，审美判断与目的论的判断皆属反省的判断，而非决定的判断。成功知识的判断与决定道德善恶的判断皆是决定性的判断，而非反省的判断。决定性的判断，吾亦曾名之曰“有向判断”，反省判断则名之曰“无向判断”。
>
> 《康德〈判断力之批判〉》，第 3 页，16/1

---

① 尤西林在对牟宗三这一思想进行研究时指出：“美是‘无向’（‘无相’）之生命自在闲适状态：所谓‘无向’，即生命主体消弭了人生在世的全部努力取向（从认知到道德）。生命主体因而自在闲适，并获得超脱世俗（‘有向’、‘有相’）人生的自由。‘无向’可是消极或平淡状态的，即王弼所强调的仍然日常态‘应物’而‘不累于物’的‘圣人之情’。但‘无向’本身又可被强化而显一‘住相’：‘无向’本身成为执著之‘向’。”（尤西林：《心体与时间——二十世纪中国美学与现代性》，第 199 页）作者准确地把握住了“无向”中“无相”的内涵，很有意义。但他将“无向”与“无相”，“有向”与“有相”作为同义词处理，未能进一步点出“无相”是由“无向”决定的，则有所不足。在牟宗三那里，“无向”最重要的特征是“不依待于任何概念”，这才是牟宗三以“无向”论“无相”的根本。

在康德学理中，一般说的判断力是把特殊者归属于普遍者之下的能力。如果普遍者是给予了的，要求把特殊者归属在普遍者之下，就叫做规定（牟宗三译为决定）性的判断力。但如果特殊者是给予了的，要求为特殊者寻找一个普遍者，就叫做反思（牟宗三译为反省）性的判断力。牟宗三进而把规定性的判断称为“有向判断”，把反思判断称为“无向判断”。



牟宗三进而直接以“无向”论“无相”：

> 无向即是把那“徼向”之“向”剥落掉，此则暗合道家所谓“无”之义。道家之“无”首先是遮“徼向”之有（徼向是在“有”中见），由此遮拨，始显妙用之“无”（妙用是在“无”中见）。既显“无”已，复由“无”之妙以保有之徼，此为道家玄智之全体。今审美品鉴中之不依于任何利害关心即是暗合遮徼向之有也。由此遮徼向之有始显审美品鉴之妙慧。审美品鉴只是这妙慧之静观，妙感之直感。美以及美之愉悦即在此妙慧妙感之静观直感中呈现。故审美品鉴之超越原则即由其本身之静观无向而透示，此所透示之原则即相应“审美本身之无向”的那“无相原则”也。此无相原则既反身地形成审美品鉴之无向性，复超离地超化一切有独立意义的事物之自相，如超化道德的善之善相，超化知识的真之真相，甚至亦超化审美品鉴中的美之美相。此无相原则之为超越的原则既由其“反向地内成”而显，复由其“超离地自化化他”而显。此一超越的无相原则（非合目的性原则）只由审美品鉴而透显，此亦正合康德所说的“审美判断之自律之为自己而律”之义，即“heautonomy”一词之义。
>
> 《康德〈判断力之批判〉》，第72—73页，16/70

本段是以“无向”论“无相”的核心论述。这里首先借用道家有无思想讲“有向”与“无向”。社会皆追求有为，这是“有”，这种“有”也是一种“向”，即为“徼向”。道家讲“无”之所以有价值，是因为看到了“有”的负面作用，强调把那些“徼向”之“向”剥落掉，以达到无，回归自然。接下来，牟宗三再以这一思路谈审美品鉴。审美品鉴最重要的特点是妙慧之静观，不夹杂任何利害关心。利害关心也是一种“向”，不夹杂利害关心也就等于遮去了这种“向”。遮去了这种“向”以及因概念而成的“向”（后一层意思此段论述没有涉及，但结合牟宗三其他论述，这一点更为重要，也更为其所看重），审美品鉴即成了“无向”，而“无向”也就成就了“无相”。“故审美品鉴之超越原则即由其本身之静观无向而透示，此所透示之原则即相应‘审美本身之无向’的那‘无相原则’也”，这一句将这一思想表达得十分清楚：审美本身因为“无向”，所以为“无相”，而这也就是“无相原则”。换言之，“无相原则”决定于审美本身之“无向”，因为这种“无向”使其超化了审美品鉴自身之相，成为“无相”。更为重要的是，在“无相原则”之下，一切独立意义的事物之自相，全都可以化掉。不仅包括道德的善之善相，知识的真之真相，就是审美的美之美相也可以被化掉。这种“无相原则”也就是康德 heautonomy 一词的真正用意，即审美判断之自律只是为自己而律，而非为他而律。而所有这些“无相”都由“无向”来决定。

此时牟宗三特别强调，“无相”不再是现相，而是物之实相，也就是物之在其自己：

> 盖现象之存在由于对人之感性而现，而为人之知性所决定。但圣心无相是知体明觉之神感神应，此神是

“圆而神”之神，已超化了人之感触的直觉与辨解的知性。因此，在此神感神应中，物是无物之物（王龙溪云：无物之物其用神）。无物之物是无“物”相之物，既无“物”相，自亦无“对象”相。无物相，亦无对象相，即是物之如相，此即康德所谓“物之在其自己”也，故圣心无相中之物是“物之在其自己”（物如）之物之存在，而非现象之物之存在，此即是“真”之意义也。

《康德〈判断力之批判〉》，第 85 页，16/82



因为受到感性和知性之形式的限制，人只能达到现相，不能达到物之实相，不能达到物之在其自己。但圣心并不受此限制，因为圣心之“无相”从思维方式说是知体明觉之神感神应。神感神应是智的直觉，在智的直觉之下，物无物相，达到了无物之物。这种无物之物就是物之如相，也就是康德所说的人不能达到的物之在其自己。①

通过上面的疏解，我们大致明白了后期合一论为什么要以“无向”论“无相”。在牟宗三看来，“无向”即是妙慧妙感之静观直感，既无关于利害关心，又无关于概念。无利害关心可以使审美不受利益的影响，保证审美的自由特性。这一点与“无相”虽有关系，但并不特别重要。牟宗三此举最大的着力点还在于无关于概念。根据康德学说，审美判断属于反思性判断，不决定于概念，否则就成了规定性判断，与认识问题没有区别了。这是康德美学思想题中应有之义，没有疑问。复杂性在于，此前我曾反复



① 牟宗三认为无相即是物自身，并以此讲审美讲合一，态度非常坚决。《康德第三批判讲演录》直截了当地言明：“所以，美无美相的时候，这朵美的花、这个美的风景区通通是物自身。物自身就很美。物自身就是物之在其自己。”（牟宗三：《康德第三批判讲演录（十二）》，《鹅湖》第 313 期，2001 年 8 月）

讲过，牟宗三对康德智的直觉有自己的独特理解。依据他的理解，康德认为人没有智的直觉，认识必须经过概念，由此形成的对象只能是现相，不能是物自身；中国哲学则承认人可以有智的直觉，其认识不需要经过概念，由此形成的对象就是物自身，不再是现相。这种对于智的直觉的特殊理解，直接影响到牟宗三对审美问题的论证思路。因为审美过程只是妙慧妙感之静观直感，不受概念的影响，即无关于概念，所以其思维方式即为“无向”。既然为“无向”，不受概念的影响，那么其所对的对象便是物之在其自己；既然其对象是物之在其自己，那么也就是物之“无相”。换言之，因为康德讲审美无关于概念，而中国哲学承认人可以有智的直觉，其思维方式恰好不需要概念；因为不需要概念，不受概念的影响，审美是直接进行的，不着于任何相，这种思维方式就叫做“无相”。牟宗三以“无向”论“无相”，进而以“无相”为合一论的理论基础，遵循的就是这个逻辑关系。

然而，据我观察，在这里隐含着下面两个问题：第一，无关于概念（包括时空，下同）能否等同于“无向”？第二，无关于概念能否等同于“无相”？对于前一个问题，牟宗三的答案是肯定的。在他看来，概念即是一定的指向，因为有这种指向，所以会形成一定的“岔裂”或“丘壑”。反之，如果没有概念，也就没有了指向，一切复归于“平地”，一是皆平，再无所“向”。对于后一个问题，牟宗三同样做出了肯定的回答。他坚持认为，只要经由概念，其思维方式就不是智的直觉，其对象就必须有其相，即所谓现相。反之，如果不经由概念，其思维方式就是智的直觉，其对象就不再是现相，而是物自身，物自身也就是“无相”。

在这两个问题上，我的看法都与牟宗三有别。在我看来，无关于概念未必等于“无向”，也未必等于“无相”。为了说明问题，我们不得不回到牟宗三关于智的直觉的基本思想。牟宗三认为，他与康德最大的不同之处在于，康德不承认人类可以有智的直觉，他则完全承认人类可以有这种能力。康德不承认人可以有智的直觉，强调认知必须借助范畴。这种必须借助范畴就是有所指向。因为受到范畴的影响，有所指向，便有了“曲屈性”和“封限性”，所以人的认识只能达到现相，不能达到物自身。与此相反，牟宗三承认人可以有智的直觉，强调认知可以不需要借助范畴，没有指向。因为不需要借助范畴，不受范畴的影响，没有指向，便没有了“曲屈性”和“封限性”，所以人的认知可以达到物自身，不必只停留于现相之上。但是，在这里隐藏着一个根本性的问题：牟宗三所说人可以有智的直觉，其认知不再有指向，不再有其相，可以直达物如，直达物自身这一套说法真的可以成立吗？此前，我反复证明了这样一个道理：牟宗三对康德智的直觉概念的理解有很大的偏误，他所强调的儒家具有智的直觉只能在“自觉”的意义上讲，不能在“觉他”的意义上讲。牟宗三在“觉他”意义上讲智的直觉，实际上是在以存有问题证明认知问题。尽管存有问题和认知问题不能完全脱钩，但存有问题毕竟尚不构成一个完整的认知流程。从存有论的意义上看，“觉他”是道德之心赋予对象以价值和意义，这个过程本身就决定了它绝不是没有“向”，也绝不是没有“相”。

下面一段论述较好地表达了我的这个想法：

牟宗三强调，人们的认识受到认识形式的限制，只能得其现相，无法得到物自身，这就是有执。与西方哲学不同的是，儒家自始即承认人可以有智的直觉，不受认知形式的局限，可以直达物自身，这就是无执。牟宗三这种划分是有问题的。道德之心创生存有是将道德之心的价值和意义投射到对象之上，这个过程从主体方面

> 看因为不是纯粹认识问题，确实不需要通过认识形式，可以说是直接进行的，但从客体方面看就不同了，因为道德之心创生存有，其本质就是以道德之心影响外部对象，这个影响对于客体本身而言，同样是一种执。受到这种执的影响，客体已经失去了自身的性质，不能回归于自身了。换句话说，道德之心创生存有虽然可以不执于认识的形式，但不执于认识的形式并不等于就是无执，完全可以执于另一种东西，即执于道德之心、道德之相，即所谓的“善相”，即使人的道德达到一定高度，做到了道德而无道德之相，这种性质仍然不得改变。从更宽泛的意义上说，任何存有都是一种执。问题不在是否有执，而在执于什么：执于认知之心而为“识相”，执于道德之心而为“善相”。从这个意义上说，牟宗三所着力建构的无执存有论，其本身就是一个自相矛盾的说法，正如说“方的圆”、“木的铁”一样。牟宗三在这方面观察得不够细致，未能将“识相”之执与“善相”之执区分开来，以为“善相”不需要借助认知的形式，便是无执，从而大讲无执存有，并由此建构两层存有论。总之，以执与无执划分两层存有的做法并不准确，易生误会，虽然两层存有论本身是一个极具潜力的研究课题。[①]

这一段的核心是说，道德之心创生存有的思维方式既不是康德意义的智的直觉，也不是牟宗三所诠释的智的直觉，其对象并不是物自身，不过是一种“善相”而已。虽然这一段还只是反对牟宗三将道德之心创生的存有视为物自身，尚没有讲到以无相论合一

① 杨泽波:《贡献与终结——牟宗三儒学思想研究》第三卷存有论，第352页。

的问题，但基本原理并无不同。

将上述内容移植到这里，我们可以得出两个基本结论：第一，无关于概念未必就是“无向”。“无向云者，以其不依待于概念，故于对象方面之决定无任何指向也。”（《康德〈判断力之批判〉》，第 28 页，16/26）这种以有无概念来区分是否有“向”的说法过于狭隘了。牟宗三没有意识到，人可以有很多的“向”，概念只是其中的一种。审美是将主体的标准、主体的意识赋予对象从而欣赏于对象。这一过程虽然不需要借助认识意义的概念，但也是一种赋予。这种赋予同样是一种“向”。换言之，主体在未发之前是静默自如的，但一经发用指向外物即有指向。这种指向就是一种定向，而这种定向也是一种“向”，不可能是什么“无向”。牟宗三直接以无关于概念证明“无向”，在逻辑上有欠严格。第二，无关于概念未必就是“无相”。在这里我愿意再次重申我的一个基本看法：无关于概念的思维方式不一定就是康德所说的智的直觉，也不一定就是牟宗三所理解的智的直觉，其对象并非就是物自身，就是“无相”，而完全可能是另一种相。我用极大的力量已经证明了，牟宗三所着力强调的智的直觉其实只与“胡塞尔现相学意向性的直接性”相近，而不是经过牟宗三所诠释的康德意义的智的直觉。[①] 将牟宗三所说的智的直觉归为“胡塞尔现相学意向性的直



① 我与尤西林在这个问题上的看法略有不同。尤西林对牟宗三智的直觉问题作了深入研究，其基本看法是：牟宗三所说的智的直觉其实只是审美直觉。“作为牟宗三哲学拱心石并在与康德哲学的全部论辩中占据中心位置的‘智的直觉’，正与审美类似。尽管牟氏从未意识到这一重大类似。”他的研究的中心目标“正是揭示‘智的直觉’的审美性，由此进而一步揭示牟宗三哲学的美学—伦理学一体化性质。”（尤西林：《心体与时间——二十世纪中国美学与现代性》，第 196—197 页）尤西林之所以这样认为，一个重要根据源自对牟宗三所谓“实有形态”和“境界形态”的分判。依据他的分析，牟宗三将儒家存有论归于“实有形态”并不准确，儒家存有论其实只是一种“境界形态”。“牟宗三一再批评康德以审美‘直观’自由本体，并区别‘关于心体主观性体会’的‘境界形态’（转下页）

接性”，而不归为康德意义的智的直觉，有助于我们明白这样一个道理：牟宗三关于中国哲学承认智的直觉，道德本体可以直接创生物自身存有的一系列说法，存在着重大的理论缺陷。去除一些枝节问题不论，道理说来其实也并不特别复杂：既然存有是主体对外部对象的一种赋予，那么这种赋予就是对外部对象施加一种影响。从一定意义上说，这种影响也是一种“向”。受到这种“向”影响的对象本身已经染有了本体的色彩，带有了本体的意义，具有了一种“相”，不再是物自身，自然也谈不上什么“无相”了。



有了这样一个基础，牟宗三关于“无相”的不少看似很难应答的问题也就变得比较容易解决了。比如，在上一节“‘无相’：‘相即式合一’的理论基础”中，我们曾简单回顾了牟宗三对鉴赏

---

（接上页）与‘心体本身’之‘实有形态’。但既然‘心体本身’终究是‘主观性体会’，难道它与纯粹的自由不正是‘境界形态’吗？”（同上，第258页）“心体及其自由理念如果是境界形态，便如牟氏所言，它应该是审美的。”（同上，第259页）这就是说，牟宗三讲的智的直觉主要是关乎境界的，而境界与审美相关，所以智的直觉说到底是一种审美直觉。受尤西林观点的影响，陈迎年同样将牟宗三的智的直觉作为审美直觉来理解，其专著的书名《智的直觉与审美直觉——牟宗三美学批判》（上海：上海人民出版社，2012年），以及最后一节的标题“牟宗三的内在困境：智的直觉抑或审美直觉”，都清楚地表达了这个意思。

我不赞成将牟宗三的智的直觉简单理解为审美直觉。应该承认，牟宗三的智的直觉确实包含有审美的内容。虽然牟宗三将儒家存有论规定为“实有形态”容易引生误解，但按照牟宗三的解说，所谓“实有形态”只是实有道德创造内容的意思，所以将其理解为“实有道德创造内容的境界形态”亦无不可。既然是一种境界，这种境界又与审美有内在关联，将其作审美直觉的理解，当然有一定的合理性。但问题的关键是，牟宗三讲智的直觉最重要的目的尚不在这里。我的研究反复证明，牟宗三所说智的直觉特指一种没有“曲屈性”、“封限性”的思维方式，意在强调道德之心创生存有是直接进行的；这种智的直觉与康德意义的智的直觉只具有名称的相同性，而无内容的一致性，究其实大略只相当于“胡塞尔现相学意向性的直接性”。从这个角度不难看出，牟宗三讲智的直觉主要是关乎存有论的。换句话说，牟宗三讲智的直觉首先是存有性的，然后才是审美性的。如果仅仅把牟宗三的智的直觉理解为审美直觉，不仅容易将其相关思想窄化，看不出其中包含的重大意义，而且也不易发现其内在的根本缺陷。

判断普遍性、必然性以及辩证问题的看法。在牟宗三看来，在康德的理论中，普遍性由概念来保证，但审美判断并不需要概念，否则就成了规定性判断。没有概念而又有普遍性，这何以可能呢？为了解答这个问题，康德提出，鉴赏判断必须无利害关心，这是鉴赏判断质之契机的核心内容。既然如此，那就说明主体对于美的感受是四无旁依、完全自由的，而这样一来，也就有理由认定别人也完全可以与我有同样的感受。这种"有理由认定别人也完全可以与我有同样的感受"就是一种普遍性，这是鉴赏判断量之契机的重要内容，而这也就是它的必然性。在牟宗三看来，康德的这种说法当然也言之有理，但总觉得不够自然通畅，需要根据儒家学理另想办法，进而对康德审美辩证思想提出了批评。在康德那里，鉴赏是一种直觉感受，没有知性概念，当然无法争辩。但在一切人共同本性的超感性的根基上却有一种理念，可以成为一种客观的标准。因此，鉴赏虽然在经验中没有一个绝对标准，但可以而且应该永远争执下去。牟宗三并不接受康德这种处理问题的办法，认为康德开始时讲审美判断并不基于概念，这种不基于概念是不基于任何概念，而不只是不基于规定性概念，却可以基于非规定性概念。可到了解决二律背反的时候，却又说审美判断虽不基于概念，但可以基于一个非规定性的概念，基于一个超感触者的理念。这便与之前关于审美判断的基本规定构成了矛盾。



在对康德进行批评的过程中，牟宗三提出了自己对这些问题的理解。他特别强调，审美品鉴确实有一种普遍性，但这种普遍性并不是一般意义的普遍性，而是一种特殊的普遍性。这种特殊的普遍性，即是一种如相的普遍性，只有从这个角度才能真正解决审美判断的必然性和辩证问题："审美判断之普遍性既即类乎'如'之'一'之普遍性，则其'必然性'亦是类乎'如'之'一'之'必然'，非由概念而然者。"（《康德〈判断力之批判〉》，第74

页，16/71—72）道德之心有绝对的普遍性，必然表现于外，对宇宙万物表达意见。这种必然表现于外，就是它的必然性。在这个过程中，因为有智的直觉，所以可以达到“无相”，而“无相”即是物之实相。既然是物之实相，当然也就是“一”了。一旦做到了这个“一”，“其本身便是有类于《大智度论》所说之‘不诤法’”，“既为‘不诤法’，便无背反之可言”（《康德〈判断力之批判〉》，第75—76页，16/73）。这就是说，通过“无向”达到了“无相”，将“有”统统遮去，只剩下“无”，这种“无”没有了现相之“多”，只是“一”，而这种“一”也就是必然。有了这种“必然”也就做到了“无诤”。这种“无诤”大致相当于《大智度论》所说的“不诤法”，再无背反可言。于是，牟宗三便根据儒学思想传统，解决了审美判断的普遍性、必然性和辩证问题，超越了康德。

对于牟宗三这一思想，学界几乎无人能够直面相对，提出不同的意见，因为人们很难明白牟宗三所说的“无相”与审美品鉴的普遍性、必然性有什么关联，又是如何达到“无诤”的。但如果我们把《商榷》和《智的直觉与中国哲学》、《现象与物自身》放在一起，了解牟宗三如何从概念之有无来论智的直觉的有无，进而由“无向”论“无相”的基本思想历程，这里的瑕疵自然也就显现了出来。这里的关键环节还在于牟宗三所诠释的那种智的直觉之有无。牟宗三在这方面有这样一个基本看法：康德无法合理解决审美判断的普遍性、必然性和辩证问题，是因为他不承认人可以有智的直觉；儒家可以解决这个问题，是因为儒家承认人可以有智的直觉。人如果有了智的直觉，便可以去除时空和概念，做到“无向”；一旦做到了“无向”也就达到了“物之如相”，达到了物自身。既然是物自身，那就是“一”，而不是“多”；既然是“一”当然也就是普遍的，必然的，也就是“无诤”；既然是

"无诤"，也就没有什么辩证问题，不需要如康德那样讲什么二律背反。要反驳牟宗三上述看法，当然可以从多个方面着手，但在我看来其实只要抓住这一点也就足够了：人的审美能否完全做到"无向"？我前面的分析已经证明，审美尽管不需要借助作为认识形式的时空和范畴，但其本身并不是"无向"；因为不是"无向"，所以其结果也不是"无相"；因为不是"无相"，所以其对象并不是物自身；因为不是物自身，所以仍然不是"一"而是"多"；因为不是"一"而是"多"，所以也就不可能是"无诤"。牟宗三以无关于概念证明"无向"，再由"无向"证明"无相"，进而由"无相"证明"无诤"，解决审美判断的普遍性、必然性以及辩证问题的思路，有严重的逻辑疏漏，很难经得起深入的理论分析，更不能认为已经超越了康德。康德关于审美判断虽然不可以争吵，但可以争执的看法，不是靠"无向"和"无相"能够解决和超越的。

2) 以"放得下"论"无相"隐含的问题

牟宗三首次提到"放得下"这一说法，根据我的梳理，是在《商榷》第九节第七小节"真美善之分别说"之中，原文是这样的：

> 那越乎此无向的外用是表示妙慧之静观之"提得起放得下"，并表示：于此提得起放得下之中，此妙慧静观离开其自己而复将无相之原则反身应用于其自己乃至应用于其他一切而皆通化之使之皆归于无相。但此一提得起放得下之通化作用并非显有"住"相的妙慧静观之自身之所能有，因为它若能有或必然地函有，则不能显"美"相，如是，便丧失了分别说的美之独立的意义。
>
> 《康德〈判断力之批判〉》，第81页，16/79

"提得起放得下"是一个统一的说法，包含两层意思。一是"提得起"，意思是确立道德本体，将生命提升起来。美是相对于生命之洒脱自在而言的，是生命的闲适原则。人在洒脱自在中，不受知性和理性的限制，可以得到生命之气息，轻松而自在。这种轻松自在本身便显一住相，有其自身的价值。然而，"若一住住到底，而无'提得起'者以警之，则它很可以颓堕而至于放纵恣肆"（《康德〈判断力之批判〉》，第 82 页，16/80）。这就是说，这种住相必须有另一种力量将其提升起来，否则很容易陷于放纵恣肆，如讲美和讲艺术的人常犯的错误一样。二是"放得下"，意思是将道德的身段放下来。有了"提得起"，人的道德生命有了提升，这自然是好事。但由此也容易带来问题，使人有道德之相，高高在上，对外难免有紧张之相。所以在经由"提得起"后，还必须"放得下"。在这方面，上引之段中"于此提得起放得下之中，此妙慧静观离开其自己而复将无相之原则反身应用于其自己乃至应用于其他一切而皆通化之使之皆归于无相"一句特别值得琢磨。它告诉读者，经由"放得下"的功夫，妙慧静观不再停留在自己的阶段，而是进一步将"无相原则"用于自己以及其他一切，使其统统归于"无相"。换句话说，经过这样一番"放得下"的工作之后，有相之美就将"无相原则"复归应用于自身，使自身及其他完全归于"无相原则"之下。由此可知，虽然"提得起放得下"是合在一起说的，但其含义有别："提得起"重在建构道德本体，"放得下"则重在凸显"无相原则"。

关于"放得下"，牟宗三进一步解释道：

> 妙慧审美本是一闲适的静观之"静态的自得"，它本无"提得起放得下"之动态劲力，此后者是属于道心之精进不已与圆顿之通化，乃属另一来源者。此当于真、

> 美、善之合一说中显之。但当道心之精进不已与圆顿之通化到“提得起放得下”而化一切相时即显一轻松之自在相，此即暗合于作为审美之超越原则的“无相原则”，亦即道心之藏有妙慧心。故此时亦可说为审美之“无相原则”之外用。此外用即示审美之妙慧心即藏有道心，或至少亦不违于道心或暗合于道心。
>
> 《康德〈判断力之批判〉》，第 81—82 页，16/79



一般说的审美本身并没有“放得下”的功能，因为有相之美原本只是闲适的静观自得。这种闲适的静观自得尽管有独立的意义，但其本身并无这种动力，不能决定自身由有相进至“无相”。要达到这一目的，完成此项任务，由有相之美进至“无相之美”，必须另寻一来源。这一来源就是此处说的“道心”，而这也需要在真美善的合一说中加以说明。牟宗三特别强调，有了这样一个来源，经过精进不已与圆顿通化，便可以化除一切相而显一轻松自在相，这样便能够成就美的“无相原则”，也就能够达成“无相之美”了。

牟宗三进一步以“化境”来论“无相”。他将儒家不同的理境分为三层，即所谓三关。首先是“克己复礼”关。儒家讲道德，最重要的是要挺立“大体”，以克服或主导小体，将大体挺立起来，人便有了支撑。第二是“有光辉”关。光挺立大体还不行，大体还要达到一定的境界。牟宗三引孟子“充实而有光辉之谓大”的说法来阐释这个道理，认为这个“大”就是崇高伟大之大。有了崇高伟大，便能够显现于外而“有光辉”。需要注意的是，有所光辉自然是好的，但由此难免有一种“道德相”、“伟大相”，在社会中形成一种紧张、一种敌对。因此，还要有第三

关，这就是“无相”关：[①]

> 显“伟大”相即显出道德之“道德相”。显道德相即显紧张相，胜利相，敌对相，令不若己者起恐惧心，忌惮心，厌憎心，甚至起讥笑心，奚落心，而日趋于放纵恣肆而不以为耻，此如苏东坡之于程伊川，小人之视道学为伪学。此皆由于道德相（伟大相）未化除之故也。故孟子必说“大而化之之谓圣”。圣境即化境。此至不易。人需要“大”，既大已，而又能化除此“大”，而归于平平，吉凶与民同患，“以其情应万事而无情”，不特耀自己，望之俨然，即之也温，和蔼可亲，此非“冰解冻释，纯亦不已”者不能也。到此境便是无相原则之体现。此为第三关，即“无相”关（佛家所谓无相禅）。
>
> 《康德〈判断力之批判〉》，第 84 页，16/81—82



① 需要注意，此处的三关与“云门三句”的三关并不相同。“云门三句”的三关指“截断众流”、“涵盖乾坤”、“随波逐流”，主要是针对道德问题而言的，而此处的“克己复礼”、“有光辉”、“无相”三关，主要用于合一问题。陈迎年曾用“云门三句”中的“随波逐流”解说此处的“无相”关，并对牟宗三提出批评，指出：“牟子对这个意义的‘圣贤气象’却评价不高。牟子要求前进到云门三句的第三句，即‘随波逐流’。”并引《商榷》长文中的话为证：“到此境便是无相原则之体现。此为第三关，即‘无相’关（佛家所谓无相禅）。到此无相关时，人便显得轻松自在，一轻松自在一切皆轻松自在。”最后总结说：“至此，争斗不再，和顺首出；提起不再，放下首出；崇高不再，洒脱首出；儒家不再，佛道首出。”（陈迎年：《智的直觉与审美直觉——牟宗三美学批判》，第 252 页）根据我的理解，这显然是把“随波逐流”与“无相”混在一起了。“云门三句”的三关与此处的三关属于两个系列，其中第三关的内容也各不相同：“云门三句”的“随波逐流”是强调道德不是纯粹的形式，有内在的动力，可以直接决定善行；此处的“无相”则是强调道德达到一定高度后，自然会将伟大相去掉，一切归于平平。如果以“随波逐流”解说“无相”，很容易造成混乱。其实，陈迎年这一失误早在其单篇论文《牟宗三的善美学》（《文艺研究》，2010 年第 5 期）中就存在了，在那里有这样的表述：“道德相必化除，由之有第三关，‘随波逐流’的‘无相’关。牟宗三亦称之为‘洒脱之美’的境界，一切皆归于平平，人亦显得轻松自在。”。

牟宗三强调，人需要大，但如果已经达到了大，还需要进一步把这个大相化掉，大而没有大相，达至“无相”的境界。做到了大无大相，人便显得轻松自在，一轻松自在一切皆轻松自在，这便是“洒脱之美”，而这也就达到了“化境”。“到此境便是无相原则之体现”，这一句集中表现了牟宗三的思想主旨：人只有到达“化境”，才是最高的境界，而一旦达到“化境”也就过了“无相”关，做到了“无相”。①



牟宗三特意借助龙溪的四无来说明这个道理：

> 王龙溪之四无即是此化境。四无者，“无心之心其藏密，无意之意其应圆，无知之知其体寂，无物之物其用神”。是则“体用显微只是一机，心意知物只是一事”。心与知两者是体是微，意与物两者是用是显。但既只是一机，只是一事，则亦可用庄子之语调而谓之曰：“俄而心意知物矣，而未知心意知物之果孰为心孰为意孰为知孰为物也”。此是化境中的心意知物，亦即是“即真即美即善”之境也，此亦可用庄子之语调而谓之曰：“俄而真美善矣，而未知真美善之果孰为真孰为美孰为善也”。在此合一之化境中，不惟独立意义的道德相之善相与独立意义的现象知识之真相被化掉，即独立意义的妙慧别才

---

①《康德第三批判讲演录》中的一段话，有助于这个问题的理解。牟宗三指出：“无相令人舒服。譬如说道德，你天天表现一个圣人的样子，你这个圣人天天（第二个“天”字原文缺，据文意补。——引者注）高高在上，谁敢与你亲近呢？你要先把圣人的架子拉掉，那就是圣人没有圣人相。道德的最高境界是把道德相化掉。凡是有相的地方都使人紧张，有相就是有概念，有概念就有方向，有方向就使人紧张。到最后一定要把紧张化掉。所以，美学判断的超越原则当该是无相原则。”（牟宗三：《康德第三批判讲演录（二）》，《鹅湖》第 304 期，2000 年 10 月）

> 之审美之美相亦被化掉。如“无声之乐”，“但得琴中趣，何须琴上音”，“天下皆知美之为美斯不美矣”，等等皆是表示分别说的独立意义的美相被化除之境。现象知识之“真”相被化除，即显“物如”之如相之“真”相。道德相之“善”相被化除即显冰解冻释之“纯亦不已”之至善相。妙慧别才中审美之“美”相被化除，则一切自然之美（气化之光彩）皆融化于物之如相中而一无剩欠。
>
> 《康德〈判断力之批判〉》，第85—86页，16/82—83

此处开门见山道出龙溪的四无即是“化境”。龙溪的四无即“无心之心其藏密，无意之意其应圆，无知之知其体寂，无物之物其用神”。牟宗三认为，四无其实是讲“体用显微只是一机，心意知物只是一事”。其中，心与意是体是微，知与物是用是显。说到底只是一机，只是一显。既然如此，那么再讲分别就没有了意义。借用庄子的话说即是“未知心意知物之果孰为心孰为意孰为知孰为物也”。此时的心意知物，全然一体打通，“即真即美即善”。在此合一之“化境”中，不仅道德的善相被化掉，认知的真相被化掉，就是独立的美相也被化掉了。知识之真相被化除，便显出物之如相，如相即是真相。道德之善相被化除，便显出冰解冻释纯亦不已之至善（非德福关系意义之圆善）之相。审美之美相被化除，便显出一切自然之美皆融化于物之如相之中而毫无剩欠。“剩欠”又叫“多余”。在“化境”之中的美不再有任何剩欠，任何多余，完全归于“无相”。总之，进至四无，就达到了“化境”，也就做到了“无相”。牟宗三重视龙溪，归根到底是看重了四无，而看重四无，归根到底又是为了以四无证明“无相”。

以上便是牟宗三以“放得下”论“无相”的基本路数，牟宗三就是以此来说“无相”，并进而建构“相即式合一”的。牟宗三论“无相”首先从认知问题说起，而核心还是智的直觉。他之所以认为人具有智的直觉，是因为在他看来，依据儒家学理，道德之心创生存有并不需要像康德那样必须借助时空和范畴，所以不必只停留于现相之上，完全可以直达物自身，而这种意义的物自身即是“物之如相”，也就是“无相”。更为重要的是，在这个过程中，人还可以做到“提得起放得下”。道德必须首先确立本体，将生命提升起来，不为物欲所引诱，这叫“提得起”。“提得起”固然重要，但也有弊端。因为一旦确立了道德之心，人便显出一种道德之相，难免受到外人的奚落与嘲讽。所以还必须“放得下”，进至“化境”，将道德之相统统消除，做到道德而没有道德之善相。道德而没有道德之善相也是一种“无相”。以此为基础，牟宗三进一步谈审美问题。按照他的理解，审美也必须先讲一个“提得起”。审美是一种妙慧直感，这种妙慧直感会给对象带来一种相。如果只停留于此，很容易受其所累，必须让道德之心提升起来，为审美保持一个正确的方向。但“提得起”这一步容易形成紧张相，敌对相，所以还必须“放得下”，破除一切执着、一切造作。一旦如此，一切自然之美和艺术之美皆融化于物之如相中而不再显得多余，在自然而然之中完成审美，审美之美相同样被化除了，达到了审美之“无相”。既然认知可以达到“无相”，道德可以达到“无相”，审美也可以达到“无相”，于是这三者便通过“无相”彼此相融，合为一体，形成了一种与康德不同的新式的合一，即所谓“相即式合一”。有了这种合一，真善美自然一体打通，不再需要像康德那样劳神费力讲什么媒介式的综合了。

面对牟宗三这一系列说法，我一直在考虑这样一个问题：“放得下”真的可以证明审美之“无相”进而完成“相即式合一”吗？经过反复考量，我得出了否定的结论。我认为，牟宗三以“放得下”证明“无相”尽管煞费苦心，但其论证过程存在着一定的缺陷，很难达到预期目的。我之所以下这样的断语，是因为我发现，与“放得下”相关，“无相”有多种不同含义，牟宗三未能将这些不同含义清晰区分开来，在逻辑上有失严格。

与“放得下”相关之“无相”包含的第一种含义是道德之“无相”。上面引证过，牟宗三在讲儒家不同理境即所谓三关的时候曾谈到，人要成就道德，需要经历“克己复礼”关和“有光辉”关。这自然是好的，也是必须的，但仅仅如此还远远不够。因为一旦有了光辉，就难免有一种道德相，对外显出紧张相，甚至会有敌对相。因此，不能停留在道德相之上，而必须将其化除，达到“化境”，消除一切道德之相。为了便于区分，我将这种情况称为“道德而无道德之相”。简要而言，“道德而无道德之相”是人达到一定境界后，成德过程完全归于自然，无心为善而成善，无心为德而成德，从心所欲皆是无执，外面丝毫显不出道德样子的意思。佛家所谓“无相禅”、“无法爱”就是这个意思。这层意思的“无相”是必须肯定的，没有问题。

与“放得下”相关之“无相”的第二种含义是审美但没有审美之相。牟宗三讲的“洒脱之美”可归于此类。下面一段此前曾引用过，因为重要，不烦再次引证如下：

> 到此无相关时，人便显得轻松自在，一轻松自在一切皆轻松自在。此即“圣心”即函有妙慧心，函有无相之原则，故圣人必曰“游于艺”。在“游于艺”中即函有妙慧别才之自由翱翔与无向中之直感排荡，而一是皆归于实理之平平，而实理亦无相，此即“洒脱之美”之境也。故圣心之无相即是美……
>
> 《康德〈判断力之批判〉》，第 84 页，16/82

人达到“无相”关之后，一切皆是自然，皆是平平，皆是轻松自在，同时也达到了“游于艺”的境界。在“游于艺”之境界中，妙慧别才自由翱翔，完全归于实理之平平，由此形成一种“洒脱之美”。“圣心之无相即是美”这一句非常要紧，它说明，圣人一旦达到了“无相”之境，即会在自然而然之中完成审美，不再需要任何的主观故意。而这也就是审美的最高境界。我把这种含义的“无相”简称为“审美而无审美之相”。简单说，“审美而无审美之相”是指人达到一定境界后，无心审美却在自然而然之间完成了审美，无审美的故意却在不自觉之中享受到了美的意思。这层意思与“道德而无道德之相”相近，也没有问题，完全可以接受。



除此之外，与“放得下”相关之“无相”还有第三种含义，这个含义较为复杂，先来看牟宗三这样一段论述：

> 若在非分别说中，则妙慧被吸纳于道心，而光彩亦被溶化而归于“平地”，此时只成一“即真即美即善”之境地：真是“物如”之存在，善是“天理”之平铺，美是“天地之美，神明之容”，美无美相。因为本是多余之光彩而单为人类之妙慧所遭遇（因此而形成艺术审美之独立领域），是故在人之全部精神生活之实践过程中，这光彩可被溶化而归于平地，而妙慧亦可被消融而归于无声无臭。因为美本是一“闲适之原则”，其本身显一静观之住相，它本不是一建体立极之主导之原则，是故它是必要的，又可被消融。
>
> 《康德〈判断力之批判〉》，第89页，16/86—87

牟宗三认为，在非分别说中，妙慧被吸纳于道心，光彩被溶化于

“平地”，这样便达到了“即真即美即善”的境界。在这种“即真即美即善”的境界之中，真即是物如，即是物自身，善即是天理，即是纯亦不已，美即是“天地之美，神明之容”，美无美相。在这里特别值得关注的是美。因为美原本只是人类之妙慧所发形成的光彩，在人的全部精神生活中，这种光彩完全可以被溶化而归于“平地”，消融而归于无声无臭。所谓溶化而归于“平地”，消融而归于无声无臭，就是说可以消除其“住相”，而达到一种“无相之美”。上引这一段中最后一句“美本是一‘闲适之原则’，其本身显一静观之住相，它本不是一建体立极之主导之原则，是故它是必要的，又可被消融”，在我看来，所要表达的正是这一思想。这一说法旨在表达这样一个意思：美之“住相”可以被消融，这种消融之后的美再无美相。我把牟宗三这种被消融后没有美相的美概括为“审美而美无美相”。① 需要注意，“审美而美无美相”与前面



① 对于前两种无相，尤西林有准确的把握。在对牟宗三智的直觉问题进行分析过程中，尤西林用了很大精力讨论有与无的问题。在他看来，“在牟宗三儒家正宗系统中，孔门仁体所代表的道德实践，不只是圆成合一历程中的动力，而且也以‘天道’、‘仁体’、‘天心’的实体之‘有’实在实感地支撑着合一圆成之‘无’境，‘无’是仁体之‘有’圆满自在自如之本然本体状态。”“圆境中‘无’之美背后实质立着‘有’之善。”（尤西林：《心体与时间——二十世纪中国美学与现代性》，第 214 页）这种情况也表现在审美过程中，“心灵美拒绝有意表现自己，亦即拒绝从生存合一状态变为牟氏所谓‘分别相’的审美对象，它甚至不允许逗留于实际生活中闪现的刹那（‘当下’）而延长为一个独立的时空场景单元（亦即拒绝戏剧性的表演‘亮相’）。它因此也并不沉浸于‘呈现’与‘直观’之‘住相’中。无论是行动中一瞥（‘逆觉’）心体‘呈现’的主体自我意识，或是作为此行动旁观者的‘当下’‘直觉’观感，都不会滞留其中将生活变成戏剧。惟其如此，此种生存自身（从劳作到全部人生活动）所‘呈现’的‘美’，才在一瞥‘直觉’中具有虚拟表演性艺术无法企及的真实性亦即存在本体论的动人力量。”（同上，第 261 页）细细分析，尤西林这里所说均指前两种无相，相关的分析十分透彻，表现出作者精深的分析能力，令人佩服。但他似乎没有看到还有第三种无相，即“审美而美无美相”，不明白这种无相才是牟宗三“相即式合一”的理论基础，更没有看出牟宗三以“道德而无道德之相”、“审美而无审美之相”证明“审美而美无美相”在逻辑上存在的瑕疵，错失了纠正合一论之失的重要机会。

所说“审美而无审美之相”不同。“审美而无审美之相”是说人到达相当境界后，整个审美过程完全归为自然，没有任何故意即已完成审美。“审美而美无美相”则是指由此形成的美已经没有了任何相，达到了物之如相，物之在其自己。

综上所说，我将与“放得下”相关之“无相”区分出了三种不同的含义，这就是：“道德而无道德之相”，“审美而无审美之相”以及“审美而美无美相”。“道德而无道德之相”是指成就了道德却完全没有道德的样子。“审美而无审美之相”是指没有审美的故意却已完成了审美。“审美而美无美相”是指审美所得到的那个美已经不再有任何的相。有了这种划分，牟宗三相关论述中的具体所指就可以分辨得比较清楚了。比如下面三段说的就不是一个意思，必须细加分辨。



> 因为道德实践的心是生命之奋斗之原则，主观地说是“精进不已”（纯亦不已）之原则，客观而绝对地说是“於穆不已”之原则，因此其极境必是“提得起放得下”者。“尧舜性之”是此境，“大而化之之谓圣”亦是此境。“天地之常以其心普万物而无心，圣人之常以其情应万事而无情”，亦是此境。道家玄智、佛家般若智皆含有此境。禅家“即心是佛，无心为道”亦函此境。此龙树中观之所以必讲“空空”，而天台家十法成乘必殿之以“无法爱”也。
>
> 《康德〈判断力之批判〉》，第83页，16/80—81

> 依庄子，艺术是技，必“技也而进于道矣”，始可进至无美相之美。至此无相之美，则虽妙慧心而亦道心，虽道心而亦妙慧心，至此方可云“天地之美，神明之容。”盖在此无相之境中，审美之品鉴力与创造艺术之天

才力固皆溶化于至善之流行与如相之真中而转成合道心之妙慧心，含藏妙慧心之道心，而一是皆无相，而无论自然之美或艺术之美亦皆转成“天地之美，神明之容”而亦归于无相也。

《康德〈判断力之批判〉》，第86—87页，16/84



夫既无任何利害关心，又不依于任何概念，则即如此而观之，审美只是一四无旁依的妙慧静观之“如”相，如相无向即是实相。此一实相本身即已函蕴着“不诤”（如《大智度论》说般若为不诤法）。夫既“不诤”，焉有依待于概念之“然”与“不然”之辩耶？《大般若经》云：“实相一相，所谓无相，即是如相”。此就是实相之普遍性矣。同理，审美判断之普遍性即是此“一相”之“一”也。然则此一不依待于概念的普遍性本是一十分特别的普遍性。吾名之曰“如相”性的普遍性。

《康德〈判断力之批判〉》，第73—74页，16/71

头一段明显是指“道德而无道德之相”。道德之心非常重要，从主观方面说，它是精进不已，从客观方面说，它是於穆不已。不仅如此，它本身就有向“化境”发展的要求和潜能。儒家的“尧舜性之”，“大而化之之谓圣”，“天地之常以其心普万物而无心，圣人之常以其情应万事而无情”皆是此境。佛家的“即心是佛，无心为道”，“空空”，“无法爱”，同样是此境。次一段则指“审美而无审美之相”。庄子认为，艺术是技，技必进于道而后可，而这种进于道也就是进于“天地之美，神明之容”。牟宗三借用庄子这一说法意在强调，一旦达到了最高境界后，人不仅消融了道德之善相，同时也消融了审美品鉴力和创造艺术之天才力自身之相，一切归于“无相”。这种“无相”即是无审美之相，用庄子的话说就是“天地之美，神明之容”，在自然而然中享受到美。第三段讲的是“审美而美无美相”。这一段出自牟宗三对康德鉴赏判断第二契机的梳理。在这里，牟宗三强调，审美判断确实有一种普遍性，但这种普遍性不能从一般意义来理解。审美判断只是一四无旁依的妙慧静观，既无关于利害关心，又无关于概念，所以其所得到的便是“如相”，而“如相”也就是“实相”。因为是“实相”所以是不诤，而这种不诤也就是普遍。这里特别需要注意的是，牟宗三反复强调审美所得到的是“如相”、“实相”。在这个意义上讲“如相”、“实相”，当然只能指第三种含义的“无相”，即“审美而美无美相”。



将“无相”区分为三种不同的含义，有助于我们明白这样一个道理：在这三种不同含义的“无相”中前两种没有问题，不仅没有问题，而且体现了高超的智慧，极具理论价值①，但第三种“无

① 在我看来，陈迎年的研究在这个问题上较尤西林要稍有逊色。前面讲过，尤西林非常重视有和无的问题。在他看来，“与顾炎武痛斥宗‘无’之‘王弼、何晏之罪深于桀纣’不同，牟宗三的宋学（特别是心学）倾向，使之能站在三教合一的高度吸收释老并发掘儒家‘无’之智慧，并在与康德为代表的近现代西方哲学辩论中对‘无’与‘有’进行了更为精深的辨析。”（尤西林：《心体与时间——二十世纪中国美学与现代性》，第 214 页）作者此处讲得很明白，牟宗三虽然讲无，但更为重有。讲无是吸取释老之智慧，重有是坚持儒家之立场。陈迎年则认为，牟宗三非常重视无，这一思想虽然儒家也讲，但毕竟是道家或佛家的重要特征。“在讲到美学的无相原则时，牟子只能屡屡引称佛道以证己，如以道家之‘无’释审美判断之质相，而把‘不带任何利害’确定为‘无相原则’；以《大般若经》‘实相一相，所谓无相，即是如相’等确定审美判断的‘如相’性的普遍性；以道家之玄智、佛家之般若智确定审美判断的必然性等等。而且，牟子还多次特别强调，儒家义理到王龙溪之四无才达致即真即美即善的化境，但这个龙溪，恰恰是一位对佛道二教涉入颇深的人物，时称‘三教宗盟’，黄梨洲更指其‘不得不近于禅’、‘不得不近于老’。”（陈迎年：《智的直觉与审美直觉——牟宗三美学批判》，第 278—279 页）这是直接批评牟宗三丢弃了儒学的立场，投奔到了佛老的阵营。这种理解我不敢苟同。理由有二：其一，讲无是儒释道三家之共法，不能将其归为佛老的专利；其二，牟宗三 （转下页）

相”即“审美而美无美相”问题很大，完全不能成立。细心一点不难发现，牟宗三相关的证明在逻辑上有明显的疏漏。上述三种不同含义的“无相”就其性质而言，可分为两类。“道德而无道德之相”、“审美而无审美之相”为一类，主要是讲人达到至高境界之后，一切均成了自然，无任何造作即可成就道德，即可完成审美。“审美而美无美相”为一类，是讲由此形成的美完全没有了美的样子，没有了美相。牟宗三提倡“无相原则”，起始点是第一种含义的“无相”，即“道德而无道德之相”。道德达到“化境”之后，确实可以做到大无大相，复归“平地”，一任自然，对外不再显出道德的样子。对实际的道德生活有所体认的人，对这一点都可以承认而无任何怀疑。由这一起点到第二种含义的“无相”即“审美而无审美之相”也没有问题。人在“化境”之中，自与他人不同，一切皆是自然而然，不仅不再有任何的道德之相，就连审美也完全是任其自然的，不再有任何的主观故意，在纯粹自然没有任何做作的情况下，就欣赏到了美，与美达到了一致。问题出在第二种含义的“无相”到第三种含义的“无相”的转进上，即“审美而无审美之相”是如何过渡到“审美而美无美相”的。牟宗三认为，一旦达到了“化境”，不仅没有了审美之相，而且没有了美相，达到了“无相之美”。我初读《商榷》看到“无相之美”这



---

(接上页)虽然讲无，但这种无只是作用之无，而不是本体之无，不能看到牟宗三讲无便断定其丢弃了儒学立场。牟宗三即使再疏忽，像这种学术立场的原则性错误，断然也是不会犯的。从时间和内容上看，陈迎年的研究明显受到尤西林的影响，但在这个重要环节上并没有能够继承尤西林的思想，反而走向了另外一个方向，不能不说是一件令人遗憾的事情。另外，盛志德对无相的理解更成问题。他将牟宗三讲的无相作“命令而无命令相”的解释，批评牟宗三此说“即是康德这里‘法则对于我们必不会再是一命令’这一现象的一种拐弯抹角的说法而已”(盛志德:《牟宗三与康德关于“智的直觉”思想的比较研究》，第106页)。关于对盛志德这一说法的评论，详见第四章第二节第四小节中“龙溪无力解决圆善问题不宜立为圆教”中的注释部分。

一说法，即感到十分吃惊，认为这是一个极为重要的表述，但也隐约感到这里似乎有一些问题，不过始终看不透问题究竟出在哪里。几经反复，才发现这一说法的问题之所在。审美的前提是主体对于客体进行一种赋予，施加一种影响，在这种赋予和影响中感受到美。既然是一种赋予，一种影响，那当然就会形成一种相，这种相就是一般所说的美相。任何一种美都是一种相。审美之美本身必带一种相，没有相的美根本就不存在。不管是没有达到“化境”的人，还是已经达到“化境”的人，在审美过程中，都是用自己的主观去影响对象，从而在对象身上享受到美。一个人无论怎样“放得下”，怎样达到“化境”，怎样复归于“平地”，都无法做到“审美而美无美相”（注意不是“审美而无审美之相”）。牟宗三以“道德而无道德之相”和“审美而无审美之相”来证明“审美而美无美相”，大讲“无美相之美”、“无相之美”，在逻辑上有严重混乱，极不严格。更为严重的是，牟宗三这样做目的是建构一种以“无相原则”为基础的新的合一方式，以取代康德媒介式的合一，一旦证明这种“无相原则”有理论的重大疏漏，这种美好的愿望能否实现，就不得不重新考虑了。

照理说，“道德而无道德之相”、“审美而无审美之相”与“审美而美无美相”是两类不同的问题，其间的界限一般来说还是比较清楚的，但牟宗三为什么会将这两类不同的问题混在一起，造成如此失误呢？要破解这个问题，不能局限于《商榷》一文，必须扩大视野，把这个问题与牟宗三整个儒学思想联系在一起。一旦如此我们就可以发现，这一失误有着深刻的理论根源，其总根子仍然在智的直觉这个老问题上面。

照牟宗三自己的说法，直到写作《心体与性体》，他还没有充分注意到智的直觉的重要性。[①] 但他这方面的意识，其实很早就有了。在梳理早期圆成论的过程中我讲过，牟宗三这一时期的思想有一个隐患，这就是“如如”。[②] 牟宗三此时讲“如如”，有两层意思。其一，审美判断源于天心之“如如地观照”，即所谓“其判断也根于天心，其所判断也即此天心之如如地观照”（《认识心之批判》，第 332 页，19/736）。意思是说，天心是道德本体，必然有所发用，其所发用，就是赋予宇宙万物以意义，而这种赋予的方式便是“如如地观照”。其二，审美判断是对天心之所发的“如如地欣趣”。“天心”赋予宇宙万物以意义，这只是一个方面，除此之外，还必须对自己的赋予有所欣赏和欣趣。这就是牟宗三说的“天心处于其自己中而如如地欣趣其所发，即谓美的判断”（《认识心之批判》，第 332 页，19/736）。值得注意的是，这种欣赏和欣趣的方式同样是“如如”。尽管牟宗三此时还没有明确涉及智的直觉问题，但这里的“如如”已经包含了这方面的思想倾向。按其字义而言，“如如”就是真实、如实的意思。而“如如”的对象叫什么，则是大有讲究的，叫做现相呢，还是叫做物自身？由于牟宗三此时尚未正式关注智的直觉的问题，所以还没有谈到这一点。但从其后来对于物自身的理解来看，这里已经隐含了相当大的风险。

《心体与性体》之后，牟宗三开始关注智的直觉的问题，注意到了这一问题的重要，并对此进行了系统的研究。这方面最重要的成果就是《智的直觉与中国哲学》和《现象与物自身》。这两部



① 牟宗三在《智的直觉与中国哲学》序中曾这样写道：“《心体与性体》《综论部》讨论康德的道德哲学处，并未提到‘智的直觉’，这是该处之不足（这亦因该处的讨论是就康德的《道德的形上学之基本原则》一书说，而康德此书并无此词故）。故此书即可视作该处的讨论之补充。”（《智的直觉与中国哲学》序，第 3 页，20/［5］）

② 详见杨泽波：《贡献与终结——牟宗三儒学思想研究》第五卷合一论第二章“早期圆成论述评”。

作品是牟宗三整个儒学思想的一个重要转折，对其后思想产生了极大的影响。此时牟宗三已经看到，康德由于只承认人的有限性，不承认人的无限性，只承认人可以有感性直觉，不承认人可以有智的直觉，所以人只能达到现相，不能达到物自身。但在中国哲学的传统中，自始就承认人既是有限的，又是无限的，既可以有感性直觉，又可以有智的直觉。人完全可以不局限于现相，而直达物自身。以此为据，牟宗三强调，我们没有必要跟着康德走，以上帝说智的直觉，而应当将重点放在人身上来。“如果知康德所说的‘物之在其自己’是对上帝而言，对其所独有的智的直觉之创造性而言，则在自由无限心前为‘物之在其自己’乃必然而不可移者”（**《现象与物自身》序言，第17页，21/［19］**）。这就是说，因为人可以有智的直觉，与智的直觉相对的对象便不再是现相，而是“物之在其自己”了。按照牟宗三的理解，“物之在其自己”又可称为“物如”，物如就是对象原本的样子，即所谓如相。“如相一相，所谓无相，即是实相。”而这种实相也就是物自身，所以人通过智的直觉完全可以达到物自身。

此时牟宗三已经注意到了龙溪的四无：

> “无物之物”者即是无物相之物也，亦即无“对象”相之物也。“用神”者其为用无封限无滞碍而不可测度也。物之用之神是因明觉感应之圆而神而神。明觉之感应处为物。此感应处之物既无“物”相，即无为障碍之用，它系于明觉而有顺承之用，故其为用是神用无方，而亦是不显用相之用也。明觉感应圆神自在，则物亦圆神自在也。故物不作物看，即是知体之著见也。此是将“物之在其自己”全系于无限心之无执上而说者。
>
> 《现象与物自身》，第113页，21/117—118

这里特别值得注意的是，牟宗三强调，龙溪四无中的“无物之物”不再是现相，而是物自身。这种物自身即是物之如相，亦即“无相”。将牟宗三相关论述进行系统分析可以看出，这一时期他的思想的重点全在智的直觉上，而他认为人之所以有智的直觉，是因为人可以直接体认自己的良心本心。换句话说，牟宗三此时坚持人可以有智的直觉，根本的理由是人对良心本心可以有直接的体认，这种体认就是智的直觉。牟宗三这一看法蕴含着很高的理论价值，因为儒家历来承认人对良心本心的认知是直接进行的，不需要借助任何认识形式。然而问题在于，他并没有满足于此，而是以此为根据，进一步证明人的道德之心创生存有的思维方式即是康德不予承认的智的直觉，并依此强调道德之心创生的那个存有对象不再是现相，而是物自身。问题就在这个关节点上出现了：任何存有都是一种相，不管这种存有是认知之心创生的，还是道德之心创生的。没有相的存有不可能存在。牟宗三依据人可以对良心本心有智的直觉，证明人可以对外部对象有智的直觉，并坚称道德之心创生存有的思维方式就是康德所不承认的智的直觉，在逻辑上存在着重大的疏漏。简言之，牟宗三这一时期思想的重点之一是以“自觉”证明“觉他”。

这种情况到《圆善论》有了进一步的恶化。该书的一个重要特点是开始重视“化境”问题。如上所说，“化境”的说法在牟宗三那里很早就有了，但那时牟宗三还很少以此来说“无相”。这种情况到《圆善论》有了很大的变化，“化境”成了其论说“无相”的一个重要根据。牟宗三建构其圆善思想的一个重要特色，是立龙溪为圆教，而他这样做的根本理由是龙溪已由四有进到四无，即所谓“四有四无方圆备，圆教有待龙溪扬”（《圆善论》，第335页，22/325）。四有与四无的最大不同在于，四有是分别说，有自体相：心有心相，意有意相，知有知相，物有物相。这当然也有意义，但因为局限在迹中，境界还不太高。四无就不同了，达到了无的境界，远远高于四有。如牟宗三在解释“无心之心则藏密”中的“无”时这样写道：



> 此“无”亦如“无有作好无有作恶”之无，亦如程明道《定性书》所谓“天地之常以其心普万物而无心，圣人之常以其情顺万事而无情”语中之无。“以其心”是表示存有层上肯定有心，“普万物而无心”是说其普遍于万物而为其体不是有意造作如此也，意即是以“无心”之方式而普也。“圣人之常以其情顺万事而无情”亦同此解。“以其情”是有情，“而无情”是无意于情。“无有作好，无有作恶”亦同此解。好恶是有的，然不要有意造作地去好，亦不要有意造作地去恶。此亦如禅家所谓“即心是佛，无心为道”也。
>
> 《圆善论》，第 317 页，22/308

“无心之心”之“无”不是说没有这个心，只是说以“无心”的方式来表现，即不是有心或有意在表现。恰如明道所说“天地之常以其心普万物而无心，圣人之常以其情顺万事而无情”。明道此语中“以其心”是说确实有这样一个心存在，“普万物而无心”是说这个心普万物而为其体是“无心”而为，而不是有意造作。“顺万事而无情”也是这个意思。此处的“以其情”是必须有这个情，“而无情”是无意于情的意思。在牟宗三看来，这种“无”其实就是一种“化”。“‘大而化之’（把大化掉大无大相）之化境是儒家语。此‘化’字最好，一切圆实皆化境也。不至于化，便不能圆，不能实，不能一切平平，无为无作。故‘化’字是圆之所以为圆之最高亦是最后之判准。凡冰解冻释皆化也，是融化之化。”（《圆善论》，第282—283页，22/275）按照牟宗三的理解，孟子所说的“大而化之之谓圣”就是把大相化掉，大无大相。

牟宗三进而强调，一旦达到了“化境”，其所对应的对象就不再是现相，而是物自身了：



> 在浑化之境中，仍然有物。但此物是无物之物，物无物相。王阳明亦说“明觉之感应为物”，此物即是无物之物。无物相者是说此物既无为良知所知之对象相，亦无善恶意中之正不正相。“意之所在为物”，此物是经验层上的物；“明觉之感应为物”则是超越层上的物。若用康德词语说之，前者是实践中现象义的物，相应于有善恶相之意而说者，后者是实践中物自身义的物，相应于明觉之感应而说者。
>
> 《圆善论》，第318—319页，22/309—310

这一论述非常重要，此前曾多次引证。牟宗三认为，在浑化境界中的物再无物相，这种物无物相之物就是“无物之物”，而这种“无物之物”也就是物自身义的物。他特别强调要注意区分两种不同的物，即“意之所在为物”的“物”和“明觉之感应为物”的“物”。前者属于经验层，后者属于超越层。如果借用康德的术语，这两种不同之物可以这样来表达：“意之所在为物”的“物”是实践中现相义的物，是相应于有善恶相的意而说的；“明觉之感应为物”的“物”为实践中“物自身义的物”，是相应于明觉之感应而说的。牟宗三这一论述之所以非常要紧，是因为它告诉读者这样一个道理：在他看来，四无所涉及的物已不再是现相之物，而是物自身之物了。这是牟宗三为什么不以阳明之四有而以龙溪之四无为圆教的根本原因。我反复讲过，牟宗三这种讲法大有问题。必须明白，四无之“无”只是“道德而无道德之相”，也就是阳明所说的“无心俱是实，有心俱是幻”。体现良知不能人为造作，应以“无心”的方式进行。能够做到这一点，就可以得到良知，这就是“实”。扭曲成意，人为造作，是很难真正得到良知的，而那也就是“幻”。但这种情况与道德之心创生存有的那个对象可否称为“无相”完全不是一回事。牟宗三没有严格区分这两者之间的界限，以“道德而无道德之相”证明存有之“无相”，为其后理论的危机埋下了种子。



在完成《圆善论》写作之后不久，牟宗三又开始着手翻译康德《判断力批判》，并撰写了《商榷》长文。在这个过程中，他没有注意到《圆善论》中存在的上述问题，而是直接将其成果运用到《商榷》一文之中。所不同的是，《商榷》增加了一个“放得下”的新说法，进一步以“道德而无道德之相”和“审美而无审美之相”证明“审美而美无美相”，即“无相之美”或“无美相之美”。前面讲过，“无相之美”可以有两种不同含义，一是“审美而无审美之相”，一是“审美而美无美相”。前者是说，在人生至高境界，一切皆归于平平，全无做作之意，在自然而然之中即体验到了美。这一层意思没有错误。后者是说，一旦达到人生这种境界，不仅可以在自然而然中体验到美，而且这种美也全然没有了美相，“一切自然之美（气化之光彩）皆融化于物之如相中而一无剩欠”（《康德〈判断力之批判〉》，第 86 页，16/83），美相完全被消融了。问题出在后一种含义上。既然审美是将主观的内容赋予外部对象之上，使人们在外部对象上感受到美，那么这种美本身就是一种相了。世界上哪里会有一种没有美相的美（“审美而美无美相”）呢？又怎么能将这种没有美相的美与物自身联系在一起，建构“无相原则”以完成“相即式合一”呢？牟宗三将《圆善论》中的存有论思想运用到《商榷》之中，原本是为了批评康德美学思想的不足，阐发其“相即式合一”的思想，但由于《圆善论》本身存在理论缺陷，将其引用到后期合一论来之后，这种缺陷就进一步发酵扩大了。以“道德而无道德之相”和“审美而无审美之相”，证明“审美而美无美相”就是这一缺陷的集中表现。



上面的分析充分说明，牟宗三《商榷》一文中以“放得下”来说“审美而美无美相”并非突然，是其相关思想发展的必然结果。自《智的直觉与中国哲学》和《现象与物自身》开始，牟宗三意识到智的直觉问题的重要性，对此进行了系统的研究。在他看来，儒学与康德最大的不同，即在于智的直觉之有无。康德不承认人可以有智的直觉，所以人不能达到物自身。儒学承认人可以有这种能力，所以能够达到物如，达到物自身。《圆善论》之后，牟宗三又以智的直觉论“化境”，并以“化境”说物自身的存在，解决康德未能真正解决的圆善难题。这种思路一直延续到《商榷》。在这篇文章中，牟宗三进一步以“放得下”说“无相”。在这个过程中，牟宗三始终没有意识到，经过不断努力，随着境界的提升，人确实可以做到“道德而无道德之相”和“审美而无审美之相”，但并不能以此证明“审美而美无美相”。宇宙万物本身并没有什么美，美是人将自身的标准赋予其上并加以欣赏的结果。任何美都必然有自己的相，美本身就是一种相。“无相之美”、“无美相之美”（取“审美而美无美相”之义）这一说法，本身就是一个矛盾，在世界上根本不可能存在，怎么能够以此作为审美判断的先验原则，并由此建构“相即式合一”呢？由此说来，牟宗三上述失误的总根源还在其对智的直觉的理解有失准确。对康德智的直觉理解不够准确是牟宗三后期思想的逻辑前提，由这个前提进而引出“道德而无道德之相”和“审美而无审美之相”，而

"道德而无道德之相"和"审美而无审美之相"又成了证明"审美而美无美相"的论据，直接导致了以无相原则作为"相即式合一"的理论基础，好像真善美三者都可以通过"无相"达到物自身，从而能够达成一致，形成一种新的合一似的。以"放得下"论"无相"就是这样一步步走过来的，路途漫漫。如果识不破，可能以为这里深奥无比，价值无限；如果识得破，则可以看出这里曲折万千，坎坷不断，其失误之严重，很难想象会出自如此重要的哲学家之手。



3) 以"天垂象"论"无相"隐含的问题

"天垂象"的说法是《商榷》第九节第九小节提到的，原文如下：

> 《易·系》曰："天垂象，见吉凶，圣人则之"。象征之"象"即是"天垂象，见吉凶"之象。"上天之载无声无臭"，是绝对的玄德，本无任何相可见。此亦即是荀灿所谓"蕴而不出"者，亦是陆象山所谓"平地"。但是天德固无尽藏以显其妙用，但亦正因其自发之妙用（所谓天命不已），始有其"垂象"之必然，此是来布尼兹所谓"形而上的必然"。有"垂象"可见，始有种种的分别决定（吉凶）可言。此种无声无臭之天命不已以及其必然的垂象，道家是以"无"与"有"表之（无名天地之始，有名万物之母，故常无欲以观其名，常有欲以观其徼）。
>
> 《康德〈判断力之批判〉》，第90—91页，16/87

这里引《易传·系辞》"天垂象，见吉凶，圣人则之"之语对"无相"加以说明。牟宗三认为，"象"即是具体有相可见的意思，而这种“象”也就是“天垂象”之“象”。“上天之载无声无臭”，本是绝对的玄德，没有任何相可见。这种没有任何相可见，也就是象山所说的“平地”。尽管没有任何相可见，但它却可以通过其妙用来显现天命之不已，圣人则通过这种显现见其吉凶。

“天垂象”包含不同的方面：



> “天垂象，见吉凶”可概括真、美、善之三领域而言。于“真”方面之垂象即是气化之遭遇于吾人之感性与知性而成的“现象之存在”；于“善”方面之垂象则是气化底子中人类这一理性的存有之经由其纯粹而自由的意志决定其为一“道德的存有”；于“美”方面之垂象，则是气化底子中人类这一“既有动物性又有理性性”的存有经由其特有的妙慧而与那气化之多余的光彩相遇而成的“审美之品味”。于“现象之存在”处，显一“认知的我”乃至“逻辑的我”；于“道德的存有”处，显一“道德的我”；于“审美品味”处，显一“美感的我”。这都是“圣人则之”中所立的事，亦是“开物成务”中所成的事。
>
> 《康德〈判断力之批判〉》，第 90 页，16/87—88

“天垂象”具体表现在三个方面：于真的方面表现为由人的感性与知性而成的“现象之存在”；在善的方面表现为由人的自由意志而成的“道德的存有”；在美的方面则表现为人的妙慧与气化之多余的光彩相遇而成的“审美之品味”。这样一来，在真的方面便显现一个“认知的我”或“逻辑的我”；在善的方面便显现一个“道德的我”；在美的方面便显现一个“美感的我”。因为有这些不同的方面，所以就有了三种不同的我。

虽然有三种不同的我，但这三个不同方面又不是完全隔截不通的：

> 既开出如此等之事，则此等事便返而使那无声无臭的天命不已之“平地”成为彰显可见者。经过这一彰显，那无声无臭之无尽藏之丰富内容即可逐渐或圆顿地朗现于吾人之面前。因此，吾人说那分别说的真即是那无尽藏之“无相的真”之象征（有相可见的相）；那分别说的善即是那无尽藏的“无相的善”的象征；那分别说的美即是那无尽藏之“无相的美”（天地之美，神明之容）之象征。
>
> 《康德〈判断力之批判〉》，第 90 页，16/88



在这里牟宗三强调，这三个不同方面以及三种不同的我，都由无声无臭的天命不已之“平地”彰显出来。有了这样一种彰显，“那无声无臭之无尽藏之丰富内容即可逐渐或圆顿地朗现于吾人之面前”。这一句十分要紧，意思是说，“天垂象”的“天”本身没有任何相，但它落实下来，在真善美三个不同方面则可以表现为不同的相，这样才有了分别说的真善美。也正因为有了这三个不同方面以及三种不同的我，“返而使那无声无臭的天命不已之‘平地’成为彰显可见者”，意即通过这三个不同方面和三种不同的我见到天命不已之“平地”才成为可能。这样一来，“天垂象”与上述三个不同方面以及三种不同的我的关系也就清楚了。天本身并无相可见，但天又分为真善美三个不同方面，使其有相可见，这就叫“天垂象”。因此，分别说的真善美是天的具体的象征，分别说的真即是那无尽藏之“无相的真”之象征，分别说的善即是那无尽藏之“无相的善”之象征，分别说的美即是那无尽藏之“无相的美”之象征。

牟宗三最后写道：

> 在分别说之下，真、美、善各不相干，因此皆无面对面侧目而视之紧张；而通过无相之原则，则苏东坡与程伊川之冲突亦可被化解而归于“默逆于心，相视而笑”。
>
> 人之渺然一身，混然中处于天地之间，其所能尽者不过是通彻于真、美、善之道以立己而立人并开物成务以顺适人之生命而已耳。张横渠所谓“为天地立心，为生民立命，为往圣继绝学，为万世开太平”之弘愿尽在于此矣。
>
> 《康德〈判断力之批判〉》，第90—91页，16/88



总而言之，分别说的真美善各不相干，难免有紧张之相。然而在合一说的框架之下，借助“天垂象”，通过“无相原则”，这些各不相干的方面又可以相互包含，成为一体。这样一来，真美善也就融和为一了，这就是合一。人活一世，渺然于天地之间，所能做的不过是将真美善贯通为一个整体，完成一种合一，立已立人，开物成务，以成全人之生命罢了。因此，将真美善一气打通，意义巨大。横渠之名言“为天地立心，为生民立命，为往圣继绝学，为万世开太平”，所表达之弘愿亦不过如此而已。

通过上面的引述我们已经可以看得比较明白了，牟宗三为了完成“相即式合一”，必须首先建立“无相原则”。在建立“无相原则”的过程中，除了以“无向”和“放得下”立论外，还借用了“天垂象”的说法。在他看来，上天即是玄德，是万事万物的终极根据，但上天本身没有任何相可见。这种没有任何相可见就是象山所谓之“平地”。尽管上天没有任何相可见，创造万事万物的过程中却必须显现出一些相来，否则万事万物就不成其物了。换句话说，上天是“无相”的，具体事物则是有相的。上天之“无相”在具体事物中展现为相，这就叫“天垂象”。这种展现从总体上说无非有三个方面：一是真，二是善，三是美。真属于“现象之存在”，是人类感性、知性与气化相遇的结果。善属于“道德的存有”，是人类自由意志在气化过程中创造的结果。美属于“审美的品味”，是人类特有的妙慧与气化之多余的光彩相遇的结果。这三个不同的方面分别构成“认知的我”、“道德的我”和“美感的我”。三个不同的方面和三种不同的我虽然有所分别，但都是上天之载的具体展现，所以完全可以复归于上天，复归于“无相”。这样一来，真美善这三个不同方面，便以天之“无相”为基础找到了统一的载体，实现了合一。这种通过“无相”而形成的合一意义深远。一旦可以证明这种合一的合理性，就再无必要如康德那样先讲一个理论理性，再讲一个实践理性，最后讲一个判断力批判将前两个方面沟通在一起了。



牟宗三以“天垂象”论证“无相”，建构“无相原则”，最终确立“相即式合一”，可谓用心良苦。但面对牟宗三这一说法我始终有这样一个疑问：为什么讲“无相原则”必须以天作为根据？为什么必须以天来证明“无相原则”？以天来证明“无相原则”能达到目的吗？

这涉及应该如何理解儒学形上系统的问题，需要慢慢分辨。应该看到，儒学历史上确实有一个庞大的形上学系统，这一系统的核心概念就是天。儒学的这一系统有重要的意义，因为只有这样，儒学才能解决自己理论学说（特别是良心善性）的终极根据问题，才能具有超越性。牟宗三在这方面的观察相当犀利。他坚决反对那种把儒学中的天去掉的做法，认为中国文化讲主体，也讲天，这两个方面不能截然分割，不能把天去掉。儒学并非如黑格尔所批评的那样，仅仅是道德教条而已，同样有自己的超越性、形上性。这个超越性和形上性，就集中表现在天的身上。讲儒学一定要把天收进来，不能将其弃置一旁不管。正是由于牟宗三等人的强调，现在人们普遍认为，儒学确实有自己的形上系统，而儒学的这一形上系统又与西方哲学有很大的区别，其内在义理和价值亟待深入发掘。牟宗三在这方面的理论贡献是有目共睹的。但从另一个角度看，牟宗三这种做法也存在一些问题。他只是强调儒家讲天的重要性，不能把天去掉，而没有深入分析儒家为什么要讲天，以及这种讲法的实际意义究竟如何体现。这个问题在早期圆成论中就已经存在了。牟宗三这一时期的相关思想有一个根本目的，这就是对康德美学思想进行批评。在他看来，康德讲美学有很多有价值的地方，但也有不少问题，其中之一就是缺乏一个真实的基础。要把审美问题真正讲顺讲通，必须首先明确建立一个真实的基础。这个真实的基础不能从认知之心上说，必须向上提升，从道德之心上说，从形上天心上说，即所谓“自道德的天心之圆成处以言之”（《认识心之批判》，第324页，19/728）。但问题在于，什么是天心？难道世界上真存在一个天心，而这个天心又是宇宙万物的终极根据吗？这些问题显然是有待讨论的。

《心体与性体》的写作虽然较早期圆成论晚得多，但上述致思方式仍然得到了延续。牟宗三写作《心体与性体》，划分三系，很重要的一个任务，是为儒家心学确立一个形上的根据，以杜绝心学后期出现的重重流弊。牟宗三看到，在历史上儒家都是把仁和良心的根源归在天上的，所以他也按照这样的思路大讲天道、道体的重要性。不仅如此，他还进一步强调，儒家在这个意义上讲的天或天道一定是一个实体：“就统天地万物而为其体言，曰形而上的实体（道体 metaphysical reality），此则是能起宇宙生化之‘创造实体’”（《心体与性体》第一册，第 40 页，5/43）。又说：“此无声无臭之帝、天、天道、天命，既转为道德的、形而上的创生实体，寂感真几（creative reality，creative feeling），则就易之穷神知化以明天道言，此天道之‘体’即是‘易’。”（《心体与性体》第二册，第 23 页，6/26）这里讲得很明确，天道、道体是一“形而上的实体”或“形而上的创生实体”。但是，非常有意思的是，牟宗三似乎也感觉到这个作为“形而上的实体”和“形而上的创生实体”的天其实也不那么“实”，所以同时又反复讲，这种意义上讲的天，只是一个形式，是虚说。“说帝、天、天道、天命，皆是虚笼之总说，皆是总说之形式字。”（《心体与性体》第二册，23 页，6/26）“说‘天命流行之体’，乃至说‘创生之实体’，是形式地说，客观地说，说心、说神、说寂感是实际地说，内容地说，亦是主观地说。”（《心体与性体》第三册，第 74 页，7/85）这里的用语很值得细细推敲。牟宗三讲天有创生性，但这种创生又只是“虚笼之总说”，是“形式地说”。天道、道体既然是“形而上的实体”，是“形而上的创生实体”，那么这种“实体”为什么又不能实际发挥作用，而只是一种“虚笼之总说”或“形式地说”呢？《心体与性体》没有能够解决这个问题。



这个问题一直延续到存有论部分。超越存有论是牟宗三存有论的一个重要组成部分（另一个部分是无执存有论）。根据我的理解，虽然牟宗三在这一部分用力多多，但其相关的思想仍然存在着三个重要的混淆，这就是时间的混淆、人员的混淆和主体的混淆。[1] 时间的混淆和人员的混淆与本节主题无关，略过不论，这里



---

① 详见杨泽波：《贡献与终结——牟宗三儒学思想研究》第三卷存有论第四章“超越存有论商榷”。

只讲主体的混淆。所谓主体的混淆是说，牟宗三将儒家道德存有论的主体上升到天，但天不可能真的成为这方面的主体。牟宗三存有论的核心是"仁心无外"。按照这一理论，仁心有其重要功能，不仅可以成就道德，而且可以创生存有。因为仁心原本就有"充其极"的特性，总要对宇宙万物指指点点，表示自己的看法，将宇宙万物染上自己的色彩。麻烦在于，仁心不是独立的，有自己的形上根据，这就是天道或道体。但作为仁心形上根据的天道和道体是否具体参与创生道德存有的过程，则是一个非常复杂的问题。牟宗三对这个问题分疏有欠具体，在建构其存有论的过程中，不仅讲"仁心无外"，同时也讲"天心无外"，似乎天心可以直接创生道德存有似的。这种说法在我看来缺陷很多，很容易造成混淆。创生道德存有的主体只是仁心（确切说当为"道德之心"），而不是天心。天可以作为仁心的形上根据，但并不是创生道德存有的真正主体。正是出于这种考虑，我坚持主张，创生道德存有的主体只是道德之心，而不是超越之天，是"仁心无外"，而不是"天心无外"。也就是说，只有人才是真正的宇宙之心，除此之外，再没有另外一个宇宙之心。牟宗三没有把这两个不同的环节梳理清楚，为了突出儒学的超越性，以天建构超越存有论，强调"仁心无外"即是"天心无外"，将仁心与天心混而为一，好像超越之天是整个行为的主体，可以直接赋予宇宙万物以道德的价值和意义似的。



牟宗三后期合一论以"天垂象"说"无相"引生的诸多麻烦，也与此有关。为了证明"无相原则"，牟宗三特意以天来论说，强调宇宙间万事万物有其相，而天则"无相"。在天这个层面，不仅善无善相，真无真相，而且美无美相。但奇怪的是，在具体论述过程中，天究竟是如何"无相"的，这个"无相"又如何"垂象"给人们，牟宗三并没有能够给出一个有力的说明。沿用前面的思路，既然天道、道体不可能真正给人以仁和良心，也不可能直接参与创生道德存有的具体过程，儒家在这个意义上讲的天道、道体只是一种虚说，那么，以“天垂象”来证明“无相原则”，这种天也只能是一种虚说。以这种虚说来作为“无相原则”的证明，能够在多大程度上发挥作用，不能不令人生疑。

牟宗三思想之所以存在这些缺陷，根本原因是他对儒家天的思想的理解过于陈旧了。前面讲过，儒家确实有一个讲天的传统。天是儒家道德形上学最重要的根基，“天命之谓性”，“天之所与我者”，“乾道变化，各正性命”，直到宋明讲的“天理”，遵循的都是相同的思路。但对这一思想传统要进行具体的分析，至少有两个方面的因素必须考虑到。其一，先前天论发展有一个由“以德论天”到“以天论德”内在理路。西周之初的天是一个能够赏善罚恶的最高主宰，周初统治者借助德的观念，为其政治的合法性寻找根基。这就是“以德论天”。随着西周政治的瓦解，这种做法渐渐走向衰落，自然之天开始崛起，命运之天相继而生，但主宰之天并没有马上退出历史舞台。当儒家无法解释仁和良心来源的时候，仍然沿着先前思维的惯性，将这一问题的终极根源置于天上。这就是“以天论德”。其二，“以天论德”意义上的天并不是实的，只是虚的。儒家在这个意义上讲天，只是借用先前天论的传统，将自己的情感投射到天上，以满足人们思想的形上要求而已。说到底，天不可能真的给人以仁和良心（仁和良心是人的社会属性，而不是自然属性，应当主要从社会层面，也就是我所说的“伦理心境”来理解。即使承认有一种“人性中的自然生长倾向”，也不应将这种倾向视为上天主动的赋予，更不能过份夸大其作用。“人性中的自然生长倾向”的作用与“伦理心境”是无法比拟的）。这种情况就是我反复强调的“借天为说”。借天为说的关键是一个“借”字。儒家以天论德只是对先前天论传统的一种借用，而不是实用，一定不能将天视为一个“形而上的创生实体”。天没有能力真的为人创生出一个仁和良心来。当然，也必须看到，这种借用也是一种“用”。因为有这个“用”，儒家毕竟为仁和良心找到了终极根据，使人们在信念上“认其为真”（康德语），满足了心灵上的形上要求，为这个老大难问题在超越层面上作了最后的了断，其理论意义不可小视。遗憾的是，牟宗三未能深入细致地考察先秦天论发展的轨迹，不明白“借天为说”的道理，看到儒家将仁和良心的根源归到天上，便真的认为天可以创生仁和良心，并进而主张天是一个“形而上的创生实体”，直至《商榷》一文直接以“天垂象”来证明“无相原则”。面对牟宗三相关的说法，有心人一定会提出这样的问题：天本身为什么是无相的？它又是如何垂象给人间的？我们如何能够以此为基础实现真美善的“相即式的合一”呢？



往深处看，这不仅仅是如何理解“天垂象”的问题，还意味着如何实现儒家传统形上学的现代转化问题。在历史上，儒家道德形上学最重要的根基就在这个天，人人都这样讲，在客观上也发挥了重要的作用。但时至今日，再将理论的终极基础置于天上，已经很难有说服力了。我们必须对儒家传统的形上学进行一个彻底的变革，一方面厘清历史上儒家以天作为形上根据的来龙去脉，使人们明白这种做法为什么能够发挥作用，另一方面又勇于破除这种传统思想的定式，将儒家道德形上学重新置于一个更为合理的基础之上。这是我为什么不满意牟宗三以“天垂象”说“无相”以建构“相即式合一”，执意进行讨论，提出批评的根本缘由。

3. 以“无相”为基础的“相即式合一”之扬弃

综上所说，牟宗三“相即式合一”的理论基础全在“无相原则”。在牟宗三看来，本体是一，内含认知、道德、审美三项。由此分别成现相，成道德，成审美，相应也就有了认知的我、道德的我、审美的我。这是分别说。但有了分别说还必须有合一说。合一说之所以可能，是因为人在真善美三个方面都可以做到“无相”。于认知方面可达至物之“无相”（即物之在其自己之相），由此而成“无相的真”，这是最高层面的真。于道德方面可达至冰解冻释，纯亦不已之自然，由此而成“无相的善”，这是最高层面的善。于审美方面可达至审美之“无相”，由此而成“无相的美”，这是最高层面的美。“无相的真”、“无相的善”、“无相的美”，三者皆为“无相”，基础相同，彼此相即。善同时即是美，亦同时即是真，即所谓的“即善即美”、“即善即真”，总之是一个“即真即美即善”。由于三者彼此相通，不再有任何隔膜，便构成了一种与康德媒介式合一完全不同的“相即式合一”。既有分别说，又有合一说，二者皆非多余，各有其意义，但分别说必须纳入合一说的框架之中才能得到更好的理解。具体而言，分别说中的认识之真相是合一说的“无相的真”的象征，分别说中的道德之善相是合一说的“无相的善”的象征，分别说中的审美之美相是合一说的“无相的美”的象征。为了较为明晰，特将上述关系列表如下：



| 领域 | 分别说 | 合一说 | 分别说与合一说的关系 |
|---|---|---|---|
| 认知 | 认知之真相 | “无相的真” | 认知之真相是合一说之“无相的真”的象征 |
| 道德 | 道德之善相 | “无相的善” | 道德之善相是合一说之“无相的善”的象征 |
| 审美 | 审美之美相 | “无相的美” | 审美之美相是合一说之“无相的美”的象征 |



牟宗三以“无相原则”为基础建构“相即式合一”，克服康德媒介式合一存在的问题，立意非常深远。康德写作《判断力批判》的重要目的是希望以此来沟通理论理性和实践理性，将整个思想

连接成一个整体。但康德相关的说法存在一些不够清楚的地方，在学界一直多有争论。不少哲学家试图打破这种模式，建立自己的综合方法。牟宗三敏锐地看到了这个问题的重要性，希望以中国哲学传统为基础，提供一种新的方案，以解决这一重大理论问题。经过努力，他确实建立起了一种以“无相”为基础的“相即式合一”。这一方案不管有多少不够完备之处，其勇于打破康德模式的理论勇气，都值得高度肯定和赞许。而这一理论中的若干部分确实也包含着非常有价值的因素，体现了高超的智慧，足见大家之风范，应当予以充分的关注。



但是，牟宗三的“无相原则”存在着一些缺陷，这同样十分明显。在牟宗三那里，“无相”的一个重要基础是“无向”。牟宗三早期后期都讲“无向”，但含义有细微差异。早期讲“无向”是指没有任何指向，不像命题世界和道德世界那样形成一定的“岔裂”或“丘壑”。后期讲“无向”，则主要指无关于利害关心，特别是指无关于概念。牟宗三认为，他与康德哲学的最大不同，即在于康德只承认人的有限性，不承认人的无限性，只承认人可以有感性直觉，不承认人可以有智的直觉。而他坚持中国哲学的立场，始终坚信人既是有限的，由此而有感性直觉，同时又是无限的，由此而有智的直觉。牟宗三之所以这样看，是因为本体创生宇宙万物之存在并不需要借助康德所说的认识形式，这种思维方式就是康德所不承认人可以具有的智的直觉。既然是智的直觉，那么其创生的对象也就不再是现相，而是物自身了。后期合一论大讲“无相”，即由此而来。在牟宗三看来，物自身又叫物如，也就是物原本的样子。根据佛家“实相一相，所谓无相，即是如相”的说法，这种物如也可以说就是物之“无相”。但我的分析已经证明，道德本体创生存有虽然不需要借助作为认识形式的概念，但并不就是“无向”。“向”可以有很多种，由概念而起之“向”只是其中之一种，道德本体创生存有究其实就是道德本体“指向”对象，这种“指向”也是一种“向”。由此不难明白，“物之无相”或“无相之物”这些说法本身就是一个矛盾体，难以成立。不是一般意义上的现相不一定就是物自身，就是物之如相或物之实相、物之“无相”，还可以是另外一种相，这也就是我在前面反复强调的“善相”。牟宗三以为道德之心创生存有不需要借助概念，其思维方式就是“无向”，就是康德所说的智的直觉，其结果就是物之如相、物之“无相”，一句话是物自身，是物之在其自己，在理论上有失误之处，造成了很大的负面影响。[①]



为了证明“无相”，牟宗三还以“放得下”来立论。他强调，在道德达到“化境”之后，一切任凭自然，无勉而中，无为而得，在自然而然之间就成就了道德，在外并不显出道德的样子。一旦人达到这

① 陈荣灼在《牟宗三对康德哲学的转化》一文中，谈到了对于牟宗三合一论的理解。在他看来，从单一角度来看，美跟真跟善是有所分别的，各是一个独立的方面，各有自己的相。因此真善美三个方面不但不能合一，而且还有存在冲突的可能。“不过，如果能够换上一个新的角度，通过庄子的‘天地之美、神明之容’一立场来了解美，那么美就不单仅只是美了。在这一层次上，‘美’乃系无相的美，诚如老子所说的‘大音希声’。相应地，‘真’乃系无相的真，‘善’则是无相的善。简单来说，这时真善美三者皆是无相的。即是说：它们的‘对象’同样在‘对象’之相之外而为‘无相’的。而这正显示了它们已是物自身了。十分清楚，只有当美与真、善完全合一时我们才能达致物自身。”（陈荣灼：《牟宗三对康德哲学的转化》，《鹅湖学志》第 40 期，2008 年 6 月）问题在于，应该如何理解这里的“无相”？如果理解为“道德而无道德之相”和“审美而无审美之相”，意即人达到一定境界后，一切均是无执不滞，完全归为自然，这当然可以成立。但是，如果将这种“无相”理解物自身，并以此为基础谈合一，则大有问题。因为无论是“道德而无道德之相”还是“审美而无审美之相”都是以道德之心或审美之心影响外部对象，受到它们影响的对象早就失去了其自身的身份，不再是物自身了。而牟宗三以“无相”为原则大讲“相即式合一”恰恰是认为这种“无相”的对象就是物自身，就是希望在这个基础上建构一种新式的合一。另外，曾美珠的硕士论文《牟宗三对“美善冲突”的解决》（2003 年台湾“中央大学”哲学研究所硕士论文）的情况与此类似。该文虽然也提出牟宗三对康德的理解未必完全切合其本意，但还是认可了其以“无相原则”为基础解决真善美之合一的努力，而没有能够看到“无相原则”本身存在的问题。

种境界，审美的境界也会大为提升，没有审美的故意，在自然而然之中即完成了审美，享受到美的愉悦。这些都没有疑问，完全可以理解和接受。牟宗三的问题在于，他试图进一步以这两种情况来证明，人达到“化境”之后，审美也可以达到物自身，形成一种“无相之美”。在此过程中，牟宗三有一个疏忽，他没有注意到他这里讲的“无相”其实包含着三种不同的含义，即“道德而无道德之相”、“审美而无审美之相”、“审美而美无美相”。前面两种“无相”没有问题，问题出在不能以这两种“无相”证明第三种“无相”上。牟宗三有此失误，祸根还在其对于智的直觉的理解有欠准确。在他看来，康德不承认人可以有智的直觉，所以人只能达到现相，不能达到物自身。儒家自始就认为人完全可以有智的直觉，不仅可以达到现相，也可以达到物自身。这一观点在存有论和圆善论中都曾引发了一定程度的失误，而引入后期合一论中，经由“放得下”这一环节，试图以此证明“审美而美无美相”，导致了更为严重的混乱。任何一种美都必然有其相，不可能存在没有相的美。“无美相之美”、“无相之美”（取“审美而美无美相”之义）这些说法本身就是一种矛盾。牟宗三这一论证失误造成的负面影响是致命性的。这是因为，牟宗三证明“无相原则”的根本目的是要证明真善美三个方面都具有智的直觉的能力，都可以达到物自身，以此为基础便可以建构“相即式合一”了，一旦其证明的过程存在问题，“无相之美”无法成立，“无相原则”立不起来，以“无相原则”为基础建构“相即式合一”的整个努力，当然也就存在很大的危险了。

除此之外，牟宗三还借用“天垂象”这一古老的说法证明“无相”的合理性。在他看来，“天垂象，见吉凶”这一说法告诉我们，天代表最高境界，在这个境界中，真善美三界均为“无相”。这种“无相的真”即是物如，是物之在其自己。这种“无相的善”即是冰解冻释，纯亦不已之至善。这种“无相的美”即是美无美相。只有达到天的境界，才能达到合一，而要达到合一，就必须复归于“无相”，复归于“平地”。通过上面的分析，读者可能已经看到，牟宗三这种做法的合理性亟待讨论。儒家历来重视道德形上学的问题，总是将最高层面的东西置于天上，这种做法放在历史上完全可以理解。但如果再沿用到今天，就显得陈旧，难以接受了。因为在这种模式下人们没有办法真正证明天究竟是如何“无相”而又是如何“垂象”于人间的，“相即式合一”根本不能建立在这样一个“无相”的基础之上。时至今日，儒家传统的形上学系统必须有一个根本性的转化。牟宗三以“天垂象”证明“无相”出现的一系列问题，正是由于在这个过程中未能进行新的转化，有所落伍，略显陈旧所造成的。

当然，我说“无相原则”存在缺陷，应当放弃，并不意味着同时必须放弃“相即式合一”。一个是“相即式合一”之本身，一个是将“相即式合一”置于“无相原则”之上，这是两个不同的问题。前者是说，真善美是相融相即的，不能截然分割，后者是进一步将这种相融相即置于“无相原则”之上。从逻辑上说，放弃“无相原则”可以只是放弃牟宗三为其设定的理论基础，而不一定要否定“相即式合一”之本身。一旦我们放弃了“无相原则”，“相即式合一”的合理性就比较容易显现出来了。这种合理性在我看来其实就是强调人虽然涉及真善美三个不同领域，但就本体而言，却相融为一，不能截然分割。也就是说，人在社会生活中一定会面对真善美三个不同方面的内容，但就本体而言，则只能是一个，不能是两个或三个。依照这种理论，我们完全没有必要像康德那样，先讲一个理论理性，再讲一个实践理性，最后讲一个审美将前两者沟通在一起，只须从本体处讲这种合一就可以了。这是牟宗三“相即式合一”最为合理的部分，也是其最有价值，最能吸引人的地方。①

如果我们去除了“无相原则”，保留了“相即式合一”，那么也就等于重新回到了牟宗三早期圆成论的基本思路。牟宗三早期圆成论的一个基本思想就是以天心直贯来讲圆成。在他看来，天心是一个创生实体，如如地生化，以此而成道德世界。与此同时，天心又能如如地欣趣其所发，由此而成圆成世界。另外，天心在如如生化的同时，也一定会涉及现实存在，对于现实存在有所指涉，构成认知，由此而成命题世界。道德世界是善，圆成世界是美，命题世界是真。真善美三者相互不离，由此而成圆成。这一思想显然已经蕴含着后期“相即式合一”的基本要素，有着重要的意义。当然，“重新回到了牟宗三早期圆成论的基本思路”这一说法必须加以具体说明。我这样说只是强调，与后期合一论相比，早期圆成论具有更大的理论优势，因为它不讲“无相”，不讲物自身的存有，没有后期合一论中的那些思想混乱，而不是说只要简单回到早期圆成论就可以万事大吉了。牟宗三早期圆成论还是初始的，不少地方还需要进一步加工。比如，讲创生并不一定必须讲“天心”，对“如如”这一观念也需要加以具体界定，特别是需要对本体为什么是合一的问题予以合理的说明。照我现在的想法，本体之所以是合一的，是因为人是一个整体，人在社会中生活，社会生活的内容无非有真善美三个方面，这三个方面都会对人的成长过程有所影响。这些影响落实在人心之上，就是形成一定的

① 与此相关还有另外一个问题。按照儒家哲学的思路，本体有已发未发之分。本体在未发之时并没有指向，处于静默自如的状态。这种没有指向和静默自如的状态，借用牟宗三的表述方式，可以说即是“无向”或“平地”。要建构“相即式合一”必须回归本体，而回归本体也就是回归“无向”，回归“平地”。牟宗三关于“无向”和“平地”的一系列论述，也许只有从这个角度才能得到真正的落实。当然，这个问题与正文所论已有一定距离，所以只在此提及而已，不予详论。

本体。因此，在人的本体处，真善美三个不同方面原本就是相融相即的，以此为根据便可以将真善美三个不同的方面统一为一个整体，完成一种合一。所以，要将“相即式合一”真正贯彻到底，必须从人出发，从社会生活出发。当然，这里只是提供了一个基本的思路，很多具体问题还有待进一步研究，但这是一个极为重要的发展方向则是毋庸置疑的。

通过上面的努力，我们就完成了对以“无相”为基础的“相即式合一”的扬弃，既保留了其中的合理成分，又去除了其中的理论缺陷。一个全新的理论形式已经展现在我们面前了。

# 附录：我写《贡献与终结》的心路历程



如果作一个调查，问大陆或台湾、香港的学者，他们心目中当前儒学研究什么题目最困难，我想，牟宗三研究无论如何都应该排在其中，甚至不需要在后面补上“之一”两个字。牟宗三儒学思想研究之所以困难，主要有这样一些原因。

一是材料难驾驭。牟宗三学术生涯很长，从大学年代写作《从周易方面研究中国之元学与道德哲学》算起，直到去世，长达六十余年。2003年，台湾联合报系文化基金会、联经出版事业公司共同出版了《牟宗三先生全集》，凡三十三卷，数量浩大。这为研究带来了很大的难度，因为从事研究的人很难穷尽这些资料。常见一些学者只是以随手找到的材料（甚至是二手材料）为依据，来撰写研究牟宗三的文章。牟宗三思想是一个整体，某些材料并不具有太强的代表性。即使有一定的代表性，其在整个思想体系中的地位也需要探讨。以这样的材料为基础，其成果的可信性自然要大打折扣了。

我自己也遇到了同样的麻烦。《贡献与终结——牟宗三儒学思想研究》的写作始自第二卷三系论，动手不久就遇到了处理材料方面的困难。三系论涉及《心体与性体》与《从陆象山到刘蕺山》共四卷，约160万字，这还不算《中国哲学十九讲》等著作。开始我只是作一些卡片和摘录，但卡片数量有限，查阅不便，写了后面忘了前面，深感驾驭不住，弄得焦头烂额，不知如何是好。一次重新翻检钱穆的《朱子新学案》，突然产生了一个念头：为什么不编一个学案呢？于是放下手中的工作，重新从编学案开始。事后证明，这样做是完全必要的。有了学案，便于对材料进行较为系统的安排，不至于丢前忘后。编写学案是一件十分费时费工的事，既要选择、录入，又要疏解、编排、校对。不过这个过程也有好处，不仅可以使材料变得系统不再零乱，便于引用，而且录入、疏解、编排、校对的过程迫使自己对这些材料至少多读七到八遍乃至上十遍，从而有机会加深理解，校正自己诠释中的一些错误和偏谬。后来我把这个做法运用到其他各卷之中，取得了良好的效果。事后我非常庆幸当初下决心编学案的想法。如果没有这一步工作，我的牟宗三儒学思想研究是不可能顺利完成的。

二是思想难消化。牟宗三的书难读，在学界是有名的。这个“难”首先表现为文字表述艰深。牟宗三经常用一些长句子，一句话几十字没有标点，很是绕口。还喜欢杜撰新词，动不动造出一个新的概念，什么“综和的尽理之精神”、“分析的尽理之精神”，“即存有即活动”、“只存有不活动”，“实有形态”、“境界形态”等等。要清楚把握这些概念必须下很大功夫。不过，这些并不是大问题，只要熟悉了牟宗三的表述方式，这一关还算好过。这个“难”更表现为内容涉猎广泛。牟宗三思想涉及面很宽，从周易研究、政治理论、宋明儒学，一直到黑格尔、康德哲学，可以说这几十年来中国哲学研究中最重要的方面几乎都有涉及。要在这众多领域跟上牟宗三的思路，难度确实不小，没有别的办法，只能跟着他走。他讲先秦诸子，我就得研究先秦诸子；他讲宋明儒学，我就得研究宋明儒学；他讲康德哲学，我就得研究康德哲学。对我而言，后一个方面更为困难，着力也更多。虽然以前在这方面下过一些功夫，但只是泛泛的研究，没有针对性，很不深入。一旦要动真格的，只能霸王硬上弓，硬着头皮一点一点做。尤其是遇到牟宗三对康德的一些特殊诠释，必须首先尽量保证自己对康德有一个较为准确的理解，再返过头来看牟宗三对康德的诠释是不是正确，一个环节都不能省，一点懒都不能偷。

最典型的例子可能要算智的直觉这个问题了。智的直觉在康德学理系统中有专门含义，但牟宗三没有严格顺着康德的思路走，没有从“本源性”，而主要从有无“曲屈性”、“封限性”的角度来理解这个概念。对于这一情况首先要有一个基本的了解。但仅到这一步还不行，还不足以反驳牟宗三关于“觉他”的思维方式即是康德所不认可的智的直觉这一重要观点，还需要对“觉他”的思维方式进行具体分析。牟宗三所说的“觉他”是指道德之心赋予外部对象以道德的价值和意义。这个思想是从熊十力那里来的，是一个极为重要的课题。但赋予外部对象以道德的价值和意义如何是没有“曲屈性”、“封限性”的？为此，我又把这个问题放在现相学的背景下理解，有了一个重要收获，发现牟宗三的“觉他”与“胡塞尔现相学意向性的直接性”有一定相通性。这里所说“胡塞尔现相学意向性的直接性”特指意识指向一个对象是直接进行的，不需要借助时空范畴这些认识形式。这个发现对我有重要意义，帮助我破解了牟宗三儒学思想之谜。牟宗三强调“觉他”的思维方式是一种智的直觉，其核心不过是说，道德之心创生存有是直接进行的，不需要以时空范畴为中介。由于牟宗三以有无“曲屈性”、“封限性”来诠释康德的智的直觉，而“觉他”是直接进行的，无需范畴、无需时空、没有用相、没有“曲屈性”、“封限性”，所以牟宗三才认定这种思维方式即是康德不承认人可以具有智的直觉，进而断定由道德之心创生的那个存有的对象属于物自身。这里的理论环节众多，要准确理解牟宗三的思想，这些环节都必须照顾到，缺了哪一环都不行。牟宗三思想难以消化绝非戏言。

三是批评难以立论。牟宗三站得高，气魄大，经常提出一些根本性的观点，颠覆传统观念。要批评牟宗三不能在细枝末节上做文章，必须从根本处着眼，否则即便批评本身是正确的，但对牟宗三研究也没有实质的意义。三系论最能说明问题。牟宗三打破传统理学与心学的两分格局，立五峰、蕺山为独立的一系，从而形成与象山、阳明和伊川、朱子鼎立为三的局面，判定朱子为旁出，便是一个带有根本性的观点。如果对儒学发展没有自己的看法，很容易陷在其中，无法给出自己的判断。即使有自己的观点，其观点也可能只是边缘性的，不太可能具有根本性。为此我要求自己在研究过程中，尽可能从大局着眼，在“大”字上做文章，争取从全局上解决问题。根据我自己对儒学发展史的理解，自孔子创立儒学之始，所遵循的就是仁且智的思维方式。这一思维方式后来分别为孟子和荀子所继承。孟子继承了仁的思想，发展为性善论。荀子继承了智的思想，发展为以性恶论为基础的认知体系。后来，这两个方面又分别由象山、阳明和伊川、朱子所发展。尽管这两个分支相互争论十分激烈，但严格讲来，均源于孔子思想，不宜分为正宗与旁出。



圆善论也是如此。牟宗三写作《圆善论》旨在解决康德未能真正解决的圆善难题。对康德有一定了解的人都知道，与康德圆善相关的幸福是物质意义的，而牟宗三通过“诡谲的即”和“纵贯纵讲”所能得到的幸福无论如何都只停留在精神层面，那么牟宗三为什么宣称他已经解决了康德的圆善难题呢？为了找到这里的原因，我不得不先分析康德是怎么说的，再看牟宗三是怎么理解康德这一思想的。但这样做还是解决不了问题，只好回过身来重新检讨牟宗三对康德物自身概念的诠释，终于发现问题仍然出在牟宗三对物自身概念的理解上。在牟宗三看来，康德圆善的幸福是属于物自身的，但康德没有办法真正保障这种幸福。儒家就不同了，儒家的无限智心真实无虚，可以产生幸福，而这种幸福是通过智的直觉实现的，与智的直觉相对的对象即为物自身，所以这种幸福便属于“物自身层之自然”。既然儒家通过自己的方式可以实现物自身意义的幸福，那么当然可以说保障了康德未能保障的幸福，解决了康德的圆善难题。这里明显有一个概念的滑转，看出这种滑转并不难，但要清晰道出滑转的缘由并不容易。我常说，自牟宗三以智的直觉重新解说儒家存有论以来，其思想实在是太曲折、太离奇了，由智的直觉开始到物自身，由物自身到圆善问题，再由圆善问题到以“无相原则”为基础解决真美善的合一问题，“黄河九曲十八弯”，最后不知弯到哪里去了。如果不能站在总体的高度，对牟宗三儒学思想有一个通盘的了解，像存有、圆善、合一这些问题，是很难说清楚的。



四是压力难承受。批评牟宗三必须冒很大的风险。中国文化历来重视师门，这是一个很好的传统。好的老师可以让弟子不受和少受各种因素的干扰直接踏入学问的门槛，接续上老师的思想，进而形成自己的特点和风格。这就是师门的作用。尊重师门是为学必有之义，轻忽不得。大陆近几十年来除极个别的学者之外，老师很难形成自己独立的思想，真正在学问意义上谈论师门（这主要是时代之过，非个人之误）。庆幸的是，这种传统在台湾和香港得到了保留。牟宗三、唐君毅的弟子都对自己的老师尊崇有加，自觉维护师门。这种情况在大陆学者看来实在是羡慕不已的。但话说回来，师门不能没有，也不能太过。没有师门等于没有学派，这自然不行。师门太过，不允许他人批评，无法将研究推向前进，这同样不行。客观地讲，在学界牟门的力量是很强的。在这种情况下，要从事牟宗三儒学思想研究，对牟宗三提出质疑，就不得不把自己“裸身”暴露在众多批评的火力之下，承受很大的压力。

2005 年 9 月，我为武汉大学召开的第七届新儒学国际学术讨论会提交了一篇论文。论文在分组会上宣读后，与会代表特别是牟门弟子迅即反弹，不仅提出了很多尖锐的理论问题，更有代表批评说，“按照你的说法，那就等于说我们尊敬的牟先生还不如你高明了”，等等，激起轩然大波。虽然我早有心理准备，但反弹如此激烈，还是大大超出了预料。我后来不只一次地说过，面对此番狂轰滥炸，当时确有身单力薄、孤立无援之感。2008 年，我又收到了一封来自香港自称为“牟先生门人”、“‘牟学’传承者”的来信。信中写道：“近十年来你在国内撰写批评牟先生的文章相当多，既繁冗而全面，你可谓是现今大陆哲学界‘批牟’的专家。但很令人可难的是，你处心积虑‘批牟’、‘贬牟’，动机和用心已表露无遗了，明眼人一看便知。我真为了你这个‘批牟’、‘贬牟’的学者感到难过，因为你举例的种种理据都很难成立，有些更是‘贻笑方家’，我真怀疑（你）的学养和造诣竟如此差劣！写出这些令人咋舌的所谓‘议文’来。可以说，你是枉费心机的、徒然的。有识之士会唾弃你这种狂妄的做法。”并说他将在大陆发表一系列的文章来反驳我，“届时国内有奋智之士会有认同的。那时你也许会无地自容了”。

这种事还有不少。第四卷圆善论基本完成后，我将其中的一个部分改写成单文，以《从德福关系看儒学的人文特质》为名，投给一家学术刊物。该刊实行严格的匿名评审制度。不久反馈回来四份评审意见，其中三份态度都很客观，既予以了积极的肯定，又指出了一些问题，对我很有启发。但也有一份意见对该文予以了全盘的否定，批评我“将牟宗三的幸福仅仅归结为‘道德的幸福’，已成严重的误解和歪曲！”“如果儒家果真像作者所描述的那样只重视追求所谓的‘道德幸福’，那就未免太过于伪善了！”“就目前作者所具有的理解力和理论水准来看，确实是难于读懂《圆善论》这部作品的。……问题在于，使人无法理解的是，既然读不懂《圆善论》，却要去批判牟宗三的圆善思想，并且能写出这样的批判文章。不知作者是何心态?”“这也算是学术研究吗?”态度之坚决，语言之激烈，实属罕见，令人震惊。

上面罗列这些情况困难并没有抱怨之意，只是想说明要客观从事牟宗三研究，表达一些不同的理解，实在不是一件容易的事情。面对这种情况，我只有一个对策：咬牙硬挺。好在这些年下来，还是挺过来了，没有被压趴下，也不可能被压趴下。



大陆学界系统性的牟宗三研究，是从国家哲学社会科学“七五”(1986年）和“八五”(1992年）规划设立“现代新儒学思潮研究”课题正式开始的。课题组在方克立、李锦全的带领下，集中了当时大陆各大院校和科研单位中的精兵强将，声势浩大。课题组内分设牟宗三专题，很快形成了一批成果。由于背景特殊，出道晚，我未能参与到现代新儒家课题组之中，但因缘巧合，后来还是走上了这条道路。在课题组成立那一年，我才有幸赶上“末班车”到复旦大学读研究生，开始接触台湾香港现代新儒学的著作。其中，钱穆、唐君毅、徐复观、方东美等人对我都有影响，但影响最大的还是牟宗三。我不只一次讲过，牟宗三对我影响很大，我非常感谢他；也深感上天待我不薄，在自己人生关键转折关头接触到了他的著作。是他的著作将我带入了儒学之门，体悟了儒学的精妙，感受了儒学的庞大，认同了儒学的价值。牟宗三学理的宏大气度，精辟入微，深深吸引着我。尤其是他从熊十力那里传承的学术精神，让我懂得了呈现，懂得了心学，懂得了儒学，进而懂得了道德理想主义的重要意义。那种救人于水火，解人于倒悬的切身之感，是其他著作很难给我的。正因于此，我一直自诩为牟宗三的私淑弟子，将继承十力学派之衣钵作为自己的学术立场，将弘扬道德理想主义作为自己的历史责任。



在对牟宗三儒学思想分疏过程中，我将其主线划分为拓展心学义理和推进道德存有这两个方面。而我对牟宗三儒学思想进行评论，即是沿着这两个方面展开的。首先，是以三分方法为基石，评判牟宗三拓展心学义理这条主线。在长期学习和研究儒学思想的过程中，我找到了自己的研究方法，这就是所谓的三分法。我对三系论的批评就是以这种方法为基础的。我的批评主要围绕两个问题展开。其一，不同意将五峰、蕺山独立为一系。牟宗三将五峰、蕺山独立为一系，核心理由是他们既重心，又重性，而性之客观性可以杜绝心学之流弊。但根据我的理解，性体以及天道并不是客观性的代表，不能将克服心学流弊的希望寄托在性体和天道上，将五峰、蕺山独立为一系，并没有太强的理论意义。其二，不赞成将伊川、朱子判定为旁出。孔子完整的心性学说是三分的，既有仁性又有智性，沿着仁性发展出了后来的孟子和象山、阳明，沿着智性发展出了后来的荀子和朱子。在这个过程中，不能也不应该区分正宗和旁出。将伊川、朱子判定为“别子为宗”，不仅没有必要，而且很失当。合理的做法是坚持孔子的三分思想结构，以仁性统摄心学，以智性统摄理学，最终形成一个车有两轮，鸟有两翼的完满格局。第一卷我对坎陷论的评论利用的也是这种方法，但将其扩展到生命层级构成和社会层级构成方面，使之成为一种“多重三分法”（之前用于道德结构的方法可称为“单一三分法”）。在我看来，坎陷概念有“让开一步”、“下降凝聚”、“摄智归仁”三重含义。坎陷首先要讲“让开一步”和“下降凝聚”，因为就社会层级构成而言，中国文化传统的重心在道德，道德高于认知，在新的历史条件下，要发展科学民主，当然要让出身段，发展较道德低一层的东西。但认知的发展又不能成为无头苍蝇，必须保证有一个正确方向，而这个方向只能依靠道德层面来提供，所以坎陷还必须讲“摄智归仁”。从这个角度出发，理解坎陷论不仅不再是一件困难的事，而且可以清晰看出其中的重要意义。

其次是以智的直觉为突破口，处理牟宗三推进道德存有这条主线。从《智的直觉与中国哲学》和《现象与物自身》开始，牟宗三以智的直觉为入手处，对儒学的存有论系统进行新的解说，后来又将这个问题推进到圆善论和合一论之中。在第三卷存有论中，我用了很大气力证明，牟宗三所说的智的直觉与康德意义的智的直觉并不是一回事。康德的智的直觉主要是一种“本源性”的直觉，即不需要对象刺激本身就可以给出质料的那种直觉。牟宗三则把智的直觉理解为没有“曲屈性”和“封限性”的直觉。牟宗三所说的智的直觉，其实只是一种意识指向的直接性，在存有论的意义上，与“胡塞尔现相学意向性的直接性”较为接近。牟宗三反复强调道德之心可以创生物自身存有，将两层存有规定为现相的存有和物自身的存有的做法，有很大的弊端。他这样做的根本用意无非是说道德之心可以创生“普相”，而两层存有也不过是现相的存有和“善相”的存有罢了。第四卷圆善论则是借用存有论研究的成果，对牟宗三以存有论解决圆善的思路提出商榷。在我看来，道德幸福不是存有论赋予出来的，不是“赋予说”，而是道德之心的要求得到满足的结果，这就是“满足说”。即便不在这个问题上过多计较，由道德之心创生存有过程中“物随心转”而成的幸福，也只是精神幸福，不是物质幸福，不能以此宣称康德的圆善问题得到了“圆满而真实的解决”。在第五卷合一论中，我进而以前两步为基础，分析牟宗三以“无相”作为“相即式合一”这一理论中隐含的问题，指出牟宗三这种做法看似高深莫测，实际上是以“道德而无道德之相”和“审美而无审美之相”来证明“审美而美无美相”。将“相即式合一”建立在这种“无相”的基础上，以实现真善美之综合，其目的能否达到，读者完全有理由持怀疑态度。

尽管我始终秉持这样的学术立场，但随着研究的层层展开，考虑问题的侧重点也有一些变化。研究伊始，因为对牟门弟子中的一些学者一方面只是依样画葫芦式地诠释，另一方面又维护师门太过，不准许他人批评的态度有所不满，思想偏重于寻找牟宗三儒学思想中的缺失，并试着用自己的方法加以解决。这个状态大约持续了十多年，是我研究牟宗三儒学思想的主要阶段。我不敢保证这一阶段的研究不存在瑕疵，但相信大的方向没有错误，这个路子必须坚持走下去。近些年来，在广泛接触了学界关于牟宗三研究的材料，特别是一些最新成果后，思想重点又发生了微妙的转移。我注意到，这其中当然不乏优秀成果，值得学习和赞许，但问题也不少。一些成果不仅未能准确把握牟宗三儒学思想的基本精神，甚至存在着诸多曲解，乃至于认为牟宗三就那么回事，他的书不值得读。依我个人的判断，以这种方式研究牟宗三是无法继承其思想，光大其学说的。对此我又担心起来，不得不为牟宗三进行辩护，甚至认为对广大读者来说，当前最迫切的任务可能不是批评牟宗三，超越牟宗三，而是理解牟宗三，继承牟宗三。世界上的事情都是复杂的，这种情况也表现在我的牟宗三研究之中。希望读者不要因为这种看似矛盾的现象误以为我左右摇摆，对我的学术立场产生怀疑。



在从事这项研究的整个过程中，我始终坚持将牟宗三定位为一个哲学家，而不是神，相信他的学理中一定有其缺陷，应该允许讨论和批评，关键在于我们能不能准确找出并在多大程度上解决这些问题。哲学贵在独立思想，这种独立思想在很大程度上表现为一种不畏权威的批判精神，而这种精神也与“当仁不让于师”，“吾爱吾师，吾更爱真理”的精神正相吻合。不能独立思想，不敢批评前人，只是随人脚跟，人云亦云，不仅意味着放弃自己最宝贵的思想权利，也等于牢牢扼住了哲学的喉咙，使其不能前行半步。纵观哲学史，有一个非常有意思的现象：批评往往是尊重的表现，不批评才是真正的不尊重。当年叔本华瞧不起黑格尔和谢林，但根本不屑于对其提出批评，反而是对他非常尊重的康德提出诘难，执意剥夺其“铸成大错而不受责难”的“特权”，即是典型的例子。我批评牟宗三恰恰是出于对他的敬重，否则完全可以不花费如此气力，放在一边不去搭理就是了。我一直认为，对于牟宗三思想研究而言，大陆学者可能更有优势。这不仅是因为大陆学者离得比较远，较少情感牵累，承受的压迫感比较小，便于表达自己的观点，更因为这一代的大陆学者有自己的特点，比较适合类似牟宗三研究这样的项目。据我观察，与自己相仿的这一代大陆学者普遍有三个明显的特点：一是能吃苦，二是不盲从，三是比较注重独立思想。能吃苦是因为生活坎坷，社会提供的机会比正常状态要少得多。如果不能吃苦，不能吃别人吃不了的苦，坚持看似不必要的坚持，早就被淘汰了，根本撑不到今天。不盲从是因为从那个荒唐的年代走过来，经受了太多的挫折，学到了很多常人不易学到的东西。其中最有价值的是懂得了，尊敬必须建立在充分理性反思的基础之上。没有充分理性反思的尊敬，不仅是政治操作的大敌，也是学术研究的大忌。比较注重独立思想是因为经历特殊，吃了很多的亏，体悟到了独立思想的价值和意义，一般不愿意跟着别人走，渐渐养成了时刻提醒自己发现问题，解决问题的习惯。我也是这样一步一步过来的。我常对人讲，牟宗三研究实在是太难了，不仅问题很难发现，即便发现了也很难解决，困难程度几乎超出了自己可以承受的极限，几度濒临崩溃。但我始终有这样一个信念：上天在造出一个难题的同时，顺手也将解决方案藏在了它的背后，就看你能不能经受各种考验把它找出来。十分庆幸，长年从军的经历帮了很大的忙。那段特殊的经历使我养成了不怕困难的习惯，不断鼓励自己坚持、坚持、再坚持，相信自己有这个能力，通过不懈的努力，可以发现和解决前人存在的问题，不管这些问题有多大，有多难。如果没有那段特殊的经历，面对如此巨大的困难和压力，恐怕早就坚持不下来，随便找个冠冕堂皇的理由，半途放手，悠然自得做其他事去了。

我在《牟宗三三系论论衡》出版时曾讲过，我非常尊重牟宗三，但对其儒学思想又有一些不同看法，希望抱着对学术负责的态度，秉承学术乃天下公器的古训，将自己这些看法整理出来，"让读者和历史去评判"。现在整个研究工作已经完成，涉及的领域更为广泛，讨论的问题更为曲折，有些结论也更为尖锐，引起的反弹想必一定会更为强烈。为此我早已做好了思想准备，还是那个态度：全力做好自己要做的事情，尽可能少留甚至不留遗憾，其余的交给历史去评说吧。

此文原发表于《思想与文化》第 17 期（2016 年）

**图书在版编目（CIP）数据**

焦点的澄明——牟宗三儒学思想中的几个焦点问题/杨泽波著. —上海：上海三联书店，2019.8
ISBN 978-7-5426-6724-3

Ⅰ. ①焦… Ⅱ. ①杨… Ⅲ. ①牟宗三（1905—1995）-新儒学-哲学思想-研究 Ⅳ. ①B261.5

中国版本图书馆 CIP 数据核字（2019）第 140089 号

焦点的澄明——牟宗三儒学思想中的几个焦点问题

著　　者／杨泽波

责任编辑／殷亚平
装帧设计／一本好书
监　　制／姚　军
责任校对／王凌霄

出版发行／上海三联书店
（200030）中国上海市漕溪北路 331 号 A 座 6 楼
邮购电话／021-22895540
印　　刷／上海惠敦印务科技有限公司

版　　次／2019 年 8 月第 1 版
印　　次／2019 年 8 月第 1 次印刷
开　　本／640×960　1/16
字　　数／450 千字
印　　张／35
书　　号／ISBN 978-7-5426-6724-3/B·639
定　　价／98.00 元

敬启读者，如发现本书有印装质量问题，请与印刷厂联系 021-63779028